논술 작성의 이론과 실제

기초에서 완성까지

한 영 희

신아사

차례

차례

머리말

근래에 와서 논술에 대한 관심이 고조되고 또 이에 대비하려고 노력하려는 경향이 강하게 나타나고 있다. 매스컴에서도 논술의 중요성을 크게 또 자세히 보도하고 있고 또 논술에 관한 저술서도 수없이 많이 발간되고 있다.

교육인적자원부의 제8차 교육개혁의 일환으로 수능 점수의 변별력이 떨어지게 되었고 또 고등학교 내신 성적의 부풀리기에 대한 염려와 불신, 학교 간 학력차이를 활용하는 것을 금하는 정부 정책 등으로 인하여 각 대학은 보다 실력 있는 학생을 가려서 선발하기 위해 논술 시험에 비중을 더 높이려고 하고 있고 또 이미 논술시험을 강화하고 있기도 하다. 그래서 대입 수험생이나 고등학교 선생들은 이에 대비하는 방편으로 여러 가지 방안을 강구하고 있다. 또 이러한 경향은 심지어 초등학교 학부모들에게까지 자극을 주어 자기 자녀들이 일찍부터 논술시험에 대비하여 다양한 교양서적을 읽고 또 논술문을 작성하는 훈련을 받도록 하고 있다.

그러나 현재 고3 학생들조차 비록 일부대학에서만 실시하고 있는 논술시험에 대해서도 준비가 부족한 상태에서 시험에 응한다고 생각한다. 즉, 많은 학생들이 매년 11월 중순에 객관식 수능시험이 끝난 뒤에 1-2달 사이에 논술을 집중적으로 공부하여 논술 시험에 응하고 있는데, 그 효과는 충분치 않고 또 일시적이라고 생각한다. 대학 입시가 끝나면 그나마 비체계적이지만 집중적으로 주입된 논술 실력은 곧 소멸되다시피 한다. 더욱이 현재까지 발행된 논술 대비용 책들은 논술의 요점을 제시하고 있으나 예문만을 제시하는 방식을 취하고 있어서 과학적이고 체계적인 논술의 방법을 익힐 구체적인 순서의 제시가 거의 없다시피 되어 있다. 따라서 학생들이 보다 구체적인 논술문 작성 훈련의 필요성을 절감하고 있는 상태이다.

논술에는 3가지 중요한 요소가 있다고 생각한다. 하나는 논술의 내용이고 다른 하나는 논술의 기술/기교이며 또 따른 하나는 이런 2가지를 갖추고 난 다음에 알고 있는 내용과 기교를 활용하여 어떻게 논술을 전개해 나갈 것인가이다. 즉 알고 있는 내용의 어떤 점을 어떤 식으로 전개해 나갈 것인가 하는 '발상법'이다. 이 책의 특색은 2 번째인 논술의 기법을 제시하는 동시에 3 번째인 논술의 아이디어 발상법을 제시하고 있는 점이다. 즉, "새로운 아이디어 창출법(brainstorming기법)"이다. 논문의 내용이 될 만한 자료를 알고 있어도 이 자료의 어떤 면을 표현하여야 하는가 하는 문제가 중요한데, 실제는 그리 쉽지 않다. 이 책의 "새로운 아이디어 창출법"은 이러한 고민을 해결해주기 위해서 몇 가지 요점을 자세히 제시하고 있다.

다른 말로 말하면, 논술의 내용을 충실히 하기 위해서는 많은 책을 읽도록 권장되고 있고, 또 효과적으로 읽는 방법들이 제시되고 있으며, 일부 훈련도 되고 있다. 그러나 논술의 기술적인 면은 소홀히 되고 있다. 더욱이 아이디어 발상법에 대해서는 전혀 훈련이 안 되고 있다. 책은 덮어놓고 읽으면 그 효과는 반감한다. 논술의 기술적인 면과 발상법을 염두에 두고 그 내용이 될 교양서적을 읽을 때에 독서는 효과적이 될 것이고 또 후에 논술 작성에 도움이 될 것이다. 실제로, 일선 학교에서는 많은 논술 책을 활용하나, 대부분의 책은 논술의 요점과 그에 해당하는 예문을 제시하는 것으로 끝나고 있어서 논술을 지도할 때에 그 구체적인 방법을 충분히 몰라서 상당한 어려움을 겪고 있다고 생각된다. 방법을 알았다 하더라도 덜 논리적이고, 덜 체계적이며, 심지어 막연한 경우가 허다하다고 생각한다.

책이 아무리 많다하더라도 책을 단지 산더미처럼 쌓아 놓거나 또 정리하였더라도 책꽂이에 아무렇게나 꽂아 놓으면 필요한 책을 그때그때 찾아 활용하기 힘들다. 그와 반대로 도서관에서와 같이 책을 체계적으로 정리하고 그 책을 이용할 수 있는 방법이 제시된다면 필요한 책을 최소한의 수고로 찾아 이용할 수 있다. 논술도 체계적으로 정리된 책을 활용하는 것과 같이 체계적이고 구체적인 방법을 알고 이를 활용할 수 있어야 글에 그런 체계가 극명하게 나타난다. 아무리 많은 지식이 있다고 하더라도 체계적인 서술이 아니면 자기의 뜻을 충분히 반영하기도 어렵거니와 독자도 이를 쉽게 이해하기가 힘들 것이다.

그래서 이러한 단점을 보완할 교재의 출현이 요청되고 있다. 이러한 난제를 해결하기 위해서 또 보다 체계적인 논술 지도방법을 제시하기 위해서 이 책이 번역·저술·편찬 되었다. 이 책은 논술의 "**기초부터 완성**"에 이르는 과정을 다루고 있으며, "**중학생부터 대학원생까지**"를 대상으로 하고 있다. 또 입사를 위해서 준비하는 대학 재학생도 활용할 수 있을 것이다. 처음에는 쉬운 것 같지만 계속해서 문제를 풀고 글을 작성하다보면, 논술 작성법이 몸에 익고 자신도 모르는 사이에 체계적이고 과학적인 논술작성법을 체화(体化)시킬 수 있을 것이다.

개인적으로 전에 운 좋게도 동서문화교류센터(The Center for Cultural Interchange between East and West, 약칭 East-West Center)의 장학금을 얻어 하와이대에서 공부를

하게 되었을 때 그 대학 부설 영어교육원 ELI (English Language Institute)에서 『문단연습Paragraph Exercises』을 접하게 되었다. 이 교재를 가지고 공부를 하다보니 체계적으로 논술문을 작성하는 방법이 무엇인가를 배우게 되어 마음이 아주 흡족하였고, 논술 작성의 방법을 익히게 되어 일종의 희열도 느끼게 되었다. 나는 그 때까지는 글은 잘 쓰려고는 하였으나, 체계적인 훈련은 쌓지 못하고 썼기 때문이다. 물론 해방 후에 나온 『문장강화 文章講話』라는 책을 읽어서 내 나름대로는 문장 작성법을 알고 있다고 생각하였는데도 문장을 작성하는 구체적인 훈련은 충분히 쌓지 못하였다. 그러다보니 내 나름대로는 글의 체계를 세워서 쓴다고 하였지만, 보다 조직적이고 확실한 이론적 근거에 의거하여 글을 쓰거나, 논리적인 논술문을 작성하지는 못하였던 것 같다. 그나마 다행히 이때가 되어서야 비로소 나는 논술을 쓰는 적절한 교육을 받을 기회를 얻었던 것이다.

요사이 논술이 유행처럼 되어 가고 있는 와중에서도 체계적인 방법을 제시하는 교재가 드물다는 것은 안타까운 일이다. 그래서 내가 많은 도움을 받았던 『문단연습』이 아주 유용할 것이라는 생각을 더욱 확고히 하게 되었고, 또 틀림없이 이러한 내용이 많은 이에게 도움이 되리라는 확신을 갖게 되어, 이를 번역하고 보충하여 세상에 내놓기로 하였다. 많은 학생과 교사가 이 책을 활용하여 크게 도움을 받는다면, 이 책 『논술 작성의 이론과 실제』를 엮은 보람을 갖게 될 것이라고 생각하고 널리 활용되기를 기대하는 바이다.

끝으로 이 책은 나 혼자의 힘으로 번역되고 편집된 것이 아니고 여러 사람의 도움을 받았다. 그 중에서 최승평 교수가 교정을 보고 2부에 해당하는 '복습 및 확장된 연습문제'를 여러 권의 책을 참조하여 (이들은 참고서명 란에 기재되어 있다) 작성하여 주어서, 이 책의 내용이 풍성하게 되었다. 그 분에게 깊은 감사의 뜻을 전한다. 또 그런 좋은 자료를 활용할 수 있게 된 것을 기쁘게 생각하며 또 감사한다.

끝으로 이 책의 1부를 이루는 『Paragraph Exercise(문단 연습)』의 번역을 허락하여 준 하와이대학교 영어교육원의 소장 Graham Crookes박사와 수많은 논술 책이 나왔는데도 불구하고 기꺼이 이 책의 출판을 맡아준 신아사 정현걸 사장님께 감사를 드린다.

한영희

일러두기

1. 이 책은 2가지 목적을 가지고 있다. 하나는 문장을 보는 능력, 즉 문장을 분석하고 문장의 내용을 빨리 또 체계적으로 이해하는 방법을 익히게 하는 것이고, 다른 하나는 이 책에서 제시한 방법을 활용하여 실제로 보다 논리적인 논술문을 작성할 수 있게 하는 것이다. 이 점은 책을 읽는데도 유용하게 활용될 수 있다.

2. 이 책에는 4가지 중요한 기능이 있다. 이 책을 열심히, 그리고 꾸준히 학습하면 첫째, 문단이 논술문에서 아주 중요하다는 것을 인식하게 되며, 둘째, 명석하고 논리적인 문단을 작성하는 일반적인 원리를 알게 되어 논리적인 문단을 작성하는 능력이 개발되고, 셋째, 논술에서 요구하는 여러 가지 사항들을 충족시키는 방법을 익힐 수 있으며, 넷째, 특별한 주제에 관해 자기의 주장을 어떻게 전개할 것인가를 배우는 기회를 갖게 될 것이다.

3. 각 단원마다 2가지의 과제물이 있다. 연습문제(Exercises)는 문단의 특정한 구조적 문제를 설명·분석하고, 또 학생들이 새로 학습한 특정의 문제를 이해했는지를 점검한다. 과제문제(Assignment)는 그 단원에서 배운 이론을 점검하고 이를 응용하여 문제를 해결할 수 있는지 살펴본다. 또 각 단원의 후반부에는 2부에 해당하는 복습과 확장된 연습문제가 있다. 기초적인 것만 배우고 싶거나 시간의 제약이 있으면, 1부에 해당하는 전반부만 공부해도 된다. 그러나 전반부에서 배운 것을 강화하기를 원하거나 시간적 여유가 있으면, "복습과 확장된 연습문제"까지 공부할 것을 권한다. 후반부에서는 앞부분과 설명의 방법을 달리하여 앞에서 공부한 내용이 강화되도록 하였다. 또 다양하게 확장된 연습문제를 통해, 한층 심화된 논술작성을 다루고 있다. 또한 영어 동의어를 괄호 안에 표기하였기 때문에 영작에도 도움이 될 것이다. 따라서 가능하면, 후반부까지 학습하여 논술 실력을 더욱더 발전시키기를 권한다. 후반부에는 부분적으로 전반부에 없는 자료도 수록되어 있어서 적지 않게 도움이 될 것이다.

4. 학생들은 각 단원에 들어가기 전에, I. 핵심요점에서 그 과의 학습요점을 배우고, II. 검토 목록에서는 연습문제와 과제물을 푸는데 도움이 되는 설명을, III. 학생들은 해당 단원 과제물을 다 처리하고 난 후에는 검토 목록을 다시 활용하여 내용의

이해력을 한층 심화시키기를 바란다.

5. 연습문제는 해당 단원에 들어가기 전에, 미리 잘 예습하여 수업에 임하여야 한다.

6. 과제물은 교사가 반드시 논평을 가하고 수정하여 단시일 내에 배포하여야 한다. 가능하면, 과제물을 받은 다음 수업시간에 되돌려 주는 것이 바람직하다.

7. 한 단원의 연습문제를 모두 풀어서 완전히 이해하고 난 후 그 다음 단원으로 들어가는 것이 좋다.

8. 과제물을 작성하기 전에 지시문을 잘 읽어야 한다. 과제물을 완성하면 반드시 검토하여 맞춤법이 옳은지 또 적절한 어구가 사용되었는지를 검토하여 필요하면 수정한다.

9. 적절한 어구의 선택, 적절한 문장 유형의 선택, 그리고 전체적인 문단 구조를 검토하는 것이야말로 올바른 문단을 작성하는 요령이다. 처음에는 6-7개의 문장으로 문단을 구성하다가 점차 그 수를 늘인다.

10. 교사의 지도가 있을 때에는 모든 과제물은 회수하여 수정을 가한 후에 되돌려 주어야 한다. 학생들은 재작성의 지시를 받았을 때에는 반드시 다시 써서 제출하고 검토를 받아 되돌려 받는다.

11. 학생들에게는 시험 때에 대학이 제시하는 제목에 따라 글을 작성하는 것이 우선의 목표이겠지만, 이 못지않게 대학에 들어가서도 논리적인 논술 과제물을 작성하는 실력과 입사 시험의 논술 문제도 해결할 수 있어야 한다. 또 직장인들이 보고서, 기획서 등을 작성하는데 많은 시간을 보내야 하는데, 어떻게 하면 효과적이고 설득력 있는 글을 쓸 수 있는가를 연구할 필요가 있게 된다. 현재 그러한 방법을 제대로 가르쳐 주는 곳이 많지 않은데, 이 책이 작게나마 체계인 논술 작성을 위한 길잡이가 되길 바란다.

제1과 주제문과 그 구성

Ⅰ. 학습요점

문단 : 구성요소(주제, 주제문, 주제부, 서술부 또는 한정부)와 그 기능

Ⅱ. 검토사항

이 단원에서는 다음과 같은 요소들을 공부한다.

A. 학생은 다음과 같은 전문용어의 의미를 알아야 한다.

1. 문단의 주제 및 주제문
2. 주제부와 서술부 (한정부)
3. 주제부 + 서술부 = 주제문
4. 구체적 세부사항
5. 구체적 세부사항은 주제문을 뒷받침한다. 또는 주제문은 구체적 세부사항의 총화이다.

B. 학생은 다음 문단 구성요소들을 식별할 수 있어야 하다.

1. 문단의 주제부
2. 주제부에 관한 서술
3. 문단의 주제문
4. 주제문을 뒷받침해주는 구체적인 세부사항

C. 학생들은 문단을 작성할 때 위의 각각을 적절한 표현을 써서 자기 말로 전달할 수 있어야 한다.

문단 전개 연습

1.10.

아래 문단을 읽고 주제문을 찾아라(무엇에 관하여 말하려고 하는 것인가?).

출근 시간에 버스를 타고 직장에 나가는 것은 유쾌한 일이 못된다. 대개 버스 정류장에는 사람들이 많이 모여서 버스를 기다린다. 버스가 도착하면 사람들이 와하고 몰려가고 반드시 누군가가 약삭빠르게 버스를 향해서 뒤 쪽에서 앞으로 돌진한다. 마침내 버스에 올라타도 이리 밀리고 저리 밀리고 한다. 버스 승객이 내리고 탈 때에는 등이나 옆구리를 밀어붙이는 사람이 있는가 하면 가만히 서 있기도 힘이 들 때도 있다. 더욱이 발을 밟히기도 하는데, 일일이 지적하고 사과를 받을 수도 없다. 또 내가 내리는 정류장이 가까워 오면 한 발짝씩 출입구 쪽으로 가는 것도 쉽지 않다. 이런 고생을 하고 나서 버스에서 내리면 그 때에는 한숨이 저절로 날 때가 있다.

¶ 이 문장의 주제문은

1.11.

아래 두 개의 문단 중에 주제부가 "점심 먹는 것은" 인 문단을 골라라.

A. 점심을 먹는 것은 나의 즐거움 중의 하나이다. 점심은 낮의 중간에 온다. 학교에서는 점심 30분 동안은 수업에서 해방되는 시간이다. 오전에 바쁜 일을 하고 난 뒤의 시간이다. 또 오후에 할 일을 계획하는 시간이기도 하다. 낮 중간에 휴식 시간을 주는 것 외에도 점심은 항상 맛이 있다.

B. 학교 식당을 이용하는 것은 근사한 일이다. 점심신간이 정해져 있어서 우리는 한가하게 식사를 할 수 있다. 배식 줄은 길게 뻗어 있는 일이 없고, 음식은 항

상 따듯하다. 식탁과 의자도 충분하다. 우리 학교에 그런 훌륭한 식당이 있다는 것은 다행한 일이다.

1.12

다시 1.10으로 돌아가자. 그 문단의 주제문중 주제부는______________________________________이다. 그렇다면 필자는 주제부에 대해 어떠한 태도로 서술하고 있는가?

A. 재미있다. B. 불유쾌하다. C. 근사하다.

1.13

A의 주제부는 ____이다. 이 주제문의 서술부는 무엇인가? 즉 주제부에 관해서 어떠한 입장을 취하고 있는가?

A. 즐긴다. B. 좋아하지 않는다. C. 별 관심이 없다.

1.14

다음은 서술부(또는 한정부)에 대한 설명이다. 알맞은 것을 골라라.

A. 문단의 주제 B. 주제부에 대하여 주장(assert)하는 것 C. 문단의 제목

1.15

다음 문단을 읽고 물음에 답하라

막동이는 내가 알고 있는 아이 중에서 제일 우쭐댄다. 그는 모든 것을 알고 있고, 무엇이든지 할 수 있다고 생각하는 것 같다. 자기 나름대로는 볼링, 정구, 수영, 야구 등 모든 것을 잘한다고 생각하는 것 같다. 그는 만나는 사람마다 자기가 자기반에서 공부를 제일 잘하다고 자랑한다. 무슨 일이 닥쳐와도 그 자신은 다 해결할

수 있다고 믿고 있음에 틀림없다.

❡ 이 글의 주제는 무엇인가?

A. 우쭐댐　　　　B. 운동의 중요성　　　　C. 막동이의 우쭐댐

1.16

위의 글을 다시 읽고 주제문의 서술부는 무엇인지 적어라.

1.17

문단의 주제부는 그 문단에서 다루려고 하는 대상이다. 서술부는 필자가 주제에 관해서 언급하고 있는 내용이다. 어느 학생이 다음과 같은 서술부를 써서 주제문을 작성하였다. 이를 분석해보자.

✤ 지난 50년간 의료 기술은 급속히 발전하였다.

❑ 주제부는 ____이다.

❑ 필자가 주장하는 서술부는 __________________________________이다.

1.18

다음 문단을 읽고 아래 빈 칸을 채워라.

나는 새 학년이 되면 항상 가슴이 뛴다. 오래 동안 사귄 친구들을 만날 수 있어서 기분이 좋고 새로운 과목의 선생님을 대하게되어서 기쁘다. 새로운 과목을 배우게 되니 흥미진진하다. 그리고 방학 동안 일어난 일들을 얘기하는 것도 즐겁다.

❡ 이 문단 주제문의 주제부와 서술부는

____ 이다.

1.19

어떤 주제문에서든지 필자가 서술하고자 하는 대상인________가/이 있으며 필자가 그 대상에 관해서 언급하고자 하는 내용인_____가/이 있다.

1.20

아래 문단에서는 주제문이 빠져있다. 문장을 주의 깊게 읽어보자.

식당의 배식 테이블이 여러 줄 있어서 학생들이 신속하게 배식을 받을 수 있다. 식탁과 의자가 충분하고 공간도 넓다. 전등도 환하게 켜져 있고, 벽의 도색도 밝게 되어 있다. 그릇을 치울 퇴식구가 여러 곳에 있어서 그릇을 깨끗하게 빨리 치울 수 있다. 자, 이제 아래 질문에 답하라.

1. 아래 3에서 작성된 주제문의 주제부는

____이다.

2. 주제부에 관해서 서술되고 있는 내용은?

A. 부적절　　　B. 불유쾌　　　C. 탁월

3. 위 문단의 주제문을 아래에 작성하라.

1.21

학생이 막 작성한 문장이 주제문이다. 지금까지 공부한 내용으로 보아 아래 글 중에서 어느 것이 가장 주제문을 잘 설명하고 있는가?

A. 주제문은 그 문단이 무엇에 관해서 언급하고 있는지를 말해준다.
B. 한 문단의 주제문은 그 문단의 주제부와 서술부를 담고 있다.
C. 한 문단의 주제문은 나머지 문장들을 의미 있는 순서로 배열한다.

1.22

아래 문단의 주제문에 밑줄을 그어라.

A. 그는 붐비는 길을 통하여 버스를 몰고 나가면서 자주 차선을 바꿔야 한다. 하루 종일 그는 인내심을 갖고 승객들의 질문에 응하여야 한다. 몇 분마다, 그는 승객에게 안으로 들어가라고 말하여야 한다. 아무리 교통이 막혀도 또 승객이 늑장을 부려서 지체가 되어도 그는 정해진 시간 안에 자기 노선 종점까지 버스를 몰고 가야만 한다. 모든 것을 고려해 볼 때, 버스 기사란 직업은 쉽지 않다.

B. 아프리카의 교육은 유치원에서 대학에 이르기까지 모든 수준에서, 다른 모든 곳에서와 마찬 가지로, 상호 의존적이다. 고등학교 교육이 부실하면 대학교육을 강화하는 것은 불가능하다. 고등학교 졸업생 수가 충분하지 못하면, 대학의 덩치를 키우기가 어렵다. 고교 졸업생 수가 적은 것이 아프리카 교육의 큰 문제인데, 그 중심에는 우수한 교사의 부족이란 문제가 도사리고 있다.

C. 우리는 확실히 기적의 시대에 살고 있다. 인공위성이 경이적인 속도로 지구를 돌고 있다. 원자력 추진 잠수함은 재충전 없이 세계 대양을 누비고 다닌다. 거대한 무선 망원경이 인간의 눈으로는 볼 수 없는 광활한 우주를 개척하고 있다. 전자 현미경이 전에 볼 수 없었던 미세한 물체까지도 밝혀내고 있다.

D. 도시인에게 고기는 슈퍼에서 포장한 것을 사오는 것이고, 감자는 자루에 무게를 달아서 넣은 것이고, 깃털은 모자의 장식으로 딸려 오는 것으로 인식된다. 도시인의 세계관은 선조들과는 아주 다르다. 선조들은 고기는 사냥해서 얻었고, 감자는 심고 잡초를 뽑아서 얻은 것이고, 깃털은 날 짐승에서 얻은 것이었다. 그러나 도시인이 깨닫던 말 던 간에, 도시인도 그의 선조들과 마찬가지로 여전히 그의 생존을 동물과 식물에 의존하여야만 한다.

E. 춤을 추기 위해서 어린애를 업은 여자들이 빙 둘러앉아서 가성(假聲)으로 병을 치유하는 노래를 번갈아 불렀으며, 그들의 목소리의 리듬에 맞춰서 날카로운 대위법 리듬으로 손뼉을 쳤다. 여인들 뒤에서는 남자들이 여러 겹으로 둘러서서 돌면서 춤을 추며 짧게 발을 굴렀는데, 그 소리는 또한 그들이 노래와 손뼉소리의 리듬에 대위법적으로 맞춰져 있었다. 때때로 남자들은 가슴에서 울어 나오는 소리로 노래를 불렀고, 그들의 춤은 격렬하였다. 부시맨의 춤은 노래와 목소리와 리듬으로 된 다양한 패턴으로 이루어져 있었는데, 몸으로 하는 오케스트라와 같았고,

끝없이 변화하지만 항상 정확한 음악을 만들어 내고 있었다.

1.23

문단의 구체적인 세부사항은 주제문을 뒷받침해주고, 주제문은 구체적 세부사항의 총화라고 이해된다.

1.24

우리가 망치, 칼, 플라이어, 집게를 "도구"라는 이름으로 분류할 수 있는 것과 같이 어구(phrases)나 문장도 이와 같이 분류할 수 있다. 아래 표현들을 묶어 보자.

- 청결하고 건조한 파이렉스 시험관
- 동산화물의 중량을 측정
- 동산화물을 시험관으로 옮김
- 시험관과 그 내용물을 측정

¶ 위의 4개의 문장을 어떤 제목 하에 분류할 것인가? 알맞은 것을 골라라.

A. 식사 준비　　B. 재미있게 지냄　　C. 실험

1.25

위의 4개의 표현은 구체적인 세부사항들이다. 이들이 통합되어 "실험"이라는 아이디어로 집약된다. 아래의 세부사항들은 어떤 아이디어로 합쳐질 수 있는가?

- 전복된 자동차
- 길 위에 자동차 바퀴가 미끄러져 나간 자국
- 여러 명의 부상자가 길 옆(갓길)에 누어있다
- 다른 자동차 안에 갇혀 죽어가는 부상자

¶ 위 4문장은 통합하면 ______________________________라고 말 할 수 있다.

▚ 1.26

여러 어구(phrase)를 합치면 하나의 아이디어로 통합되듯이, 문장들도 통합될 수 있다. 다음을 읽어보자.

- 나는 우리 집 개 베스를 좋아한다.
- 내 숙부와 숙모는 개를 기르고 있는데, 나는 그 개를 좋아한다.
- 우리 집 근처에는 떠돌이 개가 있는데, 나는 그 개도 좋아한다.
- 막동이네 개가 나에게 다가오면, 나는 걸음을 멈추고 개를 쓰다듬어 준다.

❡ 아래의 3개의 문장 중에서 어느 문장이 위의 4개의 세부사항을 하나로 집약하는 것인가?

A. 나는 사람들을 좋아한다.
B. 나는 숙부와 숙모를 좋아한다.
C. 나는 개를 좋아한다.

▚ 1.27.

몇 개의 구체적 세부사항이 통합되어 하나의 아이디어를 형성하는 것을 주제문(topic sentence)이라고 한다. 다음 네 개의 수를 합치면 18이 된다. 즉 6+3+4+5=18. 이와 같이 아래 4문장을 통합하면, "나는 개를 좋아한다."가 된다.

나는 우리 집 개 베스를 좋아한다.
\+ 내 숙부와 숙모는 개를 기르고 있는데, 나는 그 개를 좋아한다.
\+ 우리 집 근처에는 떠돌이 개가 있는데, 나는 그 개도 좋아한다.
\+ 막동이네 개가 나에게 다가오면, 나는 걸음을 멈추고 쓰다듬어 준다.

= 나는 개를 좋아한다.

산수 문제와 같이 세부사항을 통합하면 주제문이 된다. 또는 다른 말로 하면 주제문은 세부사항을 통합한다고 말할 수 있다.

❡ 다음의 세부사항을 통합하라.

- 나는 개를 좋아한다.
- 나는 말을 좋아한다.

- 나는 고양이를 좋아한다.
- 나는 코끼리를 좋아한다.
- 나는 소를 좋아한다.

❑ 이들을 통합하면 ______________________________________ 가 된다.

1.28

아래에 있는 구체적 세부사항을 검토하자. 이 중 세 개의 문장만이 통합하여 하나의 주제문을 이룬다. 아래의 문장 중 주제문을 뒷받침해주는 세 개의 문장을 골라보자.

A. 막동이는 화요일과 목요일 오후에 화학실험 수업을 받는다.
B. 그는 매주 상당한 시간을 그의 차동차를 정비하는데 보낸다.
C. 그의 전공은 물리학이다.
D. 그는 학교 구내에 색다른 자동차가 들어올 때마다, 발을 멈추고 처다 본다.
E. 자동차 전시회가 있으면, 그는 반드시 관람한다.
F. 매주 자동차 연료비로 2만원이 필요하다.

____

= 막동이는 자동차에 관심이 대단하다.

1.29

아래 구체적 세부사항이 적혀 있다. 이들을 통합하는 주제문을 적어 넣자.

- 우리는 대개 일요일에 차를 타고 드라이브를 한다.
- 나는 토요일 아침에는 늦잠을 잘 수 있다.
- 토요일과 일요일에는 내가 하고 싶은 일을 하기 위한 시간이 충분하다.
- 나는 학교에서 주중 때보다 내 친구들을 장시간 만날 수 있다.

주제문: ______________________________________

1.30

아래에 3개의 구체적 세부사항이 있고, 하나의 주제문이 있다. 각각에 "세부사항" 이나 또는 "주제문" 이라고 적어 넣어라.

❑ ______ 1. 내 동생은 크레용으로 온 벽에다 낙서를 한다.
❑ ______ 2. 내 동생은 세발자전거를 타고 다니면서 가구와 부딪치기도 한다.
❑ ______ 3. 내 동생은 아주 파괴적이다.
❑ ______ 4. 내 동생은 끈끈한 손으로 커튼을 더럽힌다.

1.31

우리는 문단의 주제문(topic sentence)을 통합문(general statement)으로 이해하고 있다. 주제문은 구체적 세부사항을 통합한다(즉, 문단의 나머지 문장들). 아래에 번호를 매긴 문장들이 있다. 주제문의 번호와 구체적 세부사항들의 번호를 아래에 적어라.

① 나는 숙제를 하다가 다른 일에 정신을 빼앗기곤 한다. ② 내가 숙제를 하다가 소리가 나면 알아보러 가본다. ③ 나는 항상 배가 고프다고 생각하고 부엌 냉장고 문을 열어본다. ④ 나는 공부할 때에 라디오 음악을 들으면서 한다. ⑤ 숙제를 하다가 나는 내일 만날 친구 생각을 한다.

주제문 ____

세부사항 ____________________ ____________________

____________________ ____________________

1.32

아래 2개 문단의 주제문에 밑줄을 그어라.

A. 막동이는 아주 공부를 잘 한다. 그는 예습을 충분히 하고 수업에 임한다. 그는 시험을 잘 보고 그리고 미리 주의 깊게 준비를 하여 숙제를 잘 써 낸다. 그는 숙제

를 깔끔하게 작성하고 신속하게 제출한다.

B. 길동은 아주 게으르다. 숙자는 교과서를 가지고 오는 것을 잊곤 한다. 몽룡은 자기가 하고 싶은 공부만 한다. 서진이는 공부를 아주 잘한다. 우리 반에는 다양한 학생들이 있다.

1.33

문단을 구성하고 있는 각각의 문장은 주제문이 아니면 구체적 세부사항의 기능을 수행하고 있다. 이러한 역할은 문단 내의 다른 문장과의 관계를 살펴보면 알 수 있다. 아래 7개의 문장을 A 측과 B 측으로 갈라서 적어라. 유념할 것은 A측의 주제문은 "순자는 아주 예쁘다."라는 점이다. 그리고 B측의 주제문을 선택해서 "순자는 아주 예쁘다"가 여기에선 세부사항이 되도록 골라보아라.

a. 그녀는 머리가 좋다.
b. 그녀는 두발이 길고 피부가 희다.
c. 그녀의 눈은 아주 맑다.
d. 우리 반 학생들은 각자 특색이 있다.
e. 미순이는 예쁘지는 않지만 아주 다정하다.
f. 그녀의 이목구비의 생김새는 보통이상이고 치아는 아주 고르다.
g. 막동이는 학교에서 롤러스케이트를 가장 잘 탄다.
h. 그녀가 웃을 때에는 더 예뻐 보인다.

A. 주제문: 순자는 아주 예쁘다.	B. 주제문:
1.	1
2.	2
3.	3
4.	4

1.34.1

A측에서는 주제문이 "순자는 아주 예쁘다." 인데, 그 이유는?

1.34.2

B측에서는 "순자는 아주 예쁘다"가 구체적 세부사항 중의 하나인데, 여기서 주제문은 어떤 것인가?

1.35

문단을 작성할 때에 중요한 것은 모든 구체적 세부사항이 주제문을 뒷받침해주어야 한다는 점이다. 주제문이 "나는 주말을 즐겁게 보냈다."이라 할 때, 아래 보기에서 구체적 세부사항이 아닌 것을 골라 보아라.

A. 나는 금요일 저녁에 영화를 재미있게 보았다.
B. 나는 아버지가 아끼는 골동품을 깨뜨려서 야단을 맞았다.
C. 나는 토요일 오후에 개를 데리고 기분 좋게 산보를 하였다.
D. 일요일에 개가 없어졌는데 다음날 9시까지도 돌아오지 않았다.
E. 나는 부모님과 함께 일요일 오후에 강가로 소풍을 나갔다.
F. 일요일 밤에는 늦게까지 재미있는 TV프로그램을 시청했다.

1.36

아래 문단에서 주제문(1 번 문장)을 뒷받침해주지 않는 문장의 번호를 골라라.

① 우리 집 근처의 아줌마들은 우리를 못 살게 군다. ② 복동이 엄마는 우리에게 자주 먹을 것을 주신다. ③ 순자 엄마는 우리가 떠든다고 야단을 치신다. ④ 미순이 엄마는 우리가 공을 못 차게 쫓아내신다. ⑤춘향이 엄마는 우리를 가게 근처에 얼씬거리지도 못 하게 한다. ⑥ 하얀 집 아줌마는 우리를 보면 언제나 반기신다.

1.37

아래 문단에서 주제문을 찾아 밑줄을 그어라.

① 일요일에 강풍이 불어서 나무가 쓰러지기도 하였다. ② 월요일은 아주 추워서

우리는 난방을 하였고 겨울옷을 꺼내 입기도 하였다. ③ 화요일은 여전히 쌀쌀하였으나, 수요일에는 날씨가 맑아지고 햇볕이 났다. ④ 목요일은 마치 여름날처럼 무더웠다. ⑤ 금요일에는 비가 오기 시작하였고 며칠 더 춥고 바람 부는 날이 올 것 같았다.

¶ 만일 주제문을 찾지 못하였다면, 위의 모든 구체적 세부사항들을 하나로 집약시키는 주제문을 만들어 보아라.

1.38

주제문은 산수 계산 문제와 같이 구체적 세부사항을 통합할 뿐만 아니라 또 정확하게 하여야 한다. 아래 덧셈의 합이 정확한가를 살펴보아라.

A.	B.	C.
14	14	14
16	16	16
3		3
5		5
36	39	38

1.38.a

다음 3개의 문제에서 처음 2개의 문장을 하나로 통합하는 주제문으로서 적절치 못한 것을 골라라.

A. 막동이는 키가 180cm이다.
체중이 65kg이다.

주제문: 막동이는 키가 큰 사람이다.

B. 막동이는 키가 160cm이다.
체중이 50kg이다.

주제문: 막동이는 육중한 사람이다.

C. 막동이는 키가 180cm이다.
체중이 80kg이다.
주제문: 막동이는 육중한 사람이다.

1.38b

위의 B에서 "막동이는 육중한 사람이다."가 왜 부적절한 주제문인지 그 이유를 적어라.

1.39

위에 제시된 구체적 세부사항들을 잘 요약하고 있는 주제문을 아래에서 골라라

※ 세부사항: 막동이의 키는 180cm이다
체중이 90kg이다.
가슴둘레가 120cm이다
주제문: A. 막동이는 키가 큰 사람이다.
B. 막동이는 덩치가 큰 사람이다.
C. 막동이는 육체적으로 건강한 사람이다.

※ 세부사항: 김동일씨는 회사 사장과 아주 친하다.
그는 회사의 궂은 일을 도맡아 처리한다.
그는 아래 사람의 고충을 잘 처리해 준다.
주제문: A. 김동일씨는 위대한 사람이다.
B. 김동일씨는 회사에 없어서는 안 될 사람이다.
C. 김동일씨는 회사에서 유명한 사람이다.

1.40

아래 있는 세부사항을 정확히 집약할 수 있는 주제문을 만들어 보아라.

※ 세부사항

- 우리는 대개 일요일에 드라이브를 한다.
- 나는 토요일 아침에 늦잠을 잘 수 있다.
- 토요일 오후와 일요일 아침에는 내가 좋아하는 일을 할 시간이 충분히 있다.
- 나는 주말에는 학교에서 친구와 오래 동안 얘기할 수 있다

주제문: ______________________________

1.40a

아래 있는 문단의 첫 문장은 주제문이다. 그러나 주제문으로서 그 외의 다른 문장들을 충분히 또 정확히 통합하지 못하고 있다. 주제문을 적절하게 수정해라.

강 교수는 좋은 분이시다. 강 교수는 지역 자선단체에 기부를 많이 하신다. 때때로 길거리에서 만난 동네 아이들에게 사탕을 사먹으라고 동전을 주시기도 한다. 강 교수는 근처의 고아원에 의복과 음식을 기증하신다. 강 교수는 학교에 복사기를 구입할 때에 반액을 부담까지 하셨다.

¶ 정확한 주제문은 ______________________________

1.40b

아래 문딘을 읽고 주제문을 골라라. 주제문을 수정하여 나머지 문장인 구체적 세부 시항을 정확히 반영하도록 하여라.

내 동생을 봐주는 일은 좀 힘이 든다. 내가 앉아서 책을 보거나 티비를 보려고 하면, 동생은 같이 놀자고 한다. 내가 전화를 받을 때에는 뒤에서 비명을 지르거나 무엇인가를 내 던진다. 그래서 나는 무슨 일이 일어났는지 알아보기 위해 전화를 끊어야만 한다. 내가 조용히 앉아서 음식을 먹으려고 하면, 같이 먹자고 야단을 친다. 마침내 동생이 지치게 되어도 동생을 재우는 데는 반시간 내지 한 시간이 걸린다.

¶ 수정한 주제문은 ______________________________이다.

1.41 추가 연습문제

아래의 주제문을 가지고 이를 뒷받침해주는 구체적 세부사항을 써 보아라.

A. 어머니는 항상 바쁘시다.

B. 형은 씩씩한 군인이다.

C. 언니는 요즈음 멋을 많이 낸다.

D. 복남이는 음악에 소질이 있다.

E. 우리 고장의 공기는 맑다.

F. 우리 집은 청정 채소만 구입한다.

제1과 복습 및 확장된 연습문제

1.50

* 문단 작성의 4단계

좋은 글을 쓰기 위해선 단순히 문법적으로 틀리지 않은 문장을 쓰는 것만이 전부가 아니고, 많은 생각, 계획, 확인, 그리고 수정의 단계를 거쳐야 한다. 아래에 문단 작성을 위한 4단계를 소개한다. 앞으로 이 4단계는 많은 실습훈련을 통해 배우게 될 것이다.

1.50.1

* 1단계 사전 준비단계(Prewriting: getting ideas and organizing them)

여기선 글을 쓰기 전에 사전준비 작업을 하는 단계로서 주제에 대한 아이디어를 수집하여 논리적 순서에 따라 체계적으로 정리를 한다. 새로운 아이디어를 얻기 위해선 12과에서 배울 브레인스토밍 기법(brainstorming techniques, 아이디어 개발기법)을 사용하면 되는데, 그 외에도 메모를 해두면 나중에 아이디어를 얻는데 쓸모가 있다. 학생들은 언제나 필기를 한다. 예컨대, 학생들은 독서 숙제나 수업 중의 강의 내용을 필기해 두고 나중에 시험공부를 위해 필기한 것을 사용한다. 이렇게 얻어낸 아이디어로 목록(list)을 만들고, 이를 다시 논리적 순서대로 배열하여 개요를 작성한다. 개요(outline)에는 문단의 제목(title), 주제문(topic statement), 주제에 대해서 더 많은 정보를 제공하고 설명(explanation)을 해주는 구체적 세부사항(specific details), 즉 주제문을 뒷받침해주는 몇 개의 문장에 들어갈 아이디어와 결말이 포함된다.

❀ 2단계: 초안(first draft) 작성

여기선 앞에서 작성한 개요를 바탕으로 초안을 쓴다.

❀ 3단계: 편집단계

여기선 초안을 편집한다. 편집이란 "바꾸고 고친다"는 뜻인데, 다음과 같은 단계를 거친다. 첫째, 의미가 통하는지 확인하라. 초안을 소리 내지 말고 읽어 보면서 문장의 뜻이 분명한지, 그 뜻이 제대로 전달될 수가 있는지 검토해서 부적절한 내용이나 표현은 바꾸고 고쳐라. 둘째, 구두점, 문법, 철자법 등에 오류가 있는지 확인하고, 필요하면 교정하라. 셋째, 동료에게 문단을 큰소리로 읽어주면서 부정확한 정보가 있는지, 문장의 뜻이 명확한지 물어봐라. 필요하면 바꿔라. 마지막으로, 동료에게 구두점이나 철자법 등에 오류가 있는지 확인하라.

❀ 4단계: 최종안 작성(the final draft)

마지막으로 최종안을 작성한다.

1.51

❀ 문단의 4가지 구성요소(Four Features of a Paragraph)

1) 하나의 문단에는 하나의 주제문이 있는데, 주제문이란 그 문단의 주제(topic), 즉 그 문단이 무엇에 대한 글인가를 말해주는 것이다. 주제문은 다시 주제부(the topic part)와 서술부(the assertion part) 또는 한정부(the controlling idea part)로 나뉘어져있다. 주제부는 주제가 무엇인지를 말해주고, 한정부(또는 서술부)는 주제에 대해서 말하려고 하는 내용을 한정 혹은 제한시켜주는 것이다. 즉, 주제에 대해서 모든 내용을 취급하려는 것이 아니고, 극히 일부분만 한정해서 다루겠다는 것이다. 예컨대, 다음에 나오는 "금붕어(Goldfish)"란 문단에서 주제부는 "금붕어"이고, 한정부는 "3가지 이유 때문에 훌륭한 애완동물이다"인데, 이 문단에선 "금붕어의 역사", "금붕어를 기르는 방법", "금붕어의 구입처", "금붕어의 종류" 등에 대한 정보를 말하려는 것이 아니고, 오직 "왜 금붕어가 훌륭한 애완동물인지 3가지 이유"를 말하려는 것뿐이다. 주제문은 문단의 맨 처음, 중간, 혹은 맨 마지막에 올 수가 있으나 보통은 문단의 맨 앞에 오는 경우가 대부분이다.

1.51.1

❋ 주제문(the topic sentence)

2) 주제문은 주제부와 서술부 또는 한정부로 구성되어 있다고 이미 언급하였는데, 용어도 통일되어있지 않고, 또 이해하기도 쉽지 않다. 과거에 우리가 문법을 공부할 때는 여기서 말하는 주제부는 주부(subject)에 해당되고, 한정부(또는 서술부)는 술부(predicate)에 해당된다고 볼 수도 있으나 반드시 일치하는 것은 아니다. 그래서 다른 용어를 사용하고 있고, 또 혼동이 생기는 것이다. 다음 예를 보면 이제 그 구별이 뚜렷해질 것이다. 아래에서 주제부는 밑줄로, 한정부는 점선으로 표시했다.

주제부 한정부

A. a. Violence in American society has several causes.

한정부 주제부

b. There are several causes of violence in American society.

주제부 한정부

B. a. A good architect is both an artist and a mathematician.

한정부 주제부

b. Artistic talent and mathematical ability are two qualities of a good architect.

위의 예에서처럼 주제부가 반드시 문법적인 주부(subject)에 해당되는 것도 아니고, 또 한정부가 반드시 주제부 다음에 오는 것도 아니다. 따라서 주부(subject), 술부(predicate)라는 말은 문법에서 쓰는 용어이고, 여기서 말하는 주제부와 한정부는 의미상의 구분이다. 그리고 "the assertion part"를 서술부라고 번역한 이유는 이 부분에서 주제부에 대한 필자의 견해나 아이디어를 서술하고 있기 때문이다. 그러나 이 부분을 한정부라고 부르는 학자도 있는데, 그 이유는 이 부분이 주제에 대한 내용의 범위를 좁혀서 한정 혹은 제한하고 있기 때문이다. 바로 이 부분이 문단 전체를 통제하고 안내하는 역할을 해주기 때문에, 독자는 주제문의 일부인 한정부만 보면 다음에 어떤 내용이 나올 것인지 금방 예측을 할 수 있다. 즉 이 부분이 주제부(the topic part)를 통제하고, 한정시키고, 제한하고, 안내하면서 주제부의 내용을 좁혀준다는 의미에서 "한정부(the controlling part)"라고 번역하는 것이 더 타당하다고 믿는다.

하나의 문단에 나오는 다른 모든 문장들은 오직 하나의 주제에 대해서만 말을 해야 한다. 다시 말하면, 주제문과 직접적인 관계가 있어야 한다. 주제문과 관련이 없거나, 부적절한 문장은 빼야한다(cross out). 이것을 문단의 통일성이라고 한다. 주제문 다음에 나오는 문장들은 주제문을 설명하거나 증명하거나, 뒷받침해주는 구체적 세부사항(specific details)을 제공한다. 이런 아이디어나 문장들을 주제를 "뒷받침해주는 구체적 세부사항(supporting specific details)" 또는 "뒷받침해주는 문장"이라고 하는데, 이들은 "누가, 무엇을, 언제, 어디서, 어떻게, 왜(즉, 6하 원칙인 누구? 무엇? 언제? 어디서? 어떻게? 왜?)"에 대한 질문에 답을 해주는 역할을 한다.

3) 하나의 문단은 제목(title/heading), 주제문, 주제문을 뒷받침해주는 문장, 그리고 결말로 구성되어 있고, 첫 문장(보통은 주제문)을 시작할 땐 들여쓰기(indentation)를 하는 것이 보통이고, 다음 문단은 2줄 이상 띄고 다시 시작한다.

4) 학술적 논술에서는(academic writing) 문단의 맨 마지막에 결말을 넣는 것이 보통이다. 결말 혹은 끝맺는 말을 쓰는 것이 가장 힘들다고 하는데, 좋은 결말을 쓰는 비결은 첫째, 주제문의 내용을 다른 표현으로 바꿔서 말해줌으로서 주제를 강조하거나, 다시 상기시켜준다(restate). 둘째, 그 문단의 주요 내용을 요약한다(summarize). 셋째, 주제와 관련된 예측을 한다(predict). 넷째, 필자 지신의 제안이나 조언을 한다. 다섯째, 주제에 대한 논평을 한다(comment on the topic). 여섯째, 필자의 개인적인 견해나 느낌을 말한다. 결말을 나타내는 논지전환 표현에는 "결론적으로, 요약하면, 간단히 말해서, 참으로, 실로, 과연(indeed)" 등이 있는데, 너무 자주 쓰면 진부한 느낌을 준다.

1.52

다음 글을 읽고 아래 질문에 답하라.

<금붕어(Goldfish)>

금붕어는 3가지 이유 때문에 가장 좋은 애완동물이다. 첫째, 금붕어는 매우 조용하다. 그들은 개처럼 짖거나(bark), 늑대처럼 울부짖거나(howl), 고양이처럼 야옹야옹하고 울거나(meow), 새처럼 짹짹거리거나(chirp), 오리처럼 꽥꽥거리거나(squawk), 삐걱삐걱 소리(screech)내거나, 혹은 당신이나 당신의 이웃이 밤에 잠을 자려고 할

때, 집안을 온통 휘젓고 다니며 난리법석을 떨지도 않는다. 둘째, 그들은 경제적이다. 당신은 동네 애완동물가게에서 약 5천원만 주면 금붕어를 구입할 수 있고, 그 금붕어를 담아 기를 조그만 어항은 3천원도 안 된다. 물은 사실상 무료나 마찬가지다. 또한 그들은 하루에 지극히 소량의 건조된 물고기 사료만 먹을 뿐이기 때문에, 사료 값은 매우 저렴하다. 셋째, 금붕어는 매우 얌전한 편이다. 그들은 이가 없기 때문에 주인집의 가구를 물어뜯거나, 손님들을 물지도 못한다. 그들은 결코 밖으로 나가지 않기 때문에, 주인의 정원에 구멍을 팔수도 없을 것이다. 뿐만 아니라, 주인은 금붕어에게 "앉아!" 또는 "따라와!(Heel!)"와 같은 명령을 가르치느라고 많은 시간을 보낼 필요도 없다. 만약 당신이 말썽이라곤 피울 일이 없으며, 조용하고 경제적인 애완동물을 원하신다면, 가장 가까운 금붕어가게를 한번 방문하시기 바랍니다.

1. 이 문단의 주제(topic)를 아래에 써라.

2. 이 문단에서 주제문(the topic sentence)은?

3. 이 문단에서 주제문을 뒷받침해주는 문장(supporting sentences 또는 specific details)은 몇 개인가?

4. 이 문단의 결말(the concluding sentence)이 있는가? 있다면 어느 문장인가?

1.53

아래의 주제문에서 주제부 밑에는 실선을, 한정부에는 점선을 그어라.

① 이상적인 선생은 3가지 자질을 갖고 있다.
② 흡연은 사람의 심장과 폐를 손상시킨다.
③ 비흡연자들도 또한 흡연에 의해 영향을 받는다. (이것을 간접흡연이라고 말한다.)
④ 하와이는 파도타기 해안으로 유명하다.
⑤ 대학생들은 많은 종류의 시험을 친다.
⑥ 소형차는 구입하고, 운영하고, 유지하는데 경제적이다.

⑦ 규모가 작은 대학에 다니는 것은 외국학생들에게 몇 가지 이점이 있다.
⑧ 미국인 가족과 동숙하는 것은 외국학생들에게 3가지 이점이 있다.
⑨ 고용주는 어떤 특정한 자질이 있는 사원들을 찾는다.
⑩ 외국학생들은 가끔 문화적 충격으로(culture shock) 고통을 받는다.

1.53.1

다음 4개 문단의 주제는 모두 똑같다. 그러나 주제문의 성격을 규정해주는 한정부 또는 서술부가 다르기 때문에 그 다음에 나오는 구체적 세부사항 또는 주제문을 뒷받침해주는 문장의 내용이 전혀 달라진다. 아래 문단을 읽고 다음 질문에 답하라.

¶ 주제문에 밑줄을 그어라.

¶ 주제문의 주제부에는 동그라미를 그리고, 한정부엔 밑줄을 그어라.

¶ 각 문단의 결말이 있으면 그 아래에 지적하라.

1.53.2

<해변(Beaches)>

A. 해변은 성격이 상이한 사람들에게 각기 다른 종류의 즐거움을 제공한다. 고독형의 사람들은 남들로부터 방해를 받지 않고 일광욕이나 독서를 즐길 수 있다. 사교적인 사람들은 대화상대나 함께 산보할 사람들을 쉽게 사귈 수 있다. 호기심이 많은 사람들은 조가비를 캐거나, 바닷게나 바다갈매기와 같은 해안생물들의 습관을 연구할 수 있다. 운동선수들은 수영이나 파도타기, 조깅, 혹은 미식축구나 배구를 할 수 있다. 모든 유형의 사람들이 해변에서 즐길 거리를 찾을 수 있다.

B. 해변은 여름과 겨울에 재미있다. 여름에는, 수영이나 여러 가지 다른 수상스포츠를 할 수 있다. 만약 당신이 수상스포츠를 좋아하지 않는다면, 해변에서 할 수 있는 스포츠를 즐길 수도 있고 혹은 따뜻한 모래 위에서 느긋하게 쉴 수도 있다. 겨울엔, 해변에 사람들이 덜 붐비기 때문에 해변에서 혼자 산보하기에 좋은 곳이다. 또한 맑은 겨울밤엔, 친구들과 여럿이 커다란 모닥불 주위에 둘러앉아서 서로

이야기도 하고, 소리 내어 웃기도 하고, 노래를 하는 것보다 더 즐거운 일은 없다. 사실 해변은 일년 내내 사람들이 즐길 수 있는 곳이다.

C. 해변은 세계의 다양한 지역에 따라 차이가 있다. 태국에는 수 마일에 걸쳐서 텅 빈 해변이 있다. 그 해변은 여름에조차도 사람들이 붐비지 않으며, 깨끗하고, 아름답다. 당신이 그 해변에서 오후 내내 있어 봐도 단 한사람도 볼 수가 없는 경우도 있을 것이다. 반대로, 일본에는 모든 해변이 사람들로 북적댄다. 일본의 인기 있는 해변에 가보면 앉을 자리를 찾기가 힘들 정도이다. 북유럽의(Northern Europe) 해변은 또 다른 면에서 차이가 있다. 바닷물이 차기 때문에 대부분의 사람들은 단지 일광욕을 하기 위해서 해변에 간다. 프랑스 리비에라 해변은 바위가 많고, 열대에 있는 섬처럼 모래가 많은 것도 아니다. 텅 비어있거나, 사람들로 항상 붐비거나, 바위투성이이거나, 아니면 모래가 많든 적든 상관없이 각각 상이한 종류의 해변은 각기 나름대로 우리가 즐길 수 있는 특성을 가지고 있다.

D. 모든 연령층의 사람들이 해변에서 즐거운 시간을 갖는다. 어린 아이들은 물속에서 첨벙대거나(splash in the water), 파도에 뛰어들거나, 또는 모래 위에서 놀거나 한다. 그들은 왼 종일 모래에 구멍을 파고, 양동이에 모래를 가득 담아 퍼 날라 모래성을 쌓기도 하며 즐겁게 보낸다. 10대들은 서핑을 하거나, 제트스키 그리고 윈드서핑과 같은 활동적인 수상스포츠를 즐긴다. 그들은 또한 해변에서 친구들과 어슬렁거리기를 좋아한다. 심지어 노인들도(senior citizens) 해변에서 즐거운 시간을 보낸다. 그들은 바닷가를 따라 산책을 하거나, 아니면 햇볕을 즐기며 휴식을 취한다. 아이들과 10대들은 물론 심지어 그들의 할아버지나 할머니들까지도 해변에서 즐거운 한 때를 보낼 수 있다.

1.54

✽ 한정부(the controlling idea part)

주제문은 주제부(the topic part)와 한정부, 또는 서술부로 구성되어있다. 다음 주제문에서 밑줄을 그은 부분이 한정부인데, 그 아래에 그 이유를 설명하고 있다.

- 아이들에게 가장 좋은 계절은 겨울이다

위에서 "가장 좋은 계절"과 "아이들"이 한정부인데, 그 이유는 독자들이 왜 겨울이 아이들에게 가장 좋은 계절인지 그 이유와 실례를 들어 설명해 줄 것으로 기대하기 때문이다. 여기서 주제부는"겨울"이다.

• 축구는(soccer) 세계에서 가장 인기 있는 스포츠이다

여기서 주제부는 "축구"인데, 독자들은 이 문단에서 "축구"에 대한 다양한 정보와 왜 축구가 전 세계적으로 인기가 있는지 그 이유를 말해 줄 것으로 기대한다.

• 로스앤젤레스에는 많은 상이한 문화권에서 온 사람들이 거주하고 있다

여기서 주제부는 "로스앤젤레스에 거주하고 있는 사람들"이다. 독자들은 이 문단에서 이 도시를 구성하고 있는 다양한 문화권에서 온 사람들에 대한 정보를 제공해 줄 것으로 기대한다.

1.55

❋ 좋은 주제문의 요건(Features of a Good Topic Sentence)

1) 좋은 주제문은 문단 전체의 내용을 안내하고 통제한다. 주제문만 읽어보아도 그 문단에서 무엇을 말하려고 하는지를 금방 파악할 수 있도록 해야 한다.

2) 좋은 주제문은 모든 사람들이 모두 인정하고 있는 일반적인 사실을 이야기해선 안 된다. 예컨대, "도서관에는 책들이 있다"와 같은 주제문은 좋지 않다. 이것은 너무 명백한 사실이기 때문에 누구나 다 알고 있다. 더 이상 무슨 말이 더 필요한가?

3) 좋은 주제문은 구체적이다(specific). 예컨대, "차는 맛이 있다"라는 주제문은 너무 일반적인 의미이기 때문에(즉 너무 광범위함), 그 다음에 어떤 말이 나올 것인지 알 수가 없어서 좋지 않고, 대신에 "차에는 건강에 좋은 여러 가지 성분이 있다"는 훨씬 구체적이며, 다음에 어떤 내용이 나올 것이지 쉽게 기대 할 수가 있어서 좋은 주제문이다.

4) 그렇다고 해서 주제문이 너무 구체적이어선 안 된다. 예를 들어 "그 사전은 42,000개 이상의 단어를 수록하고 있다"라는 주제문은 너무 구체적으로 주제를 제한하고 있다. 이것은 너무 구체적이기 때문에(too specific) 그 밖에 내용을 더 추가할 사항이 없다.

5) 좋은 주제문에는 좋은 한정부가 있다. 주제문은 주제부와 한정부(the controlling idea part, 또는 서술부=the assertion part)로 되어있는데, 한정부는 주제

부에 대한 견해나 아이디어를 말해주는 부분으로서, 그 문단 전체의 성격을 규명해 주고, 흐름을 안내해 준다. 또한 주제의 범위를 한정, 혹은 제한시켜야 하기 때문에 구체적이어야 한다.

1.55.1

다음에 한 쌍으로 이루어진 주제문을 읽고, 둘 중에서 어느 것이 더 좋은 주제문인지 선택하고, 그 이유를 아래에 설명해라.

1. ⓐ 학교에서는 친구를 사귀는 것과, 또한 공부를 잘 하는 것이 중요하다. ⓑ 나는 철수보다 더 좋은 친구를 앞으로 결코 만날 수 없을 것이라고 생각 한다.
2. ⓐ 나는 태권도를 수련해왔다(Taekwondo). ⓑ 태권도를 수련함으로서 나는 힘과 자신감을 얻을 수 있었다.
3. ⓐ 호주는 흥미가 있는 나라이다(Australia). ⓑ 호주를 방문했을 때, 나는 많은 기이한 동물들을 보았다
4. ⓐ 학교 수업은 오전 8시 30분에 시작된다. ⓑ 아침에 등교준비를 하는 것이 어떤 학교수업보다 더 힘들다.

1.55.2

아래에 쌍으로 된 주제문을 읽고, 둘 중 어느 것이 더 좋은 주제문인지 선택을 하고, 선택되지 못한 문장은 왜 좋지 않은 주제문인지 그 이유를 이래 a, b, c, d 에서 골라서 적어라. 단 그 이유가 하나 이상이 될 수도 있다.

※ 이유

a. 너무 범위가 넓다.
b. 너무 범위가 좁다.
c. 주제부에 대한 필자의 특별한 견해나 구체적인 아이디어가 없다.
d. 주제부에 대해서 하나 이상의 견해나 아이디어를 제시하고 있기 때문에 명확하지 않다.

※ 주제문

1. ⓐ 미국과 영국에서는 많은 사람들이 고양이를 기른다. ⓑ 고양이는 그 주인에게 훌륭한 동반자이다
2. ⓐ 고등학교에서 영어공부를 하면 더 좋은 직장을 얻는데 도움이 된다. ⓑ 우리는 고등학교에서 영어를 배운다.
3. ⓐ 일본, 대만 그리고 한국의 음식과 사람들은 매우 흥미롭고 서로 차이가 있으며, 건물도 마찬가지이다 ⓑ 일본의 전통음식은 한국의 전통음식과 다르다.
4. ⓐ 나의 할아버지는 여러 가지로 나에게 도움을 주셨다. ⓑ 나의 할아버지는 연세가 86세이다.
5. ⓐ 나는 스포츠를 정말 좋아한다. ⓑ 야구는 나에게 인생에 대해서 많은 것을 가르쳐주었다.
6. ⓐ 세계는 현재 많은 환경문제를 안고 있다. ⓑ 남미의 열대 우림을 구하는 것이 중요하다.
7. ⓐ 나는 지난번 수학시험에 A학점을 받았다. ⓑ 나는 수학공부를 위한 비법을 갖고 있다.

1.55.3

아래 각각 3개씩으로 된 주제문 중에서 가장 좋은 것을 골라서 그 번호를 쓰고, 그 이유를 아래에 설명하라.

1. ⓐ 우리 반에서는 여학생들이 남학생들보다 영어성적이 더 좋다. ⓑ 최근의 연구에 의하면, 여자아이들이 남자아이들보다 언어능력이 더 뛰어나다고 한다(better at languages). ⓒ 많은 학생들이 언어를 매우 좋아한다.
2. ⓐ 여러 가지 이유로 고양이는 개보다 더 좋은 애완동물이다. ⓑ 고양이와 개는 모두 포유동물이다. ⓒ 고양이는 수영을 매우 잘하지만, 개는 그렇지 못하다.
3. ⓐ 어제 나는 직장 동료와 점심을 함께 먹지 않았다(co-workers). ⓑ 어제 난 직장에 지각을 했다. ⓒ 어제는 나의 일생에서 최악의 날이었다(the worst day of my life).
4. ⓐ 미국사람들은 조지 워싱턴을 자기 나라의 국부라고 부른다. ⓑ 미국에 수많은 공헌을 했기 때문에 조지 워싱턴을 국부라고 부른다(the Father of the United States). ⓒ 조지 워싱턴은 1789년에 미국의 초대 대통령이 되었고, 그는 국부라고

불린다.

5. ⓐ 많은 캐나다인들은 불어를 하며, 그 중에 소수는 중국어와 일본어를 한다. ⓑ 캐나다의 현재 인구구성은 그 나라의 시민과 이민자들의 다양한 국제적 배경을 반영하고 있다. ⓒ 많은 새로운 이민자들이 서부에 있는 브리티시컬럼비아 주에 거주하고 있는데, 그들 중 독일어를 하는 사람은 많지 않다

1.55.4.

아래에 있는 문단의 일부를 읽고, 맨 앞에 주제문을 각각 써넣어라.

A.____

미국에서 젊은 사람들은 자기 친구들에게 멋있게 보이기 위해서 스포츠카를 구입하는 경향이 있다. 데이트 상대를 구하는 경우에도, 만약 당신이 아버지의 스테이션 왜건(station wagon)을 빌려서 타고 다닐 때보다 코르벳 스팅레이(Corvette Stingray)를 몰고 다니면 여자를 사귀기가 훨씬 쉬어진다. 그러나 부유한 계층의 사람들이 스포츠카를 즐기는 이유는 그들이 지역사회에서 소위 “높은 지위”가 있다는 것을 다른 사람들에게 과시하고 싶기 때문이다. 나는 의사나 변호사가 허름한 폭스바겐(Volkswagen)을 몰고 다니는 것을 본 적이 없다. 마지막으로, 스포츠카는 모험가들에게 매력적인 차이다. 이들은 도로에서 모험을 즐기는 사람들이기 때문이다. 이유야 어떻든 나는 앞으로 스포츠카의 인기는 시드는 일이 없이 확고히 자리 잡을 것이라고 생각한다.

B. ____

첫째는 크기이다. 공룡은 오늘날 지구상에 있는 어떤 동물보다 그 크기가 훨씬 더 컸었다. 둘째, 현재 살아있는 대부분의 파충류들의 다리는 몸통의 측면에 있다. 그러나 공룡의 다리는 몸통의 하부에 있었다. 그렇기 때문에, 공룡은 그들의 뒷다리로 일어설 수가 있었다.

C. ____

첫째, 당신의 몸매가 더 좋아 보일 것이다. 운동은 날씬한 몸매를 유지하고, 건강하게 보이도록 하는데 제격이며, 또 다이어트(diet)하는 것보다 재미있다. 둘째, 실

제로 더 많은 힘을 갖게 될 것이다. 규칙적으로 운동을 하는 사람들은 계단을 오르거나, 언덕을 오르는데 별로 힘이 들지 않는다. 뿐만 아니라, 당신의 심장이 더 튼튼해질 것이다. 튼튼한 심장은 오래도록 건강하게 살기 위해선 필수적이다. 마지막으로, 운동은 스트레스를 감소시키고, 당신의 정신을 건강하게 유지시켜준다. 그렇기 때문에, 만약 당신이 당신의 전반적 건강을 향상시키기를 원한다면, 운동은 아주 훌륭한 방법이다.

D. ____

의심할 여지없이 그것은 먹기가 가장 쉬운 음식 중의 하나이다. 그것을 먹는데 무슨 특별한 식사도구가 필요하지 않다(utensils). 여느 다른 음식들처럼 아주 뜨거울 때 밥상에 올릴 필요도 없다. 뿐만 아니라, 지방질이 거의 없고 컵 당 단지 20칼로리의 열량밖에 없으며 그것 한 컵이면 배가 부르는 "심장 친화적인“ 간식이다. 더욱이 그것은 천연섬유의 중요한 공급원인데, 이 물질은 특정한 종류의 암을 억제하는 중요한 성분이라고 알려져 있다. 이런 정보를 보고도, 현재 팝콘 매출이 전국적으로 치솟고 있다는 사실에 놀라움을 금치 못하는 사람들이 있을까요?

E. ____

이 방법에서는 외국어를 배우는 학습자가 그가 암기하려고 하는 외국어 단어와 이와 발음이 비슷한 모국어 단어를 떠 올려 서로 연관을 시키려고 하는 일종의 음성적 연상을 하게 된다(the target language; native language). 두 번째 단계에선, 목표어 단어, 즉 외국어 단어와 모국어 단어 사이에 이미지 연결을 꾀한다. 예를 들어, 영어를 배우는 일본인 학생이 영어의 “hatchet(손도끼, 자귀, tomahawk)”를 보면, 일본어인 hachi(일본어로 8이란 뜻)와 연관시키려고 한다. 일본학생은 머릿속으로 나무를 자르기 위해서는 “도끼로 여덟 번 찍어야 된다”는 식으로 ”hatchet”란 단어를 기억하려고 할지도 모른다. 스페인어를 배우는 미국학생은 스페인어인 “trigo(wheat, 밀)”란 단어를 영어인 “tree and go”를 연상하며 암기하려고 할 것이다. 어떤 사람들에겐 이런 독특한 방법이 외국어 학습에 효과적이다.

1.55.5

다음 3개의 문단을 읽고 그 아래 질문에 답하라.

A. <브레일 점자(Braille, 點字)>

브레일은 맹인들이 읽고, 쓸 수 있도록 특별히 고안된 통신시스템이다. 브레일 문자는 점과 돌기를 다양하게 조합시킨 것이다(bumps and dots). 맹인들은 손가락 끝으로 점과 돌기가 조합된 모양을 만져보고 글자를 읽는다. 브레일은 63개의 글자로 된 특수한 부호 체계이다. 각각의 글자는 가로로 3줄, 세로로 2줄씩 총 6개의 자리가 있는 직사각형 모양의 틀 속에 점과 돌기가 다양하게 배열되어있다. 예컨대, 영어의 "C"는 맨 위의 2자리에 돌기가 나있고, 나머지 4자리는 편편한 점으로 되어있다. 브레일이란 명칭은 1899년대 이 특수문자를 창안해 낸 프랑스의 과학과 음악 교사였고 또 그 자신도 맹인이었던 루이스 브레일의 이름에서 따온 것이다. 이처럼 간단하지만 그러나 효과적인 통신체계 덕택에 오늘날 수백만의 맹인들이 읽을 수 있게 되었다.

1. 위 문단의 주제는?

2. 위 문단의 주제문은?

3. 위 문단에서 나머지 문장들이 주제문을 뒷받침해주고 있는가? 주제문과 직접적인 관계가 없는 문장을 골라 아래에 적어라

4. 위 문단에서 결말이 있는가? 있으면 골라내라.

B. <컴퓨터는 학생의 가장 좋은 친구가 될 수 있다>

컴퓨터는 학생들을 도와주는 훌륭한 기계이다. 컴퓨터가 나오기 전에는 학생들은 길고 지루한 연구를 하기 위해서 도서관에 가야만 했다. 많은 경우에 학생들은 유용한 정보를 얻기 위해 4 - 5시간 동안 책을 읽어야했다. 그러나 요즈음엔 학생들

이 필요한 정보를 얻기 위해서 그들의 집에서 컴퓨터를 사용할 수 있게 되었다. 어떤 컴퓨터는 매우 값이 비싸다. 내 친구는 거의 3천불이나 되는 컴퓨터를 구입했다. 컴퓨터는 확실히 학생들의 삶을 한층 쉽고 편리하게 만들었다.

1. 위 문단의 주제는?

2. 위 문단의 주제문은?

3. 위 문단에서 주제문과 직접적인 관계가 없는 문장이 있는가? 있다면 골라내서 아래에 적어라.

4. 위 문단에 결말이 있는가? 있다면 골라내라.

C. <쉽게 만들 수 있는 샌드위치>

계란 샐러드 샌드위치(egg salad sandwich)는 우리가 가장 쉽게 만들 수 있고, 가장 맛있는 요리 중의 하나이다. 첫째, 계란 3개를 5분 동안 삶아라. 계란이 식으면, 껍질을 벗겨내고서 사발그릇에 넣어라. 포크를 사용해서 계란을 잘 으깨라. 마요네즈 5 스푼을 넣어라. 각자의 기호에 따라 간을 맞추기 위해서 소금과 후추 가루를 추가하라(to taste). 이 재료를 잘 섞어라(ingredients). 계란 샐러드를 냉장고에 30분 동안 넣어두고 냉각시켜라. 먹기 직전에 빵 조각에 계란 샐러드를 바르고 나서 이제 먹기만 하면 된다.

1. 위 문단의 주제는?

2. 위 문단의 주제문은?

3. 위 문단에서 주제문을 뒷받침해주지 않는 문장이 있는가? 있다면 아래에 적어라.

4. 위 문단의 결말이 있는가? 없다면 아래에 만들어 써보아라.

1.56

✻ 좋은 결말(Good Concluding Sentences)

여기서 일단 학습을 한 문단의 결말은 독자에게 이제 문단이 끝났다는 신호를 보내는 역할을 하는데, 보통 다음과 같은 수단을 사용한다. 첫째, 주제문을 다른 표현으로 바꿔서 다시 언급함으로서 독자에게 문단의 주제를 강조하거나 상기시켜준다(restate). (결론은 11과에서 학습하게 되어있다.) 둘째, 문단의 주요 내용을 요약해준다(summarize). 셋째, 주제의 한 측면에 대해서 예측을 한다(make a prediction). 넷째, 주제와 관련해서 제안이나 조언을 한다(make a suggestion or give advice connected to the topic). 다섯째, 필자 개인적인 논평을 하거나(make a personal comment), 자신의 개인적인 느낌 또는 견해를 말한다(opinions). 그렇다고 결말에서 주제와는 관계가 전혀 없는 완전히 새로운 아이디어를 말해서는 안 된다.

1.56.1

A. "조삼형 아저씨"란 문단의 결말이 만약 다음과 같다면, 다음 중 어느 방법을 사용한 것인가? 앞에 있는 빈 칸에 해당 번호를 적어라.

(1) 조삼형 아저씨는 내가 지금까지 만났던 사람들 중에 가장 놀라운 사람이다. (2) 그는 우리 학교에 와서 자신이 감옥에서 경험했던 고된 생활에 대해서 이야기를 했다. (3) 그는 15년간의 감옥생활을 했다. (4) 비록 젊은 시절에 그가 많은 실수와 잘못을 저질렀으나, 현재는 그의 생활태도를 완전히 바꾸었다. (5) 그는 감옥에서 폭력이 난무하는 것을 보았기 때문에, 고등학생들에게 자신의 경험을 이야기해줌으로서 그들에게 도움이 되길 바란다. (6) 조삼형 아저씨는 키가 크고, 강하다. (7) 그가 거미 문신을 하고 있기 때문에 약간 무시무시하게 보인다(spider tattoos). (8) 나에게 가장 기억에 남는 것은 그의 여린 성품이다. (9) 그는 진심으로 젊은 사람들을 도와주고 싶어 한다. (10) 나는 조삼형 아저씨와 같은 사람을 전에 한번도 만난 적이 없다.

1. 바꿔서 말하기(restate) 2. 요약하기(summarize) 3. 예측하기(predict)
4. 제안이나 조언하기(suggest or advise) 5. 기타

a. (　　) 나는 조삼형 아저씨와 같은 사람을 결코 만난 적이 없다.

b. (　　) 나는 조삼형 아저씨가 많은 10대 소년, 소녀들이 감옥에 가지 않도록 도와줄 것이라고 생각한다.

c. (　　) 누구나 감옥 생활을 해본 경험이 있는 사람과 대화를 해봐야 한다.

d. (　　) 조삼형 아저씨의 독특한 경험, 외모, 그리고 성품은 사람들로 하여금 그를 오래도록 기억하게 만든다.

B. 아래에서 왼쪽은 주제문이고, 오른쪽은 결말이다. 오른쪽 결말의 번호를 그에 해당되는 왼쪽 주제문의 빈 칸에 적어 넣어라.

a. (　　) 나는 내 아버지의 많은 장점들에 대해서 감탄을 한다.	1. 여러분은 그가 친절하고, 사교적이며, 웃기를 좋아한다는 것을 금방 알 수 있을 것이다.
b. (　　) 나는 내 삼촌의 얼굴이 그의 성격을 그대로 나타낸다고 생각한다.	2. 비록 그녀가 직장에서 힘들게 일을 하지만 그녀는 항시 나를 위해 시간을 내준다.
c. (　　) 해리 포터(Harry Potter)의 역을 맡은 대니얼 래드클리프(Daniel Redcliffe)는 내가 좋아하는 배우이다.	3. 그가 젊었을 때 죽은 이유는 아마 그의 건강이 악화되었기 때문일 것이다.
d. (　　) 나는 나의 사학 교수를 보면 언제나 깜짝 놀라곤 했다.	4. 내가 자라면, 나는 내 아버지와 똑같이 되기를 바란다.
e. (　　) 나의 어머니는 매우 바쁜 사람이다.	5. 그녀를 보면 겁부터 났으나, 나는 그녀의 힘든 수업과 엄격한 성격으로부터 많은 것을 배웠다.
f. (　　) 나이가 들어감에 따라 엘비스(Elvis)의 몸과 건강이 변했다.	6. 나는 그가 나이가 들어감에 따라 연기력이 계속 향상되어 더 많은 영화에 출연할 것으로 생각한다.

1.56.2

다음 3개의 문단을 읽고, 주제문이 있으면 어느 것인지 아래에 적고, 만약 주제문이 없으면 만들어 써넣고, 나머지 문장들 중에 주제문을 뒷받침해주지 않는 세부사항, 즉 주제문과 직접적인 관계가 없는 문장이 있으면 동그라미로 표시를 하고, 결말이 있으면 어느 것인지 밝히고, 만약 없으면 만들어서 써보아라. 그리고 각각의 결말이 앞에서 배운 어느 방법을 사용하고 있는지 설명하라(즉, restate, summarize, predict, suggest, advise, comment 등).

A. <민물 거북(River Turtles)>

민물 거북을 기르는 일은 많은 사람들이 생각하는 것보다 훨씬 쉬운 일이다. 많은 장비가 필요 없고, 그저 커다란 수족관, 몇 개의 바윗돌, 모래, 그리고 약간의 수초만 있으면 된다(equipment, aquarium). 이런 장비를 구입한 후, 모든 품목을 수족관 안에 배열한다. 민물 거북들이 수영할 수 있는 공간을 마련해주는 일을 잊지 마라. 만약 당신이 대형 거북을 갖고 있다면, 당신의 집 뒤뜰에 작은 연못을 만들어야 할 필요가 있을 것이다. 이런 간단한 단계를 마치고 나면, 이제 당신의 집은 새로운 애완동물을 맞이할 준비가 된 셈이다.

B. <대학생활에 적응하기(College Adjustments)>

내가 처음 대학교에 다니기 시작했을 때, 나는 내가 해야 할 전체 학습량에 놀라지 않을 수 없었다. 고등학교에서는 내가 별로 공부 하지도 않았는데 나의 성적은 매우 좋았다. 대학교에서는 모든 교수들이 매일 산더미처럼 많은 숙제를 내주는 것 같았다. 교수들은 모두 자기 수업이 가장 중요하다고 생각했다. 나는 수많은 페이지의 정보를 읽어야했기 때문에 더 이상 텔레비전을 볼 수가 없었다. 그 결과, 내가 친구들과 밤에 외출하는 기회가 줄어들었다. 나는 오직 토요일 밤에만 외출했다. 그것은 내가 하루걸러 매일 밤 외출을 했었던 고등학교 시절과는 커다란 변화였다. 비록 처음엔 내가 반드시 해야 할 공부의 양에 대해서 놀랬으나 나는 나의 습관을 어렵사리 바꾸게 되었고, 그래서 매우 훌륭한 대학생이 되었다.

C. <미국 대학에 입학신청하기(Applying for Admission to an American University)>

첫째, 당신은 모든 필요한 학교 기록서류를 요청하고, 그리고 나서 이를 제출하기 위해 충분한 시간이 필요합니다(academic records). 성적 증명서, 졸업장, 그리고 여러 가지 필수적인 공인 시험성적과 같은 그런 서류들이 대학교에 도착하는 데는 보통 오랜 시간이 걸립니다(standardized test scores). 당신은 이런 서류가 입학 신청 마감일 전에 대학교에 도착하도록 확실히 해두어야 합니다. 둘째, 대학 입학 심사처도 당신의 학교 기록을 심사해서 당신의 입학 허용여부를 결정하기 위해서 충분한 시간이 있어야 합니다(the admissions office). 마지막으로, 많은 미국 대학교는 매 학기 입학인원 할당 수 제도를 갖고 있습니다. 만약 당신이 너무 늦게 입학 신청을 하면, 당신이 입학하기를 원하는 학기에 빈자리가 없을 수도 있습니다. 이러한 간단한 절차를 따르면, 당신이 미국 대학에 신속하고, 용이하게 입학하는데 도움이 될 것입니다.

1.57

❀ 구체적 세부사항 또는 뒷받침 해주는 문장(Specific Details or Supporting Sentences)

앞에서 공부한대로 하나의 문단은 다음과 같은 3가지 종류의 문장으로 구성되어 있다.

1. 주제문
2. 구체적 세부사항 또는 뒷받침해주는 문장
3. 결말(the concluding sentence)

이 중에 주제를 뒷받침해주는 문장(혹은 구체적 세부사항)이란 "주제를 기술하거나, 설명하거나, 구체적 세부내용을 추가하거나, 혹은 주제에 대한 많은 정보를 제공한다." 간단히 말하면, 주제문의 내용을 증명하거나 혹은 뒷받침해주는 것이다. 이렇게 주제문을 뒷받침해주는 혹은 지원해주는 문장들은 문단의 통일성을 유지해야 한다(paragraph unity). 통일성이란 모든 지원해주는 문장들은 오직 주제문의 내용과 직접적인 관계가 있어야 한다는 원칙이다. 예컨대, 만약 어느 집 거실을 묘사한 문단을 쓰려면 그 거실에 대해서만 써야지 다른 방에 대해서 언급을 해서는 안 된다. 또 만약 "흡연이 해롭다(Smoking Is Harmful)"는 주제에 관해서 글을 쓰려면, "많은 사람들은 긴장을 풀기 위해서 담배를 핀다."는 문장은 "흡연이 해롭다"는 주제와 직접적이 관계가 없기 때문에 삭제시켜야한다. 아래에 이 문장들의 대표적인 역할과 예문을 제시했다.

1.57.1

✽ 주제문을 뒷받침해주는 문장(또는 구체적 세부사항)의 종류(Kinds of Supporting Sentences):

* **설명**: 그 가족은 경제적 이유 때문에 그 마을에서 수도로 이사했다
* **기술/묘사**: 그녀는 숲으로 둘러싸인 아름다운 3층짜리 대 저택에서 살았다.
* **이유**: 그는 스트레스가 많은 근로환경 때문에 마침내 직장을 그만두었다.
* **사실**: 미국 대학교 학생의 10% 이상이 외국 학생들이다.
* **실례(examples)**: 오렌지와 자몽은 플로리다에서 자란다.
* **설명**: 나의 할머니는 사모바르(러시아의 차 끓이는 주전자)를 갖고 있다. 그것은 차 끓이는 커다란 구리 단지이다.

1.57.2

다음은 하나의 문단을 구성하는 문장들인데, 순서를 뒤바꿔 놓았다. **빈 칸에 올바른 순서대로 1, 2, 3, 등의 일련번호를 적고**, 그 옆에 주제문은 T(the topic sentence), 주제문을 뒷받침해주는 문장은 S(supporting sentence), 그리고 결말은 C(the concluding sentence)라고 써라.

a. (　　) 그래서 나는 중고품 자전거 염가 판매에서 250불을 주고 지난주 자전거 한 대를 샀다.
b. (　　) 그 자전거이 새깔은 붉은 새, 흰색, 그리고 청색으로 되어있다.
c. (　　) 그것은 아주 좋은 자전거이기 때문에 앞으로 나는 그것을 타고 재미를 만끽해 보려고 한다.
d. (　　) 산악자전거는 우리 동네에서 매우 인기가 높기 때문에 누구나 한 대씩 가지고 있다.
e. (　　) 그 자전거는 일년쯤 되었는데도 마치 신품처럼 보인다.
f. (　　) 그것은 내가 울퉁불퉁하고, 돌이 많은 험한 산길에서도 타고 다닐 수 있는 자전거처럼 보인다.

1.57.3

다음 2개의 주제문은 각기 다른 종류의 다이어트(음식, 식이 요법, 체중 조절을 위한 규정식)에 관해 이야기하고 있다. 그 밑에는 이 주제문을 각각 뒷받침해주는 문장이 있는데, **빈 칸에 해당 주제문의 번호를 써 넣어 짝을 짓고, 그 종류를 말하라.**

1. 저지방 식사는 날씬한 몸매와 건강을 유지하기 위한 탁월한 방법이다.
2. 고단백질 식사는 운동선수와 운동경기자들이 선호한다.

a. (　　) 이 음식들은 근육을 키우고 체력을 강화하는데 도움이 된다.

b. (　　) 그런 음식들은 일반대중이 선호하는데 왜냐하면 체중감량에 도움이 되기 때문이다.

c. (　　) 저지방 음식은 대부분의 의사들이 권장하고 있다

d. (　　) 많은 운동선수들은 육류, 콩 종류, 그리고 견과류와 같은 고단백질 음식을 먹는다.

e. (　　) 저지방 음식에는 과일, 채소, 그리고 파스타(밀가루 반죽 음식)가 있다.

f. (　　) 저지방 음식은 상점에서 쉽게 구할 수가 있기 때문에 편리하다.

g. (　　) 운동선수는 일반적으로 고단백질 음식이 더 높은 에너지를 제공 해주기 때문에 애용한다.

h. (　　) 아삭아삭하게 찐 채소, 구운 생선, 육류, 그리고 닭고기는 대표적인 맛좋은 저지방 음식에 속한다.

1.57.4

다음 주제문을 읽고, 그 다음에 나오는 구체적 세부사항(또는 주제를 뒷받침해주는 문장)들이 어떤 질문에 대한 답을 해주어야 하는지 그 질문을 빈 칸에 써넣어라. 이 때 "누가, 무엇을, 언제, 어디서, 어떻게, 왜(who? what? when? where? how? why?)"로 시작되는 의문문을 사용하라.

＊ 예 : (주제문) 흡연은 모든 공공시설에서 금지되어야 한다.
(질문) 왜 흡연을 금지시켜야 하는가(banned)?

1. (　　) 4종류의 독사가 플로리다를 서식처로 삼고 있다.

2. (　　) 창문이 없는 교실은 학생들에게 유해한 영향을 끼친다.
3. (　　) 컴퓨터 기술은 언젠가는 도서관의 용도를 폐기시킬 것이다.
4. (　　) 피아노를 배우는 일은 사람들이 생각하는 것만큼 어렵지 않다.
5. (　　) 나는 나의 남자친구가 나에게 결별을 선언했던 그 날을 결코 잊을 수가 없을 것이다(broke up with).

1.57.5

아래 왼쪽 칸에는 일반적인 주제(a general topic), 즉 광범위한 이야깃거리, 쓸거리, 또는 소재가 주어져 있다. 그것에 대해 머릿속에 생각나는 아이디어를 그 밑에 적어라. 이것을 브레인스토밍(brainstorm some ideas)이라고 부르는데, 어떤 대상에 대해서 "아이디어를 생각해낸다"는 뜻이다. 오른 칸에는 이렇게 생각해낸 아이디어를 바탕으로 주제문을 써 넣어라. 다음에 예가 있다.

(일반적)주제: 생각해낸 아이디어(Brainstorming ideas): · -	주제문
예) 주제: 휴가(vacation) · 유형(여름, 신혼) · 여행 목적지: 국립공원, 카리브 섬 · 추억거리(왜 그 여행이 특별했는가?)	나는 나의 2000년 여름휴가를 결코 잊을 수가 없다.
1. 수학 · 내 친구는 수학 도사이다. · 왜 수학을 어렵게 생각하는가? · 기초가 없기 때문이다 · 다양한 문제 풀이 · 수학적인 머리가 따로 있나? · 수학 도사 따라하기	
2. 나의 가장 친한 친구(my best friend) · 친구의 종류	

· 훌륭한 친구의 자질
· 좋은 친구의 조건
· 어려운 때 도와준다.
· 친구간의 우정에서 배운 교훈
· 정직하다

3. 음식점
· 음식의 종류, 다양성
· 맛과 전문성
· 한식, 일식, 중국식, 패스트푸드
· 서비스, 친절성, 청결성
· 위치(집 근처, 야외, 주차 시 접근성)
· 내부 디자인, 실내 장식

4. 스포츠(sports)
· 종류(육상, 구기 종목, 해상 및 수중 스포츠), 격투기, 암벽 등반 [rock-climbing], 권투)
· 경기 진행방식(속도감, 엄정한 규칙, fair play, 공정한 심판)
· 좋아하는 이유(속도감, 모험심, 용기, 담력, 무력감, 일체감)
· 전술, 전략, 선수들의 기량, 기술
· 체육관, 역도(weight-lifting), 체중감량, 날씬한 몸매, 규칙적 운동

1.57.6

위에서 완성한 4개의 주제문 중 2개를 골라서 그 주제문에 대해서 4가지 질문을 해보아라. 이 때 아래 예문에서처럼 "누가, 무엇을, 언제, 어디서, 어떻게, 왜(who? what? when? where? how? why?)"로 시작하는 질문을 해보아라.

주제문: 내 일생에서 최고의 휴가여행은 2000년 여름방학 동안에 경험한 것이었다.
질문: a. 왜 그것이 최고의 여행이었나? (Why?)

b. 어디로 여행을 갔나? (Where?)

c. 무슨 일이 있었나? (What?)

d. 누구와 같이 갔었나? (Who?)

1. 주제문: ______________________________

질문 : a.

b.

c.

d.

1. 주제문: ______________________________

질문 : a.

b.

c.

d.

1.57.7

만약 주제에 대해서 너무 많은 정보를 제공하면, 독자는 필자가 무슨 말을 하려는지에 대해서 혼란을 일으킬 수가 있다. 아래 예에서처럼 다음 2개의 문단을 읽고 앞에 번호가 적힌 문장이 주제문을 뒷받침해주는 좋은 문장인지 혹은 아닌지를 가려내어 그 아래 번호 다음에 O 혹은 X로 표시하고, 그 이유를 간략하게 설명하라.

+ 예 <유년시절에 겪는 통과의례(Rules/Passage Rites of Childhood)>

내가 어린 아이였을 때, 나의 부모는 나에게 매우 엄하였다. 내 생각엔, 내가 독자였기 때문에 나를 보호하려고 그랬던 것 같다. 그러나 그 당시엔 나는 마치 감옥살이하는 것처럼 느꼈다. 나는 학교 수업이 끝난 후 곧장 집으로 와서 그 즉시 숙제를 해야만 했다. (1) 나는 숙제를 끝낸 후, 나는 단 1시간동안 텔레비전을 보도록 허용되었다. 내 친구들은 비디오게임을 하거나 만화영화를 보는 동안 나는 어머니를 돕기 위해 집안 허드렛일을 하고 있었다. (2) 이런 잡일에는 세탁, 다리미질, 잔디 깎기, 그리고 저녁식사 준비를 돕는 일이 포함되었다. (3) 나의 아버지는 건축가였고, 나의 어머니는 가정주부였다. 돌이켜보면, 나는 그런 모든 힘든 일에 대해서 섭섭하게 생각하진 않지만 그러나 나는 내 아이들에게 그 보다는 덜 엄하게 대할 것이다.

1.57.8

A. <수영장의 유지관리(Maintaining Your Pool)>

수영장은 보기에는 아름답지만 매일 유지관리가 필요하다. 첫째, 당신은 수영장 내의 염소의 양을 점검해야한다. ⓐ 만약 염소가(chlorine) 충분하지 않으면, 해조류가 자라날지도 모른다. 뿐만 아니라, 특히 폭풍우가 지나간 후에 페하 수치(the PH level)를 검사해야한다. 수영장 물의 페하 수준의 균형을 맞추기 위해서는 특정한 화학약품을 첨가해야한다. ⓑ 만약 당신이 이런 화학약품을 어쩌다가 잘못 삼키게 되면, 즉시 의사에게 가야한다. ⓒ 마지막으로, 당신은 수영장에 있는 나뭇잎이나 작은 곤충들을 제거해야한다. 이런 모든 일들을 했을 때만, 당신의 수영장은 장기간동안 존속이 가능할 것이다.

B. <달콤한 꿈(Sweet Dreams)>

어떤 사람들은 밤에 잠이 드는데 고생을 한다(falling asleep). 잠을 자기 전에 긴장을 풀기 위해서 당신이 할 수 있는 3가지가 있다. ⓐ 긴장을 풀기 위한 가장 유쾌한 방법 중의 하나는 아름답고 평화스러운 장소를 상상해보는 것이다. 이 방법은 창조적 마음이 요구되긴 하지만, 그러나 매우 효과적이다. 또 하나의 흔한 방법은 심호흡 운동을 하는 것이다. 이런 주기적 반복운동은 사람들을 잠 못 들게 하는 원인이 되는 긴장을 해소하는데 효과가 있다. ⓑ 세 번째 방법은 고전음악이나 바로크음악과 같은 긴장을 풀어주는 음악을 듣는 것이다. ⓒ 바로크음악은 또한 학생들이 공부를 더 잘하는데 도움이 되기 때문에 인기가 있다. 몇몇 사람들이 잠이 드는데 도움이 되는 나름대로의 별난 방법을 개발했지만, 이 3가지 방법은 잠드는데 문제가 있는 대다수의 사람들에게 지극히 효과적이다.

C. <연습문제>

다음 주제에 관해서 하나의 문단을 써보아라. 주제에 대한 아이디어를 얻는 방법은 주제에 대해서 "who? what? when? where? how? why?"로 시작하는 질문을 함으로서 주제문을 뒷받침해주는 구체적 세부내용들을 생각해 낼 수가 있다. 바로 이런 과정이 소위 "생각을 키워주는 과정"이란 사실을 명심하라.

1. 아이에게 가장 좋은 애완동물
2. 에너지를 보존할 수 있는 방법
3. 건강에 좋은 음식
4. 컴퓨터의 등장은 인간사회를 어떻게 변화시키고 있는가?
5. 인간생활에 혁명을 가져온 인터넷

1.58

❀ 브레인스토밍을 통한 아이디어/주제 찾기(Brainstorming Ideas/Topics for Writing)-12과 참조

글을 쓰기 위해서는 먼저 주제를 생각해내고, 그 선택된 주제에 대해서 쓸거리 즉 소재를 개발해야 되는데, 이런 모든 단계에서 브레인스토밍이 필요하다. 그러나 머리 속에 생각나는 것을 그대로 적어 내려가는 것도 나름대로 좋은 방법이긴 하나 생각이 안 떠오르는 경우도 있고, 또 체계적인 방법은 못된다. 따라서 시행착오를 좀 더 줄이고, 실패할 확률이 낮은 방법을 함께 사용하는 것이 현명한 일이다. 주제나 소재 등이 머리 속에 떠오르지 않는다면 매 단계마다 다음 6가지 질문을 해 보아라(ask WH-questions about your topic). 즉, "누가(who)? 무엇을(what)? 언제(when)? 어디서(where)? 어떻게(how)? 왜(why)?

⊃ 예 1) 만약 이야기체 논술문(narrative essay)을 쓰려고 한다면, 자신의 경험 중에 신나거나(exciting), 힘이 들었거나(difficult), 훌륭하거나(wonderful), 또는 놀랬던(frightening) 일들을 기억해 내서 다음과 같은 질문을 던져가면서 주제를 생각해 낸다.

- 나의 인생에서 중요한 때가 언제였는가(when)?
- 내가 경험한 일 중에 무엇을 쓰고 싶은가(what)?
- 내가 경험한 사건 중에 독자들에게 이야기를 해주고 싶은 것은(what)?
- 나의 특정한 경험에 대해서 나는 어떻게 느꼈는가(how)?
- 내가 쓰고 싶은 사건이나 경험에서 관련된 사람들은(who)?
- 내가 그 사건이나 경험을 이처럼 생생하게 아직도 기억하고 있는 이유는 (why)?

• 그 사건이나 경험이 나에게 어떤 변화를 가져왔는가(what change or effect)?
• 내가 읽었던 책, 보았던 영화, 또는 다른 사람에게서 들었던 이야기 중 독자들에게 이야기를 해주고 싶은 내용은(what)?

다음과 같은 일반적인 주제(general topic)로부터 시작하여 좀 더 구체적인 주제(specific topic)를 생각해내고, 선택된 주제에 대한 쓸거리, 즉 소재를 생각해내기 위해서 6가지 질문을 한다.

⊃ 예 2) 일반적 주제(general topic): 독립기념일 축하행사(Celebrating Independence Day)

6가지 질문 (WH-questions):
• 독립기념일을 누가 축하하는가(who)?
• 독립기념일의 역사적 배경은(what)?
• 언제 축하행사가 개최되는가(when)?
• 어디서 축하행사가 열리는가(where)?
• 왜 축하행사를 하는가(why)?
• 어떻게 축하행사가 진행되는가(how)?

위 질문에 대한 답을 생각해본 결과, 주제는 "미국의 독립기념일(U.S. Independence Day)"로 정했고, 브레인스토밍 하여 다음과 같은 아이디어를 얻었다.

* 애국심(patriotism), 불꽃놀이(fireworks), 피크닉(picnic), 떠들썩한 소리(loud noises), 빨간색, 흰색, 청색(red, white, and blue), 자유(freedom), 스포츠(sports), 가족(family), 온화한 날씨(warm weather), 퍼레이드(parade), 국기(flag), 퇴역 군인(veterans)

이와 같은 내용을 클러스터링(clustering/아이디어 다발, 또는 아이디어 지도/idea map) 기법을 사용하여 다음과 같은 그림을 완성한다. 이런 그림을 그리는 목적은 서로 관련된 내용들은 같은 집단으로 모으고, 서로 관련된 것들 사이엔 줄도 그어가며 연결시키는 것이다. 즉 대표제/대논지(main headings/major points)와 소표제/소논지(subheadings/ minor points) 등으로 집합/분류하려는 것이다.

다음 단계는 위 그림을 바탕으로 내용을 첨삭한 다음 논리적 순서대로 개요(outline)를 작성한다.

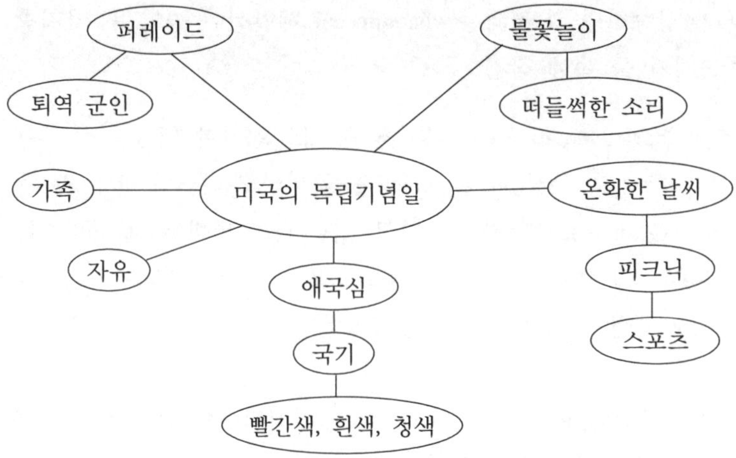

➲ 예 3) 원인/결과 관계를 사용하여 글을 쓰려고 할 때, 주제를 뒷받침해줄 구체적 내용을 생각해내기 위해서 6가지 질문을 해본다. 예컨대, 과체중 문제(overweight), 주식 시장의 붕괴(a stock market crash), 비행기 추락사고(airplane crash), 바터 제도(a barter system)를 주제로 한 글을 쓰려면, 각각의 주제에 대해서 그 원인은 무엇인가(what are its causes), 그 결과는 어떻게 되는가(what are its effects)를 물어서 그 대답으로부터 글의 소재를 찾아낸다. 다음 질문에 대해서 적어도 3가지 이상의 답변을 생각해내서 논설의 대표제/대논지로 사용한다.

1. 사람들은 왜 과체중이 되는가(why)?
2. 주식시장이 붕괴된 후에 어떤 일이 발생하는가(what effects)?
3. 비행기 추락은 왜 일어나는가(what causes)?
4. 돈 대신 바터 제도를 사용하면 그 결과는(what effects)?

➲ 예 4) 만약 "오존층 파괴의 지구 환경에 미치는 영향"이란 주제에 관한 소재를 얻기 위해선 다음과 같은 질문을 할 수가 있다.

1. 왜 오존층이 파괴되는가(why/causes)? 불소 화합물의 사용, 공해, 열대 우림의 잠식
2. 오존층이 파괴되면 그 결과는(what/effects)? 자외선 증가, 지구의 사막화, 대양의 수위 상승으로 해안선이 줄어듦
3. 사막화의 실례와 그 결과는(what/effects)? 가뭄, 경작지의 감소, 식량 부족, 사하라, 모래 폭풍, 황사 현상

5. 대양의 수위가 상승하면 그 결과는(what/effects)? 해안선이 줄어 듬, 극지방 얼음이 녹음, 해안도시가 물 속에 잠김

ↄ예 5) 논쟁체 논술(argumentative essay)을 쓸 땐, 어떤 문제에 대한 찬성 혹은 반대 주장을 해야 하고, 찬성 측 주장(pro argument)을 하더라도 반드시 반대 측 주장(con argument/counter-argument)도 함께 제시하고, 이를 다시 반박(refutation)하는 순서로 진행하게 된다. 예컨대, "학교에서 체육교육의 의무화(Mandatory Physical Education in School)"라는 주제에 대한 찬성 주장을 할 때, 다음과 같은 질문을 하여 소재를 얻을 수 있다.

1. 체육교육을 의무화해야하는 이유는(why/reasons)? 어린이의 건강 증진, 사회생활에 도움, 생존 훈련/교육, 전문교육을 받은 체육교사/우수한 학교시설
2. 가정이 아닌 학교에서 체육교육을 시켜야하는 이유는(why/reasons)? 잘 훈련된 체육교사, 우수한 학교시설과 장비, 전문 체육교사가 학생의 운동 소질/자질 조기 발견
3. 학교체육이 사회생활에 도움이 되는 이유는(why)? 팀워크를 배움, 건강한 경쟁의 이점을 배움, 약자에 대한 배려
4. 반대 측 주장은(what/counter-argument)? 일부 학부모들은 학교에서는 학술 과목만 가르쳐야한다고 주장
5. 이에 대한 반박은(what/refutation)? 학부모들은 아이들이 충분한 운동을 하는지 확인할 수 있는 시간/자원이 없음, 아이들의 심신단련은 학교의 책임/의무임

1.59

✽ 다른 방법을 통한 아이디어/자료 수집하기

한 개인이 알고 있는 지식/경험은 한계가 있기 때문에 전문 지식이 필요한 논술이나 학술논문을 쓸 때는 다양한 방법을 강구해야한다. 전문가를 찾아가서 조언을 구하거나, 인터넷 대화방(chat room), 토론그룹(Internet discussion group), 도서관, 현장 학술조사(field research, 즉 전문가 면담, 논문 읽기, 강의 참석, 정부의 기록/자료 검토 등), 또는 웹(the World Wide Web)을 통해서 주제에 대한 아이디어나 자료를 구할 수 있다. www.google.com에 들어가, 예컨대, "description+essay"를 입력하면 묘사체 논술문

에 대한 참고자료가 수도 없이 많이 나오고, 또 "cover letter+resume"를 입력하면 커버레터(표지말)에 대한 자세한 설명과 예문도 수도 없이 많다. 오히려 너무 많아서 취사선택이 어렵다. 여기서 중요한 것은 영어 실력이 있어야한다. 참고로 제목별(using an Internet Subject Directory), 또는 키워드별(using an Internet Keyword Search)로 검색해보려면, /lycos.com/ yahoo.com/ altavista.digital.com/ excite.com/ google.com/ 등이 있고, /dogpile.com/ mamma.com/ metacrawler.com/ 등은 메타 검색엔진(meta-search engine)이며, 미 의회도서관은 www.loc.gov이다. 그리고 만약 어떤 단어를 사전에서 찾아봐도 안 나올 때는 www.answers.com이나 http://en.wikipedia.org에서 찾을 수 있고, 또 영어문제에 대한 의문이 있을 땐 www.englishforums.com/English에 들어가면 전 세계 영어 선생들이 도와주려고 발 벗고 나설 것이다.

제2과 시간 및 공간순서
(Time and Space Order)

Ⅰ. 학습요점

시간순서에 초점을 두고 시간과 공간이 상호관련 된 시간순서에 따라 배열하고, 이에 관련된 단어나 어구들의 사용에 관하여

Ⅱ. 검토사항

이 단원에서는 다음과 같은 요소들을 공부한다.

A. 다음의 용어에 익숙하게 될 것이다.

1. 시간순서, 시간의 연속, 연대적 순서, 공간순서
2. 시간을 나타내는 단어
3. 붙박이 시간순서(built-in time sequence)

B. 다음과 같은 시간을 나타내는 어구를 사용하여 2개의 사건의 전후 관계를 나타나게 할 것이다. 즉 '그리고, 하는 동안, 전에, 앞서, 뒤에, 후에'와 같은 표현들

C. 문장 간에 또 문단 간에 있어서 사건의 시간순서를 구성하는 방법

문단 전개

앞에서 학습한 1과에서 우리는 문단의 구성요소에 관해서 검토하였다. 즉, 주제(topic), 주제에 관한 단언(assertion), 주제문(topic sentence) 또는 통합문(general statement), 주제문을 뒷받침해주는 구체적 세부사항(specific details), 결말(the concluding sentence) 등이다. 우리는 주제부와 서술부(한정부)를 합한 것이 주제문이라는 것을 알았다. 또 모든 구체적 세부사항이 오직 주제문을 지원하고, 뒷받침하기 위한 기능을 한다는 것도 알았다. 우리는 같은 표현이라도 한 문단에서는 주제문이 될 수 있지만, 다른 문단에서는 구체적 세부사항의 역할 밖에 못한다는 것도 알았다. 따라서 어떤 문단에 속하는가에 따라서 그 기능이 달라진다. 우리는 또한 주제문은 정확하게 또 엄밀하게 구체적 세부사항을 통합하여야 한다는 것도 알았다. 즉 적절한 구체사항만이 주제문을 뒷받침해주고 또 그 문단에 포함될 수 있다는 것도 배웠다. 이와 같이 제1과에서 우리는 문단의 중요 구성요소가 무엇이고 그 기능이 무엇인가를 배웠다.

그런데, 시간순서는 이야기체(narrative style/writing)에서 주로 사용되고 공간순서는 묘사체/기술체(descriptive style/writing)에 주로 사용된다. 그리고 여기서 다룬 모든 개별적인 문단작성/ 전개기법을 동원하여 논리적 순서로 전개해 나가는 논술문(expository writing)에서 그 기법들이 통합된다. 자세한 것은 뒤에 나오는 과에서 다루게 될 것이다.

이제 이러한 요소들을 적절한 순서에 따라 배열하여 통합하는 법을 배우게 된다. 따라서 제2과와 제3과에서는 구체적 세부사항(specific details)을 적절한 논리적 순서로 배열하는 2가지 방법을 검토하게 된다. 즉, 1) 시간이나 공간을 나타내는 단어나 어구를 사용하여 시간순서(time order)와 2) 공간순서(space order)를 나타내는 것이다.

1) 시간순서(Time Order)

우리의 생활은 시간에 따라 지속된다. 우리의 일과 놀이는 여러 가지 단위의 시간으로 측정된다. 고등학교에서 한 시간의 수업시간은 정확히 50분이다. 중학교에서는 한 시간의 수업은 정확히 45분이다. 한 학기의 수업 일수도 정해져 있다. 개학은 정하여진 날짜에 행해지고 종강도 정해진 날짜에 이루어진다. 우리는 어떤 일들을 발생한 순서대로 기억한다. 즉 시간의 경과를 나타낼 때 우리는 "첫째, 지금, 후에 그리고 마지막에" 등의 표현을 사용한다.

글을 쓰는 필자에게는 시간의 전후 순서란 어떤 사건이 다른 사건과의 시간적 관계-즉, 전후 관계-에서 일어났다는 것을 의미한다. 이런 순서는 단어에서, 문단에서, 논문에서 또 책에서 활용된다. 우리가 사건들을 상세히 기술할 때에는 순서대로 하는 것이 타당하다. 이러한 것을 시간적 순서, 연대적 순서(年代的 順序, chronological order) 등이라고 표현한다. 우리는 먼저 일어난 것을 먼저 기술하고 나중에 일어난 것은 그 다음에 기술한다.

필자가 사건을 구체적인 세부사항으로 배열할 때에, 그들이 발생한 순서대로 배열한다. 필자는 독자에게 시간 관계를 명료하게 제시하여야 한다. 필자는 시간 순서를 나타내기 위해서 몇 가지 형용사와 부사(후치사 後置詞 postposition 또는 조사 助詞, particle)를 사용하여 독자로 하여금 시간 관계를 명료하게 하고자 한다. 예를 들면,

- **단어**: 우선, 후에, 보다, 다음, 곧, 금방, 동안, 어제, 오늘, 내일, 월요일, 화요일, 수요일, 1월, 2월, 4월 등
- **어구**: 점심 후에, 일주일 후에, 한 시간 지나서, 다음 날, 다음 주(달, 해 등), 2월 중, 여름 내내, 가을, 지난겨울 이래, 그다음 4월에, 최종적으로, 5월에 등.
- **절**: 그가 왔을 때에, 버스가 오기 전에, 교수가 강의 하는 중에 등.

2) 공간순서(Space Order)

만일 어떤 학생이 언덕 위에 서있거나 방에 앉아있다고 하면(관점, 觀點, 또는 시점, 視點, point of vision), 그 학생이 보는 것을 어떤 순서로 기술하여 독자가 명료하게 사물의 상호 위치를 이해할 수 있을까? 그가 기술하는 대상물은 한눈에 보이는 것이다. 그러나 눈에 안 보이는 것을 기술해서는 안 된나. 그의 시야는 조그마한 방이건, 언덕 위이건, 시내 한복판이건 간에 그가 어디에 있는가에 따라서, 즉 관찰자의 시점이나 관점에 따라서 달라진다.

필자가 사물을 기술할 때에 그는 시야(range of vision)에 들어온 대상물을 어떤 순서에 따라 기술한다. 이런 순서는 아주 간단하다: 왼쪽에서 오른 쪽으로, 먼데서 가까운 데로, 가까운 곳에서 먼 곳으로, 위에서 아래로, 시계바늘이 도는 방향으로, 시계바늘이 도는 반대 방향으로 등이다. 글이 어떤 순서를 따르지 않는다면, 사물의 위치는 서로 연결이 안 된다. 사물들이 따로 따로 존재하는 것이 아니라 함께 연관되어 존재한다.

필자는 이들 사물이나 대상의 위치를 기술하는 어구를 사용하여, 하나의 사물이 다른 사물과 어떤 공간적 관계에 있는가를 명료하게 나타내려고 한다. 이런 수단을 통하여 모든 대상물이 공간적으로 상호 연계가 되도록 한다. 아래에 대상물의 공간적 위치를 나타내는 어구들을 예로 든다면 다음과 같다.

- 에, 에서, 아래에, 부터, 떨어져서, 밖에서, 통해서, 위에
- 위에 올라, 내려가서, 향하여, 쪽으로, 안에, 아래쪽에, 떨어져서
- 뒤에서, 앞에서, 안쪽에서, 바깥쪽에서, 양쪽 다

때때로 필자는 공간 내에 있는 사물의 방향을 나타낼 필요가 있다. 한 장소에서 다른 장소로 이동하면서 보는 것을, 또는 길을 따라 여행을 하면서 보는 것을 기술하기를 원한다. 또 어떤 사건, 과학 행사 또는 다른 여러 가지 행사들이 공간 내에서 어떻게 일어나는지를 기술하기를 원할 것이다. 이미 위에서 어떤 장소를 나타내는 조사(助詞, auxiliary words)나 표현들을 살펴보았다.

2.10

구체적 세부사항을 배열하는 2가지 방법은 시간순서와 공간순서이다. 아래의 2 문장을 검토하여 어느 것이 시간순서를 따르는지 또는 공간순서를 따르는지 살펴보자. 그리고 문장의 앞 빈 칸에 그 문장이 시간순서인지 아니면, 공간순서를 따르고 있는지를 써 넣어라.

❑________ A. 김 교수는 그의 연구실에 오후 2시에 들어왔다가 한 시간 후에 퇴근하였다.

❑________ B. 몇몇 학생들은 송 교수가 골목에서 나와, 종로 거리를 걷다가, 파고다 공원 입구에서 오른 쪽으로 들어가는 것을 보았다.

▪ 2.10a

빈 칸에 시간 또는 공간순서로 글을 썼는가를 살펴서 시간순서 또는 공간순서를 써넣어라.

❑_______ A. 춤을 추고 난 후에, 그들은 새벽까지 노래를 불렀다.

❑_______ B. 파고다 공원으로 가려면, 우선 이 길을 따라 쭉 걸어가서 신호등이 있는 네거리에서 우회전하여 약 100m 가량 간 다음 다시 네거리에서 좌회전하면 됩니다.

▪ 2.10b

아래 두 분단 중에 어느 것이 시간 전/후 순서대로 쓰여 진 것인지, 빈 칸에 시간 순서라고 써 넣어라.

❑_______ A. 버스 기사는 차선을 자주 바꾸면서 차를 몰아야 한다. 승객에게 안쪽으로 들어가라고 안내를 하여야 한다. 승객의 불평소리를 들어야 하고, 요금을 내려고 주춤거려서 시간을 끄는 승객을 상대해야 한다. 버스 기사의 직업은 결코 쉽다고 할 수가 없다.

❑_______ B. 김상돈 기사의 하루는 분주하다. 매일 아침 7시 반까지 차고에 가서 시내 관광버스를 준비하여야 한다. 8시에 차고인 종점에서 출발하여 미리 예약한 승객을 태우기 위해서 시내에 있는 큰 호텔에 들려야 한다. 9시 15분에 중요한 관광 건물에 도착하여야 한다. 즉 시의회가 처음으로 개최된 유서 깊은 오래된 건물이다. 점심시간에 유명한 음식점에 도착하기 전에 몇 군데 더 들려야 한다. 오후에는 몇 군데 유명 관광지를 더 들려야 한다. 오후 3시경, 승객들을 각자의 호텔로 모시고 가야한다. 4시에는 종점인 차고에 도착한다. 매우 피로하지만, 그날 운행보고서를 작성하여야만 집에 갈 수 있다.

▪ 2.10c

아래 글 중에 어느 것이 공간순서에 따라서 쓰여 졌는가? 빈 칸에 공간순서라고 써 넣어라.

❑_______ A. 우리 집은 시내 대부분을 내려다 볼 수 있는 언덕 위에 서있다. 우리 집 마루에서 밖을 내다보면 바로 앞에 핑크 색 벽과 진한 녹색 지붕과 희색 벽으로 된 집이 보인다.

❑_______ B. 우리 집은 3년 전에 지어졌다. 우리는 여기서 몇 년 더 살기를 바라고 있다. 왜냐하면 집이 아주 쾌적하기 때문이다.

2.10d

아래 4문장 중의 하나는 부적절한 내용을 담고 있다. 틀린 문장을 골라라.

A. 시간순서와 공간순서는 동일하다.

B. 시간순서는 구체적 세부사항을 사건이 벌어진 순서에 따라 기술하는 방법이다.

C. 시간순서와 공간순서는 문단을 전개하는 방법으로 사용될 수 있다.

D. 공간순서는 사건이 발생한 위치에, 또는 사물이 있는 위치에 따라 구체적 세부사항을 묘사하거나 기술한다.

2.11

시간순서와 공간순서는 언제(when) 그리고 어디에(where)와 관련되어 있다. 일이 벌어진 순서에 따라 기술을 하면, 시간순서를 따른 것이다. 구체적 세부사항을 사건이 일어난 장소의 배치 순서에 따라 기술하면, 공간순서를 따르는 것이 된다.

아래 문장의 빈 칸에 사건의 전개 방법에 따라 시간 또는 공간이라고 써넣어라.

❑_______ A. 윈스턴 처칠이 그의 90회 생일에 창가에 나타나기 전에, 이미 군중들은 열렬한 환호를 보내고 있었다.

❑_______ B. 순자는 선생님이 수업을 하시는 동안 밖으로 빠져나갔다.

❑_______ C. 막동이의 화학 교재는 그의 하숙집 방 책상 밑에 있다.

❑_______ D. 우리 식구는 저녁을 먹는 동안은 물론 밤 내내 티비를 계속하여 시청하였다.

❑_______ E. 개가 상자 위를 뛰어 넘어서 책상 밑으로 빠져나갔다.

❑_______ F. 막동이네 집은 교회 옆에 있으며 학교에서는 버스로 한 정거장 거리에 있다.

▚ 2.12

다음 중 어느 지시문(instruction)이 따라하기가 더 쉬운가?

A. 냄비에 물을 끓인다. 시금치를 다듬는다. 시금치를 물에 씻는다. 시금치를 끓는 물에 데친다. 데친 시금치를 찬물에 헹군다.
B. 우선, 시금치를 다듬는다. 그 다음 시금치를 물에 씻는다. 이어서 냄비에 물을 끓인 다음, 물이 다 끓으면 시금치를 끓는 물에 넣어 데친다. 시금치가 다 데쳐지면, 시금치를 찬물로 헹군다.

▚ 2.13

나는 막동이가 스리랑카에서 온 브랑카에게 다음과 같이 길을 가리켜 주는 말을 들었다.

"대학로에서 종로 쪽으로 걸어가라. 종로를 따라 가다보면 녹색 지붕을 한 하얀 약국이 나온다." 그러나 막동이의 길안내를 따라간 브랑카는 다른 데로 가게 되었다. 아래 그림의 화살표의 방향으로 브랑카가 갔다.

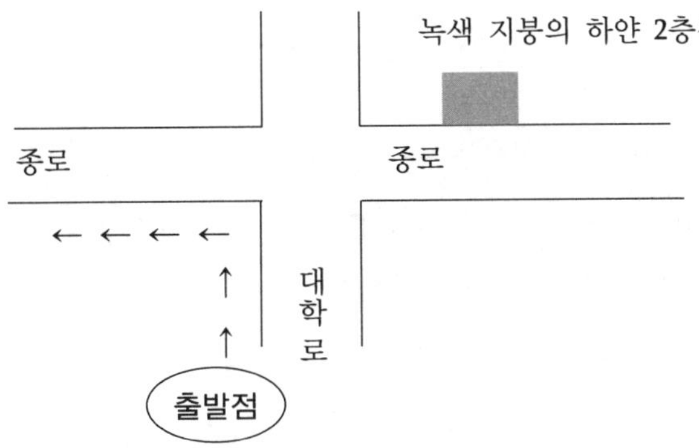

❡ 막동이는 브랑카가 녹색 지붕의 하얀 집을 찾으려면, 종로에 도달하였을 때에 어떻게 하라고 지시를 하였어야 했나?

2.14

길안내를 할 때 지시해 주는 말은 적절한 시간순서대로 배열하여, 처음에 무엇을 하고, 그 다음에 무엇을 할 것인가를 말해주어야 한다.

2.14a

아래에 차를 끓이는 방법을 나열하였다.

A. 끓는 물을 주전자에 붓는다.

B. 좋아하는 차 잎을 주전자에 넣는다.

C. 5-6분 기다렸다가 차를 마신다.

다음으로 구체적 세부사항(specific details)에 관한 다음 질문에 답하여라.

1. 위의 지시문을 따르는 사람은 차 잎을 끓은 물에 붓지, 차 잎에다가 끓는 물을 붓지는 않는다. 그 이유를 아래에서 골라라.
   A. 지시문은 차 잎을 어떻게 하라는 언급이 없다.
   B. 지시문은 주전자 안에 있는 차 잎에 끓는 물을 부으라는 지시가 없다.
   C. 지시문은 끓은 물을 어디에 부으라는 지시가 없다.

2. 이제 구체적 세부사항을 적절한 순서대로 배열하라.

____

3. 위에서 살펴본 바에 의하면, 시간순서를 사용하는 이유는?
A. 다른 사람에게 길을 가리켜 주기 위해서
B. 차를 끓이는 방법을 설명하기 위해서

4. 시간순서로 구체적 세부사항을 나열할 때에는 다음 사항을 유념하여야 한다.
C. 각 단계에 명칭을 붙이기 위해서
D. 어떤 순서를 따라야 하는 지를 명료하게 하기 위해서

2.15

한번도 가본 일이 없는 기숙사에 있는 친구의 자동차 열쇠를 찾는다고 가정해 보자. 친구는 자기의 자동차 열쇠가 어디에 있는지 말해 줄 것이다. 아래 글 중에 어느 것이 자동차 열쇠를 찾는데 더 도움이 되는 표현인가?

A. 내 기숙사 방은 1층 홀 끝 오른 쪽에 있어. 방 입구 왼쪽에 수납장이 있어. 수납장 안 오른편에 내 외투가 있어. 그 외투의 오른 쪽 호주머니를 뒤져봐.

B. 내 자동차 열쇠는 나의 기숙사 내의 수납장 안에 있는 호주머니에 있어.

2.16

우리가 공간순서를 사용하는 한 가지 이유는? 아래에서 골라라.

A. 물건이 어떻게 생겼는가를 다른 사람들에게 알려주기 위해서
B. 물건을 찾는 방법을 다른 사람들에게 알려주기 위해서

▮ 공간순서를 활용하여 구체적 세부사항을 구성할 때에 다음 사항을 유념하여야 한다.

C. 물건의 크기를 언급한다.
D. 독자에게 정보를 충분히 주어서 물건이 어디에 있는지를 정확하게 파악하도록 한다.

2.17

아래 문장을 주의 깊게 읽어라.

A. 우리가 16번 버스에서 내린 후에, 22번 버스가 다가왔다. 우리가 22번 버스에 도달하기 전에 그 버스가 천천히 발진하기 시작하였다. 우리가 그 차 운전기사의 주의를 끌어 차에 오르기 위해 소리를 지르는 동안에 두 번째 버스가 도착하였다.

B. 우리가 16번 버스에서 내렸는데, 22번 버스가 그 뒤에 다가왔다. 그래서 우리는 22번 버스로 다가갔다. 버스가 천천히 움직이기 시작하였다. 그래서 우리는 소리를 질러서 운전기사의 주의를 끌어 차에 오르려고 하였는데, 그 때 마침 두 번째

버스가 도착하였다.

❡ 대부분의 독자는 A문단이 B문단보다 따라가기가 쉽다고 생각할 것이다. 사건은 같고, 사건의 순서도 같다. 그러나 A에 있는 어떤 단어가 A를 B보다 이해하기 쉽게 만들고 있다. 이런 도움을 주는 단어를 찾아 A문단에서 밑줄을 그어라.

2.18

"~후에, ~전에 그리고 ~동안" 에와 같은 단어들이 그런 도움을 주는 단어들이다. 이런 단어들은 독자/청자에게 시간적 순서를 명료하게 알려준다. 다른 예로 다음 문장을 보아라.

* 그의 차는 펑크가 났다. 그는 고속도로를 속도를 내어 달렸다.

❡ 어떤 일이 먼저 벌어졌는가?

우리는 문장의 순서대로 "그의 차는 펑크가 났다"는 사건이 먼저 발생한 것으로 이해할 수도 있을 것이다. 그러나 우리는 확신을 할 수가 없다.

2.18a

아래 문장을 주의하여 읽은 후 질문에 답하여라.

ↄ 그는 고속도로를 속도를 내고 달린 후에 차가 펑크가 났다.

❡ 어느 일이 먼저 일어났는가?

A. 그의 차는 펑크가 났다. B. 그는 고속도로를 속도를 내어 달렸다.

❡ 어떤 일이 먼저 일어났는가를 말해주는 단어는 무엇인가?

2.19

아래 문장 중에 어느 일이 먼저 일어났는지를 알려주는 표현이 있는가?

A. 그는 조반을 들었다. 그는 전화를 걸었다.

B. 그는 전화를 걸었다. 그는 조반을 들었다.

❑ 그렇다 ____________ ❑ 그렇지 않다 ____________

2.20

아래 3 문장 중에서 시간순서를 말해주는 표현에 밑줄을 그어라.

A. 그는 조반을 들었다. 그리고 전화를 걸었다.
B. 그는 조반을 든 후에 전화를 걸었다.
C. 그는 조반을 먹고 나서 전화를 걸었다.

2.21

시간순서로 봐서 먼저 일어난 것에 밑줄을 그어라.

➲ 그는 전화를 걸었다 그리고 조반을 들었다.

❡ 동시에 일어난 사건에 대해서 다음과 같이 글을 쓸 수 있다.
➲ 그가 전화를______조반을 들었다.
A. 거는 동안 B. 건 후에 C. 만일 D. 걸기 전에

2.22

시간순서로 봐서 먼저 일어난 것을 먼저 기술해야 하는가?

그는 전화를 걸기 전에 조반을 먹었다.

❑ 예 __________ ❑ 아니요 ___________

2.23

논리적 면에서 다음 중 어느 사건이 먼저 발생했는가?

• 그는 자동차를 수리하였다. 그는 렌치를 구입하였다.

❡ 문장의 순서를 다음과 같이 할 수 있다.

• 그는 렌치를 ________, 자동차를 수리하였다.

A. 사는 동안　　B. 산다면　　C. 산후에　　D. 일단 샀으므로

2.24

밑줄 친 문장의 사건이 시간순서로 봐서 먼저 벌어졌다.

⊃ <u>우리는 개에게 먹이를 주었다</u>. 우리는 드라이브를 하였다.

❡ 이 두 가지 일을 전에, 후에, 그리고 등을 사용하여 다양하게 표현해 보아라.

1. ______________________________
2. ______________________________
3. ______________________________
4. ______________________________

2.25

A와 B문장의 사건이 동시에 발생한 것인가?

A. 막동이는 운동경기를 본 후에, 숙제를 끝마쳤다.
B. 막동이는 운동경기를 보기 전에, 숙제를 끝마쳤다.

❑ 그렇다 ____________ ❑ 그렇지 않다 ____________

2.26

아래의 밑줄 친 문장의 일이 먼저 일어났다.

⊃ 순자는 역사 숙제를 하였다. 그리고 잠자리에 들었다.

¶ '그리고" 라는 표현을 쓰지 않고 다른 표현인 "~전에, ~앞서, ~후에" 등을 이용하여 문장을 써 보아라.

1. ______________________________
2. ______________________________
3. ______________________________
4. ______________________________

2.26a

밑줄 친 부분의 사건이 먼저 일어났다.

*그는 장시간 산책을 하였다. <u>그의 친구들을 저녁 식사에 초대하였다</u>.

¶ "그리고" 라는 표현을 빼고, 그 대신 다른 표현을 활용하여 위 문장을 써 보아라(4개의 문장으로).

1. ______________________________
2. ______________________________
3. ______________________________
4. ______________________________

2.26b

아래 문장에서 밑줄 친 부분의 사건이 먼저 일어난 것이다. 어느 것이 시간적 순서를 명확하게 표시하지 않았다고 생각하는가?

1. <u>회장은 회사 건물 주위를 돌아보았다</u> 그리고 점심을 주문하였다.
2. 그가 집에 온 후에 <u>그는 회사의 문을 잠그는 것을 잊었다</u>.
3. 막동이가 시험을 보기 전에 <u>폭발이 일어났다</u>.
4. <u>그는 주먹을 날렸다</u> 조용하라고 소리쳤다.
5. 그가 시험을 보기에 앞서 <u>폭발이 일어났다</u>.

2.26c

밑줄 친 문장에서 기술한 사건이 먼저 일어났다. 다른 표현을 써서 글을 다시 써 보아라.

*그는 3개월간 돈을 저축하였다. 그리고 깨진 창문 유리 값을 물어줄 수 있었다.

1. ____________________
2. ____________________
3. ____________________
4. ____________________

2.26d

사건의 발생 전후를 표시하기 위해서 사용하는 표현(부사)은__________와 __________등이다.

2.27

2개의 사건이 동시에 일어났다는 것을 나타나는 표현 중의 하나는 "그리고"이다. 다른 표현도 있다. 아래 문장에서 "동시에" 일어난 일을 기술한 문장을 가려내라.

A. 그가 대학에 다니는 동안에 그는 열심히 공부하였다.
B. 네가 그 책을 다 보고난 다음에, 나는 그 책을 빌리고 싶다.
C. 내가 부르기 전에 나를 어떻게 찾았니?
D. 그는 영화를 보면서 점심을 먹었다.
E. 그는 자기의 행선지를 말하고 나서 출발하였다.

2.28

"동안" 과 "사이(에)" "~면서"가 동시에 일어난 사건을 기술하는데 사용된다. 아래 문장에 이들 단어를 사용해 보라.

⁎막동이가 자전거를 타__________ 사과를 먹었다.

2.29

아래 두 사건은 동시에 일어났다.

⁎ 그는 큰 소리를 냈다. 그리고 선생님은 강의를 하셨다.

❡ 두 사건이 동시에 발생한 것처럼 기술하라.

2.30

아래에 동시 동작을 나타내는 표현을 써넣어라.

✣ 겨울______ 눈이 자주 온다.

2.31

아래의 두 사건이 동시에 일어났다.

⁎해가 나왔다. 비가 오고 있었다.

❡ "그리고"를 사용하지 않고 두 문장을 연결하라.

1. ____

2. ____

2.32

아래에 자전거 튜브를 수리하는 순서가 적혀있다.

1. 펑크가 난 곳을 알아낸다.
2. 펑크가 난 곳을 사포질한다.
3. 펑크를 때우는 고무 조각에 풀칠을 한다.
4. 펑크가 난 곳 주위가 사포질로 거칠게 되어서 고무 조각을 붙여도 꽉 붙어서 떨

어지지 않는가를 확인한다.
5. 고무 조각을 튜브에 붙인다.
6. 튜브에 바람을 넣는다.

❡ 아래 빈 칸에 적절한 표현을 넣어서 일의 순서를 제대로 이해하게 하라.

____튜브의 바람이 새는 곳을 찾아내고 사포질을 하여 풀이 잘 붙도록 만든다. 고무 조각에 풀칠을 한다. 풀이 마르기_____ 펑크 난 주위가 거칠게 사포질이 되어 고무조각을 꽉 붙게 할 수 있는지 확인한다. 고무조각을 튜브에 붙인다. 그리고 튜브에 바람을 넣기 _____ 충분히 말린다.

2.33

구체적 세부사항은 사건이 일어난 시간순서대로 나열하여야 한다. 아래 문장을 따라가면 옷을 태울 수도 있을 것이다.

1. 불을 피우려면, 첫 번째로 할 일은 나뭇가지와 불소시게와 종이를 마련하는 것이다. 2. 종이를 꾸겨서 땅위에 놓고 불소시게를 그 위에 놓는다. 3. 성냥불을 킨다. 4. 종이에 불을 붙이기 전에 나무 가지가 너무 종이를 짓눌러서 불이 안 붙게 하지 말고 나무 사이를 띄운다.

❡ 아래에 적절한 표현을 써서 작업의 전후 순서를 알 수 있게끔, 위 문장을 다시 작성하라.

____

____

2.34

우리는 항상 "전에" 와 "뒤에"와 같은 표현을 써서 사건의 시간 관계를 나타내는 것만은 아니다. 아래 문장 중에 어느 것이 사건이 발생한 순서대로 기술한 것인가?

A. 오늘 오후는 정말 힘들었다. 점심이 끝났을 때 나는 화학 공책을 찾지 못하여 음악 수업에 늦었다. 내가 음악 수업을 마치고 교실에서 나와서 하학하려고 할 때

에 가방을 복도에 떨어뜨려서 이를 주우려다 다른 학생들에게 깔릴 뻔 했다. 나는 귀가하면서 우체국에 들리는 것을 잊었다. 편지를 부치는 일을 잊었는데 그 편지는 장학금 퀴즈에 응모하는 것이었다. 내가 집에 도착하였을 때에 나는 복도 계단에서 또 넘어졌다.

B. 오늘 오후는 정말 힘들었다. 물리 수업 중에 나는 물리 숙제를 내 방 책상 위에 놓고 왔다는 것을 알았다. 나는 매점으로 가다가 계단에서 넘어져서 손바닥에 피가 났다. 물리 선생님은 내가 숙제를 안 가지고 왔다고 그 이유를 꼬치꼬치 물으면서 주의력이 부족하다고 책망하셨다. 나는 늦잠을 자서 조반을 먹을 시간이 없었다.

2.34.a

위의 문단에서 시간적 순서를 나타나는 표현에 밑줄을 그어라.

2.34b

위에서 밑줄 친 표현들은 시간을 나타내는 "붙박이 표현"들(built-in expression)이다. 아래에는 그런 붙박이 표현들이 있다.

* 1. 조반 2. 등교/출근 3. 등교/출근 시의 교통체증 4. 점심 5. 방과 후 귀가시간/퇴근시간

¶ 다음 중 어느 상황(situation)이 위에서 언급된 붙박이 시간순서 표현과 연관되어 있는가? 왼쪽 빈 칸에 그 번호를 적어 넣어라.

❑______ A. 휴일에 교외에 있는 친구를 방문하면서 보낸 하루를 기술할 때
❑______ B. 주부가 백화점 세일에 가기 위해 시내에서 하루를 보낸 일들을 기술할 때
❑______ C. 가장이 도시에서 일상적인 하루의 직장 일을 기술할 때
❑______ D. 어머니가 아이와 함께 집에서 하루를 보낸 것을 기술할 때

2.34c

어떤 운동경기는 붙박이 표현을 사용한다. 다음 문장을 적절한 순서대로 배열할 때에 그 순서는 어떻게 되겠는가? 아래 빈 칸에 적어 넣어라.

1. 막동, 성현, 상혁은 같이 경주를 시작하였다.
2. 5km를 달릴 때에 막동이는 선두였다.
3. 3km를 달릴 때에는 그들은 앞서기 뒤서거니 하면서 달렸다.
4. 7km를 달릴 때에 상현이 앞서고, 막동이가 그 뒤를 그리고 상혁이 맨 끝에서 쫓아가고 있었다.
5. 결승점 앞에서 성현이가 갑자기 속도를 내어 막동와 성현이를 따돌렸다.

❑ 답 ______________________________

2.34d

아래 문장들은 시간순서가 어긋나 있다. 적절한 순서대로 문장 번호를 써넣어라.

1. 1920년대에는 프로펠러 비행기가 시속 150km 이상으로 비행하기 시작했다.
2. 1천여 년 전 바퀴가 발명되었을 때에 사람들은 차를 타고 가면 걸어서 가는 것보다 더 빨리 갈 수 있다는 것을 발견했다.
3. 약 250년 전에 증기기관이 발명됨에 따라 사람들은 소위 위험한 속도라는 시속 30km 내지 45km로 달릴 수 있게 되었다.
4. 인간은 역사를 통해 점점 더 빨리 달릴 수 있는 방법을 알게 되었다.
5. 약 50년 전에 사람들은 상업용 제트 비행기로 시속 800km의 속도로 여행하기 시작하였다.
6. 1900년대부터 1930년대까지 사람들은 가솔린 엔진으로 시속 90km로 달렸다.

2.34e

아래 A, B, C 등은 붙박이 표현을(built-in expression) 포함하고 있다. 1-5번까지 문장들은 A-C 중에 있는 붙박이 문장을 사용하여 시간순서를 나타낼 수 있는 주제문이 될 수 있는 것들이다. 문단을 작성하는데 필요할 붙박이 표현을 포함한 문장이 있는 A, B, C를 알아서 써넣어라.

A. 내가 4살 때(에), 내가 여섯 살 때(에), 내가 아홉 살 때(에) 내가 열두 살일 때(에)
B. 종이 울릴 때(에), 시험문제가 배포되었을 때(에) 수업시간 중간에, 시험지를 제출 하였을 때(에)
C. 마지막 수업 일에, 개천절에, 나의 생일인 8월2일에, 광복절 날에

❑______ 1. 여름방학은 항상 짧은 것 같이 보인다.
❑______ 2. 나의 학교에 대한 생각은 지난 1년간 많이 바뀌었다.
❑______ 3. 내가 성장하였기 때문에 나의 부모에 대한 생각이 많이 바뀌었다.
❑______ 4. 나는 쉽게 그 시험을 보고서 마음이 확실히 놓였다.
❑______ 5. 지난 여름방학은 정말 지루하였다.

2.34f

다음과 같이 문단을 작성하였다고 하자.

여름방학은 항상 짧다. 1학기 종강 때는 여름방학이 정말로 긴 것처럼 느껴진다. 8월 12일이 내 생일인데, 그 때에는 방학이 거의 다 간 것 같다. 광복절 날 나는 긴 방학동안에 내가 계획했던 것을 거의 이루지 못하였다는 것을 깨닫게 된다. 개학하기 전날, 나는 그 긴 방학이 언제 다 흘러갔는지 하고 아쉬워하게 된다.

A. 이 글의 필자가 문단을 구성하기 위해서 붙박이 시간순서를 사용하였는가?

❑ 그렇다 ______________ ❑ 그렇지 않다 ______________

B. 필자가 붙박이 순서를 정확히 사용하였는가?

❑ 그렇다 ______________ ❑ 그렇지 않다 ______________

C. 위 문단을 개선하려면 어떻게 하면 좋을까?

❑ 답 ____

2.35

아래 문단을 읽고 질문에 답하여라.

우리는 우물에 빠진 막동이를 끌어내는데 힘이 들었다. 우선, 우리는 혁대를 연결하여 긴 밧줄을 만들었다. 그리고 나서 빗줄을 막동이에게 늘어뜨리고, 밧줄의 끝을 잡으라고 일렀다. 막동이가 밧줄 끝을 붙잡자, 우리는 막동이를 조금씩 끌어올려 우물 밖으로 끄집어내었다. 막동이가 올라올 때에 아무도 말소리를 내지 않았다. 마침내 막동이의 팔을 잡고난 후에 안도의 한숨을 쉬면서 막동이를 언덕 풀밭으로 끌어내었다.

1. 주제문(topic sentence)에 밑줄을 그어라.

2. 문단 중의 모든 구체적 세부사항(specific details)을 올바르게 설명한 내용을 골라내라.

A. 밧줄에 관한 것이다. B. 주제문을 뒷받침해주기 위한 것이다.

3. 이 글의 필자의 주 관심사는?

A. 재미있는 얘기를 하는 데에 있었다.

B. 구체적 세부사항을 적절한 시간적 순서대로 배열하는 데에 있었다.

C. 화려하게 묘사하는 데에 있었다.

4. 이 작가는 문단으로 그의 얘기를 잘 전개하였다. 그는 주제문을 선택하고, 주제문을 뒷받침하는 충분한 구체적 세부사항을 찾아 문단을 전개하였다. 필자가 자기 문단을 작성하는데 도움이 되는 기교 중 한 가지 방법은 구체적 세부사항을 나열하는 것인데, 그것은

A. 주제문과 구체적 세부사항을 대조시키는 것이다.

B. 정확하게 점진적 시간순서로 배열하는 것이다.

C. 명료한 지시문이다.

2.35a

아래의 어느 것이 위의 예문을 봤을 때에 타당한 것이라고 말할 수 있나?

A. 필자는 시간순서에 따라 그의 문단에 포함하여야 하는 구체적 세부사항을 언급한다.
B. 시간순서는 주제문을 지원하기 위해서 필자가 묘사하려고 하는 세부사항을 구성하는 것을 도와준다.
C. 시간순서는 문단이 무엇에 관해서 작성되었는가를 명료하게 이해하는 것을 도와준다.

2.36

아래 문단을 읽고 물음에 답하여라.

A. 나는 그 시험을 손쉽게 보아서 안심이 되었다. 나는 과락을 하지 않기 위해서 그 전보다 더 열심히 공부하였다. 나는 시험을 잘 보면 그 과목 성적이 잘 나올 것이라고 생각하였다. 그렇지만, 나는 내가 충분히 이해하지 못한 문제가 나오면 어떻게 할까 걱정을 하였었고, 더욱이 선생님이 내가 전혀 모르는 문제에 답을 쓰라고 하면 어떻게 할까하고 생각하였었다. 그런데, 시험문제는 내가 생각하였던 것보다 쉽게 나왔다.

B. 내가 교실에 들어갔을 때에는 나는 머리가 띵하고 시험 내용을 잘 알고 있지 못 하였다. 시험의 시작을 알리는 종이 울리기 전에 나는 다른 학생들이 떠드는 소리를 들었다. 그리고 그 애들은 마치 시험 내용을 꿰뚫고 있는 것처럼 보였다. 선생님이 시험지를 배포하였을 때에 나는 "이 시험에서 점수를 못 딸 것 같다" 는 예감이 들었다. 시험 중간에 나는 시계를 처다 보았고, 시험답안을 다 작성할 시간이 없을까봐 걱정이 되었다. 나는 답안지를 제출하고는 한숨을 크게 쉬었다. 시험이 끝나니 마음이 편해졌다.

1. 각각의 문단의 주제문에 밑줄을 그어라.

2. 시간 관계를 나타내는 표현에 밑줄을 그어라.

▚ 2.37

아래 문단을 읽고 질문에 답하여라.

맥티리 교수는 에베레스트 산정에 기어 올라갔다. 힘든 등반이었다. 산 아래에서 발목을 삐었었다. 그래서 등반 중간에 밧줄을 잃었다. 그가 거의 정상에 도달하였을 때에, 그는 흔들리는 돌을 헛디디어 정상의 절벽 아래 천 피트나 되는 골짜기에 떨어질 뻔하였다.

1. 위 문단은 처음 발생한 것부터 순서대로 적었는가?

❑ 그렇다 ____________ ❑ 그렇지 않다 ____________

2. 맥티리 교수가 정상까지 기어 올라갔다는 것은 왜 마지막에 쓰지 않고 처음에 제시하였는가?

❑ 답 ____

▚ 2.38

위의 문단을 아래와 같이 쓴다면 어떨까?

힘든 등반이었다. 산 아래에서 맥티리 교수는 발목을 삐었다. 중간에 그는 밧줄을 잃었다. 그가 거의 정상에 도달하였을 때에, 그는 흔들리는 돌을 밟아서 절벽 아래 천 피트 되는 골짜기에 떨어질 뻔하였다. 이제 맥티리 교수는 에베레스트 산의 정상으로 기어 올라갔다.

❡ 두 문단의 문장들은 개체 수나 내용이 같다. 먼저 문단과 같이 쓴 이유는 무엇인가?

❑ 답 ____

▚ 2.39

다음 목록에서 주제문을 하나 골라라. 또는 자신이 좋아하는 주제를 써보아라.

1. 내가 여권을 둔 곳을 잊었을 때
2. 영어수업에 늦었을 때
3. 도심에서 길을 잃었을 때
4. 내가 공식 석상에서 창피를 당했을 때
5. (학생 자신이 쓰고 싶은 주제)

주제에 맞게 일어난 일을 적어라. 가장 중요한 사건을 제일 먼저 혹은 제일 나중에 적을 수 있다. 그러나 모든 구체적 세부사항은 시간순서대로 나열하라. 그리고 모든 세부사항들은 주제문을 좀 더 구체적 사례나 내용으로(specific details) 긴밀히 뒷받침을 해주어야 한다.

제2과 복습 및 확장된 연습문제

2.50

* 이야기체 문단(Narrative Paragraph)

이야기체(narrative)란 옛날이야기 하듯 사건(event)이 발생한 순서대로 문장을 엮어나간 글을 뜻한다. 우리는 매일 신문, 잡지, 책 등을 통해 이야기를 읽거나, 텔레비전 혹은 영화를 통해 보거나, 또는 다른 사람들을 통해 듣는다. 이야기체 문단(Narrative Paragraph)은 짧은 이야기를 하거나, 어떤 경험이나 사건을 기술/묘사하는데 사용된다. 여기서 사건이란 이야기의 단계를 의미하며, 그렇기 때문에 시간순서(in time order)에 따라 이야기를 전개해 나간다. 다음 문단을 읽고, 그 아래 설명을 공부해보자.

2.50a

<어느 농가에서의 하룻밤(One Night at a Farm House)>

(1) 나의 인생에 있어서 가장 이상한 일이 내가 고등학교를 졸업하기 1년 ________ 일어났다. (2) 나는 16세였고, 나의 가장 친한 친구인 마크는 15세였다. (3) 그는 여름동안 그의 집을 방문해달라고 나를 초청했다. (4) 나는 시골 한가운데 있는 그의 농가에 그와 함께 머물렀다. (5) 나는 마크와 방을 함께 썼는데, 우리의 침대는 탁자 하나를 가운데 두고 떨어져있었다(I shared a room with Mark). (6) 매일 아침 마크의 어머니는 우리가 잠에서 깨어난 ________ 뜨거운 차 한 잔을 우리에게 갖다 주셨다. (7) 어느 날 밤 우리가 자고 있는 동안 나는 나의 침대가 움직이는 것을 느낄 수 있었다. (8) 나는 내가 꿈을 꾸고 있다고 생각했다. (9) 그 다음 날 아침 마크의 어머님은 여느 때처럼 따끈한 차를 우리에게 갖다 주셨다. (10) 그녀가 불을 켰을 ______, 우리는 우리의 침대가 서로 붙어있었고, 침대 사이에 놓여져 있었던 탁자가 없어진 사실을 알았다. (11) 마크는 자기

가 한일이 아니라고 했고, 나도 그런 일을 한 적이 없었다. (12) 우리는 아직도 그 2개의 침대가 어떻게 움직여서 서로 바짝 붙게 되었는지 모른다. (13) 당신들은 이런 일을 어떻게 생각하십니까?

❡ 위 문단의 빈 칸에 "때(when), 후(after), 전(before)" 중에 골라 넣어라.

2.51

이야기 할 땐, 그 이야기의 무대를 설정하고, 이야기의 맥락을 제공하기 위해서 이야기의 배경 설명부터 시작한다. 즉, 그 사건이나 이야기가 언제, 어디서 일어났는지를 말해주어야 한다.

1. 배경 설명(Background Information)
   위 문단에서는 (1),(2),(3)번 문장이 여기에 해당된다.

2. 이야기의 시작(Beginning of the Story)
   다음엔 그 사건이 맨 처음 어떻게 일어나게 되었는지를 말해준다. 위 문단에선 (4),(5),(6)번 문장이 여기에 해당된다.

3. 이야기의 중간(Middle of the Story)
   여기서 이야기의 가장 중요한 부분을 다루게 되며, 사건의 대부분을 말해준다. 위 문단에서는 (7),(8),(9),(10)번 문장이 여기에 해당된다.

4. 이야기의 끝(End of the Story)
   여기선 이야기의 끝맺음을 하는 단계로 사건의 마지막이 어떻게 되었는지를 이야기하고, 그리고 결말을 추가한다. 위 문단에선 (11),(12),(13)번 문장이 여기에 해당된다.

2.51.1

디음 문단을 읽고, 맨 앞의 괄호 안에 올바른 순서대로 일련번호를 써넣어라. 그리고 각 부분이 다음 4개 중 어느 것에 해당되는지 맨 뒤의 빈 칸에 적어 넣어라. (문제 1.1)에서는 이야기의 중간부분이 2개이고, (문제 1.2)와 (문제 1.3)에서는 중간부분이 아직 완전한 것이 아니고, 생략된 부분이 있다는 점을 유의하라.

• 배경 설명 • 이야기의 시작 • 이야기의 중간 • 이야기의 끝

1. <나의 아버지의 이상한 입원경험>

a. (　　) 며칠 후 나의 아버지는 자신이 직접 밖을 내다보기 위해서 창문가로 갈 수 있었다. 그러나 그의 눈에 들어온 것은 오직 흉물스러운 벽돌담뿐이었다.

b. (　　) 나의 아버지가 수술을 받기 위해 병원에 입원하였을 때, 그에게 참 이상한 일 이 일어났다(have an operation).

c. (　　) 다음 날 아버지는 간호사에게 왜 그 남자가 아름다운 공원을 그에게 묘사해 주었는지를 물었다. 그 간호사는 어리둥절한 표정을 짓더니 내 아버지에게 “그 남자는 맹인이었어요”라고 말했다.

d. (　　) 나의 아버지는 기분전환을 위해 그 남자에게 창 밖의 경치를 좀 대신 묘사해달라고 부탁했다. 그 남자가 창 밖의 아름다운 광경에 대해서 이야기를 해준 후, 나의 아버지는 잠이 들 수 있었다. 아버지가 잠에서 깨어나기도 전에 그 남자는 퇴원해버렸다.

e. (　　) 수술이 끝난 후, 나의 아버지가 깨어나 보니 다른 남자와 입원실을 함께 나눠 쓰고 있다는 사실을 알았다. 그 남자의 침대는 창문가에 있었다.

2. <숲 속에서의 공포>

a. (　　) 갑자기 나는 몹시 추워졌고, 겁이 덜컥 났다.

b. (　　) 나는 시골에 있는 어느 조그만 읍내에서 성장했다. 나의 집 근처엔 커다란 숲이 있었는데, 부모님들은 나에게 거기에 가서 놀지 말라고 하셨다.

c. (　　) 그 날 이후, 나는 숲에는 결코 다시 가지 않았다.

d. (　　) 어느 날 나는 몇몇 학교친구들과 숲 속에서 놀고 있었다.

3. <수업 중에 일어난 이상한 사건>

a. (　　) 지금까지 나는 2-3년 동안 영어공부를 해오고 있는데, 나는 수업시간이 매우 즐겁다.

b. (　　) 나는 모두가 크게 웃고 있는 소리를 들었다. 잠에서 깨어나 보니 그것은 꿈이었다는 사실을 깨달았다.

c. (　　) 어느 날 학교 수업시간에 참 이상한 일이 일어났다.
d. (　　) 선생님이 문법을 설명하고 계실 때 나는 창문 밖에서 뭔가 이상한 것을 보았다.

2.52

다음은 시간순서를 사용하는 이야기체 문단(narrative paragraph)을 전개하는데 적합한 주제이다. "이야기체 문단"은 우리에게 유익한 새로운 정보를 알려주거나, 우리를 즐겁게 해주는 이야기를 해주는 것인데, 여기선 배경 설명, 이야기의 시작, 이야기의 중간, 그리고 이야기의 끝과 같은 시간순서를 따라야 한다.

1. 나는 이렇게 대중 앞에서 연설할 때의 공포증을 극복해냈다(무대 공포증 stage fright)
2. 길을 잃고 헤매본 경험
3. 나의 일생에 가장 창피스러웠던 순간
4. 새로운 친구를 사귀는 법/우정에서 얻은 교훈
5. 지진 해일, 지진, 홍수, 가뭄, 눈보라 등의 자연재해를 경험한 일이 있는가?
6. 열차/자동차/비행기/화재 사고 경험
7. 강도/절도/지하철에서의 치한/바가지 써본 경험(my house was broken into)
8. 식당에서의 불쾌한 경험
9. 가장 행복했던 날/재수 없는 날
10. 악몽과도 같았던 여행경험
11. 통하지 않았던 잔꾀
12. 가장 기억에 남은 영화/소설/사람
13. 난관에 처한 사람을 도와준 경험
14. 자원봉사 경험
15. 내가 배운 중요한 교훈
16. 가장 섬뜩했던/힘들었던 경험
17. 초/중고학교 때 가장 존경했던/좋아했던/싫어했던, 미워했던/못되게 굴었던/사랑스러운/웃겼던./인기가 있었던/우수했던 친구 등

2.53

✽ 과정분석 문단(Process Analysis Paragraph)

시간순서를 사용하는 또 하나의 문단의 종류는 과정분석식 문단(process analysis paragraph)인데, 여기서는 "무엇을 하거나/만드는 방법(how to do/make something)"에 대해서 그 단계적 절차를 설명한다. 즉 일의 순서나 과정을 설명해주거나, 사실이나 세부내용을 시간순서대로 제시해준다. 이 때 시간순서를 나타내는 논지 전환표현(time words or phrases/ transition signals)을 사용한다.

2.53.1

다음 문단은 미국 대학에 입학 신청을 하는 절차에 관한 글이다. 이 글을 읽고, 아래 질문에 답하라.

<미국 대학 입학신청 절차(Applying to an American University)>

미국 대학의 입학신청 과정은 비록 복잡하진 않지만, 각 단계를 따르는 것이 중요하다. 첫째 단계는 당신이 입학하고자하는 대여섯 개의 학교를 선택하는 것이다. 다음엔, 각 대학에 관한 정보, 대학 편람, 입학신청 서류를 요구하기 위해서 이들 학교에 편지를 쓰는 것이다. 당신은 또한 이들 학교의 웹사이트를 방문하고 싶어 할 수도 있다. 당신이 대여섯 개의 학교를 검토해본 후에, 당신의 최종 선택목록을 3개 내지 5개로 좁히시오. 그런 다음, 모든 양식과 서류를 당신의 최종 목록에 오른 3개 내지 5개의 학교에만 보내시오. 만약 당신이 선택한 학교에서 SAT(Scholastic Aptitude Test, 대학수학능력 시험) 혹은 ACT(American College Test, 미국 대학입학 공인자격시험)과 같은 공인 표준시험을 칠 것을 요구하면, 일찍 시험을 쳐 두는 것을 잊지 마시오(take a standardized test). 뿐만 아니라, 만약 미국 대학교에서 요구하는 경우에 당신에 대한 추천서를 써주도록 여러 학교의 선생님들에게 부탁을 하시오. 마지막으로, 거의 모든 학교에서 입학신청 수수료를 요구하고 있는데, 이것은 수표, 우편환, 신용카드, 전자화폐(즉 IC 카드나 사이버 머니), 혹은 직불카드 형태로 송금해야한다(debit card). 마지막 충고 한마디는 일찍 시작하라는 것인데, 왜냐하면 수천 명의 고등학교 학생들이 모두 동시에 입학신청을 하고 있기 때문이다.

1) 위 문단의 주제문은?

2) 성공적인 입학신청을 위해 필자가 강조하는 주요 제안은?

3) 이 문단에서 SAT와 ACT의 차이점을 설명하고 있는가? 그 이유를 설명하라.

4) 이 문단에는 모두 몇 개의 단계(steps)가 있는가? 그 중에서 어느 단계가 다시 2개 부분으로 되어있는가?

5) 이 문단의 결말이 있는가? 있으면 골라내고, 그 종류를 말하라.

6) 이 문단에서 시간순서를 나타내는 논지 전환장치를 여러 개 사용했는데, 아래에 모두 적어봐라.

2.53.2

다음 문단을 읽고, 그 아래 질문에 답하라.

<인기는 있으나 먹기에 지저분한 음식>

주스가 많은 타코(taco, 고기·치즈·양상추 등을 넣고 튀긴 멕시코 옥수수빵)를 먹기란 쉬운 일이 아니다. 그래서 그것을 먹는 데는 구체적인 지시를 따르는 것이 필요합니다. 첫째, 당신이 더럽혀도 상관이 없는 옷을 입는 것을 잊지 말아야 합니다. 값비싼 비단 블라우스를 입고 타코를 먹는다는 것은 현명한 생각이 아닙니다. 당신이 두 번째로 해야 할 일은 당신이 타코를 혼자 먹을 것인지, 아니면 다른 사람들 앞에서 먹을 것인지를 결정하는 일입니다. 가령 처음 만난 데이트 상대처럼 당신이 잘 알지 못하는 사람들 앞에서 타코를 먹을 때, 난처한 일을 당할 수도 있습니다(embarrassing). 마지막으로 할 일은 당신이 구체적으로 먹는 단계를 수립하는 것입니다. 타코를 부드럽게 집어 들어 그것을 조심스럽게 수평으로 유지하는 것이 좋은 생각입니다. 당신이 타코를 위로 올리면서 당신의 머리를 천천히 타코 쪽으로 돌려서 당신의 머리를 20도 각도로 뒤쪽으로 들어올리시오. 마지막으로 타코의 귀퉁이를 당신의

입 속으로 넣고, 깨물어 드시오. 이런 간단한 지시를 따름으로서 타코를 먹는 일도 유쾌한 경험이 될 수가 있습니다.

1) 이 글의 주제는?

2) 이 문단의 주제문은?

3) 이 문단에서 타코를 먹을 때 유의해야할 3가지를 언급했는데 아래에 그것을 써라.

4) 이 문단의 결말은? 있다면 그 종류를 설명하라.

5) 이 문단에서 단계(steps)를 나타내는 논지 전환장치를 모두 적어라.

2.53.3

다음은 과정분석 문단(process analysis paragraph)을 전개하는데 적합한 주제에 관한 것인데, 각 주제에 대해서 하나의 문단을 작성하라. 이때 순서나 과정을 설명하고(explain a sequence or process), 시간순서대로 사실이나 세부내용을 제시하고, 시간을 나타내는 논지 전환장치를 사용하라(transition signals).

1. 운전 면허증을 따기 위해 필요한 절차(Procedures needed to follow to get a driver's license)
2. 다양한 종류의 음식을 만드는 방법
3. 성공적인 입사신청을 위한 단계
4. 여자/남자 친구에게 청혼하는 방법
5. World Wide Web을 탐색/항해하는 방법(surf the World Wide Web)
6. 정구 서브를 넣는 단계
7. 여권/비자 신청 절차
8. 시차로 인한 피로를 예방하는 방법(jet lag)

9, 선생님을 골탕 먹이는 방법(how to drive your teacher crazy)
10. 개를 훈련시키는 방법
11. 엔진오일을 점검하는 절차
12. 비행기에서 멍멍 해지는 귀를 트는 방법
13. 딸꾹질을 멈추게 하는 방법(hiccups)
14. 어떤 특정한 과목을 잘하는 방법
15. 안전한 배낭여행을 하는 방법
16. 인천공항에서 나의 집을 찾아오는 길을 가르쳐주는 방법
17. 운전면허 시험에 합격/낙방하는 방법
18. 금연하는 방법
19. 지하철에서 치한을 물리치는 방법(shake off a sexual molester)
20. 우리나라의 농민을 살릴 수 있는 구체적이고 실천적인 한 가지 방안
21. 특정한 김치 조리법(a recipe)

제3과 공간순서
(Space Order)

Ⅰ. 학습요점

문단전개 : 공간순서에 중점을 두고 시간과 공간이 상호관계 된 문단을 구성. 공간순서에 따라 구체적 세부사항(specific details)을 사용, 특별한 공간 단어와 어구의 사용

Ⅱ. 검토사항

이 과의 연습문제를 완전히 푼 후엔

A. 학생은 다음 용어들을 알아야 한다.
   1. 공간순서, 공간관계
   2. 시점 또는 관점(point of vision), 이동하는 시점/관점(moving point of vision)
   3. 멀리서 가까운 곳으로의 공간순서, 가까운 곳에서 먼 곳으로의 공간순서, 시계방향으로의 공간순서 (제2과 참조)

B. 시간순서와 공간순서의 차이를 식별 할 수 있어야 한다.

C. 문장과 문단에서 시간적 순서와 공간적 순서를 식별할 수 있어야 한다.

D. 문장과 문단에서 시간순서와 공간순서를 명료하게 파악할 수 있도록 하는 단어와 어구에 친숙하여야 한다.

E. 하나의 문단에서 시간과 공간의 순서를 효과적으로 구성할 수 있어야 한다.

문단 전개

3.10

구체적 세부사항을 전개하는 2가지 방법은 시간순서와 공간순서를 이용하는 것이다. 아래 문장은________순서를 이용하고 있다.

막동이는 기숙사의 계단 2개 층을 뛰어 올라가서 전등불이 흐리게 켜진 복도를 따라 206호실까지 달려가서, 문을 활짝 열어 제치고, 안으로 뛰어 들어갔다.

3.11

아래의 문단 A와 B를 읽고 질문에 답하여라. 강의실을 찾아간다면, 어느 안내문이 그 방을 찾는데 더 도움을 줄 것인가?

A. 본관 입구에서 승강기를 타고 3층으로 올라가라. 승강기 문에서 나오면 그 곳이 바로 복도이다. 오른쪽으로 돌아서 복도 끝까지 걸어가라. 강의실은 복도 끝에 있다.

B. 그 강의실은 본관 3층에 있다.

3.11a

우리가 공간순서를 사용하는 근본적 이유는?

A. 사물이 어떻게 보이는가를 전하기 위해

B. 방향을 알려주기 위해서

3.11b

위 3.11에 있는 A와 B 연습문제를 다시 검토하고 아래 물음에 답하라.

❡ B가 A만큼 독자가 강의실을 찾는데 도움이 안 되는 이유는?

1. B는 독자가 강의실을 신속히 찾는데 도움이 되는 정보를 충분히 제공하지 않고 있다.
2. 독자가 B의 지시를 따르면 강의실을 찾기 힘들 것이다.

3.12

아래의 문단 중 어느 것이 시간순서로 배열되었는지 또는 공간순서로 배열되었는지 검토한 후에, 그에 해당되는 문단 앞에 시간순서 또는 공간순서라고 써넣어라.

❑ _______ A. 맥티리 교수는 에베레스트 산 정상에서 주위를 살펴보았다. 멀리 북쪽으로 공산정권 지배 하에 있는 티베트를 볼 수 있었다. 좀더 가까운 곳에서, 히말라야 산맥의 낮은 봉우리들을 볼 수 있었다. 그의 바로 발밑 수천 피트 아래에 있는 돌출 바위 위에는 그를 정상에 오르도록 도와주었던 몇몇 사람의 모습이 보였다.

❑ _______ B. 자정이 지났다. 순자는 숨을 죽였다. 그 때 똑 같은 움직이는 소리를 다시 들었다. 그녀는 전화기에 손을 뻗어 전화번호를 돌렸다. 몇 초 후에 수화기에서 남자 목소리가 들려왔다. "경찰서입니다. 무엇을 도와드릴까요?"

3.12a

아래 문단에서 에베레스트 산 정상과 공간적 관계에 있는 공산정권 지배 하에 있는 티베트의 위치를 보여주는 단어 밑에 줄을 그어라. 또 히말라야 산맥의 낮은 봉우리들이 어디에 있고 또 에베레스트 산의 정상과 연관하여 몇몇 사람들의 모습이 어디 있는지 등을 나타내는 어구 밑에 줄을 그어라.

맥티리 교수는 에베레스트 산 정상에서 주위를 살펴보았다. 멀리 북쪽으로 공산정권 지배 하에 있는 티베트를 볼 수 있었다. 좀더 가까운 곳에서, 히말라야 산맥의 낮은 봉우리들을 볼 수 있었다. 그 바로 발밑 수천 피트 아래에 있는 돌출 바위 위에는 그를 정상에 오르도록 도와주었던 몇몇 사람의 모습이 보였다.

3.12b

위에서 밑줄을 친 단어나 어구들은 문단의 구체적 세부사항인 ____________ ________ 를/을 보여주고 있다

3.13

아래의 구체적 세부사항을 활용하여 문단을 작성한다면,

1. 자동차가 아주 가까이에 있다.
2. 전주가 자동차 너머에 있다.
3. 전주 뒤에서 개가 잠자고 있다.
4. 우편배달부가 멀리 보일 듯 말듯하다.

❡ 이들을 3.12a 연습문제에서와 같은 순서대로 기술한다면, 첫 번째로 언급할 것은 어느 번호의 문장인가?

3.13.a

우리가 공간적 순서대로 사물을 배열할 때에 한 가지 방법은 ________ 우선 언급하고 ________ 것을 마지막으로 언급한다.

3.14

아래 문단에서 작가는 __________구체적 세부사항을 먼저 언급하고 ____구체적 세부사항을 맨 나중에 언급하였다.

맥티리 교수는 에베레스트 산 정상에서 주위를 살펴보았다. 멀리 북쪽으로 공산정권 지배 하에 있는 티베트를 볼 수 있었다. 좀더 가까운 곳에서, 히말라야 산맥의 좀더 낮은 봉우리들을 볼 수 있었다. 그의 바로 발밑 수천 피트 아래에 있는 돌출바위 위에는 그를 정상에 오르도록 도와주었던 몇몇 사람의 모습이 보이었다.

3.15

아래와 같은 구체적 세부사항을 가지고 문단을 작성한다면,

1. 자동차가 아주 가까이에 있다.
2. 전주가 자동차 너머에 있다.
3. 전주 뒤에서 개가 잠자고 있다.
4. 우편배달부가 멀리 보일 듯 말듯하다.

¶ 위의 문장들은 우리가 3.14에서 본바와 같은 공간순서대로 이들을 배열할 수도 있을 것이다. 이 때 첫 번째가 되는 것은__________이다.

3.16

공간순서로 구체적 세부사항을 배열할 때에, 한 가지 방법은____것을 먼저 언급하고 ___것을 마지막에 언급하는 것이다. 반대 방법은 _______것을 먼저 언급하고 _______것을 마지막에 언급하는 것이다.

3.17

내 방에 있는 사물의 위치를 친구에게 묘사한다면:

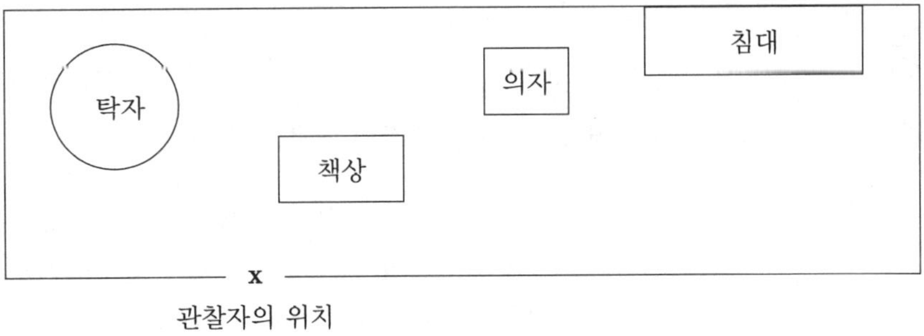

¶ 위에서 본 2가지 유형 중 어느 방법을 사용하여 방에 있는 사물을 묘사할 것인가?

3.18

시점 혹은 관점(point of vision)은 사물을 묘사하는 사람이 서있는 위치를 의미한다. 아래 문장을 읽어라.

그 여자가 대문에 도달하였을 때에 거리에 수많은 군중이 모여 있는 것을 보았다. 그들 너머에 있는 연단 앞에는 수많은 기마경찰이 말을 타고 있는 것을 보았다.

¶ 위 문장의 시점은(point of vision)?

A. 연단

B. 기마순경

C. 대문

3.18a

아래 문단에서 관찰자의 시점 혹은 관점은 어디인가?

맥티리 교수는 에베레스트 산 정상에서 주위를 살펴보았다. 멀리 북쪽으로 공산정권 지배 하에 있는 티베트를 볼 수 있었다. 좀더 가까운 곳에서, 히말라야 산맥의 낮은 봉우리들을 볼 수 있었다. 그의 바로 발밑 수천 피트 아래에 있는 돌출 바위 위에는 그를 정상에 오르도록 도와주었던 몇몇 사람의 모습이 보이었다.

3.18b

관찰자의 관점 혹은 시점(point of view)이 언급된 문단을 골라라.

A. 제트 비행기가 몇몇 나무 위를 살짝 스치듯이 날더니 산허리에 추락하였다.

B. 막동이는 그의 차에 앉아서 제트 비행기가 날아가는 것을 보았다. 그는 제트 비행기가 나무 위를 살짝 스치듯이 날더니, 산허리에 추락하는 것을 보았다. 잠시 후에 추락지점에서 불길이 솟는 것을 보았다.

C. 제트 비행기가 몇몇 나무 위를 살짝 날았다. 그리고 나서 비행기는 산허리에 추락하였다. 조금 후에 추락지점에서 불길이 솟았다.

3.18c

막동이는 자신이 목격한 자동차 사고에 관해서 다음과 같이 얘기를 하였다.

차 한대가 송기가 서있는 곳을 지나서 나리길을 달려 나가서 노들길로 좌회전하였다. 다른 차 한대가 노들길을 달려오다가 먼저 차와 추돌하였다. 송기의 시점/관점은 어디인가? 아래의 그림에 표시하라.

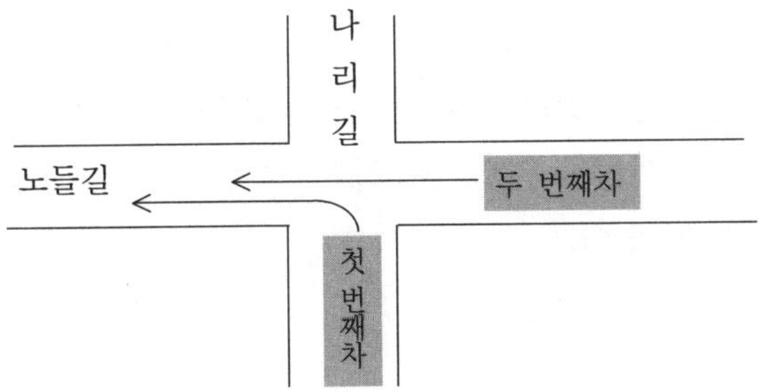

3.18d

시점/관점은 우리가 공간순서로 사물을 기술할 때에 우리가 서 있는 _____을/를 말한다.

3.19

아래 문단 중에서 방이 어떻게 생겼는가를 가장 쉽게 묘사한 것을 골라라.

A. 우리 기숙사의 오락실에는 소파 하나, 이자 5개, 차 탁자 그리고 바둑 탁자가 있다. 오락실에는 또한 TV, 콜라 자판기와 전축이 있다. 탁구대도 있다.

B. 우리 기숙사의 오락실에 있는 소파는 입구의 정면 벽에 바짝 붙어 놓여있다. 의자 5개는 오른 쪽 구석에 모여 있다. 다른 두개의 의자는 오른 쪽 벽 앞에 있는 바둑 탁자와 함께 있다. TV는 문 왼편에 콜라 자판기, 전축과 함께 왼쪽 벽에 늘어서 있다. 차 탁자는 왼쪽 구석에 있다. 방 한가운데는 탁구대가 있다.

C. <우리 기숙사>

오락실의 소파는 벽 앞에 있다. 다섯 개의 의자와 바둑 테이블은 한쪽 벽 구석에 있다. TV와 콜라 자판기와 전축은 방의 반대편에 있다. 차 탁자는 구석에 있다. 새 탁구대도 방안에 있다.

3.19a

우리가 눈앞의 광경을 기술 할 때에는(예를 들면, 앞의 오락실) 구체적 세부사항을 ___________ 순서로 나열하면 __________________.

3.19b

지금까지 공부한 공간순서의 2가지 유형은: ________________ 세부사항을 먼저 쓰고, _____________ 있는 세부사항을 나중에 언급하는 방법이 있다. 또는 __________ 있는 세부사항을 먼저 언급하고, _____________ 있는 세부사항을 나중에 소개하는 방법이 있다.

3.20

공간순서대로 세부사항을 배열하는 또 하나의 방법은 시계 방향으로 도는 순서이다. 아래 방에 있는 물건들을 두개의 의자로부터 시작하여 시계바늘 도는 방향으로 기술하라.

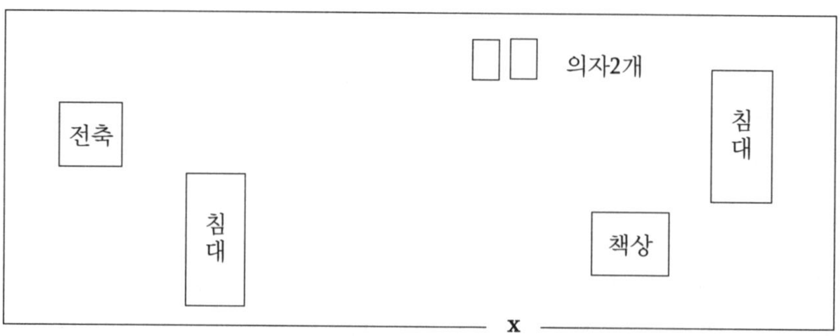

1. ______________________ 2. _____________________ 3. ________________

4. _____________________ 5.______________________

3.20a

다음 문단 중에 어느 것이 공간에 위치해 있는 사물들을 시계바늘 도는 방향으로 기술하고 있는가?

A. 교수 한명이 천천히 언덕을 올라갔다. 그의 뒤에는 공학도 한명이 삼각대를 들고 따라 올라가는 것이 보였다. 내가 차를 세운 곳에서 훨씬 아래에 있는 산길에서는 공학도 여러 명이 지프차에서 장비를 내리고 있었다.

B. 나의 오른 쪽에는 거대한 바위가 우뚝 솟아 있었다. 그래서 그 뒤에서 측량을 하는 공대 학생들이 거의 안 보일 지경이었다. 나는 그 교수와 다른 학생이 산길을 건너 측량이 한참 진행되고 있는 곳으로 서둘러 가는 것을 보았다.

C. 학생은 자연 경계표시를 살폈다. 바로 그의 뒤 언덕에는 큰 소나무가 하나 있었다. 그의 가까이 오른 쪽에는 거대한 고압 송전탑이 서있었다. 그가 눈을 돌려 왼편을 봤을 때 그는 낡은 금관 오두막집을 보았다. 최근에 건축한 듯한 주말 오두막집이 낡은 오두막집과 앞서 보았던 키가 큰 소나무 사이에 서 있었다.

3.21

현재까지 우리는 세 가지 공간 배열 유형을 보았다. 아래에 그것들을 적어 넣어라.

1. ______________________________

2. ______________________________

3. ______________________________

3.21.a

시점/관점(point of vision)은 무엇을 의미하는가? 아래에 적어라

____

❡ 지금까지 검토한 3가지 방법은 시점/관점을 사용할 수 있는가?

❑ 그렇다 ______________ ❑ 그렇지 않다 ______________

3.21.b

아래에 있는 문단을 기술하는데, 3개의 방법 중에서 어느 것이 가장 적합한가?

❑ ______ 1. 나의 기숙사에서 밖을 내다보고 그 앞의 광경을 기술할 때에
❑ ______ 2. 박물관의 문에 서서 벽에 걸린 미술품을 기술할 때
❑ ______ 3. 적에게 포위된 군인에 관해서 기술할 때
❑ ______ 4. 방 한쪽에 서서 자기 방이 어떻게 생겼는지를 기술할 때

3.21.c

발아래의 광경을 기술할 때에 가장 부적절한 공간적 순서 배열의 방법은 어느 것인가?

A. 먼 곳에서 가까운 곳으로
B. 가까운 곳에서 먼 곳으로
C. 시계바늘 도는 방향으로

3.21.d

송기가 학생회 건물에 서서 그의 눈앞에 전개되는 광경을 묘사하려고 한다. 송기의 눈앞에 펼쳐져 있는 대상물을 기술하기 전에 송기는 우선 무엇을 알려주어야 하는가?

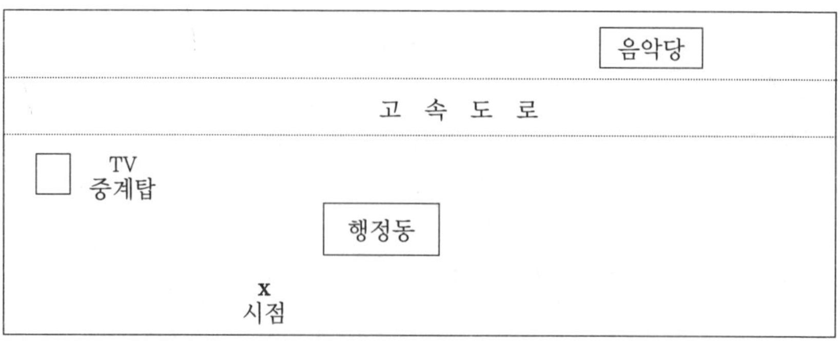

3.21.e

만약 송기가 위의 광경을 보고 다음과 기술하였다면:

* 나는 학생회 건물에서 교직원 주차장, 행정동, 도서관 그리고 고속도로를 보았다.

그림 Ⅰ 그림Ⅱ 그림Ⅲ

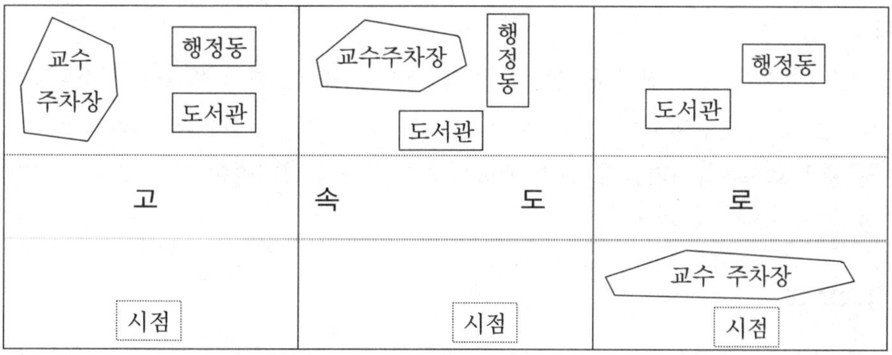

❡ 그가 기술한 장면은 아래의 어느 항목에 해당하는가?

A. 그림 1 B. 그림 1과 III C. 어떤 그림에도 다 해당

3.21.f

아래와 같은 장면이 송기가 그리려는 광경이라고 하면, 송기는 어떻게 하여야 하는가? 아래의 그림을 보고 교원 주차장에서 시작하여 문단을 작성하라.

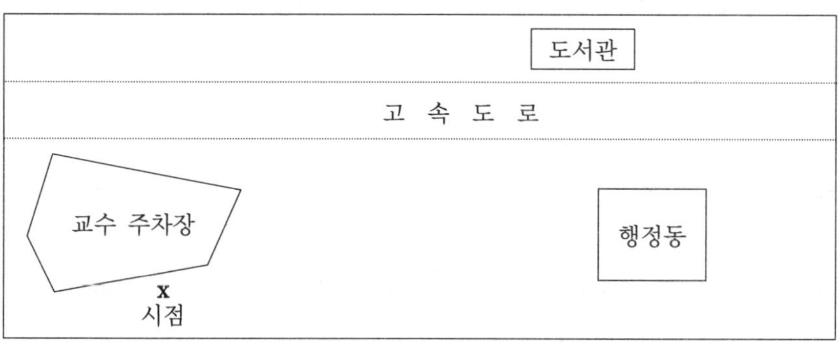

❑답 ____________________

3.22

공간순서를 활용하는 4번째의 방법은 이동시점(moving point of view)에 의한 것이다. 아래 문단 중에 어느 것이 이동시점/관점에서 관측대상을 묘사한 것인가?

A. 현미경을 조정하여, 막동이는 개미의 다리를 자세히 볼 수 있었다. 개미 앞다리 좌측부분에서 그는 검은 점을 발견했다. 그 점 속에서 이상한 균이 번식하고 있었다.

B. 한 건축가가 낡은 집안을 살폈다. 그가 마루를 걸어가면서, 대들보가 소나무로 되어 있는 것을 발견했다. 그는 부엌 문 앞에서 다시 걸음을 멈췄다. 그리고 지하로 통하는 복도로 걸어 내려갔다. 그가 지하실로 내려가자 거미줄이 그의 코에 걸렸다.

3.22.a

아래에 있는 글 중에서 관찰자의 시점이 이동하면서 기술하는데 적합한 내용은 어느 것인가?

A. 교실의 입구에 서서 교실 내의 눈에 보이는 사물을 기술할 때
B. 비행기가 출발할 때에 창밖을 내다보면서 풍경을 기술할 때
C. 친구에게 길모퉁이를 돌아서 우리 집으로 오는 과정에서 보이는 장면을 설명할 때
D. 우리 집 거실에 걸려 있는 그림을 설명할 때에
E. 산 속에 정차한 차에서 눈에 보이는 경치를 기술할 때에
F. 산길을 따라 올라가는 차에서 보이는 광경을 기술할 때에

3.22b

군대에 다녀온 막동이가 자기 친구에게 군대에서 장애물 훈련이 어떻게 진행되고 있었는지를 아래 그림과 같이 설명하였다. 막동이는 우선, "훈련병은 나무 옆에서 뛰기 시작하여 먼저 낮은 울타리를 넘어야 한다." 그림을 보고 이동 시점을 이용하여 막동이의 설명을 완성시켜라.

180cm되는 노광을 기어가야 한다. / 높은 담장 / 한쪽에서 올라서 반대쪽으로 내려가야 한다. / 철조망 밑으로 기어가야 한다. / 종점/ 나무 옆 시발점 막사 / 습지(물속을 걸어가야 한다.) / 낮은 울타리(뛰어 넘어야 한다.)

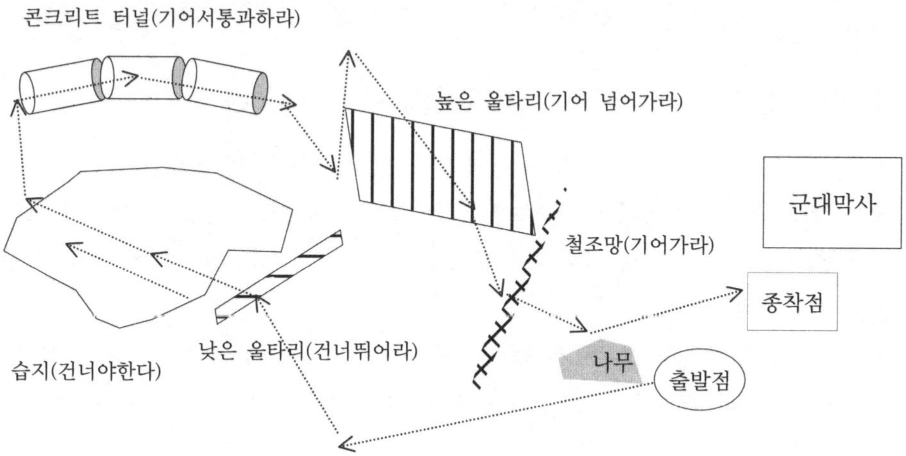

3.23

4가지 공간순서(space order)를 아래 빈 칸에 적어 넣어라.

1.______________________ 2.______________________

3.______________________ 4.______________________

3.23.a

아래에 있는 문단은 어떤 공간순서를 사용하였는가?

A. 시계바늘 도는 방향

B. 가까이에서 멀리로

C. 멀리서 가까이로

D. 이동 시점으로

내가 교실 밖을 내다보면 주차장이 보인다. 몇몇 여학생이 주차장의 이쪽으로 걸어오고 있다. 교실 오른쪽 가까이에는 햇볕을 가려주는 키 큰 나무가 서있다. 이 나무 밑에는 여러 대의 자전거와 스쿠터가 세워져 있다.

3.23.b

아래에 있는 3개의 문단이 어떤 공간순서를 따르고 있는지 빈 칸에 써 넣어라.

□______ A. 나는 우리 시의 새 도서관 입구 안에서 잠시 발을 멈췄다. 바로 내 앞에는 안내 책상이 있었다. 오른 쪽에는 수많은 새 책으로 채워진 책장들이 서있는 참고 열람실이 보였다. 나의 왼 쪽에는 넓고, 조명이 환하고, 통풍이 잘 되고 시설이 좋은 열람실이 있었다.

□______ B. 도서관의 정문으로 들어가면, 바로 앞에 안내 책상이 있는 것을 보게 될 것이다. 안내 책상을 끼고 왼쪽으로 돌면, 오른 쪽에 어린이 독서실이 있는 것을 보게 될 것이다. 방 끝에서 뜰로 나가는 표지판을 보게 될 것이다. 표지판에는, "음악실로"라고 쓰여 있다. 뜰 건너편에서 음악실로 들어가는 문을 보게 될 것이다.

□______ C. 내가 안내 책상 앞에 서있을 때에, 나는 좀 떨어진 참고열람실에서 몇몇 학생들이 논문을 읽는 것을 보았다. 나로부터 10m가량 앞에서는 커다란 붉은 모자를 쓴 부인이 전시 유리장 안에 있는 희귀본을 살펴보기 위해서 안경을 조정하고 있었다. 좀더 가까운 곳에는 학생 2명이 어떤 책에 관해 조용히 그러나 진지하게 토론을 하고 있었다.

3.24

아래 문단을 읽고 물음에 답하여라.

나는 그렇게 아름다운 집터를 본 적이 없다. 길옆에 서서, 나는 그 집 앞으로 뻗어 올라간 완만하게 굽은 언덕길을 올려다보았다. 그 집은 높은 참나무에 둘러싸인 평지에 세워져 있었다. 집 뒤 언덕은 산 정상까지 더 급하게 경사져 있었고, 정상이 전체 경치를 일품으로 완성시키고 있었다.

1. 위의 주제문에 밑줄을 그어라.

2. 위의 문단의 구체적 세부사항의 기능은?

A. 지시를 내리기 위해서

B. 주제문을 뒷받침해주기 위해서

3. 위 문단의 세부사항들은 어떤 순서로 배열되었는가?

A. 시간적 순서

B. 공간적 순서

3.25

아래 문단을 읽고 물음에 답하여라.

A. 침대는 맞은편 벽에 붙어 있었고, 책과 논문으로 덮혀 있었다. 침대 오른쪽 바닥은 오른 쪽 벽에 붙여놓은 책상 위의 뒤집혀진 잉크병에서 떨어지는 녹색 잉크로 물들어져 있었다. 내가 서있는 문 바로 오른 쪽에는 더러운 세탁물 더미가 있었다. 이 방은 내가 지금껏 본 중에서 가장 어지러운 방이었다.

B. 침대는 책과 논문으로 덮혀 있었다. 카펫의 한쪽 부분이 책상 위의 뒤집혀진 잉크병에서 떨어지는 녹색 잉크로 물들어져 있었다. 방 안에는 더러운 세탁물 더미가 있었다. 이 방은 내가 지금껏 본 중에서 가장 어지러운 방이었다.

1. 각 문단의 주제문에 밑줄을 그어라.

2. 위 2개의 문단 중 어느 것이 우리로 하여금, 침대, 카펫, 잉크, 책상 그리고 세탁물의 위치를 더 쉽게 볼 수 있도록 하고 있는가?

3. 왜 A 문단이 B 문단보다 읽기가 더 쉬운가?

3.26

다음과 같은 문단을 작성하였다고 하자.

싱크대는 냉장고의 왼편에 있다. 그릇 세척기는 방 한가운데에 있다. 더러운 커튼이 방의 오른 쪽 창에 걸려 있다. 문 옆의 의자 위에는 반쯤 개봉된 상자들이 쌓여있다. 이곳은 내가 본 부엌 중에 가장 엉망이었다.

❡ 위 문단이 좋지 않은 이유는?

A. 구체적 세부사항이 공간순서로 배열이 되지 않았기 때문에
B. 구체적 세부사항이 주제문을 뒷받침하지 않기 때문에

3.27

아래 문단을 읽고 그 아래에 있는 질문에 답하여라.

1. 왼쪽 벽에 연하여 설치된 카운터와 싱크대는 더러운 접시와 쓰레기로 덥혀있다. 2. 맞은 편 벽 앞에는 세탁기가 많은 더러운 옷으로 인해서 신음하는 소리를 내며 돌고 있다. 3. 내가 서있는 방 입구 바로 오른 쪽에는 테이블이 있는데, 그 위에는 찢어진 신문, 쓰러진 케첩 병, 그리고 반쯤 먹다 남은 물이 밴 조리된 햄버거가 놓여 있다. 4. 방의 오른 쪽 벽 끝에는 냉장고가 서있었는데 문이 열려 있고, 꼭대기 선반에서 우유가 뚝뚝 떨어지고 있다. 5. 이곳은 내가 본 중에서 가장 지저분한 부엌이다.

1. 위 문단은 그렇게 잘 된 것 같지 않다. 그 이유는?
A. 모든 구체적 세부사항이 주제문을 지원하는 것이 아니어서
B. 구체적 세부사항 중의 하나는 공간적 순서 패턴에 잘 맞지 않아서

2. 처음 2개의 문장은 공간순서 배열이 어떤 순서인가?
A. 시계바늘 도는 방향 B. 가까이에서 멀리로 C. 이동시점 D. 멀리서 가까이로

3. 2문장이 시계바늘 방향에서 벗어나고 있다. 어느 것인가?

3.28

사물의 배열을 기술할 때에 시간순서(time order)대로 할지 또는 공간순서(space order)대로 할지는 대체적으로 상황에 달려있다. 즉 글을 읽는 사람이 알아보기 쉽게 하도록 하는 점에 역점을 두고 기술하는 것이다. 집에 계신 부모에게 편지를 쓴다고 가정하자. 나의 기숙사의 방에 관해서 언급을 한다면, 어느 것이 도움이 되겠는가?

A. 공간순서 B. 시간순서

3.29

우리가 다음 상황에 처해 있다고 가정하자.

막동이가 이동석 선생님을 찾으러 왔다. 나는 내가 선생님을 본 장소, 선생님이 출발한 건물과 선생님이 향하신 건물, 그리고 선생님을 본 시간을 말했다.

❡ 어떤 순서가 가장 도움이 되겠는가?

A. 공간 B. 시간 C. 공간과 시간

3.30

아래에 주어진 상황을 시간순서 또는 공간순서에 따른 묘사/기술 중 어느 것이 적합한지 골라라.

❑________ 1. 친구에게 나의 기숙사 방을 찾는 방법을 알려준다.
❑________ 2. 어제 밤에 작성한 모든 과제물
❑________ 3. 화학실험의 절차를 설명
❑________ 4. 고향에 계신 부모에게 학교 구내의 시설을 설명
❑________ 5. 수업에 늦게 도착하게 한 사건들을 설명

3.31

아래와 같은 난처한 처지에 놓였던 경우를 문단으로 작성하라는 지시를 받았다고 가정하자.

나는 수영장의 도약대에 올라서서 수영장 전체의 전망이 어떤가 하고 살폈던 기억이 난다. 그런데 불행히도, 아래에 있는 친구들이 모두 나를 올려다보면서 내가 더 높은 도약대로 올라가서 물속으로 뛰어 내리는 것을 보고 싶어 하는 것 같았다. 그러나 나는 겁이 나서 그 곳에서도 물로 뛰어 내리지 못하고 계단을 타고 아래로 내려오고 말았다.

¶ 아래에 있는 문장 중에 어느 것이 가장 적절한 주제문이 될 수 있는지 골라라.

A. 수영은 정말 사람을 창피하게 만들 수 있다.
B. 나는 항상 곤란한 처지에 빠지게 된다.
C. 나는 전에 수영장에서 당혹스러웠던 기억이 있다.

제3과 복습 및 확장된 연습문제

3.50

* 공간순서

공간순서는 묘사체 또는 기술체 문단(descriptive paragraph)에 주로 사용된다. 우리가 사람, 장소, 또는 장면을 묘사하려고 할 땐, 그 대상이 어떻게 생겼는가를 묘사한 다음, 그곳에서 사람들이 무슨 일을 하고, 또 무슨 일이 일어났는지를 추가할 수도 있다. 여기서는 공간순서와 주제문을 뒷받침해주는 문장 혹은 구체적 세부사항의 전개가 중요한데, 다음과 같은 공간순서를 나타내는 논지 전환장치를 적절히 사용해야 한다.

위에서 아래로, 아래에서 위로, 오른쪽에서 왼쪽으로, 왼쪽에서 오른쪽으로, 멀리서 가까이, 가까이서 멀리, 안에서 밖으로, 밖에서 안으로, 시계 방향으로(clockwise), 시계 반대방향으로(counterclockwise), 시점 또는 관점이 이동하면서(from a moving point of view)

3.50.1

다음 문단을 읽고 그 아래 질문에 답하라.

<공동으로 사용하는 냉장고(The Shared Refrigerator)>

나의 같은 방 동료와 나는 냉장고 하나를 함께 사용하고 있다. 나의 동료가 쓰는 냉장고 반쪽은 매우 깔끔하다. 맨 위쪽 선반에는 우유 한 곽, 오렌지 주스 한 병, 그리고 광천수 한 병이 놓여있다. 이들은 선반 위에 일직선으로 정렬되어있다. 그

다음 선반엔 소다 캔이 있다(On the next shelf are cans of soda). 이들은 횡으로 가지런히 줄서있다(lined up in rows). 오렌지 소다가 맨 앞줄에 있고, 펩시는 두 번째 줄에 있고, 세븐업은 3번째 줄에 있다. 세 번째 선반에 그는 버터, 치즈, 계란, 요구르트와 같은 유제품을 넣어둔다. 맨 밑에 있는 선반에는 먹다 남은 음식을 담은 플라스틱 용기가 놓여있다. 이것은 크기별로 가지런히 배열되어있다(neatly arranged by size). 큰 것은 뒤쪽에 있고, 작은 것은 앞쪽에 있다. 냉장고 바닥 쪽에는 2개의 서랍이 있다. 그 서랍 속에 나의 동료는 채소와 과일을 넣어둔다. 각 품목은 각각 별도의 플라스틱 백에 담아서 서랍 안에 넣어둔다. 나의 방 동료는 정리정돈을 잘하는 사람이며, 그가 쓰는 우리 냉장고의 절반은 그의 성격을 잘 반영하고 있다(an organized person, reflects his personality).

1. 위 문단의 주제문은?

2. 이 문단의 결말이 있는가? 있으면 골라내어 그 종류를 설명하라.

3. 이 문단에서 구체적 세부사항(또는 뒷받침해주는 문장)을 전개할 때 어떤 종류의 공간순서를 사용했는가?

4. 이 문단에서 사용한 공간순서를 나타내는 논지 전환장치를 아래에 적어라.

3.50.2

다음 문단을 읽고 그 아래 질문에 답하라.

<나의 창문을 통해 본 경치>

나의 침실 창문을 통해 바라본 경치는 가을에 특히 아름답다. 높이가 2,000미터나 되는 2개의 산이 배경을 이루며 솟아있다. 부드러운 흰 구름이 산꼭대기에 걸려있다(rest on the mountaintops). 멀리에 있는 과수원 사과나무에는 아직도 두세 개의 사과가 매달려있으나, 다른 과일나무의 가지는 발가벗은 채로 있다. 채소밭이 차고 다음에 있다. 올해 마지막으로 열린 토마토가 토마토 줄기에 매달려있다. 탐스럽게

익은 오렌지색 호박이 할로윈 도깨비불 호박초롱을 만들기 위해 수확을 기다리며 땅바닥 위에 놓여있다(Halloween jack-o'-lanterns). 창문 밖 나무에 매달려있는 나뭇잎들은 각양각색의 색깔로 물이 들었다: 빨간색, 오렌지색, 노란색, 황금색, 녹색, 그리고 자주색. 다람쥐들이 나무 위에서 시끄럽게 떠들어대고 있다. 그들은 다가오는 겨울 대비용 식량을 모으느라고 바쁘다. 나는 4계절 내내 내 창문 밖 풍광을 즐기지만, 그러나 그 중에도 가을 경치는 계절의 백미이다.

1. 위 문단의 주제문은?

2. 이 문단의 결말이 있는가? 있으면 골라내고, 그 종류를 설명하라.

3. 이 문단을 진개하는데 어떤 종류의 공간순서를 사용했는가?

4. 이 문단에서 사용한 공간순서를 나타내는 논지 전환장치는?

3.50.3

다음 문단을 읽고 그 아래 질문에 답하라.

<나의 책상>

나의 책상 내부는 마치 고물상점 같다. 각 서랍은 폐품으로 가득 차있다(junk). 가운데 서랍에는 종이 집게, 지우개, 연필, 펜, 고무 밴드, 그리고 작은 풀 병이 들어있다. 맨 위 서랍은 구색을 갖춘 철물점이나 다름없다(hardware store). 만약에 뭔가를 고치려면 필요한 것은 무엇이든지 거기에 다 있다. 위에서 두 번째 서랍에 나는 밤에 배가 고플 경우에 대비해서 간식거리를 넣어둔다. 위에서 세 번째 서랍엔 작은 옷가지가 들어있다. 맨 아래 서랍에는 장난감 수집품이 있다. 공부 도중 잠시 휴식하는 동안 나는 그 장난감을 가지고 놀기도 한다. 내 친구들의 말로는 내가 이처럼 다양한 물건들을 책상 서랍 속에 넣어두고 있기 때문에, 이제 소규모 사업을 한번 시작해보는 게 어떠냐고 묻기도 한다.

1. 위 문단의 주제문은?

2. 이 문단의 결말이 있는가? 있으면 골라내고, 그 종류를 말하라.

3. 위 문단에서 묘사한 책상엔 모두 몇 개의 서랍이 있는가?

4. 위 문단에서 어떤 종류의 공간순서를 사용했는가?

5. 위 문단에서 사용한 공간순서를 나타내는 논지 전환장치를 모두 써보아라.

3.50.4

다음을 읽고 그 아래 질문에 답하라.

<나의 첫 차 (My First Car)>

나의 첫 차는 낡았고 보기 흉했으나, 그럼에도 불구하고 나는 그 차에 특별히 애착이 갔다. 그 차의 주된 페인트 색깔은 검정이었으나 여러 구석에는 청색, 초록색, 노란색, 흰색도 있었다. 차체는 상태가 엉망이었다(in terrible condition). 차체에는 대여섯 개의 커다란 흠집(big dents)이 나있었다. 보닛의 잠금장치(the hood lock)가 고장이 나서 닫기 질 않았기 때문에 나는 강한 밧줄로 그것이 열리지 않도록 아래로 잡아 매두었다. 또한 뒤쪽에 있는 범퍼가 녹이 쓸었고, 앞 유리창은 금이 가있었다. 차 내부 또한 말이 아니었다. 조수석 쪽 차의 안쪽 문손잡이는 어디로 갔는지 아예 없었기 때문에 차 안에서 조수석 창문을 열수가 없었다. 좌석에는 적어도 10개의 구멍이 나있었다. 연료계(the gas gauge) 또한 고장나있었다. 그래서 그 연료계는 항상 "가득 채움"이라고 표시되어 있었기 때문에 나는 연료가 바닥난(run out) 적이 자주 있었다. 속도계 또한 고장이 나있었기 때문에 내가 시속 몇 킬로로 달리고 있는지 전혀 알 수가 없었다. 첫사랑이 흔히 그러하듯이 나의 낡아빠진 폴크스바겐도 몇 가지 허물이 있었으나, 적어도 나에겐 그저 최고였다.

1. 위 문단의 주제문은?

2. 이 문단의 결말이 있는가? 있다면 그 종류를 말하라.

3. 위 문단에서 사용한 공간순서는? 구체적으로 설명하라.

4. 이 문단에서 사용한 공간순서를 나타내는 논지 전환장치를 모두 써보아라.

3.50.5

다음 주제는 공간순서를 사용하여 문단을 작성하기에 적합한 내용이다. 다양한 공간순서를 나타내는 표현을 사용하여 문단을 써보아라. 묘사체/ 기술체 문단(descriptive paragraph)은 언어로 그림을 그리듯이 글을 읽으면 장면이 생생하게 떠오르도록 묘사해야 한다.

1. 나의 교실(my classroom)
2. 점심시간의 학교 식당(the student cafeteria at lunchtime)
3. 나의 할머니의 주방(my grandmother's kitchen)
4. 어느 복날에 탄 만원 버스(a crowded/jam-packed bus on a dog day)
5. 러시아워 때의 지하철(the subway at rush hour)
6. 해질 녘의 해변(a beach at sunset)
7. 국군의 날의 군대행진(a military parade on the Armed Forces Day)
8. 파티가 끝난 후의 나의 집(my house/apartment after a big party)
9. 한밤중의 공동묘지(a cemetery at midnight)
10. 나의 일터(my workplace)
11. 장날의 읍내 광장(the town square on market day)
12. 병원 응급실(a hospital emergency room)
13. 어느 주말 밤의 디스코텍(a disco on a weekend night)
14. 나의 집 정원(my garden)
15. 우리 대학교의 교정(the campus of our university)
16. 우리 이웃에 있는 슈퍼마켓(the supermarket in my neighborhood)

17. 우리 학교의 도서관(the library of our school)

18. 내가 가장 좋아하는 도시(the city I like best/my most favorite city)

19. 내가 가장 좋아하는 휴식처(my favorite place to relax)

20. 동대문 시장(the East Gate Market/the Dongdaemun Market)

21. 서울역(the Seoul [Railway] Station)

22. 서울대공원(Seoul Grand Park)

23. 동물원(a zoo)

24. 지리산 정상에서 내려다본 광경(the view from the top of Jiri Mountain)

25. 인천[국제]공항(Incheon International Airport)

26. 인도의 타지마할(The Taj Mahal in India)

제4과 원인과 결과
(Cause and Effect)

Ⅰ. 핵심요점

문장의 전개 : 원인과 결과를 활용한 문단의 구성(구체적 세부사항에서 원인과 결과를 나타내는 단어의 사용)

Ⅱ. 검토사항

이 과를 종료하면

A. 학습자는 다음과 같은 사항에 익숙해야 한다.

1. 다음과 같은 단어의 의미와 사용법: 원인, 결과, 원인-결과의 관계
2. 종속절에 쓰인 "때문에, 만일, 이유로" 등이 원인-결과의 관계를 나타낸다.

B. 학습자는 여러 개의 문장이나 문단에서 원인과 결과 관계를 구성할 수 있어야 한다.

1. 문장에서 "때문에, 만일, 이유로" 등을 사용하여 원인-결과의 관계를 나타낸다.
2. 몇 개의 문장의 문맥을 통하여 원인-결과의 관계를 나타낸다.
3. 원인을 먼저 언급하고 후에 결과를 언급한다.
4. 결과를 먼저 언급하고, "왜냐하면, 그 이유는" 등과 같은 표현을 써서 뒤에 오는 문장에서 원인을 언급할 수도 있다.
5. 주제문(topic sentence)에서 원인(cause)을 언급하고, 구체적인 세부사항에서 결과(effect)를 언급할 수도 있다.
6. 주제문에서 결과를 언급하고, 구체적 세부사항에서 원인을 언급할 수도 있다.

문단 전개

4.10

구체적 세부사항을 배열하는 2가지 방법은 시간과 공간순서였다. 또 하나의 순서는 원인-결과의 순서이다.

"원인과 결과"란 무슨 뜻인가? 사람들은 발생했던 일과 그 원인에 관심을 갖는다. 발생한 일—폭풍우, 기근, 전쟁, 댐이나 고속도로의 건설—등은 어떤 일의 결과인 것이다. 이런 일은 원인 없이는 생겨나지 않는다.

¶ 만일 누군가가 얼음 위에서 미끄러져서 다리를 삐었다면, 그가 넘어진 원인은?

A. 다리를 삐어서　　　　B. 얼음 위에서 미끄러져서

¶ 미끄러진 행위의 결과는?

4.11

아래에 있는 문장 가운데 하나는 원인을 언급하고 있다. 그 문장에 밑줄을 그어라.

붉은 색 자동차의 운전자가 위험하게 고속으로 고속도로를 질주하였다. 그는 정지 신호인 적색신호를 무시하고 달려서 차 두 대와 추돌할 뻔하였다. 경찰이 그 차를 바짝 뒤쫓아 갔다.

¶ 붉은 색 자동차의 운전에 관한 위 문장의 순서는______________________
________의 순서라고 한다.

4.12

아래 문장 가운데에서 원인에 밑줄을 그어라.

서투른 학생이 시험관을 뒤집어엎었을 때에 시험관에 들어 있는 산이 시험대에 엎질러지고 산이 나무와 금속을 먹어들어 갔다.

4.12a

아래 문장에서 원인에는 밑줄을 치고 결과에는 점선을 그어라.

1. 손을 불에 오래 대고 있으면, 손을 덴다.
2. 불에 너무 가까이 서 있으면, 옷이 탄다.
3. 네가 때린 아이의 이름을 말해주지 않는다면, 나는 그의 이름을 금방 알 도리가 없다.

4.12b

다음 문장을 완성시켜라. 그리고 원인을 나타내는 부분에는 원인, 결과를 나타내는 부분에는 결과라고 문장 앞에 써라.

1. (　　) 만일________________________________, 너는 비에 젖을 것이다.
2. 숙제를 내지 않아서, 순자는 (　)________________________________.
3. (　　) 만일 ____________________________, 너는 비행기를 놓칠 것이다.
4. (　　) ______________때문에, 막동이는 한 학기 더 수업을 받아야만 했다.

4.13

아래 문장 앞에 원인, 결과, 또는 원인-결과를 나타내는 문장이 있으면 그 번호에 표시를 해라.

1. 그는 2학기에 학원에 등록하였다. 그리고 나서 하루 종일 운동을 하였다.
2. 이번 학기에 열심히 공부하지 않으면, 너는 졸업하기 힘들 것이다.

3. 불 근처에서는 기름을 통에 붓지 마라. 그러면 큰 불이 날 것이다.
4. 음악회가 끝난 뒤에, 그들은 가까운 음식점으로 갔다.
5. 중급 영어를 들어라. 영어 중급은 문법에 치중하고 있어서 너에게 많은 도움이 될 것이다.

4.14.

지금까지 살펴본 내용을 참고하여 답해라. 아래 문장 중에서 원인-결과(cause-effect)의 관계에 대한 설명 중 올바른 것은?

A. 원인-결과의 관계는 시간을 나타낸다.
B. 원인-결과의 관계는 한 문단의 주제부와 서술부를 나타낸다.
C. 원인-결과의 관계는 2개의 사건이 발생하였을 때, 하나가 다른 것이 발생하도록 하였을 때에 성립한다.
D. 원인-결과의 관계는 항상 "-때문에" 라는 표현이 있을 때에만 가능하다.

4.15

아래의 글을 읽어라.

* 막동이는 공부를 하지 않았다. 그는 낙제점수를 받았다.

❡ 막동이가 시험에 낙제한 원인은?
A. 시험이 어려웠다. B. 막동이는 공부를 하지 않았다. C. 막동이는 피로했다.

4.15a

원인과 결과의 관계를 뒤집어 봤을 때, 막동이가 공부를 하지 않아서 초래된 결과는?

A. 낙제점을 받았다. sB. 시험이 어려웠다. C. 막동이는 피로했다.

4.15b

원인-결과를 나타내는 말은 여러 가지이다. 아래의 빈 칸에 적절한 단어를 넣어라.

* 막동이가 열심히 공부를 안________________. 그는 시험을 잘 못 봤다.

4.15c

원인-결과를 나타낼 때는 다음과 같은 것들도 있다.

A. ...이 원인이 되어서
B. ...(이)여서
C. 비록....하였지만
D. 왜냐하면
E. 그 이유는

4.15d

원인-결과의 관계를 나타나는 방법은 순서를 바꿔서 결과를 먼저 언급하는 방법도 있다. 아래의 문장을 완성 시켜라.

* 막동이는 시험을 잘 못 봤다.___________그가 공부를 안 했기 때문이다.

4.16

아래에 있는 문장들은 원인-결과를 나타나는 것들이다. 각 쌍의 문장을 원인–결과를 잘 나타내도록 고쳐 써라.

1. 나는 스위치를 넣었다. 엔진이 돌아가기 시작하였다.

___

2. 그는 졸업을 못한다. 그는 공부를 안 했다.

___

3. 너는 빗속에 서있는데, 감기에 걸릴 것이다.

---

4. 그는 다음 해에 명문대학에 입학하기를 바라고 있다. 그는 고등학교에서 상위권 성적을 이어가려고 노력하고 있다.

---

5. 그는 과외 활동을 하지 않으려고 한다. 그는 모든 시간을 공부에 집중해야 하기 때문이다.

4.17

아래의 문장들을 원인-결과의 관계를 잘 나타내는 문장으로 고쳐 써라.

예: 그는 못되게 굴었다. 나는 그를 내 생일파티에 초대 안 할 것이다.
답: 그가 못되게 굴었기 때문에, 나는 그를 내 생일 파티에 초대 안 할 것이다.

1. 순자는 불어를 잘 한다. 순자는 불어 시험공부를 열심히 하지 않아도 될 것이다.

---

2. 너는 수업에 계속 빠지고 있다. 너는 퇴학당할 것이다.

---

3. 그는 사업가가 되고 싶어 한다. 돈을 많이 벌기를 바라고 있다.

---

4. 순자는 키가 크다. 훌륭한 농구선수이다.

---

5. 할아버지가 사다리에서 떨어지셨다. 다리가 부러지셨다.

4.18

아래 문장을 읽고 지시문에 응하여라.

이 길의 신호등 밑에. "좌회전 금지"라는 교통 표지판이 있었다. 미국에서 온 내 사촌 동생이 이 표지판을 못 보고 좌회전을 하였다. 사촌은 다른 차와 충돌사고를 낼 뻔하였다.

위 문장을 원인-결과의 관계를 나타내는 문장으로 고쳐 써라.

______

______

______

4.19

여러 개의 사건들이 얽히어 원인-결과의 관계를 나타내기도 한다. 이들 중 하나 또는 그 이상이 원인이 될 수 있다. 다음 문단에서 원인을 나타내는 문장에는 밑줄 긋고, 결과를 나타내는 문장 앞에는 원을 그려 표시하라.

붉은 색 자동차의 운전자가 위험하게 고속으로 고속도로를 달렸다. 그는 정지신호인 적색신호를 무시하고 계속 질주해서 차 두 대와 추돌할 뻔하였다. 경찰이 그 차를 바짝 뒤쫓아 갔다.

4.19a

위의 4.19의 3문장을 하나로 연결할 수 있다. 원인을 먼저 제시하면서 글을 하나로 완성하라.

경찰이 그 차를 바짝 뒤쫓았던 것은______

______

______

4.19b

원인을 나타내는 문장에 밑줄을 그어라.

자동차가 언덕을 굴러 내려갔다. 차의 브레이크가 파열하였다. 차가 벽에 부딪혔다.

4.19c

4.19에 있는 3문장을 하나로 묶어라. 원인을 먼저 기술하라.

____

____

4.20

아래 문장 중에서 원인을 나타내는 문장 앞에는 원을 그려 표시하고, 결과를 나타내는 문장에는 밑줄을 그어라.

나는 항상 재채기가 난다. 내 머리가 아프다. 내 눈이 아프다. 나는 어제 감기에 걸렸다.

4.20a

원인과 결과의 관계를 나타낼 때에 결과를 먼저 쓰고 원인을 뒤에 나타낼 수도 있다. 다음의 빈 칸을 채워라

나는 재채기가 나고, 머리가 아프고 눈이 아프다. ____________ 내가 어제 감기에 걸렸기 때문이다.

4.21

다음의 3개의 문장을 원인-결과의 관계를 활용하여 하나로 묶어라.

미숙한 항해사가 배 파손 비용을 물어야만 했다. 배는 폭풍 속에서 암초에 너무 가까이 갔다. 배가 암초에 걸렸다.

____

____

4.22

앞에서 우리는 몇 가지 결과에 대한 원인을 한가지로 제한하였었다. 때때로 여러 가지 원인이 한 가지 결과를 초래하기도 한다. **아래 문장에서 여러 원인에 밑줄을 치고 한 가지 결과문 앞에 원을 그려 표시하고, 원인을 빈 칸에 한 문장으로 써 넣어라.**

영어 시험이 월요일에 있었다. 진수는 영어시험 공부를 안했다. 진수는 월요일에 하루 종일 자기 기숙사 방에 머물렀다.

______________________________________ 진수는 월요일에 하루 종일 자기 기숙사 방에 머물렀다.

4.23

아래 문장들을 하나로 엮어라. 원인을 맨 앞에 배열하라.

남부군은 전쟁에 졌다. 군 병력도 적었다. 군인 식량이 부족하였다. 군대가 필요로 하는 무기를 생산할 수 있는 공장이 많지 않았다.

____

____

4.24

다음 글에서 원인에 밑줄을, 결과에 원을 그려라.

날씨가 더웠다. 선생님의 강의가 지루하였다. 진숙이는 강의실 뒷줄에 앉아 잠이 들었다.

4.24a

위의 문장을 하나로 엮어라. 결과를 맨 나중에 기술하라.

4.25

아래 각 쌍의 문장들은 원인-결과의 관계를 명료하게 나타내고 있지 않다. 하나의 문장으로 엮으면서 원인–결과의 관계가 잘 나타나도록 하라.

1. 그는 사탕을 좋아하고 너무 많이 먹었다. 지금 치아가 손상됐다.

2. 가스 스토브에 손을 댔다. 너는 손을 뎄다.

3. 진동이는 문을 잠갔다. 그는 다시 들어갈 수가 없었다. 그는 열쇠를 잃었다.

4.26

아래 문장들을 읽어라. 어느 내용이 다른 모든 결과의 원인이 되는가?

1. 부서진 시험관 유리 조각이 화학 실험실 사방으로 흩어졌다.
2. 정신이 빠진 학생 하나가 실수로 화학 혼합물을 다른 시험관에 넣었다.
3. 공포에 질린 선생님은 수진의 얼굴에서 피가 흐르는 것을 보았다.
4. 선생님은 즉시 학교 양호실에 연락을 취하셨다.
5. 큰 폭발이 일어났다.
6. 유리 파편이 스쳐 지나간 자국이 수진의 얼굴에 나 있었다.

4.27

위의 문장들을 원인-결과의 관계가 논리적으로 잘 나타나도록 차례로 나열하라.

1. ______________________________
2. ______________________________
3. ______________________________
4. ______________________________
5. ______________________________
6. ______________________________

4.28.

위의 문장들을 하나로 묶어서 기술하라.

____
____
____
____
____
____
____

4.29.

만일 아래와 같이 등산클럽 회장이 말을 하였다고 하자.

"준수는 자기 회사에서 부사장으로 승진되었다. 그는 등산 클럽의 회원이었다. 이제 준수는 등산 클럽이 어떠한 곳인지 말해 줄 것이다."

¶ 등산 클럽의 회장은 준수가 부사장으로 승진된 원인이 무엇이라고 암시하고 있는가?

____

4.29a

준수가 회사 부사장이 된 진짜 이유는 무엇이라고 생각하는가?

4.29b

그렇다면, 왜 등산 클럽의 회장이 준수가 등산 클럽의 회원이었다는 것과 회사의 부사장으로 승진한 것 사이에 어떤 원인-결과의 관계가 있는 양 말하고 있는가?

4.30

위의 예는 원인-결과의 관계를 나타나는데, 흔히 범하는 오류를 보여주고 있다. 원인이라고 기술할 때에는 반드시 그것이 그런 결과를 초래하게 된 합당한 이유가 되어야 한다. 아래 문장을 읽고 사실과 다른 원인이 있는 문장을 찾아 밑줄을 그어라.

준영이는 국어시험 답안지를 다 쓰지 못하였다. 시험시간 처음 15분 동안은 첫 문제를 열심히 풀었다. 그 다음 몇 분 동안은 창밖을 멍하니 내다보면서 시간을 허비하였다. 그리고 또 몇 분 동안은 시험지를 만지작거리면서 보냈다. 대부분의 학생들은 시험을 치는 동안 시험시간을 제대로 활용하는 방법을 모른다.

4.31

아래 문단을 읽어라.

순희의 반 친구들은 순희가 고2 화학과목에서 일등을 하리라고 생각하였다. 순희는 아주 적극적이다. 순희는 자기반 친구들과 아주 친하게 지낸다. 순희는 고1 때에 웅변반에 있었다. 순희는 결석한 적이 없다. 순희는 화학 과목을 이수하면서 모든 실험을 수행하였다.

¶ 위 문단에서 몇 개의 문장이 순희가 고2 때에 화학 과목에서 일등을 하리라고

예상하게 하는데 도움이 되리라고 생각하는가?

4.31a

만일 학습자의 대답이 "없다"이면 그 답은 옳은 것이다. 위의 문단은 순희의 일반적인 학습/생활태도를 말하고 있다. 그렇다면 무엇이 문제인가?

4.32

학습자가 원인-결과 관계를 나타내는데 흔히 저지르는 잘못은 어떤 원인들이 당연히 어떤 결과를 낳는다고 생각하는 것인데, 꼭 그렇지는 않다. 아래 문장들에서 원인–결과의 관계를 나타내려는데 문제가 되는 것은 무엇인가?

오늘 아침에 러시아가 모스크바 근처에서 수소폭탄을 터뜨렸다. 강풍이 시베리아에서 몰아쳐 내려와 얼마 후에 하와이에 도달하였다. 따라서 오늘 오후 고강도의 지진이 하와이 섬들을 진동시켰다.

4.33

때때로 필자는 자기가 제시하는 원인이 그런 결과를 낳는다고 말한다. 어떤 원인은 그런 결과와 연결되었으나 그렇지 않은 경우도 있다. 아래 문장들을 검토하여 필자가 의도한 대로 원인과 결과가 관련성이 있는지를 살펴보아라.

A. 만일 네가 탁월한 운동선수가 되고 싶으면, 매일 운동 연습을 하라. 충분히 잠을 자고, 균형 잡힌 식사를 하고, 운동선수용 자포(Zappo) 시리얼을 꼭 매 식사 때마다 포함시키도록 하라.

B. 피부를 부드럽고 보기 좋게 보이게 하는 피부미용을 위해서, 매일 하루에 4번

씩 얼굴을 씻어라. 항상 릴리 스킨(Lilly Skin) 로션을 쓰고 백가지 피부보호제가 들어있는 비누를 사용하라.

4.34

아래 문단을 읽고 물음에 답하여라.

순영이는 대학에 입학하였다. 그는 과학 과목에 자신이 없는데도 1학년 말에 이공학과로 전과하기를 희망하였다. 일 학기가 끝날 무렵, 지도교수는 순영이가 이공학과 과목 성적이 좋지 않으니까 그대로 경영학을 전공하라고 충고하였다. 지도교수는 순영이의 성적이 불량하면 학교에서 퇴출될지도 모른다고 경고하였다. 그런데도 순영이는 2학기에 이공학과 과목을 계속 수강하였다. 순영이는 자신의 능력을 과대평가하였다. 1학년 말에 순영이는 대학에서 가슴이 내려앉는 통지를 받았다.

1. 위 문단에서 순영이의 태도는 어떠한가?
2. 위 문단에서 순영이의 가슴이 내려앉게 한 통지를 받게 한 원인은 무엇인가? 그 문장에 밑줄을 그어라.

3. 아래에 제시한 구체적 세부사항들을 통합할 수 있는 주제문(topic sentence)을 적어라.

a. 순영이는 이공학과 과목에 약한대도 계속해서 이공학과 과목을 이수하려고 하였다.
b. 순영이는 자신의 능력을 직시하지 않으려고 하였다.
c. 순영이는 지도교수의 충고를 따르려고 하지 않았다.

❑ 주제문: ______________________________

4.35

하나의 문단은 원인-결과의 관계를 사용하여 전개될 수 있다. 아래의 문단을 읽고 물음에 답하여라.

광고에 속아 넘어가지 마라. 광고문을 자세히 읽고 어디가 거짓말이고 과장되었는지를 살펴라. 광고한 제품을 직접 보고, 광고의 내용과 비교하라. 친구에게도 얘기를 하여 친구들도 그 제품에 만족하는가 알아봐라. 가능하면 솔직한 평가를 한 글을 찾아 읽어봐라. 무엇보다도, 어떤 유명 운동선수나 탤런트가 좋아하고 있다는 광고의 말만 믿고 그 물건을 사지 마라.

1. 주제문 밑에 밑줄을 그어라.

2. 주제문은 원인을 말하는가? 또는 결과를 말하는가?
A. 원인　　　　B. 결과

4.36

문단을 원인-결과의 관계를 이용하여 전개할 때에 가장 흔한 방법은 결과를 주제문 속에 넣고 그 결과의 원인이 되는 것을 구체적 세부사항에 넣는 것이다. 광고문이 그런 종류의 글이다. 다른 예를 들어보자. 아래 문단을 읽고 물음에 답하여라.

순희는 복도에서 만난 친구들에게 아는 체 하지도 않고, 교실에 있는 급우에게도 인사말을 건네지 않는다. 걷는 태도에서도 그런 면이 보인다. 수업이 끝나면, 순희는 항상 친구에게 아무 말도 하지 않고 집으로 서둘러 간다. 우리 모두는 순희가 우쭐대고 있다고 생각한다.

1. 결과에 밑줄을 그어라.

2. 주제문을 뒷받침해주는 구체적 세부사항 모두가 나타내는 것은?
A. 원인　　　　B. 결과

4.37

아래의 두 문단은 2명의 학생이 쓴 글이다. 지시문은 "나는 대체로 시험을 잘 못 본다"에 관해서 쓰라는 것이었다. 또 "여러 개의 문장이 구체적 세부사항이 되어 주제문을 뒷받침하도록 하라"는 것이었다. 지시문에 잘 따른 문단은 어느 것인가?

A. 나는 대체로 시험을 잘 못 본다. 시험공부 때에 부모님은 큰소리로 야단을 치시곤 하는데, 시험에 전혀 도움이 안 된다. 나의 인생 목표는 시험을 보는 것이 아

니다. 나는 시험이 싫다. 나는 시험이 겁이 난다.

B. 나는 대체로 시험을 잘 못 본다. 나는 반의 학생 모두가 시험지를 받자마자 답을 쓰기 시작하는 것을 보면 긴장이 된다. 시계 추 소리에도 신경이 거슬려 나는 배운 것을 생각해 내지 못한다. 때때로 질문이 무엇인지 확실히 이해하지도 못한다.

4.38

만일 주제문이 다음과 같이 시작된다면, 구체적 세부사항은 어떻게 쓰는 게 좋을까?

※ 기말 시험공부를 열심히 하지 않으면, 낙담하게 될 것이다.

____

____

4.38a

아래 2 문단을 읽고 각각 문단에서 어느 문장이 주제문인가를 골라내라. 다음은 각 문단이 어떻게 전개되었는지 살펴라. 즉 하나의 원인 또는 2개 이상의 원인을 포함하고 있는지. 또는 하나의 결과나 2개 이상의 결과를 포함하고 있는지를 빈 칸에 적어 넣어라.

❑______ A. 일기예보를 한다는 것은 어려운 일이다. 확실하다고 여기고 알린 일기예보가 예상보다 빠른 속도로 이동하는 폭풍우 때문에 뒤집히는 수가 있다. 몇 도의 기온 하강으로 인하여, 약간 흐린 날씨가 비가 오는 날씨로 변할 수 있다. 어떤 때는 바람의 방향이 바뀌어서 하루 종일 눈이 온다는 예보가 빗나가 해가 쨍쨍 나는 수가 있다.

❑______ B. 일기예보가 빗나가서 다양한 문제를 야기한다. "비가 올 것입니다"라고 예보하였는데 비가 안 오면, 사람들은 비아냥거린다. 소풍가기 전에 예상했던 일기가 빗나가서 소풍 당일 소풍이 취소가 되는 수가 있고, 또 소풍갔다가 갑작스러운 소낙비에 쫄딱 비에 젖는 수가 있다. 하늘이 맑게 개일 것이라고 한 일기예보가 빗나가서 낭패를 보는 소풍객들이 많다.

4.39

아래의 문장으로 시작되는 문단이 있다고 하면, 문단의 나머지는 무엇을 나타낼 것인가?

학생회 규약을 제정하기 위해서 투표를 하여야 한다. 왜냐하면 그 규약이 학교에 도움이 되기 때문이다.

A. 학생회 규약이 미칠 결과

B. 학생들이 학생회가 필요한 이유

4.39a

아래 문단에서 몇 가지 학생회 규약제정의 결과가 제시되고 있는가?

학생들은 학생회 규약을 위해서 투표하여야 한다. 왜냐하면 그 규약이 학교에 도움이 되기 때문이다. 고3 학생들의 대부분은 투표를 하겠다고 약속하였다. 교직원도 이 규약이 통과되기를 바라고 있다. 이 규약은 진정 학교에 도움이 되니, 모든 학생이 투표하여야 한다.

❏ 답 ____________________

4.39b

다시 4.39의 예문을 반복한다.

학생회 규약을 위해서 투표를 하여야 한다. 왜냐하면 그 규약이 학교에 도움이 되기 때문이다. 아래에 제시한 문장들은 학생회 규약의 결과에 대해 언급하고 있다. 진정한 결과 또는 필요성을 나타내는 보기를 골라라.

A. 대부분의 고3 학생들은 규약을 위해서 투표하겠다고 약속하였다.

B. 교직원이 그 규약에 찬성하고 있다.

C. 새로운 규약에 의하면, 학생 클럽 활동에 재정적 뒷받침을 하게 되어있다.

D. 교장 선생님이 이 규약에 찬성하겠다는 뜻을 표명하였다.

E. 이 규약으로 우리 학교 운동 팀이 다른 학교의 운동 팀과 대전할 수 있게 된다.

F. 새 규약으로 학교 매점으로부터 재정적 뒷받침을 받을 필요가 없게 된다.

G. 우리가 함께 새 규약을 통과시키면, 이 규약은 정식으로 학교 규정으로 채택될 것이다.

4.40

앞에서 본 바와 같이 많은 필자들은 첫 문장에서 결과를 언급하는 듯하면서도 진짜 결과를 언급하지 않는 경우가 흔히 있다. **아래 문단에서 주제문에서 예시한 결과를 나타내지 않는 문장에 밑줄을 그어라.**

나를 반장으로 뽑아 준다면 많은 좋은 일을 할 것이다. 나는 열심히 노력하여 반에 최상의 도움이 되도록 노력하겠다. 곧 우리 반 학급비 자금이 늘어날 것이다. 현재 사문화되다시피 한 많은 학교 규칙을 변경할 것이다. 토요일에 수업이 없어서 자유시간이 많고, 학기가 짧아질 것이다.

4.41

왜 어떤 것을 좋아하는지 또는 싫어하는지에 관하여 문단을 작성할 때에 원인-결과의 관계를 사용하면 아주 유용하다. 만일 선생님이 어떤 영화에 대해서 네가 왜 좋아하는지 혹은 싫어하는지를 쓰라고 하면—예를 들어"춘향전"또는"나의 아름다운 여인"—**어느 쪽에 치중하여야 하는가?**

A. 몇 가지 원인 B. 몇 가지 결과

4.41a

만일 아래와 같이 문단을 시작하였다고 가정하자.

※ 나는 재미있기 때문에 영화 "춘향전"을 좋아한다.

¶ 나머지 문장들은 이 영화가 ____________________ 이유들을 포함할 것이다.

4.41b

아래의 문단이 이 영화를 재미있게 생각되도록 하는 이유를 제시하고 있는가?

나는 춘향전이 재미있기 때문에 춘향전을 좋아한다. 이 영화는 상영시간이 긴데, 나는 긴 영화를 좋아한다. 내가 이 영화를 좋아하는 이유는 이 영화가 어려움을 겪는 사람들을 묘사하였기 때문이다. 나는 나와 비슷한 난제를 가진 사람들에 관한 영화를 좋아한다.

A. 그렇다　　　　　　　　B. 그렇지 않다

4.42

아래의 문장을 주제문이라고 생각하자. 원인–결과의 관계를 활용할 때 각 주제문은 어떻게 전개되어야 하는가?

A. 순자는 자부심이 아주 강한 아이이다.

____

B. 알바(아르바이트)는 힘들 때가 많다.

____

C. 나는 티비 시청을 몹시 좋아한다.

____

D. 독서가 우리의 장래에 큰 힘이 된다.

____

4.43

하나의 결과는 다른 사건의 원인이 될 수 있다.

예:	원 인	결 과
	비가 안 옴	건조기

건조기	흉년
흉년	양식의 부족
양식의 부족	기근(굶주림)

4.44

"만일...이면"은 조건을 나타낸다. "만일...이면"을 사용하여 조건을 나타내는 문장을 조건문이라고 말한다. 이런 표현이 들어 있으면 문장은 2개의 부분으로 구성된다. 1) 종속절(subordinate clause)이 "만일...이면"라는 표현을 포함하고, 2) 주절(main clause)이 있게 된다. 또는 그런 표현에 대응되는 답이 오게 된다. 종속절이 조건을 표현하고 주절이 조건의 결과를 표현할 수 있다.

원 인(cause)	결 과(effect)
만일 그가 공부를 한다면	그는 시험 성적이 좋을 것이다.
만일 순희가 영식을 알았더라면,	순희는 영식이를 모르는 척 하지 않았을 것이다.

다음에 소개된 4개의 글은 다양한 원인-결과 관계를 사용한 예이다. 글을 읽고 여러 가지 유형의 원인-결과 관계를 분석해서 앞으로 참고하기 바란다.

4.44a

제임스 보스웰의 글, <존슨 영어사전의 정확성과 명쾌성>

존슨이 사전편찬에서 정확성과 명쾌성에 신경을 쓴 것은 아주 탁월한 일었다. 그는 괄호를 사용하는 것을 용인하지 않았다. 내 생각으로는 그의 사전에서 괄호를 사용한 것은 사전 전체를 통하여서도 6개도 못 된다. 그는 전자 또는 후자라는 표현을 상용하지 않았는데, 그 이유는 이런 표현이 때때로 애매하기 때문이라고 생각하였기 때문일 것이다. 그래서 그는 이런 표현을 사용하지 않도록 문장을 구성하였고, 애매성을 피하기 위해서 같은 단어를 반복 사용하였다.

4.44b

해롤드 화이트홀의 글, <표준 발음>

영국은 방언이 다양하여 의사소통에 문제가 있기 때문에 영국인들은 즉각적으로 영국표준 발음을 받아들인다. 또 학교나 다른 곳에서 표준 발음을 기꺼이 배우려고 한다. 비록 영국민의 10% 미만이 표준발음을 사용하는 사람들이지만, 대다수는 표준발음을 받아들인다. 따라서 영국 사전은 자동적으로 이런 표준발음을 채택하고 있다.

4.44c

해롤드 화이트홀의 글, <사전 전쟁>

1845년까지 미국으로의 이민이 다량으로 유입되고 수많은 학교가 개교하게 됨에 따라, 사전 출판업이 크게 성장하였다. "사전 전쟁"을 통하여 경쟁 출판사들은 서로서로가 고등 전략을 써서 상대방을 업계에서 퇴출시키고자 광고와 여러 가지 수단을 총동원하였으며 또 강구하였다. 지금 회고해보면, 이런 전쟁이 비록 불미스러운 면이 있었지만, 출판업자들이 관장하고 있던 사전에는 크고 신속한 발전이 이루어지게끔 되었다. 초기에 웹스터 사전이 메리엄-웹스터(Webster) 사전을 능가하였다. 더욱이 1860년도 판 웹스터 사전은 가장 훌륭한 사전이라고 알려진 1864년 판 메리엄-웹스터 사전보다 더 개혁적이었다. 결국 전쟁은 웹스터 사전의 승리로 끝났다. 그 이유는 웹스터가 발행한 소사전이 전국으로 퍼졌고 또 1864년 이후 나온 웹스터 사전의 장점 때문이다.

4.44d

제이 엔 훅 및 이지 매시우스 글, <언어가 변하는 이유>

사람들에게 일이 벌어지기 때문에 언어가 변한다. 만일 불가능한 일을 가정하는 경우이지만, 즉 우리 주변에 아무 일도 일어나지 않는다면, 언어에도 변화가 일어나지 않을 것이다. 무덤을 제외한 모든 곳에서 사람들에게 일이 벌어진다. 즉, 사람들은 먹고, 자고, 말하고, 사랑을 하고, 나그네를 만나고, 자연 재해와 부단히 대응하고, 서로 싸우기도 한다. 사람들은 일상생활에서 변화하고 일어나는 현상들을 기술하기 위해서 자기네 언어를 여기에 맞추게 한다. 한 세대에서 일어나는 언어 변화는 비록 작을 지라도 여러 세대에 걸쳐서 일어나는 언어의 변화는 쌓이면 큰 변화가 될 것이다. 역사상 나타난 크고 작은 어구들—유행, 발명, 지도자의 영향, 전쟁, 외국 영향, 상업교역 등등이 언어를 변하게 만든다. 립 밴 윈클(Rip van Winkle)이 200-300년간 잠을 자고 일어났을 때 의사소통에 어려움을 겪었을 것이다. 비교적 조용한 사회에서도 언어는 알 수 없을 정도로 변한다.

영어의 강(river)이라는 단어를 생각하여 보아라. 이 단어는 강 상류에 살던 앵글, 색슨 그리고 주트 족 등의 언어인 튜토닉어와 밀접히 관련이 되어 있다. 이들은 오늘 날의 독일 지방에 살고 있었는데, 영국으로 이주하였다. 이들의 언어는 오늘날 영어의 모태가 되었다. 이들의 말은 영어의 기본어가 되었으며, 일상 사용하는 의사소통의 단어들이다. 이런 기본 언어에 외래어가 많이 들어왔는데, 그런 사람들과 사건 그리고 언어는 다음과 같다.

초기 켈트 족, 초기 로마인, 6세기 로마 수도원, 덴마크 인, 노르망디인, 작가 존 가워, 14세기의 작가 초서와 동시대 사람들, 르네상스 등이다. 그리고 이탈리어, 화란어, 스페인어, 북 아메리카 인디언어, 슬라브어, 인도어, 호주 원주민어, 폴리네시안어, 아프리카어, 중국어, 중국어 피진어, 일본어 등이다.

왜 언어가 변하는가? 간단히 말하면, 여러 나라에 사는 사람들에게 많은 일이 벌어지기 때문이다. 앤겔스(Angels), 색슨(Saxon) 그리고 쥬트 족(Jutes)이 서남쪽 방향의 영국으로 이주하지 않고 동남쪽으로 이동하였다면, 오늘날 영국 영어는 결코 튜토닉어가 아닐 것이다. 만일 해롤드 왕이 1066년 정복자 윌리엄에 패하지 않았더라면, 오늘의 영어는 더 복잡한 어형성(語形成, word formation rule) 규칙에다 간단한 구문 형식을 가졌을 것이다. 영국인이 자기네 섬에만 박혀있었더라면, 영어는 오늘날과 같이 유연성, 표현성과 색깔을 얻지 못하였을 것이다.

제4과 복습 및 확장된 연습문제

4.50

* 원인과 결과(Cause and Effect)

원인 또는 이유를 나타내는 논지 전환장치(transition signals/devices) 중에는 "왜냐하면, 첫째 이유는" 등이 있고, 결과를 나타내는 논지 전환장치 중엔 "그래서, 결과적으로, 그 결과, 인하여(consequently), 그러므로, 따라서" 등이 있다. 원인과 결과 관계를 나타내는 문단은 주로 어떤 과오나 잘못에 대해서 이유나 변명을 대거나, 설명을 하는 경우, 어려운 결정을 하는 경우, 어떤 주장을 하거나(making an assertion) 또는 자신의 견해를 말하는 경우에(offering an opinion), 왜 자신이 그러한 주장, 견해, 결정 등을 선택했는지 그 이유나 원인을 말할 때 사용된다. 그런데 이유를 제시하려면 명백한 사실(facts)이나 실례를 들어 그 이유를 뒷받침해주어야 한다.

4.50.1

다음 문단을 읽고 그 아래 질문에 답하라.

<비밀의 누설(Telling a Secret)>

당신은 당신의 가장 친한 친구의 비밀을 말해도 괜찮다고 생각합니까? 작년에 나의 가장 친한 친구가 나에게 비밀 하나를 말해주었는데, 그녀는 나에게 누구한테도 그 비밀을 말하지 않겠다고 약속을 하라고 했습니다. 내가 볼 때, 내 친구는 날씬한(slim) 편인데도 그녀는 자신이 살이 쪘다고(fat) 생각했습니다. 그렇기 때문에, 그녀는 음식을 전혀 먹으려하지 않았고, 그리고 그녀는 거식증(拒食症, anorexia=신경성 무식욕증, 반대는 bulimia=과식증, 폭식증)에 걸렸습니다. 그래서 나는 어찌할 바를 몰랐습니다. 나는 그녀가 화를 낼지도 모른다고 생각했기 때문에 나는 그녀의

부모님이나 선생님께 말씀드리는 것을 망설였습니다. 그러나 나는 마침내 그녀의 부모님께 말씀을 드리기로 결정했습니다. 그 결과, 그녀의 부모님은 내 친구가 세 끼 식사를 반드시 하도록 했습니다. 또한 그분들은 6개월 동안 매주 그녀를 심리학자에게 데리고 가셨습니다(take her to a psychologist). 그녀의 부모님과 그 심리학자의 도움 때문에, 내 친구는 이제 훨씬 더 건강해졌습니다. 나는 그녀가 자신의 문제를 그녀의 부모님께 말씀드렸다고 나를 미워할 줄 알았으나 지난주에 그녀가 나에게 감사하다고 말했습니다. 나는 내가 그녀의 비밀을 폭로했다는 사실을 천만다행으로 생각합니다.

1. 위 문단의 주제문은?

2. 위 문단의 첫 문장을 의문문으로 시작했는데 그 이유가 무엇이라고 생각하나? 다음 중에서 골라라.

a. 필자가 자신의 결정에 대한 독자의 견해를 묻기 위해서

b. 필자가 자신이 모르는 새로운 정보를 더 얻기 위해서

c. 필자가 독자들이 이 주제(자신이 내렸던 결정, 즉 친구의 비밀을 폭로할 수밖에 없었던 결정)에 대해서 좀더 깊이 생각해보기를 원해서

d. 필자가 자신이 혹시 잘못된 결정을 한 것이 아닌가하고 걱정이 되어서

3. 위 문단의 결말이 있는가? 있다면 가려내어라. 그리고 그 결말의 종류를 간략히 설명하라.

4. 위 문단의 구체적 세부사항 혹은 주제문을 뒷받침해주는 문장들의 전개방식은 다음 중 어느 것에 해당하는가?

a. 많은 실례를 들었다

b. 이야기체의 문단(a narrative)

c. 그녀의 친구를 조심스럽게 묘사했다.

5. 위 문단에서 사용된 원인과 결과를 나타내는 논지 전환장치를 아래에 모두 써보아라.

4.50.2 필자의 주석(Writer's Note)

문단을 의문문으로 시작하는 이유는 독자들에게 주제(topic)에 대해서 한 번 더 깊이 생각해볼 것을 권유하기 위한 것이다. 의문문은 어려운 결정, 의견, 또는 개인적인 느낌에 대해서 글을 쓰는 경우에 주로 사용된다. 위의 "친구의 비밀을 폭로하는 행위"라는 문단에서 사용한 의문문도 독자들에게 이 문제를 다시 한번 깊이 숙고해보도록 만드는 효과가 있다. 그러나 적절한 의문문을 생각해낸다는 것이 말처럼 쉬운 일은 아니다. 가장 좋은 의문문은 독자들이 그 주제에 초점을 맞추고 깊이 생각해보도록 도와줄 수 있어야한다. 이를 위해선, 먼저 독자들의 입장이 되어 그들이 이런 질문에 대해서 어떤 답변을 할 것인가를 다음과 같이 물어보는 것이 현명한 일이다. 즉, (1) 그 질문에 대한 납이 너무 쉽거나, 너무 뻔한 것이 아닐까? (2) 독자들이 필자와는 진혀 다른 엉뚱한 답을 들고 나올 가능성은 없는가? 위 문단의 필자가 만약 "당신은 당신의 가장 친한 친구의 비밀을 폭로한 적이 있습니까?" 혹은 "당신의 친구 중에 거식증으로 고통을 받는 적이 있는 사람이 있습니까?"라는 질문을 했다면, 아마 독자들은 "아니오"라고 말하고는 금방 그 주제에 대해서 흥미를 잃게 될 것입니다. 또 만약 "당신은 'anorexic'이 무슨 뜻인지 알고 있습니까?"라고 물었다면, "물론입니다"라고 대답하곤 이 문단의 주제가 너무 단순하다고 생각할 것이다. 따라서 독자들도 그 자리에서 쉽게 대답을 못하고, 깊이 생각을 해봐야 알 수 있는 그런 질문이 주제에 대해서 독자들의 관심을 끌기 위한 효과적인 수단이 된다.

4.50.3

원인과 결과 관계를 사용하여 문단을 전개하는 경우에도, "왜냐하면, 따라서, 결과적으로, 그러므로"와 같은 논지 전환장치(transition devices/signals)를 너무 자주 사용하면 흥미를 잃게 될 수도 있기 때문에, 문체(writing style)나 표현에 변화(variations)나 다양성(variety)을 줄 필요가 있다. 그 대신 명사나 동사도 같은 뜻을 나타낼 수도 있고, 또 관계대명사를 사용한 복문을 써서 동일한 효과를 낼 수도 있다. 다음 예를 보면, 원인과 결과(effect/result)를 나타내는 2개의 문장을 한번은 관계대명사를 사용한 형용사절로, 다음엔 "왜냐하면, 그래서" 등을 사용한 부사절로 그 2개의 문장을 결합했다. 다시 말하면, 원인과 결과를 나타내는 문장이라도 반드시 "왜냐하면, 그러므로" 등과 같은 표현만을 사용하는 것은 아니다는 점이다. 다음 예문에서처럼 그 아래 한 쌍의 문장들을 2가지 방법으로 결합시켜라.

➲ a. 그 미국 고등학교 학생은 태형 처벌을 받았다(be punished by caning).
b. 그는 싱가포르의 법을 어겼다.

1.(관계대명사절): 싱가포르의 법을 어긴 그 미국 고등학교 학생은 태형 처벌을 받았다.

2.(부사절): 그 미국 고등학교 학생은 싱가포르의 법을 어겼는데, 그래서 그는 태형 처벌을 받았다.

1. a. 싱가포르는 엄격한 법을 가지고 있다(Singapore has strict laws). b. 싱가포르는 범죄가 거의 없다(Singapore has very little crime).

✍

✍

2. a. 그 학생은 거리에 주차되어있는 차에 스프레이로 페인트칠을 했다. b. 판사는 그에게 6대의 태형을 선고했다.

✍

✍

3. a. 어떤 사람들은 체벌에 동의하지 않는다(not agree with corporal punishments). b. 체벌은 고통을 준다.

✍

✍

4. a. 다른 사람들은 그 학생이 싱가포르의 법에 의해 처벌을 받아야 된다고 말 했다. b. 그 학생은 싱가포르의 법을 어겼다.

✍

✍

4.50.4

다음 문제는 앞에서 언급한 형용사절(즉, 관계대명사절)이나 부사절을 사용하지 않고, 대신 명사나 동사를 사용하여 원인과 결과 관계를 나타내는 경우인데, 다음을 읽고 그 아래 질문에 답하라.

1. 아래 문장들은 하나의 문단을 구성하고 있는데, 올바른 순서대로 일련번호를 앞 빈 칸에 적고, 또 각 문장이 사실(facts)을 말하면 F로, 필자의 의견을 말하면 O로 번호 옆에 표시하라.

a. (　　) 햇볕에 의한 손상의 징후가 어린 아이들에게 즉시 안 나타날 수도 있지만, 그러나 어렸을 때 햇볕에 많이 노출되었던 성인들은 그렇지 않은 성인들보다 피부암으로 발전될 가능성이 훨씬 더 높다.
b. (　　) 햇볕에 너무 많이 노출되면 특히 어린 아이들에게 심한 피부 손상을 끼친다.
c. (　　) 신속히 치료하지 않으면 치명적일 수도 있는 이 병은 태양의 해로운 자외선 때문에 발생한 직접적인 결과인 것이다(the sun's harmful ultraviolet rays).
d. (　　) 결론적으로, 이 문단에서 제공한 정보는 부모들이 자기 아이들이 햇볕이 났을 때 밖에 나가 놀지 못하도록 설득하는데 충분한 증거가 된다.
e. (　　) 비록 많은 사람들이 햇볕이 나있는 동안 야외에서 노는 것을 즐기지만, 부모들은 자기 아이들이 밖에 나가 노는 시간을 제한해야한다.
f. (　　) 이 병의 가장 심각한 사례는 피부암이다(skin cancer).

2. 위 문단의 주제문은? 만약 결말이 있으면 그 번호를 아래에 쓰고, 그 종류를 설명해보아라.

3. 위 문장 중에는 원인과 결과를 나타내는 "왜냐하면, 그래서, 그러므로" 와 같은 논지 전환장치를 사용하지 않고도 이와 똑같은 기능을 하고 있는 표현이 있다. 아래에 그런 문장의 번호를 적고, 설명을 해보아라.

4.50.5

자신의 주장이나 견해를 밝히는 글을 쓸 때는 왜 그런 주장을 하는지 그 이유를 말해야한다. 그런데 이유를 말할 땐 이를 뒷받침해줄 수 있는 구체적인 사실이나 실례를 제시해야한다. 이유를 제시하는 글도 원인과 결과 관계를 나타내는 문단에 속한다. 왜냐하면, A라는 이유 때문에 B라는 주장이나 견해를 갖게 되었기 때문이다. 여기서 A는 원인에 해당되고, B는 결과(effect/result)에 해당된다. 다음 글을 읽고 그 아래 질문에 답하라.

<학교 교복은 최고점수를 받아야한다(School Uniforms should Win the Highest Praise).>

(1) 학교 교복은 여러 가지 이유 때문에 모든 학생들에게 의무적으로 착용하도록 해야 한다(mandatory). (2) 첫째, 교복은 모든 사람을 평등하게 만든다. (3) 이런 식으로 부자 아이들도 가난한 아이들과 동등한 수준에 서게 되는 것이다 .(4) 뿐만 아니라, 등교 준비를 하는 것이 훨씬 더 빠르고, 더 쉬어진다(In addition). (5) 많은 아이들은 학교에 입고 갈 옷을 고르는데 시간을 낭비하고 있고, 그들은 자신들이 마지막으로 선택한 옷도 못마땅해 하는 경우가 자주 있다. (6) 가장 중요한 것은, 몇몇 연구결과에 의하면, 학교 교복이 학생들로 하여금 학교 공부를 더 잘하도록 만든다고 한다. (7) 많은 사람들이 교복은 개인의 자유를 빼앗아간다고 할지도 모르지만, 그러나 나는 장점이 단점보다 더 많다고 믿는다.

1. 위 문단의 주제문은? 문단의 결말이 있는가? 있다면 그 번호를 적고, 종류를 설명하라.

2.위 문단에서 필자는 자기의 주장 혹은 견해를 뒷받침하기 위해서 3가지 이유를 제시했다. 그 문장의 번호를 적어라.

3 위 문단에서 주제문을 뒷받침하기 위해서 3가지 이유를 들었고, 또 각각의 이유를 뒷받침하기 위해서 1개 혹은 2개의 사실이나 견해를 제시했는데, 각 문장이 사실을 말하고 있는지, 아니면 개인적이 견해를 말하고 있는지 해당번호를 아래에 적어라.

▪4.50.6

어려운 결정을 내리거나, 주장을 하거나, 견해를 밝힐 때는 그 이유를 제시해야 되는데, 이유를 제시할 땐 이를 뒷받침해줄 수 있는 구체적인 사실이나 실례가 있어야한다. 다음은 이유, 혹은 원인과 결과 관계를 사용하여 문단을 전개하기에 적합한 주제들이다. **이를 주제로 하여 주제문, 구체적 세부사항, 결말이 포함된 문단을 작성해보아라.**

1. 수업/직장에 지각한 이유나 변명
2. 숙제(assignments)를 못한 이유
3. 연하장(holiday card)을 못 보낸 이유
4. 비밀을 지키지 못한 이유
5. 내가 마음을 바꾼 때
6. 사고를 직접 당하거나 보았던 경험
7. 직업/대학교/애인 등을 선택한 이유
8. 취미를 새로 시작하거나 그만두는 이유
9. 미국이나 호주로 유학 가는(studying abroad) 이유
10. 친구에게 어느 학교/직장/회사/음식점/차 등을 추천하는(making a recommendation) 이유
11. 특정한 여행 목적지를 추천하는 이유(a tourist attraction/destination, 이때는 기후, 건축물(architecture), 쇼핑, 야간 활동(night life), 경치, 좋은 음식점, 문화생활, 해변, 현지 주민의 친절성, 비용[costs] 등의 면에서 사실과 실례를 들 수 있다)
12. 대형차보다 소형차를 선택한 이유
13. 나의 삼촌/사촌/애인/친구는 세상에서 가장 관대한 사람/짠돌이 이다
14. 학교를 선택할 때 고려사항은 학급의 규모, 교수의 질, 편리한 위치, 친절한 선생, 아름다운 교정, 학교 시설/실험실/체육관/학교 건물, 학비/등록금/생활비/숙식비/교통비 장학금 수여여부 등이 포함된다.
15. 사형제도에 대한 찬반양론(the pros and cons of capital punishment)
16. 음주/흡연 허용 최저 연령
17. 중매결혼이 연애결혼보다 더 나은 이유
18. 영어 조기교육의 찬반양론

19. 좋은 음식점을 고를 때 고려사항: 음식의 질(quality of food), 서비스(service), 음식 1인분의 양(size of portions), 실내 디자인(decor, 즉 가구=furniture, 실내 장식=interior decorations, 조명=lighting 등을 포함함), 가격, 청결, 메뉴 선택의 다양성.
20. 안락사 허용
21. 채식이 좋은 이유
22. 보안 카메라 설치가 좋은 이유(security cameras/alarms)
23. 군대에서 여성의 전투작전 참여 허용
24. 선행학습이 좋은 이유(advance preparations)
25. 낙태 허용문제(abortion)
26. 자신의 견해나 주장(making an assertion)을 하는 글을 쓰기 위한 주제를 고를 때는 신문의 사설(the editorial section)이나 신문의 1면을 읽어보면 자료가 풍부하다.

제5과 논지의 전환
(Transition)

Ⅰ. 핵심요점

문단전개 : 1, 2, 3, 4과(시간, 공간, 원인–결과 구체적 세부사항)의 복습

이들은 구체적 세부사항을 나타내는데 사용되며 또 문단을 전개하고 구성하는데 중요한 방법이 된다.

Ⅱ. 검토사항

이들 4개과를 공부하였으면 다음의 사항에 익숙해져 있어야 한다.

A. 시간(시간순서), 공간(공간순서), 원인(이유)-결과 관계를 활용하여 문단을 전개하는 방법.
주제를 언급하는데 있어서 어순(word order)도 앞서 언급한 여러 관계(relationship)와 똑같은 효과가 있다.

B. 다음과 같은 직접적인 논지 전환장치(direct transition)를 사용하여 문단을 전개시킨다.

1. 시산, 공산 그리고 원인-결과 관계
2. 열거식 나열(enumeration)
3. 비교(comparison)와 대조(contrast)에 의한 관계
4. 극적 효과(climatic effect)를 내기 위해서

C. 다음과 같은 간접적인 논지 전환장치(indirect transition)를 사용하여 문단을 전개시킨다.

1. 반복 2. 동의어(synonym) 3. 대명사

문단 전개 : 구체적 세부사항의 배열

구체적인 세부사항은 명료한 글에서는 필수적이다. 구체적 세부사항은 필자의 목적이 어떤 과정을 설명하든, 사원을 기술하든, 대학의 새 입학 방침에 관한 것이든 또는 어떤 인물을 만들어 내는 것이든 간에 필자의 목적을 뒷받침해준다. 세부사항은 필자/작가가 보는 순서대로 독자가 이해하도록 순서를 지켜야 한다. 구체적 세부사항은 하나의 생각을 구체화시키고 또 특별하게 만든다. 구체적 세부사항이 없으면, 하나의 생각은 일반적인 사실을 언급하는 것에 지나지 않은 것이 될 것이다.

필자의 의도가 무엇이든 간에, 필자는 효과적인 문단을 작성하려는 목표를 가지고 있는 것이다. 이런 목표는 구체적 세부사항을 여러 가지 방법으로 활용 또는 구성함으로서 달성되는 것이다. 이런 여려가지 배열 방법이 문단전개의 기본 틀이다.

적절하게 전개된 문단은 세 가지 기본 요소를 충족시킨다—통일성(unity), 일관성/조리(coherence) 그리고 강조(emphasis) 등이다. 통일성은 구체적 세부사항 모두가 주제나 주제문과 연관과 되어 있어야 한다.(제1과 문단전개를 참조)

일관성/조리는 2가지 방법으로 달성될 수 있는데, 다시 말하면 글의 짜임새이다.

1) 구체적 세부사항을 논리적 순서(관계)로 제시함으로서.

2) 논지 전환장치를 적절히 사용함으로서, 논지의 전환(transitions)은 2개의 인접한 글들—절, 문장, 문단 또는 부분—사이의 관계를 나타낸다.

아래 B의 글에서 논지 전환장치의 필요성이 잘 나타나있다.

A. 그는 전화를 걸었다. 그는 조반을 들었다.

B. 그는 조반을 들기 전에 전화를 걸었다.(2.21 예제 참조)

논지 전환 표현을 사용하지 않으면, A의 문장들의 시간 관계가 불확실하다. B의 "전에"라는 표현 때문에 A문장과 B문장이 하나로 묶여지고 그 관계가 확실하고 의미가 있는 문장이 된다. 아래의 두 문장을 비교하여라.

A. 공산정권 지배 하에 있는 티베트를 볼 수 있었다. 히말라야 산맥의 낮은 봉우리들을 볼 수 있었다. 그를 정상에 오르도록 도와주었던 몇몇 사람의 모습이 보였다.

B. 멀리 북쪽으로 공산정권 지배 하에 있는 티베트를 볼 수 있었다. 좀더 가까운 곳에서, 히말라야 산맥의 낮은 봉우리들을 볼 수 있었다. 그의 바로 발밑 수천 피트 아래에 있는 돌출 바위 위에는 그를 정상에 오르도록 도와주었던 몇몇 사람의 모습이 보였다.(문단전개 연습 3.12a)

논지 전환 표현이 없기 때문에, A 문단의 문장들 사이의 관계는 그리 명료하지 않다(여기서는 공간순서). 그러나 B문단에서는 밑줄 친 논지 전환 표현 때문에 문장들이 의미를 갖고 또 문장 간의 관계가 더 명료해진다. 다른 예를 보자.

A. 나는 열쇠를 돌렸다. 자동차의 발동이 걸렸다.
B. 내가 열쇠를 돌렸을 때 자동차의 발동이 걸렸다(문단 연습 4.16).

논지 전환 표현 없이는 A의 2개 문장의 관계는 불분명하다(원인-결과의 관계). 논지 전환 표현을 사용함으로서 B의 2 문장은 하나가 되고 또 그 관계가 명료해지고 의미가 있다.("때"라는 표현이 추가되었기 때문.)

강조(emphasis)는 몇 가지 기계적인 장치를 사용하여 달성될 수 있다. 이런 장치는 문장이나 문단 내의 위치, 비율(하나의 생각에 사용된 공간의 크기), 사실의 재언급, 설명이나 예의 첨가, 하나의 아이디어의 확장, 비교 등등이다. 이런 장치를 사용한 연습문제들이 다음의 여러 과에서 제시될 것이다.

5.10

아래에 있는 것들은 구체적 세부사항을 배열하는 3가지 방법에 관한 것이다. "책상 서랍이 열려있었다. 그 여자는 서랍에서 지갑을 꺼냈다"의 2 문장을 가지고 논지 전환 표현을 사용하여 예를 든 것이다. 각 문장 앞 빈 칸에 어떤 관계가 사용되었는지 표시하라. 즉 원인–결과, 시간 또는 공간이라고 적어라.

❑________ A. 서랍이 열려 있어서 그 여자는 지갑을 꺼냈다.
❑________ B. 그녀는 서랍에서 지갑을 꺼냈다.
❑________ C. 서랍이 열려 있는 동안, 그녀는 지갑을 꺼냈다.

5.10a

아래 문장에서 원인-결과, 시간, 공간 관계를 나타내는 것을 골라서 써 넣어라.

❏________ A. 그는 책을 창밖으로 내 던지고 책이 펼쳐져서 빙빙 돌면서 아래로 내려가 보도위에 떨어지는 것을 바라보았다.

❏________ B. 그는 화가 나서 책을 창밖으로 내던졌다.

❏________ C. 화가 난 후에 그는 책을 창밖으로 내 던졌다.

5.11

아래 2 문장을 하나로 묶어서 원인-결과의 관계가 뚜렷하게 하라.

• 어제 막동이가 나를 때렸다. 나는 막동이가 겁이 난다.

❏ 답: ____________________

5.12

아래 2 문장을 하나로 묶어라. 공간 관계를 뚜렷하게 하라.

• 내 바로 앞으로 100m 되는 거리에 큰 밤색 집이 보인다. 그 옆에 교회가 있다.

❏ 답: ____________________

5.13

아래의 3 문장을 하나의 문장으로 엮어라. 원인-결과와 공간 관계를 사용하라.

우리 집은 길모퉁이에 있다.
우리 교회는 우리 집에서 30m 가면 있다.
우리는 교회로 가는 사람들을 볼 수가 있다.

____

____

5.13a

아래 3 문장을 하나로 묶어라. 원인–결과와 시간 관계를 사용하라.

우리 집은 5년 전에 지었다.
바퀴 벌레가 사람들이 사는 많은 건물에 번창한다.
우리 집은 방역을 하였다.

____

____

5.14

아래 문단은 시간 관계를 나타낸다. 이 문단은 "어떤 것을 얼마나 오래 동안 얻기를 희망 하였는가"에 대해서 쓴 것이다. 글을 읽고 물음에 답하여라.

1. 나는 항상 유학 가기를 희망하였다. 2. 내 친구는 미국과 구라파를 여행하였다. 3. 우리나라는 급변하고 있는데, 나는 외국에서도 내 분야에서 현재 어떤 일이 일어나고 있는지를 알고 싶었다. 4. 그래서 약 2년 전에 나는 장학금을 신청하였다. 5. 몇 달 후에 나는 미국대학에서 입학이 허가되었다는 통지를 받았다. 6. 꼭 한주 뒤에 나는 집안 사정으로 장학금을 포기하여만 했다.

❡ 위 문단에서 시간 관계를 나타내는 문장 번호를 아래에 적어라.

5.15

아래 문단을 읽고 물음에 답하여라.

20년 전에 그 동안 농업지대였던 남부지방이 중요 산업을 유치하기 시작하였다. 그 결과 많은 사람들에게 영향을 주었다. 대다수의 주민에게는, 이런 변화는 전에는 누리지 못하였던 수입의 증가, 생활여건의 개선, 한층 질적으로 향상된 학교, 풍요로운 문화생활로 나타났다. 따라서 이런 최근의 변화는 남부지방을 가장 발전된 지역의 하나로 변화시키고 있다.

1. 위에 제시한 모든 구체적 세부사항은 아래의 어느 것을 뒷받침해주고 있는가?
A. 남부 지방에서 일어나고 있는 일은 다른 지방에서 일어나고 있는 일과 유사하다.
B. 최근 남부지방에서 일어나고 있는 일은 그 지방을 유망하고 발전적인 고장으로 변화시키는 것처럼 보인다.
C. 남부지방은 거의 어떠한 변화도 겪고 있지 않다.

2. 위 문단의 구체적 세부사항은 남부지방의 최근 변화를 보여주기 위해서 예를 든 것이다. 어떤 관계로 기술되었는가?
A. 시간 B. 공간 C. 원인-결과

지금까지 검토한 모든 관계—시간, 공간, 원인-결과—가 위 문단에 나타나 있다. 즉 여러 가지 관계를 결합하여 사용할 수 있다는 것을 보여준다.

5.16

아래에 있는 문장들은 하나의 문단을 구성하고 있다. 그러나 문장들이 섞여 있다. 학습자는 이 문단을 효과적으로 전개하기 위해 순서를 적절하게 배열하여야 한다. 우선 어떤 문장이 주제문인가를 선택하여 제일 먼저 그 문장 번호를 적어라. 나머지 문장을 순서대로 나열하라.

__________, __________, __________, __________

1. 종족 회의가 자기네 소유의 아름다운 목장 집에서 열렸지만, 그들의 오래 동안 계속된 유목민 생활양식은 변하지 않았다. 2. 그리고 비록 몇몇 가옥은 붉은 지붕으로 되어 있지만 그들의 전통적인 집인 호간(나바호 인디언의 집)은 변하지 않고 있다. 3. 실제로 인디언의 생활양식은 사라질 위험이 별로 없다. 4. 사실, 나바호 인디안 보호구역에는 마차보다는 픽업(pick-up) 트럭이 더 많지만, 많은 집에는 마차가 있으며, 대부분은 말을 갖고 있다.

5.16a

5.16 연습문제의 문단은 원인-결과의 관계로 구성되어 있다. 이 모두가 의도하는

바는?

A. 시간을 나타내기 위해

B. 나바호 인디언의 전통적 생활양식이 계속되는 이유를 보여주기 위해

C. 19세기 푸에블로 인디언의 생활을 보여주기 위해

5.17

붙박이 시간 표현(built-in time sequence, 연습문제 2.34b -2.34f)은 우리 모두가 인정하고, 의존하고 또 자주 예상하는 자연적인 순서를 나타낸다. 이런 기본적인 시간의 원리는 하나의 연장선상에 있는 여러 단계에서 각 단계의 시간이 어느 정도 걸리는가를 나타내기 보다는 한 단계가 그 다음 단계의 앞에서 또는 뒤에서 어떻게 이루어지는가를 나타낸다.

¶ 다음 문단을 읽고 물음에 답하여라.

레나 윌리엄 박사는 반세기에 걸친 의료 봉사활동 후에 은퇴하였다. 이제 그는 일년 동안 완전히 자기만의 시간을 갖게 되었다. 그는 북쪽으로 가서 휘황찬란하게 피는 첫 번째 꽃들을 볼 계획이다. 그는 지난 20년간 꽃이 만발하는 봄에도 삼라만상이 약동하는 것을 몸으로 느끼지 못하였다. 그는 찌는 듯이 무덥고 북적대는 시립병원 복도를 떠나 한가하게 여름을 보내는 꿈을 꾸곤 하였다. 여름이 지나면 수도로 내려가서 최근의 뮤지컬을 보고 새 옷으로 옷장을 채울 생각을 하였다. 북부지방에서는 가을이 급속히 지나가고 겨울의 눈과 차가운 돌풍이 일찍 오는 수가 자주 있다. 윌리엄 박사는 이 모든 것에서 벗어나서 남쪽에 있는 자기 집으로 가서 따듯한 햇볕을 즐기고 싶었다.

A. 위 문단의 주제문에 밑줄을 그어라.

B. 어떤 단어들이 언제 각각의 사건이 일어나는가를 나타내고 있는가?

C. 이 필자/작가에 의하면, 어느 계절이 가장 짧은가?

D. 어떤 단어가 그런 뜻을 나타내고 있는가?

5.18

아래 문단을 읽고 물음에 답하여라.

1. 며칠간의 찌는 듯한 날씨 후인 지난 월요일 새벽에 막둥이네 집 건초 창고가 불에 휩싸였다. 2. 소방차가 도착할 때까지 창고의 불은 활활 타올랐다. 3. 자연히, 이웃 집 사람들이 시끄러운 소리와 막둥이네 집 쪽 하늘이 붉게 물든 것을 보고 깨어났다. 4. 여러 시간 동안 소방관이 화마와 싸웠다. 5. 아침 늦게야 비로소 건초가 가득 들어있던 막둥이네 건초 창고는 앙상한 뼈대만 남고 불이 꺼졌다.

1. 어느 것이 붙박이 시간순서(built-in time sequence)를 나타내고 있는가?

____

2. 불이 처음 일어났을 때와 불이 다 꺼진 시간과 사이는 얼마나 걸렸는가?

____

3. 어느 문장이 시간에 대한 언급이 없는가?

____

5.19

아래에 제시한 시간을 나타내는 표현들을 사용하거나 또는 생각나는 다른 시간 표현을 써서 A, B ,C 등의 빈 칸에 문장을 적어보아라. 일/사건은 일어난 순서대로 기술하여야 한다.

즉각적으로, 오래 기다리다(가)
즉시, 2–3 초 안에(분, 날, 등)
곧, 그 때까지
2–3분 동안(시간, 일, 주)

A. ______________________________

B. ______________________________

C. ______________________________

D. ______________________________

5.20

붙박이 시간순서(built-in time sequence)를 이용하여 아래에 제시한 문장을 주제문으로 하여 문단을 작성한다면 어느 집단의 문장들을 사용하는 것이 적절할 것인가?

주제문: 운전면허를 따기 위해서는 특별한 교육이 필요하다.

A. 자동차의 작동에 관해서 배우기
  교통규칙의 학습
  자동차로 운전 연습
  시험에 합격하기

B. 자동차 구매
  교통규칙의 학습
  차 운전법을 배우기

C. 교통규칙의 학습
  친구의 차로 운전 연습
  자동차 구매

5.21

* 열거의(또는 부가적) 관계(enumeration 또는 supplementary relationships)

열거는 이미 언급한 것에 덧붙여 배열하는 것을 의미한다. 필자는 구체적 세부사항을 언급하다가 한두 가지를 더 첨가하는 수가 있다. 이 첨가된 구체적 세부사항은 앞에서 언급한 구체적 세부사항과 연관이 되어 있으므로 독자는 보다 전체적인 그림을 보게 된다. 앞에서 이미 본 연습문제들은 공간, 시간, 원인-결과의 관계를 보여주면서 논지의 전환을 통하여 어떤 연결 관계가 성립되는지를 보여주었다. 열거 식으로 전개하는 것 또한 여러 가지로 표현된다. 그 중에서 흔히 사용되는 것은

그리고, 와/과, 더욱이, 마침내
그리고 나서, 똑 같이, 역시
또한, 또 다시, 다음, 처음
덧붙여(서)

5.22

다음 문단에서 열거의 사례를 보여주는 연결표현(connectives)이 어떻게 사용되었는가를 살펴라.

모두 3가지 요소를 잊어서는 안 된다. 우선, 초기 뉴잉글랜드의 정착민들은 주로 고도의 지적 자질을 가진 사람들이었다. 칼뱅주의의 전통은 정직, 근면과 같은 일반적인 덕성뿐만 아니라 지성도 강조하고 장려하였다. 기본적인 생활양식이 초기에 정해졌다. 즉 지혜를 강조하였다. 둘째, 뉴잉글랜드 주는(원래의 13개의 주 중에서) 미국이 합중국이 되기 전에 자치 정부의 경험을 오래 쌓았다. 초기 13개주는 정치적으로 상당히 성숙되어 있었다. 즉 훌륭한 정부를 만드는 방법을 실제 경험을 통해서 배웠다. 다른 어떠한 지역보다도 오늘날의 뉴잉글랜드는 과거의 전통에 힘입은바가 크다. 셋째, 많은 사람들이 의견을 개진한 바와 같이 뉴잉글랜드 주민들은 "오래된 것"을 사랑하고, 개인의 첫째 의무는 "자기의 원칙대로 생을 영위하여야 한다."는 소로(Thoreau)를 계속 지지하고 또 무엇보다도 "설득되지 않는 소수" 사람들의 의견을 존중하여야 한다는 에머슨(Emerson)을 지지한다.

5.22a

위 문단에서 다음에 열거할 요소의 숫자를 규정한 문장이 있다. 그 문장에 밑줄을 긋고, 물음에 답하여라.

A. 어떤 표현들이 열거의 관계를 나타내는가?

B. 위 문단에서 A에 제시한 것 외에 열거를 잘 나타낸 표현을 골라라.

5.23

아래 빈 칸에 논지 전환을 나타내는 표현을 적어 넣어라.

※ 훌륭한 정부를 만드는 방법을 실제 경험을 통해서 배웠다.

(   ) 사람들은 자신들의 현재의 생활양식을 과거의 전통을 이어 받은 것으로 생각한다.

5.24

아래 문단을 읽고 열거 관계를 나타내는 연결 표현(connectives)을 살펴보라.

메인(Maine) 주의 특징은 그 주의 면적이 아니고 그 특색에 있다. 한 가지 특색은 대담성에 있다. 메인 주는 바다로 불숙 튀어 나온 손가락과 같이 생겼다. 근본적으로 주민은 대부분 바다가제와 다른 고기를 잡는 어부들로서 자연과 싸우면서 살아 나간다. 다른 특색은 거의 모든 토박이 메인 주 사람들은 성격이 단순하며 또 재정적으로 건실하다는 점이다. 그들의 가치 기준에서는 돈이 모든 것이 아니다. 집을 페인트칠하는데, 마지막 1원까지도 쓴다. 그렇지만 누가 소책자를 떨어뜨리면, 지나가는 사람은 누구나가 책을 원주인에게 돌려주려한다. 다른 예는 유머이다. 메인 주 사람들의 유머는 버몬트(Vermont)주 사람들의 것과 같이 비꼬거나 신랄하지 않지만 그러나 여전히 예리하다.

5.24a

열거(enumeration)에 의해 논지 전환을 하는 표현을 아래에 적어라.

5.24b

"첫 번째의 주", 또는 "한 가지 특색"이란 표현은 뒤에 다른 주나 특색이 올 것이라는 것을 알리는 것과 같다. 다른 특색이라고 반복함으로서 다른 특색이 더 첨가된다는 것을 알게 된다.

5.24c

빈 칸에 연결 표현을 넣어서 구체적 세부사항 사이에 열거 관계가 성립되도록 하라.

나는 고향을 떠나서 다른 나라를 여행하는 것이 어렵다는 것을 알았다. ________ 부친의 건강이 여의치 못하였다. ________, 나의 동생은 고향에서 공부를 계속하기를 바라고 있었다. 나는 2년간 외국에서 공부하면 장래 직업에 크게 도움이 된다고 역설 하였다. ___________ 나의 누이동생도 내가 외국에 가있는 동안 집에 머무르겠다고 제의하여 나의 문제가 해결되기 시작하였다.

5.25c

✽ 대조와 비교

대조(contrast)는 일상생활에서 중요한 역할을 한다. 우리는 한 사물과 대조되는 자질을 검토함으로서 그 사물을 더 잘 이해한다. 우리는 사물 간의 차이를 비교함으로서 그 사물에 관해서 더 많은 것을 배운다. 따라서 글에 있어서도 대조 관계를 보여 주는 것이 명료하고, 강력한 글을 쓰는데 필수적이다. 다시 말하면, 대조(contrast)는 2개 사이의 다른 점(differences), 즉 차이점을 언급하는 것이고, 비교는(comparison)은 2개 사이의 같은 점(similarities), 즉 유사성을 언급하는 것이다. 대조적인 아이디어는 아래와 같은 표현들을 활용하여 표현하다.

그러나, 하물며, 이지만, 하지만,
여전히, 동시에, 결국, 에도 불구하고,
을 제외하면, 일뿐만 아니라

5.26

아래 문단을 읽고 2가지 생각 사이의 관계, 즉 논지의 전환을 살펴라.

원시인은 또한 목소리를 꼭 필요한 때에만 사용하였다. 공포에 질려서 비명을 질렀고, 도움을 요청하기 위해 큰 소리를 냈고, 적에게 겁을 주기 위해서 격노하기도 하였다. 그러나 생활이 좀 편해지면, 원시인은 목소리로 놀이를 하였다. 그들은 사랑의 노래인 민요를 불렀다. 모든 음악은 놀이에서부터 유래된 것이다.

❡ 여기서는 어떤 관계를 보여주고 있는가?

❡ 어떤 표현을 통하여 이런 대조 관계를 전달하고 있는가?

❡ 다른 대조를 나타내는 표현이 있는가? 있다면, 어떤 것들인가?

5.27

아래 문단을 읽고 물음에 답하여라.

1. 코키키 인디안 족의 옥수수 춤은 내가 12년 전에 본 것과 별반 달라진 것이 없었다. 달라졌다면, 이제는 인디언 마을에서 커스타드(custard) 과자와 햄버거를 살 수 있다는 점이다. 2. 노인은 여전히 두발을 땄으나 젊은 소년들은 꼭 끼는 바지로 멋을 냈다는 점이다(그래서 놀랄 정도로 선명한 색감을 준다). 3. 어린아이도 춤을 추었는데, 사실 윗 몸뚱이는 페인트칠을 두껍게 바르고 있었고, 모두가 춤을 추었다. 4. 그러나 용사춤을 추는 키가 작은 사람은 안경을 썼고 풍선껌(bubble gum)을 막 씹고 있었다.

❡ 대조 관계를 나타내는 연결 표현을 찾아라.

5.27a

위 문단에서 필자는 어떤 것을 특별히 연결시키려고 시도하고 있는가?

5.27b

아래의 글은 위 글에 대한 분석이다. 자세히 읽고 동의하는지 살펴보아라.

필자는 어느 특정한 대조(contrast)를 기술하기 위해서 적절한 구체적 세부사항을 선택하는 데에 주의한다. 문장 1에서 작가는 여러 가지 다른 음식물을 열거(enumerate)하고 있다. 문장 2에서 필자는 노인과 젊은이들 사이의 차이를 보여주는 예를 제시하고 있다. 문장 3에서는 필자는 젊은 사람들에 관한 다른 사실을 제시하고 있고, 마지막으로 특별히 노인에 대한 대조 관계를 다시 보여주고 있다. 문장 2와 4 사이에서 대조를 보여주고 있다. (즉, 꼭 끼는 바지와 안경)

❡ 아래 문장의 빈 칸에 대조를 나타나내는 표현이나 연결을 하는 표현을 넣어서

문장을 완성 시켜라.

A. 나는 용지에 기재 사항을 써 넣었다. ______________ 나는 필요한 자격 이 있는 것이 아니다.

B. 내 전공은 경제학이다. __________________ 피아니스트로서의 명성을 얻고 있다.

C. 하나를 _________ 모두가 망가져 있다.

D. 그는 흉작__________________ 다시 대출을 원하였다.

5.28

* 극적 관계(클라이막스 관계, Climactic Relationships)

극적 관계라는 것은 구체적 세부사항을 언급할 때에 가장 중요한 것을 맨 마지막에 언급하는 것을 의미한다. 필자만이 가장 중요한 구체적 세부사항을 정할 수 있다. 몇 개의 구체적 세부사항을 먼저 언급하고 나서 비로소 마지막에, 가장 중요한 것은 "이것이다"라는 식의 논지의 전환을 하여 가장 중요한 것을 언급한다.

5.28a

이 클라이막스 관계는 지금까지 보아온 직접적인 논지 전환장치의 마지막 장치인 것이다. 관계를 나타내는 다른 유형—시간, 공간, 원인-결과, 열거 및 대조—과 더불어 클라이막스 관계를 나타낼 때에도 대개 특별한 표현을 사용한다. 예를 들면,

더욱더 중요한 것은, 가장 중요한 것은, 더욱더 극적인 것은, 가장 극적인 것은, 더욱더 곤란한 것은, 가장 곤란한 것은, 더욱더 놀라운 일은, 가장 놀라운 일은, 더욱더 욕심이 나는 것은, 가장 욕심이 나는 것은

5.28b

아래의 글을 클라이막스 관계를 나타내는 2개의 글로 바꿔보아라.

1. 교장 선생님은 위원회가 이 문제를 검토하는 것이 바람직하다고 말씀하셨다.

A. ______________________________

B. ______________________________

2. 폭력을 찾아내고 시정하는 것이 중요하다. 폭력을 방지하는 것이 중요하다.

A. ______________________________

B. ______________________________

3. 사람들의 생각이 아주 걱정스러운 면이 있다. 그것은 주민들이 생활이 어려워 교육을 소홀히 한다는 점이다.

A. ______________________________

B. ______________________________

4. 단 한사람의 반대도 없이, 이순신 장군은 우리 반 학생들이 좋아하는 영웅이다.

A. ______________________________

B. ______________________________

5. 큰 문제는 막동이의 오만이다. 그는 자기 글에서 자기 자신을 칭찬하고 있다.

A. ______________________________

B. ______________________________

5.29

과학자들은 그 목장에서 거의 죽어가는 참새의 증후를 보게 되었다. "비록 참새가 기력이 없어서 날거나 설 수 없었지만, 옆으로 누어서도 날갯짓을 하고 발톱을 오므리고 있었다. 더욱더 비참한 장면은 다람쥐들이었는데, "죽어 쓰러져있었다"

1. 어떤 표현이 클라이막스 관계를 나타내고 있는가?

2. 세부사항 중에 어떤 표현이 비참함을 강조하고 있는가?

☞ 필자는 여러 가지 비참한 모습들을 묘사하고 나서, 마지막 구체적 세부사항에서 비참함을 강조하기 위해서 클라이막스 관계를 하나의 장치로 쓰고 있다.

5.30

✽ 간접적인 논지 전환장치(indirect transition)

1) 반복 2) 동의어 3) 대명사

가장 흔히 쓰이는 간접적인 논지 전환/연결 장치는 반복, 동의어 그리고 대명사의 사용이다. 구체적 세부사항 사이의 여러 가지 관계를 나타내기 위해서 구체적인 연결어를 사용하는 직접적 논지 전환장치와 달리, 간접적 논지 전환장치는 구체적 세부사항간의 관계를 거의 '붙박이식 장치(built-in device)'로 연결하거나 논지의 전환을 보여준다는 점이다. 반복, 동이어 그리고 대명사를 사용하여서 구체적 세부사항을 배열하는 것은 좋은 글을 쓰는 방법이다. 작가들은 이런 장치들을 배워서 사용법에 대한 훈련을 쌓아야 좋은 글을 쓸 수 있다.

5.31

✽ 논지 전환장치로서의 반복(Repetition)

¶ 아래 글을 살펴라.

존슨은 실제로는 텍사스의 5개의 지방 중의 하나에서 태어났는데, 그가 태어난 텍사스는 다른 4개의 텍사스 지방과 다르다는 것을 사람들이 그 당시나 지금이나 알지 못하여 일생동안 오해하고 있는 그런 상황에 처해 있는 곳이다.

☞ 필자는 텍사스를 반복함으로서 독자들이 확실히 텍사스를 기억하기를 바라고 있다. 2번 반복함으로서, 텍사스 주에는 여러 지역이 있으며 그 중 한 곳이 중요하다는(또는 아주 다르다는) 것을 알리고 있다.

¶ 아래 문장에서 반복에 의해서 여러 가지 생각이 서로 어떻게 연결되는지 주의해 보아라.

간단히 말하면, 떠돌아다니고, 집이 없고, 직업이 없는 쓰라린 시기를 지낸 존슨은 처음으로 이와 같은 인간의 처지에 공포감을 느끼고 그런 고통을 겪는 사람들에게 깊은 동정을 느꼈다.

¶ 어떤 단어가 여러 개의 생각을 서로 묶어서 나타내고 있는가?

¶ 여러 개의 생각이 밀접한 관계가 있다는 것을 어떻게 달성하였는가?

5.32

아래 문단을 읽고 반복의 사용을 살펴봐라. 그리고 물음에 답하여라.

1. 갈매기들이 위로 솟아오를 때에는 꼭 먹이를 찾기 위해서만은 아니고, 나는 것을 즐기기 위해서이다. 2. 바다 바람이 해변에 부딪쳐 상승할 때에 갈매기들은 이 공기의 흐름을 이용하여 해변을 따라서 나른다. 3. 갈매기는 파도 위 1m 되는 곳에 생기는 낮고 약한 바람을 또한 좋아한다. 그들은 이런 바람을 타고 여러 시간 날면서 한 가닥의 바람에서 다른 가닥의 바람으로 옮겨 탄다. 4. 대부분의 사람들은 갈매기가 사람들한테 먹이를 얻어먹기 위해서 배 뒤를 따른다고 생각한다. 실제로는 그런 쓰레기는 그들 먹이의 일부분에 지나지 않는다. 조개와 물고기가 그들의 주식이다. 5. 갈매기가 배를 따라 나는데, 이때 갈매기는 바다에서 배가 일으키는 따듯한 공기의 흐름을 탄다.

A. 이 문단의 주제문은

B. 이 문단에서 어떤 중요한 핵심 단어가/단어들이(key word/key words) 반복되고 있는가?

C. 이런 주요 핵심 단어가 모든 문장에 나타나고 있는가?

D. 이런 반복의 목적은 무엇인가?

5.33

✽ 논지 전환장치로서의 동의어(synonym)

필자/작가는 단조로움을 피하기 위해서 또 어떠한 단어나 어구에 너무 주의를 집중하지 않도록 하기 위해서 동의어를 사용한다. 단어의 의미가 각각 다르기 때문에 동의어라 할지라도 똑같지는 않다. 이 과에서도 동의어는 "뜻이 유사"한 것으로 보고 "뜻이 동일"한 것으로는 취급하지 않고 있다.

5.33a

아래 문단에서 동의어의 사용을 살펴봐라.

아마도 의학은 앞으로 우리를 많은 질병으로부터 구해줄 것이다. 유행성 감기, 폐병, 디프테리아와 같은 병마는 과거에 도시 주민의 생명을 많이 빼앗아갔다. 오늘날의 질환은 본질이 다르지만, 개업의에게는 똑같이 도전적이다.

☞ 밑줄 친 단어들은 뜻이 똑같지는 않지만 유사하다. 병마나 질환은 똑같이 몸의 이상에서 온다. 유행성 감기, 폐병 그리고 디프테리아는 모두가 질병으로 분류된다. 이런 것들을 언급함으로서 필자는 그의 주제를 좀더 명료하게 만든다. 한 무리의 질병을 병마와 연관시킴으로서 필자는 '자연스러움'이라고 말할 수 있는 관계를 보여주고 있다. 이런 '자연스러운' 관계는 2개의 문장에 있는 생각을 언급하는데, 두 문장이 밀접히 연관되어서 문장의 동의어 반복 자체만으로도 두 문장이 자연스럽게 연결되기에 충분하다.

5.33b

아래 문단을 읽고 동의어를 가려내라.

자동차 제조업체들은 새로운 모델을 발표하기 전에 여러 달 동안 전시기획을 한다. 이런 전시회는 대개 12월에 개최된다. 그러면 사람들은 포드(Ford), 지엠(GM), 클라이슬러(Chrysler)의 신차를 보게 된다. 그리고 소형차도 보게 된다. 외국차와 트럭은 별도로 알리는 기회를 갖는다.

A. 동의어라고 생각하는 것을 적어라.

B. A에 적힌 한 무리의 단어들을 묶으면 어떤 말로 표현할 수 있는가?

C. 지시어(demonstrative word)라는 말은 단어가 가리키는 사람이나 사물을 나타내기 위해서 사용하는 단어를 의미한다. 자동차는 A 항목에 적힌 모든 종류의 차들의 지시어이다. 이 모든 단어들을 한 가지 지시어로 집약할 수 있는데, 그렇다고, 이들은 서로 바꿔 사용할 수 있는 것은 아니다. 그 이유는 무엇인가?

5·33c

✻ 논지 전환장치의 결합

논지 전환장치가 사용되는 사례를 보면, 우리는 자주 2개 이상의 논지 전환장치가 같이 사용되는 것을 목격하게 된다. 예를 들면, 반복과 동의어이다. 아래 문단은 그런 예이다. 자세히 살펴라.

1. 본능적으로 베트남 사람들은 밤과 정글을 두려워한다. 2. 아주 젊었을 때에 베트콩들은 이런 밤에 대한 공포를 극복하였다. 3. 대신 게릴라들은 밤이 그들의 친구이지만 백인과 적 비행기는 밤이 그들의 적이라고 교육을 받았다. 4. 어둠은 베트콩에게는 생활의 한 방편이 되었다. 그들은 밤에 생활하였고, 교육을 받았고, 여행을 하였고 또 싸웠다. 5. 정글에 대해서도 똑같았다. 6. 베트공들은 열대 밀림을 알게 되었고 또 활용하게 되었다. 그러한 일은 과거 정부 산하에서 결코 없었던 일이었다.

☞ A. 3개의 동의어가 반복되는데 유념하라. 1) 두려움(공포) 2. 밤(어둠), 3) 정글(열대 밀림)

☞ B. 동의어의 사용 빈도에 유념하라. 첫째 문장의 3개의 단어가 뒤에 반복되었다. 둘째 문장에서는 2개의 동의어, 셋째 문장에서는 1개의 동의어만, 넷째 문장에서는 2개의 동의어, 다섯째 문장에서는 5개의 동의어, 여섯 번째 문장에서는 2개의 동의어가 사용되었다.

☞ C. 동의어를 사용하는 것 외에 필자는 베트콩이라는 단어를 6개의 문장에서 3번이나 사용하였다. 이렇게 열쇠가 되는 단어를 반복함으로서 필자는 자기가 의도한 일관성을 성취하고 있다.

5·33d

아래 글을 읽고 물음에 답하여라.

트랜지스터(transistor, 반도체)는 오늘날 컴퓨터, 위성, 텔레비전 수상기, 라디오 그리고 그 외에 잘 알려지지 않은 장치에 이르기까지 수많은 기기에 사용되고 있다. 이러한 성공은 관련분야의 연구를 촉진하여, 이제 우리는 다양한 반도체 장치들을 갖게 되었다. 실리콘 태양 전지는 몇몇 위성에 사용되어 햇볕을 직접 전기로 전환하여 위성의 전송기에 전력을 공급하고 있다. 어떤 반도체는 방사능과 충돌하였을 때에 전파를 발생한다. 여러 종류의 작은 장치가 실제로 생체 내에 심어져서 방사능 약품으로 치료를 하였을 때에 환자가 어느 정도의 방사능 물질을 함유하고 있는가를 측정한다.

A. 주제문에 밑줄을 그어라.

B. 동의어로 사용된 단어에 밑줄을 치고 아래 빈 칸에 적어 넣어라.

C. 주제문은 반도체가 다양하게 사용된다고 여러 가지 사례를 열거하고 있다.

1. 실리콘 태양 전지가 어디에 사용된다고 말하고 있는가?

---

2. 필자는 이러한 작은 장치가 어디에 쓰인다고 말하고 있는가?

5·34

✽ 논지 전환장치로서의 대명사

대명사는 문단을 전개시키는데 사용되는 세 번째 그리고 마지막 '붙박이 연결사'이다. 이런 유형의 연결 장치를 사용함으로서, 우리는 열쇠가 되는 단어를 반복하거나 다른 동의어 대신 사용하기도 한다. 아래 문장을 살펴보아라.

5.34a

1776년에 커밍은 자기가 사용하기 위해서 왕가의 기구와 유사한 2번째의 자기 기압계를 만들었는데, 이것은 연도표만 있고 다이얼이나 지시바늘이 없었으며, 장식이 간단하였다. 커밍이 1814년에 사망하였을 때에, 유명한 기상학자인 류크 하워드가 이것을 사들여 1828년까지 이것을 사용하였다. 그 해에 이것은 요크주 맥워스로 옮겨졌다. 이 자기 기압계는 지금도 하워드 집안에 소장되었으며, 1962년 현재 단지 시계만 작동하고 있었다.

☞ 첫 번째 문장에서 대명사 "이것"이 자기 기압계 대신하여 사용되었으나, 그 다음 문장들에서 여러 번 사용되었다. 필자가 마지막 문장에서 자기 기압계 대신에 "이것"을 사용할 수도 있었을 것이다. 필자는 마지막 문장에서 대명사인 "이것" 대신 명사인 자기 기압계를 사용함으로서 어떤 효과를 거두고 있는가?

5.34b

아래 글에서 여러 논지 전환장치를 사용하여 구체적 세부사항을 주제문에 연결시키고 있다. 이런 것들을 살피고 물음에 답하여라.

그 여인은 결코 여장부도 아니고 자선사업의 대가도 아니었고 남부지방 특유의 전문 직업여성 중의 대표적 위인도 아니었다. 앞선 또는 뒤에 온 많은 남부지방의 여인들과 같이, 그 여인은 남부지방을 사랑하였고, 남부지방의 단점과 결점을 알고 있었다. 그녀는 결코 다른 곳으로 이사를 가진 않았지만, 남부지방이 항상 옳다고도 하지 않았다. 그녀는 남부지방의 단점을 보완하기 위해서 항상 해온 대로 자기가 할 수 있는 일을 할 것이다.

A. 주제문은?

B. 실제 이름을 대신하여 쓴 대명사에 밑줄을 그어라(본명은 앞의 문단에 있지만 여기서는 알 수가 없다).

C. 그녀 대신에 실제 이름이 사용되었더라면, 이 문단은 더 좋은 글이 될 것인가? 그렇다고 생각한다면 그 이유는?

5·35

❀ 논지 전환장치(1)

전통적인 논지 전환장치는(transitional device) 2개의 문장을 연결시켜서 독자에게 뜻을 명료하게 전하기 위해서 2개의 문장 사이에 사용된다.

5·35a

논지 전환장치가 빠지면 문장 사이의 관계가 확실치 않다. 다음 예를 보아라.

여러 해 동안 두 나라 사이에 국경의 경계문제로 심한 오해가 있었다. 최근의 보도로는 당분간 난제가 해결되었다. 오늘 아침 신문에서 전쟁이 선포되고 실제로 전투가 일어나고 있다는 것을 읽고 놀라게 되었다.

5·35b

논지 전환장치가 들어가면 문장 사이의 관계가 분명해진다.

여러 해 동안 두 나라사이에 국경의 경계문제로 심한 오해가 있었다. 그러나 최근의 보도로는 당분간 난제가 해결되었다고 하였다. 따라서 오늘 아침 신문에서 전쟁이 선포되고 실제 전투가 일어나고 있다는 것을 읽고 놀라게 되었다.

5·36 논지 전환장치의 종류들

5·36.1

❀ 접속사 또는 연결구(connectives)

A. 한 가지 생각을 이어가는 경우

더욱이, 똑 같이, 다시, 또한, 유사하게…….

B. 한 가지 생각에 대한 대조 또는 변화를 나타낼 때

그러나, 그럼에도 불구하고, 반대로, 이지만, 한편…….

C. 결과를 나타날 때

따라서, 그 결과로, 이와 같이…….

D. 그 외의 관계를 나타낼 때

예를 들면, 물론, 그 때에, 여기에서, 다행이, 사실…….

5.36.2

중요한 대명사나 반복을 통하여 앞의 문장이나 문단의 지시사와 직접 연결된다. 다음은 그런 예이다.

열과 습도가 어떤 종류의 나무가 잘 자랄 수 있는가를 결정하는 중요한 요소이지만 이들은 각 종류의 나무들이 더 많은 땅을 차지하려는 싸움에는 별 영향을 끼치지 않는다. 이런 싸움의 결과는 열과 습도보다는 다른 원인에 의해서 더 결정이 된다. 즉 그늘을 견디는 능력이다. 이런 능력의 관점에서 독일인은 나무를 2가지 종류로 분류하는데, 하나는 그늘을 견디는 나무와 햇볕을 지향하는 나무이다. 그러나 보다 좋은 명칭은 그늘을 견디는 나무와 그늘을 못 견디는 나무이다. 그늘을 견디는 나무는 어렸을 때에 비교적 그늘에 잘 견딘다. 그늘에 못 견디는 나무는 그늘이 비교적 없기를 바라며, 대신 다량의 햇볕을 요구한다.

5.36.3

앞 문장이나 문단에서 생각의 흐름과 연결되는 표현은 문장이나 문단의 맨 앞에 놓는다.

5.36.3a

✽ 느슨한 논지 전환의 예

우리는 긴 복도로 인도되어 마침내 응접실에 들어갔다. 우리 안내원은 우리를 그곳 비서에게 넘겼다. 그는 우리를 도지사의 사무실로 안내하였다.

5.36.3b

✽ 보다 나은 논지의 전환의 예

우리는 긴 복도로 인도되어 마침내 응접실에 들어갔다. 이곳에서 안내원은 우리를 한 사람의 비서에게 넘겨주었고, 그 사람은 우리를 도지사 방으로 안내하였다.

☞ 때때로 단어의 순서(word order)를 바꿔서 논지의 전환을 잘 나타내는 표현을 문장의 맨 앞에 오게 할 필요가 있다.

✽ 문단 사이의 논지 전환장치에 관한 주의 사항

문단 사이에 논지 전환장치를 꼭 사용할 필요는 없다. 그러나 두 문단의 관계를 명료하게 할 필요가 있을 때에는 사용하라. 실제적으로 문장 사이에 사용되는 논지 전환장치가 문단 사이에도 사용될 수 있다.

5.36.4

✽ 논지의 전환장치(2)

<말썽꾸러기 버니>

꼬마 버니는 말썽꾸러기가 되고 싶지 않았다. 그러나 좋은 아이가 되려고 노력하지도 않았다. 그는 조반 때에 아빠를 힘들게 하였다. 그는 음식을 엎질렀다.

어느 날 버니의 아빠는 버니가 착하게 굴면 선물을 사다주겠다고 말하였다. 작은 버니는 노력하겠다고 약속하였다.

비니 엄마는 버니가 좋아하는 프로를 보라고 티비를 틀어주었다. 버니는 소리를 크게 틀어 엄마의 귀가 터질 뻔하였다. 참으로 버니는 말썽꾸러기이다.

버니 엄마는 버니에게 크레용과 그림 그리는 책을 주었다. 말썽꾸러기 버니는 벽에다 그림을 그렸다. 그래서 버니는 자기 방으로 쫓겨났다. 곧 버니 엄마는 그가 착하게 구는가 보기 위해서 버니 방을 들여다보았다. 방은 온통 난장판이었다. 버니 엄마는 기가 찼다. 그래서 버니를 밖으로 내보내어 놀게 하였다.

버니의 친한 친구인 윌리엄이 찾아왔다. 그들은 뛰고 달리곤 하였다. 발길질도 하였다. 버니는 꽃을 땄다. 윌리엄이 달려가서 버니 엄마에게 일렀다. 처음에 버니 엄마는 화가 났다. 그러나 버니를 야단만 칠 수는 없었다. 그가 어머니를 위해서 꽃을 땄기 때문이다.

버니는 윌리엄이 고자질쟁이라고 말하면서 밀어 넘어뜨렸다. 윌리엄은 진흙탕에 넘어졌다. 철석하면서. 윌리엄은 울면서 자기 집으로 갔다. 윌리엄의 엄마가 버니의 엄마에게 전화를 걸었다. 왜, 버니는 윌리엄과 같이 착하게 놀지 않는 것인지?

버니 엄마는 점심 먹으라고 버니를 12번이나 불렀다. 그는 마침내 왔다. 그는 계란 샌드위치를 먹고 싶지 않았다. 그는 땅콩버터를 원하였다. 그는 우유를 다 마시지 않았다. 그는 샌드위치를 반만 먹었다. 버니가 낮잠시간에 소란을 피웠다. 참으로 버니는 말썽꾸러기이다. 버니는 자기 엄마가 오는 소리를 들을 때까지 낮잠을 자지 않았다.

(같은 이름의 글로, 알 스캐리 저, 골드 출판사 판이다.)

5·37

* 논지 전환장치 연습

다음 예문들은 적절한 논지 전환장치를 사용한 사례이다. 참고하라.

5·37a

일광욕은 몸의 건강을 향상시키는 탁월한 방법이라고 의사가 추천하고 있다. 만약 당신이 현명하다면 병에 대한 저항력을 기르고 몸 전체의 상태를 좋게 한다. 그러나 과도한 일광욕은 건강에 해롭다. 왜냐하면, 뼈 속에 있는 칼슘이 고갈될 수 있기 때문이다. 또한 지나치게 과도한 일광욕은 아주 심한 화상을 일으킬 수도 있다. 사실, 다른 위험요소가 강렬한 햇볕 속에 도사리고 있다. 따라서 일광욕을 할 때에는 주의가 필요하며, 특히 일광욕에 익숙하지 않았을 때에는 더욱더 그렇다.

5·37b

고교 시절 영어와 독일어는 나에게는 힘든 과목이었다. 또한 생물, 사회 그리고 부기도 나에겐 흥미가 없었다. 그러나 나는 수학, 화학 그리고 물리 성적이 좋았다. 그래서 이런 과목들을 좋아하였다. 그뿐만 아니라 나는 실험실 기구들을 다루는데 특히 관심이 많았다. 따라서 내가 대학에 들어가서 내가 이공계로 가는 것은 당연하게 보였다.

5·37c

오늘날의 복잡한 경제 구조에서, 집단 협상은 필수적인 것이라고 사람들은 말한다. 또한 이 제도가 우리가 발전시킬 수 있었던 가장 좋은 장치라고 양쪽이 동의하고 있다. 왜냐하면, 이것은 노동자들에게 많은 혜택을 주었기 때문이다. 또 기업주도 약간의 덕을 보았다. 그러나, 나라 전체로 봤을 때에, 그 결과는 그리 탐탁하지는 않다. 왜냐하면, 파업이 중요한 업체의 생산을 지연시킨다. 그래서 여러 달 동안 우리의 우주항공 계획에 차질을 빚고 있다.

제5과 복습 및 확장된 연습문제

5.50

❋ 논지 전환장치의 종류

논지 전환장치는 문단을 논리적으로 전개하는데 중요한 역할을 한다. 다음은 이를 종류별로 분류한 것이다.

5.50.1

❋ 시간순서(Time Order)

후에, 다음에, 하자마자(as soon as), 전에, 앞서, 한 이래(since), 까지, 하는 동안, 할 때, 하는 순간, 할 땐 언제나, 첫째, 첫 단계는, 둘째, 두 번째 단계는, 셋째, 다음엔, 그 후엔, 그리고 나서, 마지막으로, 아침에, 오후에, 저녁에, 밤에,

5.50.2

❋ 공간순서(Space Order)

위에서 아래로, 아래서 위로, 오른쪽에서 왼쪽으로, 왼쪽에서 오른쪽으로, 멀리서 가까이, 가까이서 멀리(near to far), 밖에서 안으로, 안에서 밖으로, 시계방향으로(clockwise), 시계 반대방향으로(counterclockwise), 오른편에(on the right), 왼편에, 중앙에, 한가운데에(in the middle, in the center), 의 다음에, 의 옆에, -의 사이에, -의 근처에, -의 반대편에(opposite the -), -을 건너서(across the -), -의 밑에, 의 위쪽에, -의 한쪽에(on one side of the -), 의 다른 쪽에(on the other side of the -)

5.50.3

* 목록의 순서 열거(enumeration)

첫째(first, first of all), 둘째, 셋째, 넷째, 또한, 뿐만 아니라(in addition), 더욱 중요한 것은, 가장 중요한 것은

5.50.4

* 이유(Reasons), 원인과 결과(Cause and Effect)

원인 또는 이유 : 때문에, 왜냐하면(because, because of, as, since,), 첫째 이유는, 가장 중요한 이유는

결과(effect/result) : 그러므로, 그래서, -로 인하여, 따라서(accordingly, consequently), 결과적으로, 그 결과(as a result), 그렇기 때문에(hence, so that)

5.50.1.4

* 예(Examples)

예를 들면(for example, for instance), -와 같은 그런 것(like, such as -)

5.50.5

* 의견(Opinion)

내 생각엔, 나의 견해로는(in my opinion, in my view), -에 의하면, -에 따르면 (according to -), -라고 생각한다, -라고 믿는다.

5.50.6

* 결론(Conclusion)

요는, 간단히 말해서(in short, in brief, in a nutshell), 요약하면(to sum up, to summarize, in a word, in a sum, to make a long story short), 결론적으로(in conclusion, to conclude, the conclusion is -, in the final analysis), 가장 중요한 점은, 문제의 핵심은(the bottom line is, the most important thing is -)

5.50.7

* 대조(Contrast)

그러나, 하지만, 그럼에도 불구하고, 또 반면에, 또 한편으로는(nevertheless, still, and yet, then again), 비록 - 하지만(though, although, even if, even though, supposing that), 반대로(on the contrary, on the other hand, in opposition), 역으로(conversely, contrariwise, the other way round)

5.51.1

다음을 읽고 그 아래 질문에 답하라.

(1) 항공기로 여행을 자주 하는 승객들은 젯랙(jet lag: 시차로 인한 피로)을 예방하기 위해서 다음과 같은 절차를 따를 것을 추천한다.
(2) 비행 전에 고 탄수화물(a high-carbohydrate meal) 음식을 먹어라.
(3) 비행 중엔 알코올이나 커피를 마시지 마라.
(4) 목적지에 도착한 그 날 낮 동안엔 졸지 마라.
(5) 새로운 시간대(time zone)에서의 첫날 저녁엔 일찍 취침하라.

1. 위 문장을 올바른 시간순서에 따라 일련번호를 아래 빈 칸에 써넣어라.

2. 문단의 주제문은?

3.위 문단의 결말이 있는가? 있으면 골라내고, 없으면 아래에 만들어봐라.

4. 문장 중에 만약 시간순서를 나타내는 논지 전환장치(transition signals)가 필요한 경우에 “첫째, 둘째, 셋째, 마지막으로” 라는 표현을 삽입하라.

5. 문단의 제목을 써보아라.

5.51.2

아래에 쌍으로 된 2개의 문장을 "결과적으로, 따라서, 그러므로"와 같은 **비슷한 의미의 표현을 써서 연결하라.** 이들은 모두 결과를 나타내는 말인데, 원인 혹은 이유를 나타내려고 할 땐 "왜냐하면"을 그 반대로 적용하면 된다.

a. 1. 나는 곧바로 대학교에 가지 않았다. 2. 나는 고등학교 졸업 후 1년 동안 여행하기를 원했다.
b. 1. 나의 부모님은 식당에서 도움을 필요로 했다. 2. 나는 집으로 다시 이사 가서 그 분들을 위해 일했다.
c. 1. 자동차는 매우 편리하다(Cars are very convenient). 2. 사람들은 필요 이상으로 자동차를 많이 사용한다.
d. 1. 나는 철수에게 그와 데이트를 하러 나갈 수가 없었다고 말했다. 2. 나의 부모들은 내가 고등학교를 마치기 전엔 데이트하는 것을 원치 않으셨다.
e. 1. 우리 학교는 돈이 많지 않았다. 2. 학교는 과외활동클럽 몇 개를 취소하기로 결정했다.

5.51.3

다음 글을 읽고 아래 질문에 답하라.

<브랜디의 행운(Brandy's Luck)>

브랜디라는 나의 개와 나는 함께 몇 번의 우여곡절을 겪었다(some awful times). 나는 그 개를 나의 여섯 번째 생일선물로 받았는데, (1)__________, 브랜디는 나의 곁을 결코 떠난 적이 없었다. 그 개는 내가 학교에서 귀가하기를 기다렸다가, (2)__________, 우리는 오후 내내 놀곤 했다. 그 개는 한 식구나 다름없었다. (3)_______ 어느 날 브랜디는 거의 생명을 잃을 뻔하였다. 우린 앞뜰에서 놀고 있었는데, 그 개가 도로의 반대편에 있는 고양이를 보았다. 그 개는 보통의 개들이면 다 가지고 있는 개들의 천성에 따라 행동했다. 그 개는 거리를 가로질러 뛰기(run across the street) 시작했다. 나는 그 개에게 돌아오라고 소리를 질렀지만(screamed), (4)__________ 그 개는 말을 안 들었다. (5)____________ 차 한 대가 나타나더니 그 개를 치었다. 그 자동차 운전자는 매우 좋은 사람이어서 즉시 브랜디를 동네 동물병원(veterinarian)에 데리고 갔다. 그 수의사가 브랜디의 다리를 수술해서 다리에 깁스를 해야만 했다(operate on Brandy's leg and put her leg in a cast). 나의 개가 마침내 집에 돌아왔을 때, 그 개는 거의 사고이전의 상태로 회복되었다. (6)__________, 그 개는 우리 집 앞뜰을 다시 떠난 적이 결코 없었다.

1) 위 문단의 주제문은?

2) 위 문단의 결말이 있는가? 있으면 골라내서 그 종류를 설명하라.

3) 위 문단의 종류는 다음 중 어느 것에 해당되는가?

정의, 과정 설명(process analysis), 의견, 주장(assertion), 묘사(description), 이야기체(narrative), 원인과 결과, 이유와 실례, 비교와 대조(comparison and contrast)

4) 위 문단의 빈 칸에 다음의 논지 전환장치를 골라 적어 넣어라. 단 중복되는 경우도 있다는 점에 유의하라.

그 때부터, 그리고 나서, 그러나, 어디서 별안간(out of nowhere), 그 날 이후로

5.51.4

다음을 읽고 그 아래 질문에 답하라.

<나는 나의 아버지를 존경한다(I Respect My Father).>

(1)_________ 나의 아버지가 어떤 특별한 자질을 가지고 있지는 않지만, 나는 나의 아버지의 많은 점들에(qualities) 대해서 감탄을 한다(admire). 그가 유별나게 미남이거나, 외모가 특출하지 않기(outstandingly handsome or striking in appearance) (2)____________ , 그를 대수롭지 않다고 그냥 지나쳐버리기 쉬울 것이다. (3)_________ 그는 신중하고, 진지하며, 또한 열심히 일하는 사람이다. 그는 주관이 뚜렷하며, (4)___________ 그는 다른 사람들에게 엄격하기도 하고, 관대하기도 하

다. 그는 언제나 미래를 내다보고(look to the future) 살아간다. (5)____________ 그는 과거사를 결코 후회하지 않는다. 나는 나의 아버지로부터 많은 점을 배웠다고 생각한다.

1) 위 문단의 주제문은?

2) 위 문단의 결말이 있는가? 있다면 골라내어 그 종류를 설명하라.

3) 위 문단의 빈 칸에 아래에 있는 논지 전환장치를 골라 채워 넣어라.

뿐만 아니라(in addition), 그러나(however), 따라서(consequently), 때문에(because), 비록(although)

4) 위 문단은 다음 중 어느 것에 해당 하는가?

정의, 과정 설명, 이야기체(narrative), 묘사(description), 비교와 대조(comparison and contrast), 이유와 실례

5.51.5

다음 주제에 관해서 문단을 작성해보아라. 이 때 주제를 뒷받침해줄 수 있는 문장(supporting sentences)에 대한 아이디어를 브레인스토밍 혹은 주제문에 대해서 질문을 해보는 기법을 통해 생각해낸 다음, 어떤 종류의 문단을 전개해나갈 것인지를 결정해서 그에 걸맞는 논지 전환장치(transition signals)를 사용하라. 그리고 결말도 포함시키는 것을 잊지 마라.

1. 한국 학교의 혼혈아동에 대한 차별(discrimination against biracial children)
2. 문화의 충돌(cultures in conflict)
3. 유럽 배낭여행(traveling across Europe with a backpack)
4. 나의 첫 직장(my first job)
5. 고전음악과 팝뮤직 중 어느 것을 더 좋아하는가?
6. 장래의 목표
7. 결혼을 할 것인가 아니면 직장생활을 할 것인가(marriage or career)

8. 아이를 가질 것인가, 말 것인가?
9. 나의 미래계획
10. 희한한 꿈(a crazy dream)
11. 여행계획
12. 가장 살기 좋은 곳
13. 나의 아버지/어머니/형/누나 등
14. 인생은 연극이다(All the world is a stage).
15. 가십(뒷공론)/소문은 믿어야하나 혹은 해로운 것인가(are gossips or rumors harmful? do we have to believe them)?
16. 자존심(pride), 정직성, 우정, 행운(luck), 운명(fate), 인내(patience)와 같은 말은 정의(definition)내리기가 어려운 개념인데, 먼저 사전에 나온 정의를 찾아보고, 그 사전적 정의가 자신의 생각과 다르거나 불충분한 점을 사례를 들어서 비판해 보아라.
17. 외국어를 배우는 비결(the easiest/best way to learn a foreign language)
18. 너의 나라엔 어떤 미신이 있나(all cultures have some kind of superstition)?
19. 사랑, 질투(jealousy)와 같은 감정을 나타내는 단어를 골라 사전에 있는 정의를 읽어본 후, 그것이 좋은 감정이라고 되어있는가, 아니면 나쁜 감정이라고 되어있는가? 이런 감정을 느끼는 사람들은 누구일까? 실례를 들어 자신의 생각을 써보아라.
20. 검열제도(censorship)란 용어를 정의하는 문단을 작성하라. 그게 무슨 뜻인가? 그 목적은 무엇인가? 누가 하는가? 무슨 이유로? 그것을 용납할 수가 있는가? 만약 그렇다면, 어떤 제약도 있을 수 없는 것인가?
21. 자유란 무엇인가? 사람들은 왜 자유를 원하는가? 자유에 대한 제약이 있어야 되는가? 자유에 대한 제약이 있을 수 있는가? 자유의 본질에 대해서 탐구해 보아라.
22. 너의 일생에서 최고/최악의 날에 대해서 써보아라. 무슨 일이 일어났는가? 어디서 일어났는가? 왜 일어났는가? 그 결과는 어떻게 되었는가?
23. 50년 후에 최고의 보수를 받을 직업이 무엇이라고 생각하는가?
24. 국제연합(UN)은 세계 평화 증진을 위해 1945년 창설되었다(The United Nations was founded in 1945 to promote world peace). 그러나 어떤 사람들은

국제연합이 무용지물이라고 생각한다. 너는 UN이 현재 일을 잘 수행하고 있다고 생각하나? 또 UN이 계속 존재해야 된다고 생각하나? 그 이유를 설명하라.

5.52 필자의 조언(Writer's Advice)

쓸거리, 이야깃거리, 혹은 주제에 대한 아이디어를 얻기 위해선 신문, 소설, 잡지, 전문 서적이나 논설(professional articles or books), 영화, 그리고 웹 페이지 등을 두루 섭렵하는 것이 지름길이다. 많이 읽고, 많이 보고, 많이 듣고, 많이 생각하고, 또 많이 써봐야 논술 실력이 향상되는 것이지 그 외에 다른 왕도가 있는가?

제6과 예시체(Illustration)-예의 사용과 설명

Ⅰ. 핵심요점

A. 문단 연습: 문단을 전개하는 중요한 방법으로 예나 예시의 사용

B. 열거(enumeration)를 문단에 있어서의 논지 전환장치로 사용

Ⅱ. 검토사항

아래 사항을 학습하게 될 것이다.

A. 예나 예시를 문단을 전개하는 중요한 방법으로 사용하는 방법

B. 확장된 예나 예시를 사용하여 문단을 전개하는 방법

C. 여러 개의 예나 예시를 사용하여 문단을 전개하는 방법

D. 이러한 방법을 선택하여 문단을 전개하는 목적

E. 좋은 예나 예시를 이용하여 문단을 작성하는데 있어서의 몇 가지 문제점

F. 문단에서 논지 전환장치로 사용된 열거식 표현을 식별하고 사용하는 방법

문단 전개

앞서 2-5과에서는 구체적 세부사항을 사용하여 문단을 전개시키는 중요한 방법을 검토하였다. 6과에서는 "실례"(example)를 들어 문단을 전개하는 예시제 문단 작성법을 공부해 보자.

문단의 주제문에서 제시된 하나의 관점이나 아이디어(idea)를 설명하는 또 하나의 좋은 방법은 "예"를 들거나 "예시"하는 것이다. 즉 주제를 세부사항에서 극적으로 예시해주는 것이다.

우리는 예(또는 예시)가 문단의 요점을 설명하기 위해서 사용되면서 문단의 대부분을 차지하고 또 문단을 전개시키는 중요한 방법일 때에, 이런 것을 문단을 전개시키기 위한 확장된 예를(extended example) 사용한다고 말한다. 아래에 있는 문단의 경우 예나 예시를 들었는데, 이것을 문단의 중요한 방법으로 사용한 경우이다. 여기에서 예, 예시 또는 확장된 예를 자세히 살펴라.

<u>총명한 학생이 때로는 낙제를 하는 이유 중의 하나는 교수가 학생 개개인이 안고 있는 고민이나 문제점을 이해하려고 노력하지 않는데 있다.</u> 예를 들면, 우리 고장에는 아주 유능한 변호사가 살고 있는데, 그의 IQ는 147인데도 대학 일학년 때 낙제를 하였다. 그는 병이 나서 개학한지 2주 지나서 등교를 하였는데, 그 학기에 학생들이 제출하여야 할 모든 과목의 숙제나 과제물이 이미 부과된 상태였다. 아주 부끄러움을 타는 그 학생은 교수에게 가서 과제물에 관해서 알아보지 않았다. 그래서 말하자면 혼자 건성으로 지내면서 자기가 현재 하고 있는 정도만으로도 충분하다고 생각하였다. 그러나 학기 초에 하지 못했던 과제물과 수행하여야 할 과제물과 미처 전달받지 못한 정보 때문에 여러 과목에서 낙제점수를 받았다. 교수 중에 어느 누구도 그에게 개별적으로 일러주지 않았다. 분명히 어떤 교수도 그가 왜 과제물을 제대로 안 내는지를 의아하게 생각하지 않았다. 그래서 그는 그 대학에서 실망하고 떠났다. 그러나 다른 학교에 가서는 우등으로 졸업을 하였다.

위 문단의 필자가 주제문을(밑줄 친 부분) 통하여 독자에게 전달하고자 하는 것은: 교수들이 학생 각 개인의 문제를 이해하려는 노력을 하지 않았기 때문에 똑똑한 대학생도 낙제를 하는 수가 있다는 것이다. 필자는 독자에게 자기의 논점(point)을 명료하게 전달하기 위해서는 예나 예시가 필요하다고 느끼고 있는 것이다. 그래서 그는 확장된 예를 사용하고 있고, 그런 예는 탁월한 변호사가 대학시절, 교수들이 그의 어려움을 이해하지 못하였기 때문에 낙제를 하였다는 예기를 말하고 있다. 그러나 같은 변호사가 다른 대학으로 전학 갔고, 그 곳의 교수는 명백히 그의 문제를 이해하여 그는 아주 성공한 사람이 되었다.

여기서 상기하여야 할 점은 필자는 자기의 논점을 설명하기 위해서 원인-결과의 관계를 사용하고 있다. 즉, 결과가 먼저 언급되고 있다.—유능한 변호사가 대학 1학년 때에 낙제를 하였다. 그리고 낙제한 원인이 뒤에시 언급되고 있다. 원인-결과의 관계를 나타내는 구체적 세부사항이 위 문단을 전개시키는 데 사용되고 있는데, 그런 구체적 세부사항은 실례나 예시체의 일부로서 포함되어 있다.

6.10

아래 문단을 읽고 물음에 답하여라.

미 대륙의 발견은 우연이었다. 즉 중국 및 인도와의 무역을 하려는 욕망의 결과이다. 1492년 크리스토퍼 콜롬버스는 스페인 국기를 달고 출항하였다. 목적은 인도와 중국이 있는 풍요로운 무역 대상 지역인 동양으로 가는 직항로를 찾으려는 것이었다. 그는 대서양을 정서(正西)의 방향으로 항해하여 이 전설적인 땅으로 가는 더 가까운 항로를 찾기를 희망하였다. 그가 대신 발견한 것은 당시 구라파에 전혀 알려지지 않았던 2개의 거대한 대륙이었으며, 그것들이 그가 동양으로 가는 길을 가로 막았다. 이 두 대륙은 북미와 남미이다.

A. 위 문단의 주제문에 밑줄을 그어라.

B. 확장된 예(extended example) 밑에 물결 줄을 그려라.

C. 위 문단의 확장된 예에서 필자는 무엇을 예시하려고 노력하고 있는가?

D. 위 문단을 전개시키기 위해서 사용된 구체적 세부사항들은 어느 쪽인가?
1. 문단의 주제문을 직접 지원한다.
2. 확장된 예의 한 부분이다.

6.11

아래 2개의 문단 중에 어느 것이 문단을 전개시키기 위해서 확장된 예(extended example)를 사용하고 있는가?

A. 최근까지 보건소 의사들은 병원을 사용하는 권한을 얻을 수가 없었다. 대표적인 예가 로드 박사의 경우이다. 그는 파업 중에 영국에서 이곳으로 왔는데, 지금은 8명의 의사를 거느린 보건소의 소장이다. 그가 레지나 병원을 사용하는 권한을 신청하였을 때에 그는 병원 의사의 보증이 필요하다는 통보를 받았다. "나는 레지나 병원의 19명의 의사에게 요청 하였으나, 모두 거절하였다."라고 그는 말하였다. 병원 사용 권한을 거부당하자, 로드 박사는 임산부 집에서 12명의 영아를 분만시킬 수밖에 없었다. 그는 지난 9월이 되어서야 비로소 병원 사용 허가를 얻었다.

B. 글을 쓸 때에, 예를 사용함으로서 자기의 논점을 더 명확히 할 수 있지만, 선택된 예가 강력하고 확정적이어야 한다. 일반적인 예는 고르지 말아야 한다. 왜냐하면, 글이 구체적이지 못하게 되기 때문이다. 선생님이나 다른 친구들이 이미 제시한 예들을 항상 반복만 해서는 안 된다. 글을 쓸 때에는 자신이 말하고자 하는 것을 설득력 있게 또 다채롭게 설명해 주는 그런 예를 선택하는 것이 좋다. 그러나 시험문제의 답을 작성할 때에 예가 필요하다면, 교실에서 배운 것 가운데 기억나는 것이나 자신이 생각해 낸 예를 사용하여도 좋다.

6.12

6.11의 B문단을 읽고 아래 물음에 답하여라.

A. 좋은 예는 필자의 생각을 ______________________________도움이 된다.
B. 일반적인 예는 필자의 글을______________________________하게 만든다.
C. 좋은 예는 독자로 하여금 필자가 말하고자 하는 것을____________________
__________.

D. 위 6.11A의 문단의 확장된 예는 좋은 예이다. 그 이유는 필자가 독자에게 그의 논점을_____________________________. 이 예는 일반적인 예가 아니고 ______________적인 예이다. __________________는 필자가 말하고자 하는 것을__________________________예시해 준다.

6.13

아래 문단의 주제문 밑에 실선 그어라. 그리고 주제문의 논점을 나타내는 문장 밑에는 점선을 그어라.

마약 중독은 정서와 관련된 문제이기 때문에, 영국에서 성공한 마약퇴치 프로그램은 다른 정서와 문화적 배경을 가진 사람들에게는 그 효과가 없을지도 모른다. 이런 견해를 지지하는 입장에서 당국자들은 홍콩의 마약 문제를 지적하고 있다. 비록 홍콩이 영국의 식민지로서 영국식 제도의 혜택을 누리고 있지만, 뉴욕의 3분1만한 인구를 수용하고 있는데도 미국 전체보다도 더 많은 마약 중독자를 가지고 있다.(약 15만 명 또는 10명의 성인 중 1명). 홍콩은 사실상 세계에서 뉴욕보다도 더 많은 마약중독자를 가진 유일한 도시가 되었다.

6.13a

위의 문단을 읽고 물음에 답하여라.

A. 문단에서 확장된 예는

1. 이야기를 이끈다. 2. 하나의 예나 예시에 지나지 않는다.

B. 확장된 예의 주제는

C. 확장된 예가 독자에게 주제문에서 다음과 같은 점을 더 명료하게 해준다.

6.14

몇 개의 예를 들어서 문단을 전개할 수 있다. 불란서 수필가인 몽떼뉴는 1533년부터 1592년까지 살았는데, 그는 글에서 예를 잘 사용하는 명필가이었다. 그의 예는 대체적으로 생생하였다. 자주 그의 예는 아주 놀라웠다. 그의 예는 방향을 알려주는 예광탄(tracer bullet)과 같다고 말할 수 도 있을 정도이었다. 예들이 총알의 날아가는 궤적을 보여 주듯이 총알이 어디를 겨냥하였는지 명료하게 볼 수 있게 하였다.

아래의 문단은 몽떼뉴가 사람의 행동이 동물의 행동과 얼마나 유사한지를 명료하게 보여주기 위해서 쓴 글의 선집에서 발췌한 것이다.

※동물들이 단결하여 서로 돕는 동물의 협력이나 행동에 관해서 말하자면, 이런 현상은 아주 흔하다. 소, 돼지, 그 외의 다른 동물에서 쉽게 볼 수 있다. 부상당하여 부르면, 동료 동물들은 떼를 지어 몰려와 도와주거나 방어한다. 비늘돔(parrot fish)이 어부의 낚시 바늘을 삼켰을 때, 다른 동료들이 떼를 지어 모여들어 낚시 줄을 갉아서 끊어버린다. 또 우연히 어망 속에 비늘돔이 갇히면, 동료 물고기가 어망 밖에서 자기 꼬리를 갇힌 물고기가 물게 하고 끌어 잡아당기어 갇힌 비늘돔을 살려내고 같이 도망간다. 또 돌잉어(barbel)가 잡히면, 동료들은 톱 모양의 가시가 달린 등을 줄에 대고 톱질하여 줄을 끊는다.

☞ 위 문단에서 몽떼뉴는 동물들이 곤경에 처한 동료를 구하기 위해서 떼를 지어 협동한다는 것을 우리에게 보여주고 있다. 곤경에 처한 동료를 구하기 위해서 낚시 줄을 끊는 비늘돔의 예는 아주 생생하다. 어망에 걸린 동료를 구하기 위해서 어망 밖에 있는 비늘돔이 자기의 꼬리를 내주어 물게 하여 갇힌 동료가 밖으로 나오게 하는 것은 더욱더 탁월하기까지 하다. 돌잉어들이 자기 등으로 줄에 톱질하여 잡힌 물고기를 구한다는 것은 좋은 글이다. 왜냐하면, 이러한 점은 우리를 놀라게 하여 잘 기억하게 만들기 때문이다.

몽떼뉴의 문단에 사용된 예들은 단순하고, 짧고 또 각각 다른 예들이다. 이런 예들은 문단의 첫 문장에서 이미 예시해주고 있다. 주목할 점은 저자는 독자에게 이런 고기들이—비늘돔 과 돌잉어가—인간보다 한 수 위라고는 말하지는 않는다. 아주 훌륭한 예라면 필자의 부가적인 언급 없이도 그 자체로서 원래의 목적을 달성할 수 있다. 만일 "개는 다정하다"라는 글을 쓰면서 자기 개의 예를 들었다면, 다시 "개는 사람에게 다정하다"라는 말로 문단을 끝마칠 필요가 없다. 그렇게 하면 지나친 표현이 된다. 자기의 생각을 부가하지 않아도 예만 가지고도 강렬한 인상을 주기에 충분하기 때문이다.

6.15

아래 문단을 읽고 물음에 답하여라.

아주 탁월한 선생도 실수를 한다. 요전 날 사회과목 선생님이 청소년 범죄가 사회에 어떤 영향을 끼치는가를 강의 하였다. 강의하면서, 청소년 범죄가 사회에 영향을 끼치는 항목을 칠판에 적었다. 우선 선생님은 칠판에 "청소년 범죄가 사회에 다음과 같은 영향을 끼친다"라고 썼다. 다음에 영향의 항목을 써내려갔다. 모든 항목을 다 쓴 다음 선생님은 항목을 검토하고 실수를 발견하였다. 옆 반 친구는 어제 화학 선생님이 실수를 하였다고 말하였다. 반 학생들에게 실험하기 전 준비 단계를 철저하게 점검해야 한다고 말하고, 시범 실험을 하였을 때 일이 일어났다고 한다. 예상하지 못한 폭발이 금방 일어난 것으로 봐서 선생님은 틀림없이 실험용 용액을 잘못 섞은 것 같았다.

A. 주제문에 밑줄을 그어라.

B. 필자는 몇 개의 예를 사용하여 자기의 논점을 설명하고 있는가?

C. 예가 설명하는 논점은 무엇인가?

D. 사회 과목 선생님은 어떤 실수를 하였는가?

6.16

아래 2 문단을 읽고, 각 문단 앞의 빈 칸에 그 문단이 확장된 예를 사용하고 있는지 또는 보통 예들을 사용하고 있는지 적어 넣어라.

❑________________ A. 곰은 자주 재미로 또는 야비하기 때문에 일을 저지르는 것처럼 보인다. 어떤 사냥꾼이 자기 오두막을 부수어 놓은 곰에 대해서 얘기를 하였다. 곰이 오두막 안에 있는 모든 음식물을 뭉개놓았다고 한다. 마루바닥에는 밀가루, 당밀, 설탕, 쌀, 콩 그리고 커피가 뒤범벅이 되어있었다. 거기에다 또 옷가지와 깨진 접시가 흩어져 있었다. 그리고 여러 개의 과일과 야채 통조림을 막 물어뜯

어 열어 놓았다. 마치 모든 것을 빠짐없이 작살을 내기로 아예 작정을 한 것 같았다.

❑__________________ B. 벌들이 새로운 통로를 찾는 일은 그리 쉽지 않은 듯 하다. 벌통을 창문이 2개 있는 방안에 옮겨놓았다. 벌들은 가까운 창문으로 날아 나갔다. 가까운 창문을 닫아버렸다. 그랬더니, 먼 창문을 발견하고 멀리 돌아서 나갔다. 다음날 양쪽 창문을 다 열어놓았다. 벌들은 거리가 먼 창으로 나갔다가 돌아왔다. 벌들은 먼 새 통로만을 기억하고 있었다.

6.17

✽ 예시(例示, illustration): 논술체 문단(Expository Paragraph)을 전개하는 대표적인 방법

효과적인 글쓰기를 위해서는 일정한 문단 구성형태(즉, 지금까지 우리가 배운 문단의 종류가 모두 포함됨)를 따라야 소기의 목적을 달성할 수 있다. 묘사체(descriptive), 논술체(expository), 그리고 예시체(illustrative) 문단은 새롭게 소개되는 3가지 문단 구성형태, 즉 문단의 종류이다. 이제 논술체 문단이 과연 무엇인지에 대해서 검토해보자. 논술(expository)이란 말은 상당히 포괄적인 개념으로서, 주제의 성격이 한마디로 딱 잘라서 묘사체(descriptive)가 적합한지, 아니면 이야기체(narrative)가 적합한지 분명치 않을 때 사용하는 문단 형태인 것이다. 논술체 문단은 여러 가지 다양한 목적으로, 또 광범위한 분야에 걸친 주제를 다룰 때 사용되기 때문에 한마디로 정의 내리기 쉽지 않고, 또 다른 종류의 문단과 구별하기도 쉽지 않다.

논술(expository)이란 말은 필자가 "무엇인가를 설명하려고 할 때(to try to explain something) 사용하는 문단의 종류"라고 때때로 정의한다. 그러나 이것은 정확한 정의가 아니다. 첫째, "설명한다(explain)."란 말은 앞으로 우리가 정의를 내려야 할 "exposition(논술?)"이란 말과 의미가 너무 비슷하다. 둘째, "설명한다(explain)"는 말은 "exposition"에만 적용되는 것이 아닌데, 왜냐하면 "expository"문단처럼 묘사체(descriptive)나 이야기체(narrative) 문단도 사실은 무엇인가를 설명하기 위해서 사용되기 때문이다. 따라서 "expository"란 말이 실제 뜻하는 바를 정확히 끄집어 낼 수 있을 때만이 진정한 의미에서 우리는 올바른 정의를 내렸다고 할 수 있다.

"expository"란 말에 대해서 우리가 지금까지 잠정적으로 내린 몇 가지 "작업 정의(working definition)"도 우리가 원하는 만큼 정확하지도 않다. 불행히도 대부분의 잠정

적 정의가 몇 가지 측면에서 불완전한 것은 사실이지만, 그렇다고 그것으로부터 전혀 배울 점이 없는 것은 아니다. 앞에서 언급한 "exposition"은 묘사체(descriptive)나 이야기체(narrative)와 마찬가지로 무엇인가를 설명하기 위한 것이지만 그 방식이 각기 다르다. 이야기체 글쓰기(narrative writing)는 시간순서를 사용하여 사건을 설명하고, 묘사체 글쓰기(descriptive writing)는 공간순서를 사용하여 대상을 설명한다. 그러나 "expository writing(논술체 글쓰기)"는 어떤 아이디어(an idea), 단어(a word), 과정(a process), 또는 대상(an object)을 논리적 상호관계를 사용하여 설명하는 것이다.(Explain in terms of its logical interrelationship). 이것이 우리가 잠정적으로 내린 작업 정의인데, 앞으로 우리의 지식이 더 세련되고, 발전되면 이를 개선할 때까지 우선 사용해보려고 한다.

"필자의 주석(Writer's Note)"

바로 위에 "expository"에 대한 정의가 있는데, 이 정의에서 핵심이 되는 말은 "논리적 설명"이다. 따라서 "expository"에 대한 정확한 번역은 논설(論說)이라고 하면 맞다. 그러나 논설이라고 하면 우선 신문의 사설이나 논설이 연상되고, 또 실제로 그런 뜻으로만 사용된다. 이것은 "exposition"의 본래의 의미를 너무 한정시키기 때문에 필자는 이를 논술(論述) 또는 논술체 문단(Expository Paragraph)으로 번역했다.

어떤 논리적 상호관계는 2-3개의 문단으로 설명할 수도 있고, 또 다른 것들은 한 권의 책이 필요한 경우도 있다. 예컨대, 하나의 경제운영체제에 대해 논술(exposition)하려고 할 때는 두꺼운 한 권의 책 분량이 필요하겠지만 연인들 간에 감정의 상호작용 관계는 하나의 문단이면 충분한 경우도 있다.

하나의 복잡한 과정을 설명하려고 할 때는 논술(exposition)이라는 하나의 큰 틀속에서 묘사체(description)와 이야기체를 함께 사용할 경우도 있다. 고옥탄가 휘발유를 제조하는 접촉분해공장의 작업과정을 설명하는 경우엔 전체적으로는 논술체 문단(expository paragraph)이 요구된다. 그러나 그 속에서도 어떤 장비의 일부를 묘사하거나 또는 어떤 부품이나 원자재가 하나의 장비에서 다른 장비로 이동해 가는 흐름을 추적할 땐 묘사체나 이야기체 문단이 필요한 경우도 있을 것이다. 마찬가지로 외국학생에게 미국 대학의 복잡한 등록과정을 설명할 땐 논술체가 가장 적합할 것이다. 그러나 등록과정의 여러 가지 단계들 사이의 상호관계를 설명하기 전엔 먼저 작성해야 할 서류를 묘사하고, 이 서류를 각 부서에 제출하는 순서를 일러주어야 할 것이다 어떤 주제의 성격이 전체적으로 보면 논술체가 적합하지만, 그 중의 일부는 묘사체나 이야기체를 포함할 수도 있기 때문에, 미리 묘사체, 이야기체, 또는 논술체 중의 어느 하나를 결정해 버리지 말고, 사전에 글쓰기 작업 전체를 생각해 봐야한다. 그러나 사실은 이것이 가장 중요한 것은 아니다. 글을 쓸 때, 필자는 어떤 종류의 문단을 사용할 것인가를 미리 염두에 두고 글쓰기를 시작하는 것은 아니다. 필자가 글을 써나가는 과정에서 그때그때 어떤 종류의 문단이 자신의 목적을 달성하는데 가장 효과적인가를 판단하여 선택하면 되는 것이다. 다만 글쓰기를 연구하는 학자로서 하나의 글을 관찰하고 분석해서 그 글에서 어떤 종류의 문단이 사용되었는가를 알아내서 나중에 우리가 활용할 수 있기를 바라는 것이다.

논술체(exposition)의 한 형태는 예시에 의해 설명하는 것이다.(explain by illustration). 여기서 예시(例示)란 “예를 들어 보여주는 것”이다. 이것은 광범위한 의미를 내포하고 있는 일반적인 아이디어(a more general idea)를 설명하기 위해서 구체적 실례(specific examples)를 드는 것이다. 예시(illustration)는 확인(identification)과는 다른데, 예시는 하나의 총칭적 용어(a generic term)를 구체적 실례를 들어 설명하는데 반해서 확인은 어떤 특정한 사물을 그것의 활동을 언급해 줌으로서 설명하는 것이다.(identification explains a particular thing by reference to its activity)

예컨대, 주지사의 기능을 설명하려고 할 때, 처음엔 주지사는 주의 행정수반이라는 점과 그가 새로운 법안을 발의하고, 주의 일일 행정업무를 감독하고, 또 주 의회의 위임사항을 집행할 책임이 있다는 점을 지적할 수 있을 것이다. 그러나 이러한 설명은 너무 추상적이고 일반적이기 때문에 그 자체만으로는 별로 도움이 안 될 수도 있다. 따라서 필자가 이번엔 어느 특정한 주를 선택해서 그 주지사 임기 중의 어느 하루, 한 주, 또는 일년 동안 실제로 어떤 일들을 수행하고 있는지를 열거하는 것이 더 효과적일 수도 있다.

위에서 제시한 실례를 좀 더 세부적으로 들어가 보면, 모든 주지사에게 공통적으로 해당된다고 말 할 수는 없다. 예컨대, 단원제를 택하고 있는 네브라스카 주지사는 주 의회와 주지사 평의회를 동시에 상대해야 하는 매서추세츠의 주지사와는 업무의 성격이 다를 수가 있다. 그러나 앞에서 설명한 주지사의 기능은 대체적으로 볼 때 사실이라고 볼 수 있다. 수학 선생이 몇 개의 연습문제를 풀어 보임으로서 수학의 정리를 설명하려고 할 때, 그는 “예시에 의한 설명”을 사용하고 있는 것이다. 뿐만 아니라 친구들과 이야기를 할 때, “내가 무슨 말을 하려고 하는지 너에게 보여주겠다(Let me show you what I mean)"라고 말하면서 구체적 실례를 하나 들고 나오는 경우엔 우리가 가장 흔한 형태의 논술체(exposition)를 사용하고 있는 것이다. 일반적인 용어를 ”예시에 의한 설명“을 할 땐 선택된 예가 명확하고, 적절하고, 또 예의 내용이 충분해야 궁극적인 효과를 달성할 수가 있고, 독자들도 그 예가 적절한 것이라고 수긍하게 되는 것이다. 선택된 예가 너무 유별나거나, 너무 복잡하고 난해하면 안 되고, 대신 독자들이 그 의미를 파악할 수 있도록 길이가 충분해야 한다.

▚ 6.18

✻ 예시(illustration)와 예(example)를 사용한 문단의 예

1. 학습자 각자가 하나의 주제문을 작성하고, 여기에 구체적 세부사항을 예시로 채워봐라. 다음은 알버트 슈바이처가 쓴 "윤리의 진화"의 문단에서 발췌한 것으로 예시가 잘 되어 있다.

원시인에게는 자신의 결속 범위는 자기와 혈연관계에 있는 사람들에게만 한정되어 있다.—즉, 자기 부족의 구성원들로서 그에게는 자신의 가족이다. 내 경험을 말하겠는데, 내 병원에는 원주민들이 있다. 내가 거동이 가능한 입원 원주민 환자에게 누워만 있는 환자에게 도움을 주라고 요청하는 일이 있으면, 그 사람은 자기 부족에 속한 사람일 때에만 도움을 준다. 만일 자기 부족이 아니면, 그는 솔직히 나에게 말한다, "이 사람은 나의 형제가 아닙니다." 그러니, 아무리 설득이나 협박을 해봐도, 그로 하여금 그런 호의를 자기 부족이 아닌 사람에게 베풀게 할 수는 없다.

2. 또는 주제문의 내용을 몇 개의 비슷한 종류의 예를 들어 설명할 수도 있다. 다음은 에릭 호퍼의 "진정한 신봉자(The True Believer)"라는 글에서 따온 문단인데, 위의 방식을 따르고 있다.

상대를 증오하면서도 한편으로는 감탄해 마지않는 마음속에 숨겨져 있던 미묘한 저류(低流, the undercurrent)가 우리가 미워하는 사람을 닮아 가려는 경향에서 표출이 된다. 그리하여 모든 대중운동은 그 운동에서 악마라고 구체적으로 지목했던 상대의 못된 형태를 오히려 닮아간다. 한창 전성기의 기독교는 그 자체가 오히려 반그리스도의 이미지를 여실히 보여주고 있었다. 자코뱅당(프랑스 혁명시 과격 공화주의 당원)은 그들이 바로 무너뜨리려고 봉기했던 포악무도한 전제정치의 모든 악행을 오히려 자신들이 실천했다. 소비에트 러시아는 가장 순수하고, 가장 거대한 독점 자본주의를 실현시키고 있는 사례(事例)이다. 히틀러는 유태민족 현자의 조서(調書)를 자신의 지침서와 교본으로 삼아 그 조서의 사소한 세부사항에 이르기까지 철저하게 그대로 따라했다.

제6과 복습 및 확장된 연습문제

6.50

* 이유와 실례의 사용(Stating Reasons and Using Examples)

자신의 주장을 뒷받침하거나 논점을 증명하려고 할 땐 먼저 그 이유를 말하고, 다음엔 각 이유에 대해서 실례를 들어 이를 뒷받침해주어야 한다. 예컨대, 친구에게 훌륭한 관광지나 관광명소/신혼 여행지/고급 해변(great tourist attraction spot/resort) 등을 추천하는 경우, 먼저 그 이유를 말하고, 다음엔 이를 뒷받침해줄 수 있는 예를 들어야 한다.

6.50. 1

파리, 홍콩, 하와이, 또는 코스타리카와 같은 어느 특정한 관광 목적지를 선택해서 아래 적어둔 이유 중에서 3개 이상을 고른 다음, 각각의 이유에 대해서 실례를 들어 이룰 뒷받침해주는 문단을 작성해 보자.

이유: 기후, 박물관, 건축, 관광 명소, 쇼핑, 야간 활동, 경치, 친절한 사람들, 좋은 음식점, 문화생활, 해변, 비용

위에 열거한 이유에 대해서 브레인스토밍 기법을 사용하여 아이디어를 얻어낸 다음, 구체적인 실례를 적어보아라. 예컨대, 파리의 에펠탑(the Eiffel Tower), 하와이의 와이키키 해변(Waikiki Beach), 또는 구치(Gucci)와 같은 상점이나 연 평균 기온, 호텔의 일일 숙박비와 같은 숫자도 포함시킬 수 있다. 이를 바탕을 개요를 다음과 같이 작성해보자.

[개요(Outline)]

주제문:

(　　　　)은/는 몇 가지 이유로 방문하기에 아주 훌륭한(도시/주/국가/지역)이다.

A.(이유): ______________________________

1.(예): ______________________________

2.(예): ______________________________

B.(이유):______________________________

1.(예): ______________________________

2.(예): ______________________________

C.(이유): ______________________________

1.(예): ______________________________

2.(예):______________________________

결말: (　　　　　)은/는 만약 당신이 야외를 즐기는 사람이라면 참으로 방문하기에 멋진 곳이다.

❑______________________________

6.50.2

다음 문단을 읽고 아래 질문에 답하라.

<코스타리카(Costa Rica)>

코스타리카(Cost Rica)는 두 가지 이유로 휴가를 보내기에 아주 훌륭한 곳이다. 첫째, 코스타리카는 방문객들이 자연을 관찰할 수 있는 훌륭한 국립공원 제도를 갖고 있다. 예컨대, 토르구구에로 국립공원(Torguguero National Park)에서는 방문객들이 바다거북이 육지로 올라와서 모래사장에 알을 낳는 모습을 구경할 수 있다. 또한 방문객들은 수개월 후에 다시 와서 알을 깨고 나온 새끼 거북들이 바다로 다시 기어나가는 모습도 볼 수 있다. 산타로사 국립공원(Santa Rosa National Park)에서는 방

문객들이 큰 부리새(toucans), 케트살(quetzals, 중미산 꼬리가 긴 고운 새)과 같은 기이한 새들이나 거미원숭이와 같은 이국적인 동물도 볼 수 있다. 둘째, 코스타리카는 많은 아름다운 해변을 갖고 있다. 예를 들면, 마누엘 안토니오 국립공원(Manuel Antonio National Park)에 있는 해변은 세계에서 가장 아름다운 해변에 속하고, 카노아 섬(Canoa Island)과 코크스(Cocos Island) 섬에 있는 해변은 스노크링이나 스쿠버다이빙하기에(snorkeling and scuba diving) 완벽한 조건을 갖추고 있다. 만약 당신이 야외생활을 좋아한다면 코스타리카는 참으로 방문하기에 훌륭한 곳이다.

1) 위 문단의 제목(title)은?

2) 이 문단의 주제문(topic sentence)은?

3) 이 문단에서 주제문을 뒷받침해주기 위해서 몇 가지 이유를 들었는가? 이 때 사용한 논지 전환장치는?

4) 각각의 이유에 대해서 몇 개의 실례를 들었는가? 또 이 때 사용한 논지 전환장치는?

5) 이 문단의 결말은?

6) 이 문단의 개요(outline)를 작성해보아라.

6.50.3

다음 4개의 미완성 개요에는 필자의 주장이 담긴 주제문, 그런 주장을 하는 이유와 이를 뒷받침해주는 실례가 나열되어 있는데, 빈 칸을 채워 개요를 완성해보아라.

[개요 A]

❑ ______________________________

주제문: 소형차는 대형차보다 더 경제적이다(economical).

(이유) A. 소형차는 많은 연료를 사용하지 않는다.

(예) 1. 혼다 시빅은 갤런 당 40마일을 달린다(A Honda Civic gets 40 miles per gallon).

(예) 2. ____________________

(이유) B. 관리 유지비가 더 적게 든다(Maintenance cost).

(예) 1. ____________________

(예) 2. ____________________

(이유) C. 수리비가 더 적게 든다(Repair costs).

(예) 1. ____________________

(예) 2. ____________________

(이유) D. 보험료가 더 싸다(Insurance is cheaper).

(예) 1. ____________________

(예) 2. ____________________

결말: 당신이 소형차를 소유했을 때는 연료비, 관리 유지비, 수리비, 그리고 보험료에서 돈을 절약할 수 있다(save money on gas).

[개요 B]

❑ ____________________

주제문: 나는 3가지 이유로 이 대학을 선택했다.

(이유) A. 대학의 위치가 편리하다(The location is convenient).

(예) 1. ____________________

(예) 2. ____________________

(이유) B. 학급 당 학생수가 적다(The classes are small).

(예) 1. ____________________

(예) 2. ____________________

(이유) C. 학비가 감당할만하다(The cost is affordable).

(예) 1. ____________________

(예) 2. ____________________

결말: 이 대학이 편리하고, 규모가 작고, 또 학비를 감당할 수 있기 때문에, 나는 이 대학을 다니기로 결정했다.

[개요 C]

❑____

주제문: “윤이네”는 읍내에서 최고/최악의 패스트푸드 음식점이다(“Yuni's” is the best/worst fast-food restaurant in town).

(이유) A. ______________________________________
　(예) 1. ______________________________________
　(예) 2. ______________________________________

(이유) B. ______________________________________
　(예) 1. ______________________________________
　(예) 2. ______________________________________

(이유) B. ______________________________________
　(예) 1. ______________________________________
　(예) 2. ______________________________________

결말: 이 음식점이________________, ____________ 그리고________________ ________하기 때문에 나는 항상 “윤이네” 를 애용할 것이다/나는 결코 가지 않을 것이다.

[개요 D]

❑____

주제문: 나의 삼촌은 세상에서 가장 인색한/관대한 사람이다 (stingiest/most generous person).

(이유) A. ______________________________________
　(예) 1. ______________________________________
　(예) 2. ______________________________________

(이유) B. ____________________

(예) 1. ____________________

(예) 2. ____________________

(이유) C. ____________________

(예) 1. ____________________

(예) 2. ____________________

결말: 결론적으로(In conclusion), 만약 나의 삼촌이 당신에게 함께 외출하자고 초대하면 지갑을 꼭 챙겨 나가는 것을 잊지 마시오/당신의 지갑을 집에 두고 나가는 것을 잊지 마시오.

6.50.4

다음은 주제문을 뒷받침해주기 위해 역사적 사실과 실례를 들어 설명한 7개의 문장으로 된 하나의 문단인데, **왼쪽 빈 칸에 올바른 순서대로 일련번호를 쓰고, 또 오른쪽 빈 칸엔 각 문장의 종류, 즉 주제문은 TS로, 결말은 CS로, 그리고 주제문을 뒷받침해주는 문장들은 SS로 표시한 후, 이 문단의 제목(title)을 그 아래 써넣어라.**

a.(　　) 고대 그리스와 로마 시대엔 새로운 선박을 건조할 때 몇 개의 동전을 배의 돛대 밑에 넣어두었다. 선박을 건조하는 사람들은 매우 특별한 이유 때문에 이런 일을 했다.

b.(　　) 오늘날 과학자들은 고대 그리스 선박의 부식된 잔해로부터 아직도 운용 중인 미국 프리깃함 컨스티투션 호(frigate U.S.S. Constitution, 대잠 호위용의 소형 구축함)에 이르는 다양한 곳에서 이와 같은 오랜 전통의 증거를 발견했다.

c.(　　) 조선술은 몇 가지 기이한 전통을 갖고 있는데, 그 중에 가장 흥미로운 것들은 그리스와 로마의 역사 속에 그 뿌리를 두고 있다.

d.(　　) 바다에서 재난을 당해 사망한 선원들이 내세(來世)에 들어가기 위한 입장료를 지불하기 위해서 이러한 동전이 필요했다. 내세에 들어가기 위해 강을 건너는데 지불할 돈이 없는 선원들은 내세에서 자기 자리를 차지할 수가 없을 것이라고 믿었다.

e.(　　) 전설에 따르면, 선원들은 삼도천(三途川, the River Styx, 저승에 있는 강, 그리스 신화에서 "삼도천을 건너다"란 말은 "죽다"의 뜻이다)을 건너 사자(死者)의 땅인 하데스(Hades, 황천/저승)에 그들을 데려다주는 대가로 삼도천의 나루지기인 카론(Charon)에게 동전을 주었다고 한다.

6.50.5

다음 문단을 읽고 아래 질문에 답하라.

<얼어붙은 북극(The Frozen North)>

(1) 북극의 가혹한 기후 때문에 그곳에 사는 사람들은 거의 없다. (2) 캐나다, 그린란드, 러시아, 노르웨이, 스웨덴, 그리고 핀란드는 모두 그 얼어붙은 지역에 많은 땅을 가지고 있지만, 그러나 단지 극히 소수의 국민들만이 이 지역에 살고 있을 뿐이다. (3) 비록 이들 국가들이 북극지역으로 이주하도록 하기 위해 국민들에게 장려금을 제공하고 있지만 가는 사람은 거의 없다. (4) 그곳의 경치는 대단히 아름답지만 대부분의 사람들이 그곳의 기후에 익숙해질 수가 없다. (5) 그러나 이뉴잇(the Inuit)이란 집단은 북극생활에 적응 해왔다. (6) 다른 사람들은 얼어붙은 땅에서의 삶이 너무 힘들기 때문에 그렇게 할 수가 없다. (7) 영국과 인도는 북극에 땅을 가지고 있지 않다.

1) 위 문단의 주제문은?

2) 이 문단은 큰 틀에서 보면 예를 들어 주제문을 뒷받침해주고 있지만, (2)번부터 (6)번까지의 문장을 보면 대조(contrast)의 형태를 취하고 있다. 여기서 사용된 대조를 나타내는 논지 전환장치를 아래에 적어라.

3) 이 글에서 주제문과 직접적인 관계가 없는 문장은?

6.50.6

다음 문단을 읽고 아래 질문에 답하라.

<북극곰(Bears of the Arctic)>

북극곰은 북극의 가혹한 기후에 그들이 살아가는데 도움을 주는 독특한 신체를 갖고 있다. 그들은 체중이 1,800파운드까지 나가는 큰 동물이다. 이러한 거대한 체중의 일부를 이루고 있는 체지방(the body fat)이 그들의 몸을 따뜻하게 유지하는데 도움을 준다. 그들의 두터운 흰털이 살을 에는 듯한 삭풍으로부터 그들을 보호해 줄뿐만 아니라 눈 더미 속에(in snowdrifts) 몸을 숨기는데도 도움을 준다. 북극에는 눈이 많이 온다. 곰은 각각의 발에 5개씩의 길고 날카로운 발톱(claws on each paw)을 갖고 있다. 곰들은 얼음 위에서 안전하게 걷고, 또 먹이를 잡는데 이 발톱을 사용한다. 북극곰은 참으로 놀라운 동물이다.

1) 위 문단의 주제문은?

2) 이 문단의 결말이 있는가? 있다면 그 종류는?

3) 이 글에서 주제문과 관계가 없는 문장은? 골라내어 그 이유를 설명하라.

4) 이 글에서 곰의 독특한 신체구조의 예가 몇 가지이며, 또 어떤 것들인가?

6.50.7

다음 문단을 읽고 아래 질문에 답하라.

<플로리다의 관광명소(A Great Place to Visit in Florida)>

당신이 플로리다에 가면 케네디 우주센터(Kennedy Space Center)는 방문하기에 아주 훌륭한 곳입니다. 그곳엔 눈으로 보고, 손으로 직접 해볼 수 있는 많은 신나는 것들이 있습니다. 첫째, 당신은 우주비행 전시장(the Gallery of Space Flight)을 방문해야합니다. 당신은 거기서 월석(moon rocks), 우주선(space craft), 그리고 우주복(space suits)을 구경할 수 있습니다. 다음엔 우주왕복선 광장(the Shuttle Plaza)을 방문해서 실물크기의 우주왕복선 모형을 통과해볼 수 있습니다. 그 후엔, 우주비행사 위령비(the

Astronaut Memorial)까지 걸어 가보시오. 은하계 전시관(the Gallery Center)에서 영화를 보는 것도 잊지 마시오. 마지막으로, 우주왕복선이 발사되는 우주센터를 둘러보는 버스 순회여행을 해야 합니다(take a bus tour). 재미있고 신나는 하루가 될 것입니다.

1) 위 문단의 주제문은?

2) 이 문단에서 몇 가지 실례를 들었는가? 아래 적어보아라.

3) 이 문단의 결말이 있는가? 있다면 그 종류는?

6.50.8

다음 문단을 읽고 아래 질문에 답하라.

<훌륭한 관광 목적지(A Great Tourist Destination)>

미국 동부 해안지방에서 방문하기에 가장 좋은 도시 중의 하나는 워싱턴 디시(Washington, D. C.)이다. 그 도시는 미국에서 가장 흥미로운 역사적 기념물과 관광명소를 갖고 있다. 거기엔 링컨 기념관(the Lincoln Memorial), 제퍼슨 기념관(the Jefferson Memorial), 그리고 워싱턴에서 가장 높은 건축물인 워싱턴 기념탑(the Washington Monument)과 같은 많은 기념물이 있다. 더욱 신나는 곳을 찾는 관광객들에겐 워싱턴 북서쪽에 위치한 조지타운(Georgetown)이란 지역이 있는데, 그곳은 쇼핑, 음식점, 그리고 나이트클럽으로 유명하다. 마지막으로, 백악관 견학이 있다(the White House tour). 이 견학에서는 관광객들이 실제로 백악관 내의 여러 방들을 걸어 들어가 보기도 하고, 또 미국 대통령의 거처를 직접 구경할 수도 있다. 워싱턴 디시는 뉴욕시처럼 크거나 유명하지는 않지만 그 나름대로의 독특한 매력이 있다.

1) 위 문단의 주제문은?

2) 이 문단의 결말과 그 종류는?

3) 이 문단에서 주제문을 뒷받침하기 위해서 크게 볼 때 몇 가지 예를 들었는가?

6.50.9

다음 문단을 읽고 아래 질문에 답하라.

<하늘을 나는 직업(A Career in the Sky)>

여객기의 객실 승무원들(flight attendants)은 대단히 고된 일을 하지만, 그러나 그들은 훌륭한 특혜를 누릴 수 있다. 그들은 일하러 나갈 때마다 경치가 바뀐다. 때때로 그들은 외국에 나갔다가 귀국하기 전에 1-2일 동안 외국 도시에서 보낼 수 있는 기회가 있다. 객실 승무원들이 휴가를 갈 땐 항공권을 특별할인가격으로 구입할 수 있다(get bargain prices on airplane tickets). 미국 국내여행에 한에서 목적지에 상관없이 $10정도의 가격으로 모든 항공권을 살수 있다고 상상해 보라. 마지막으로, 여객기 승무원들은 전 세계의 다양한 사람들을 만날 기회가 있다. 만약 당신이 흥미진진한 직업을 찾고 있다면, 여객기 승무원이란 직종을 한번 고려해보는 것이 어떨까요? 여객기 승무원들은 승객들이 안전하고, 안락한 여행을 할 수 있도록 자신들의 대인관계 기술을 사용할 수 있기 때문에 자신의 직업에 대해서 자긍심을 가질 수가 있다.

1) 위 문단의 주제문은?

2) 이 글에서 승무원들이 누릴 수 있는 혜택(benefits, 특전/perks, 부가급부/fringe benefits)으로 몇 가지 예를 들었는가? 설명해 보아라.

3) 이 문단의 결말은? 그 종류는?

6.50.10

다음 문단을 읽고 아래 질문에 답하라.

쓰라린 경험이 때론 귀중한 교훈을 가르쳐줄 수 있다. 나에게 어른을 공경해야한다는 귀중한 교훈을 가르쳐준 내 자신의 개인적인 경험을 이야기해주고 싶다. 예를 들면, 나의 조부모님들이 나를 입양해주셨기 때문에 나는 매우 운이 좋은 아이였다. 그러나 내가 10대였을 때, 나는 사려 깊지 못했고, 어찌할 도리가 없는 못 말리는 아이였다. 그 예로서 내가 밤늦게까지 밖에 나가 돌아다녔기 때문에 나의 할머니는 내가 아무 탈이 없는지 걱정하시느라고 잠을 못 이루고 밤새 나를 기다리곤 하셨다. 또 하나의 예는 나의 할머니가 골치를 썩었던 나의 마약 복용과 음주 문제였다. 마침내 할머니는 뇌졸중으로 쓰러지셨는데, 그것은 바로 나로 인한 걱정, 근심과 스트레스 때문이었다. 돌이켜 보면, 내가 지금 하는 것처럼 그 당시에도 그녀를 공경했어야 된다고 생각한다. 할머니는 나에게 너무 많은 일을 해주셨는데 나는 그 모든 은혜에 보답을 해드렸어야 했다. 그렇기 때문에 만약 당신이 사랑하는 사람을 존중해주면 그들도 당신을 언제나 존중해줄 것이라는 사실을 기억하시오.

1) 위 문단의 주제문은?

2) 이 문단의 결말과 그 종류는?

3) 이 문단의 제목을 써보아라.

6.50.11

다음 문단을 읽고 아래 질문에 답하라.

<대학생(College Students)>

많은 대학생들이 다양한 형태의 압박감에 시달리고 있다(face a variety of pressures). 예컨대, 많은 학생들은 직장에서 업무를 처리해야하고, 또 동시에 학교 수업도 들어야한다. 이것은 대학생들에게 많은 스트레스를 준다(stressful). 학생들은 또한 많은 재정적 압박을 받고 있다(face many financial pressures). 예컨대, 많은 대학생들이 자신의 힘으로 대학 등록금을 내야한다. 그렇기 때문에 하는 수없이 학자금 대출을 받아야 되는데, 이는 앞으로 수년 동안 갚아야할 채무로 남게 된다. 학생들이 받는 또 하나의 재정적 압박은 대학을 다니면서 가족을 부양해야 된다는 점이다. 대학을 다니면서 가족을 부양하는 것은 지극히 힘든 일이다. 마지막으로, 많은 대학생들이 자신의 거주지가 아닌 다른 주와 도시에 있는 대학에 다니고 있는데, 그렇기

때문에 새로운 친구도 사귀어야하고, 다른 환경에 적응도 해야 한다(adjust to a different atmosphere). 대학생이 되는 것은 매우 보람된 일이긴 하나 그러나 해소해야 할 많은 중압감이 있는 것도 사실이다.

1) 이 글의 주제는?

2) 이 문단에서 몇 가지 종류의 압박감을 예로 들었는가? 설명해보아라.

3) 이 글의 결말과 그 종류는?

6.50.12

다음 문단을 읽고 아래 질문에 답하라.

<레슬링(Wrestling)>

레슬러는 단지 우수하거나 혹은 약간 좋은 선수 축에 끼기만 하려고 해도 많은 시간과 노력을 투자해야한다. 레슬링 선수는 매일 아침 단체로 5마일을 달린 후 역도 운동을 한다. 그 후 낮에는 하루에 2내지 2시간 반 동안 훈련을 한다. 훈련 내용은 상대를 쓰러뜨리는 기술(takedowns)과 그 외에 선수들에게 필요한 다양한 기술을 포함한다. 또 실전 경기가 있고, 훈련이 끝나면 집중적으로 몸 상태를 조절해야 한다(intense conditioning). 선수들 대부분은 일과 후에도 매일 100회씩의 테이크 다운과 쓰러졌다가 일어나기 운동(stand-ups) 등을 한다. 체중 조절을 하기 위해서, 식사 조절과 치기 운동(strike workouts)도 한다. 레슬링 선수가 되기 위해선 육체적으로 또 정신적으로 강인해야한다. 레슬링은 진짜 남자들이나 하는 운동이지, 조그만 어린애들이 할 것은 못된다.

1) 위 문단의 주제문은?

2) 이 문단의 결말과 그 종류는?

6.50.13

다음 문단을 읽고 아래 질문에 답하라.

비록 그들이 그것을 절도행위라고 여기지 않지만 많은 사람들이 그들 회사로부터 정기적으로 물건을 가져가고 있다. 자주 없어지는 가장 흔한 물품은 펜과 연필인데, 사원들은 이것을 거의 무의식적으로 자기들의 핸드백이나, 배낭, 혹은 서류 가방에 집어넣는다. 시간이 지나면, 이렇게 은닉한 물건이 상당히 많이 쌓이게 된다. 또 하나의 큰 품목은 모든 종류의 종이인데, 여기엔 쇼핑 목록을 작성하거나, 전화 용건을 적어두거나, 레코드판을 정리한 기록철용으로 요긴하게 사용할 수 있는 줄친 종이 뭉치와 메모지철이 포함된다. 또 하나의 악의 없는 절도행위는 사적인 장거리 전화이다. 이러한 전화는 2가지 방법으로 회사에 비용을 전가시키는데, 첫째는 개인 용무를 위해 회사 시간을 쓰는 것이고, 둘째는 회사가 그 전화요금을 부담해야 한다. 비록 회사는 특별할인 전화요금을 적용 받지만 공짜 전화란 없는 것이다. 마지막으로, 더욱 심각한 절도행위는 회사가 제작한 제품의 견본을 집으로 가져가는 것인데, 예를 들면 음식물이나 의류 등이 포함된다. 종업원들은 자기들이 이런 제품을 가지고 갈 자격이나 권리가 있는 것으로 착각을 해서 심지어 자기 친구들에게 나누어주기까지 한다. 그들은 회사가 수익을 창출하기 위해서 만든 제품을 강탈해 감으로서 결과적으로 회사에 손해를 끼치는 것이다. 이러한 사례들이 절도행위가 아닌 것처럼 보일지도 모르지만, 그러나 결과는 마찬가지인데, 즉 회사에 추가 비용을 발생케 하여 결과적으로 종업원들의 임금 인상에 차질이 생기는 것이다.

1) 이 문단의 주제는?

2) 위 문단의 주제문은?

3) 이 문단의 주제문을 뒷받침하기 위해서 모두 몇 개의 예를 사용했으며, 그 내용이 무엇인지 설명하라.

4) 결말이 무엇이고, 그 종류는 무엇인지 설명해보아라.

5) 필자가 이 글을 통해 독자들에게 말하고 있는 주요 논지는?

6.50.14

다음 글을 읽고 아래 질문에 답하라.

(1) 미국의 좋은 점뿐만 아니라 나쁜 점까지도 한 몸에 지니고 이를 구현했던 시어도어 루즈벨트(Theodore Roosevelt)는 그의 장점 못지않게 바로 그의 단점 때문에 국민들로부터 많은 박수갈채를 받았다. (2) 아무리 국가의 숭고한 염원에 대해서 목소리를 높였다고 할지라도 그 역시 대다수 미국인들의 결점을 똑같이 가지고 있었다. (3) 해리 써스톤 펙(Harry Thurston Peck)은 "루즈벨트를 특징지었던 강한 자의식, 으스대며 잘난 체하는 버릇, 세상에 널리 알려지고 박수갈채 받는 것을 좋아하는 성향, 때때로 공식석상에서 품위를 떨어뜨리는 언행, 심지어 앞뒤를 가리지 않는 저돌적인 연설, 불필요할 정도의 솔직함, 그리고 격식을 무시하는 습성이 사실은 미국인들의 공통된 국민성이다"라고 지적했다. 루스벨트를 신랄하게 비판했던 사람들 중 한 명은 (4) "루즈벨트는 미국 역사상 어느 대통령보다 인기가 있다. (5) 미국인들은 히스테리성 기질이 있다. (6) 그래서 고위직 공직자들의 히스테리 발작은 오히려 미 국민들의 호감을 산다. (7) 어떤 미국인들에겐 신체적 크기가 위대함을 뜻한다. (8) 루즈벨트는 바로 이런 미국인들에게는 공감을 불러일으키는 것이다. (9) 많은 미국인들은 자기자랑이 심하고, 또 자기주장이 강하다. (10) 루즈벨트는 바로 이들의 이상형인 것이다. (11) 소란을 피우며 불평이나 자신의 요구를 하는 행위, 발끈해서 호통을 치는 행위, 그리고 시끄럽게 아우성치는 행위가 미국인들 중 일부에게 오히려 호감을 준다. (12) 이런 점에서 루즈벨트는 우리를 만족시킨다. (13) 수백만의 미국인들이 사실은 루즈벨트에 대한 실체적 진실이 아닌데도 우리가 그럴 것이라고 생각하는 그에 대한 허상 때문에 그를 사랑하고, 또 그가 실제로 행했던 일이 아니라, 그가 했으리라고 우리가 생각했던 일 때문에 그를 사랑한다"고 썼다. (14) 많은 미국인들이 루즈벨트에게서 마치 거울 속에 자기 자신의 모습이 그대로 투영된 것으로 보았기 때문에 그의 너무나도 명백한 결점까지도 일반 대중의 마음을 사로잡았고, 또 한번도 시든 적이 없었던 그의 인기 상승에 부채질을 했다. (15) 1906년 웰스(H. G. Wells)는 "아마도 루즈벨트 대통령은 최초로 미국에 대해서 할말을 마음대로 했던 사례였다"라고 지적했다. (16) 루즈벨트는 그의 충동이 강했던 만큼이나 또한 그의 충동이 상호 모순적인 사람이었다. (17) 조지 모우리 교수(Professor George Mowry)는 "그는 심지어 자기 자신에게까지도 다양한 인물로 비쳐

졌기 때문에 그는 각양각색의 사람들에게 각기 다른 인물로 생각되었다"라고 말했다. (18) 때때로 그는 티베리우스 그라쿠스(Tiberius Gracchus, BC 169-BC 133, 로마 호민관, 소규모 자작농을 위한 토지 개혁을 주장하다가 원로원들이 부추긴 폭동에서 암살당함), 앤드루 잭슨(Andrew Jackson, 미 7대 대통령, 애팔래치아 산맥 서부지역 출생으로 최초의 대통령), 나폴레옹(Napoleon), 독일의 빌헬름 2세(William II of Germany, 호전적인 행위와 우유부단한 정책으로 유명함), 그리고 학교 아동에 비유되기도 했다. (19) 1차 세계대전 동안 루즈벨트의 분노의 집중 대상이었고, 독일을 위해 변명자 역할을 했던 조지 비에렉(George S. Viereck)은 루즈벨트 대통령은 양극단적 성격을 가진 전형적인 예이기 때문에 그의 공직기간 전체가 양가감정의 연구대상(a study in ambivalence, 兩價感情, 즉 반대 감정의 병존)이었다고 주장했다.

1) 위 문단의 주제문은?

2) 이 문단의 결말이 있는가? 있다면 골라내서 그 종류를 설명하라.

3) 이 문단에서 루즈벨트와 미국 일반대중이 공통적으로 갖고 있는 결점을 예로 든 문장의 번호를 적어라.

4) 수많은 결점에도 불구하고 루즈벨트가 미국인들의 마음을 사로잡은 가장 중요한 예를 든 문장의 번호를 써보아라.

5) 루즈벨트가 그라쿠스, 잭슨, 나폴레옹, 학교 아동 등에 비유된 이유를 설명하는 문장은 어느 것이며 또 그 이유를 설명하라.

6.50.15

다음 주제는 예시(例示/illustration, 즉 예를 들어 보여주는 것)에 의한 문단 작성에 적합한 내용이다. 도서관이나 인터넷(the Internet)에 들어가 자료를 수집한 다음 주제를 뒷받침해주는 적절한 예를 들어 문단을 작성해 보아라.

1. 파리에는 수많은 미술 박물관이 있기 때문에 미술전공 학생들(Art majors)은 파

리를 방문해야 한다.

2. 작년에 내가 복권에 당첨된 후 나와 나의 처는 세계일주 여행을 했다.
3. 그는 열심히 공부하기 때문에 언제나 A학점을 받는다.
4. 요즈음은 유별난 휴가(unusual vacations) 보내기가 점점 인기를 끌고 있다.
5. 사람들이 다양한 형태의 휴가를 원하기 때문에 여행사업도 이제 변하고 있다.
6. 에펠탑과 같은 관광명소와 루브르 같은 박물관들이 파리를 좋아하는 관광도시로 만든다.
7. 덴마크에는 티볼리 정원과 레고랜드(Tivoli Gardens and Legoland)와 같은 어린 아이들을 위한 관광명소가 많다.
8. 어떤 학생들은 상근으로 일하고, 비상근으로 학교에 다닌다, 예를 들면, 나의 반 친구는 일주일에 40시간 일하고, 6과목을 수강한다.
9. 나의 개는 때때로 마치 인간처럼 행동한다. 예컨대, 그 개가 무슨 나쁜 짓을 했을 땐, 죄진 듯한 표정을 짓고, 머리를 숙이며, 꼬리를 내리고, 우는 소리(whine)를 내가며 슬픈 눈으로 나를 올려다본다. 나중에 그가 죄지은 표정을 지은 이유를 알아내지만 그에게 벌을 주기가 어렵다.
10. 외국 친구에게 편지를 써보아라. 그에게 너의 이곳 생활에 대해서 이야기를 해주어라. 예컨대, 어디에 살고 있으며, 어느 학교를 다니고, 어디서 일하고, 주말엔 어디에 가는지, 또 너의 고장에 있는 관광명소에 대해서 이야기를 해주어라.
11. 너의 외국인 친구가 너를 방문할(come for a visit) 예정이다. 너는 친구에게 너의 고장을 구경시켜주기 위해서 일주일간의 휴가를 낸다. 일주일간의 활동에 대한 계획은 세우고, 그 계획에 대해서 친구에게 편지를 써라.(매일 무슨 일을 할 것인가? 어디에 갈 것인가? 어느 관광명소에 친구를 데리고 가서 구경시켜줄 것인가?)
12. 네가 어느 여행사에 근무한다고 가정해보아라(Pretend). 너의 고향, 너의 나라의 수도, 혹은 너의 나라 전체를 휴가를 보내기에 좋은 것이라고 광고하는(advertise) 문단을 써보아라. 관광객이 그곳을 방문하면 왜 좋은지 그 이유를 2-3개 정도 제시하고, 구체적 실례를 들어보아라.
13. 너의 동네에서 한국 음식을 파는 좋은 음식점에 대한 평을 써보아라(Write a review of). 적어도 3가지 이유를 제시하고, 각각의 이유에 대한 예를 몇 가지씩 들어라. 아래에 고려할 사항이 있다. 즉 음식의 질, 서비스, 일인분의 양(size of

portions), 데코(decor, 가구, 실내 장식, 조명과 같은 내부 디자인), 가격, 메뉴의 다양성(variety of choices on the menu), 청결성

14. 왜 어느 특정한 공휴일이 네가 가장 좋아하는/싫어하는 날인지 그 이유를 설명하라.
15. 왜 어느 사람이(형/동생/어머니/배우자/친구/같은 방 동료 등) 네가 같이 생활하기가 곤란한지(hard to live with) 그 이유를 설명하라.

제7과 분류체 문단(Classification)과 간접 논지 전환장치(Indirect Transitional Device)

Ⅰ. 핵심요점

A. 문단전개: 분류 방식을 문단을 전개하는 중요한 방법으로 사용.

B. 문단에서 대명사를 간접 논지 전환장치로 사용

Ⅱ. 검토사항

제7과를 학습하였을 때에는 아래 사항에 익숙하여야 한다.

A. 문단을 전개하는 중요한 방법으로 사용된 분류체를 식별하는 방법

B. 분류체를 사용하여 문단을 전개하는 방법

C. 이 방법을 문단을 전개하는 방법으로 선택하는 목적

D. 문단을 전개하는 중요한 방법으로 사용되는 분류체의 문제점들

E. 문단에서 대명사를 논지 전환장치로 사용하는 방식과 식별하는 방법

문단 전개

우리가 사물을 보는 방법 중의 하나는 분류를 하는 것이다. 우리는 공통된 어떤 특성에 따라 사물들을 묶을 때 분류방법을 사용한다. 예를 들면, 배에 관해서 생각하거나, 얘기를 하거나 글을 쓰고자 할 때에는 배(boat)를 분류하는데, 다음 5가지나 그 이상으로 분류할 수 있다. 1)돛단배, 2) 모터보트, 3) 디젤엔진 보트, 4) 증기선, 5) 원자력 추진 선박. 1번의 부류에 속하는 배는 모두가 풍력에 의해서 배가 간다. 우리는 이들이 갖고 있는 하나의 특성에 따라 배를 5가지로 분류한 것이다.

우리가 무엇에 관해서 글을 쓰던 간에, 우리는 우리의 생각을 정리하기 위해서 어떤 종류의 계획에 따른다. 우리가 어떤 사건에 관해서 글을 쓸 때에는 우리는 시간순서에 따라 사건을 나열한다(2과를 참조). 우리는 공간에 있는 사물에 관해서 글을 쓸 때에는 공간순서(3과를 참조)에 따라 사물을 나열한다. 우리가 원인-결과를 나타내는 글을 쓸 때, 원인이나 결과를 나타내는 각 부분을 그 순서에 따라 배열하게 되는 데, 이 때 우리는 이들 부분을 종류 혹은 부류에 따라 분류해야 한다.

어떤 대상물은 부분이 별로 많지 않을 수 있다. 그러면 그것들을 배열하는 것은 비교적 쉽다. 그러나 다른 대상물은 부분이 많을 수 있다. 독자로 하여금 우리가 얘기하고자 하는 것을 명료하게 이해하도록 하기 위해서는 그 부분을 논리적으로 정리하여 표현하는 것은 어려울 수 있다. 부분이 많은 대상물에 관해 생각할 때에, 우리는 공통된 특성이나 요소를 갖는 것들을 가려 내여 통합할 필요를 자주 느낄 것이다. 즉 그들을 분류할 필요를 느낄 것이다. 우리는 일상생활에서 흔히 분류를 수행하고 있다. 우리는 배, 사람, 자동차, 사탕, 선생, 영화, 뱀 그리고 곤충을 분류한다. 어떤 것이 2개 또는 그 이상의 부분이나 요소를 포함하고 있으면, 우리는 이를 분류한다.

분류의 바탕은 사물의 유사성이나 차이점이다. 예를 들면, 지상에 사는 모든 생물을 고려할 때에는 우리는 어떤 것들은 네발을 가졌다는 면에서 유사하다는 것을 관찰할 수 있을 것이다. 우리는 그들을 네발동물로 분류할 것이다. 그러나 이 집단

가운데서도, 어떤 특징적인 차이성을 발견하고, 우리는 소, 말, 양 그리고 고양이 등을 구분할 것이다. 그 다음으로 우리는 각 품목에서 다시 하부분류를 할 것이다. 예를 들어 소를 구원세이스, 저신스, 홀스타인 그리고 헤어호스 등으로 분류하듯이.

똑같은 품목들이라도 공통된 유사성의 또 다른 측면을 분류기준으로 삼으면 이들은 여러 가지로 다시 분류될 수 있다. 아래의 사물들을 검토하자.

차량	새	꽃
소방차	파랑새	오랑캐꽃
노란 무개차	방울새	포인셋티아
청색 자전거	홍관조	해바라기

그러나 화가는 이들을 색깔에 따라 분류할 것이다.

빨강	파랑	노랑
소방차	청색 자전거	노란 무개차
홍관조	파랑새	방울새
포인셋티아	오랑캐 꽃	해바라기

한 가지 고려하여야 할 점은 이들 품목들은 한번에 한 가지 기준에 의해서만 분류될 수 있다는 것이다. 한 학급의 여자 수강자를 그들의 두발 색깔에 따라, 금발, 갈색 그리고 빨강 머리로 분류할 수 있다. 빨강 머리는 성적에 따라 다시 분류할 수 있다. A학점자, B학점자 등으로. 또 A학점자를 다시 그들이 가입한 동아리에 따라 분류할 수 있다. 중요한 것은 한 번 분류할 때마다, 한 가지 기준에 의해서만 분류할 수 있다는 점이다. 따라서 동시에 2가지 기준에 의해서 분류할 수는 없는 것이다. 화학자가 물질을 원소라는 항목 하에 알루미늄, 아르곤, 비소, 칼슘, 크롬, 동, 산소, 질도, 아연을 넣는다면, 그는 이 모든 물질이 그들 사이에서는 동등하거나 대등하지만, 원소라는 더 포괄적인 개념에 대해서는 종속적인 하위 개념으로 취급하고 있는 것이다.

7.10

다음 중 다른 것과 분류기준이 다른 항목을 골라라.

A. 책: 1. 소설 2. 시집 3. 단편소설집 4. 가죽 표지 책 5. 희곡집 6. 역사책 7. 교재
B. 신발: 1. 가죽 신 2. 천으로 된 신발 3. 고무신 4. 특허 가죽신 5. 말굽
C. 옷: 1. 야회복 2. 평상복 3. 운동복 4. 무명 옷 5. 예복

7.11

다음 각 집단의 항목들을 2가지 종류로 나누어라. 반드시 한 가지 기준에 따라 분류하여야 한다.

A. 통조림 강낭콩, 냉동 배, 통조림 복숭아, 한통의 밀초, 한 타스의 옷 핀, 10kg의 감자, 한 다스의 오렌지, 냉동 복승아, 부익 세제 1캔

분류 I:	분류 II:
1. ______	1. ______
2. ______	2. ______
3. ______	3. ______
4. ______	4. ______
5. ______	5. ______
6. ______	6. ______

B. 야구, 정구, 수영, 농구, 다이빙, 스키

분류 I:	분류 II:
1. ______	1. ______
2. ______	2. ______
3. ______	3. ______

C. 고급 경제학, 일학년 화학, 역사학 개론, 물리학 세미나, 초급 독일어, 일학년 이탈리아어, 일학년 생물학, 고급 불어

분류 I:

1. ____________________
2. ____________________
3. ____________________
4. ____________________
5. ____________________
6. ____________________

분류 II:

1. ____________________
2. ____________________
3. ____________________
4. ____________________
5. ____________________
6. ____________________

7.12

아래의 문단 중 분류체를 사용하여 전개한 문단은 어느 것인가?

A. 대학 당국이 어떻게 돌려서 이야기하든 간에, 이 대학에 입학한 여학생들의 주된 목적은 결혼하기 위해서 대학에 온 것이 아니다. 여학생 처장이 무엇이라고 말하던 간에, 여학생들의 주된 목적은 데이트 상대를 구하기 위해서 온 것도 아니다. 교수들이 어떻게 생각하던 간에, 여학생들은 교수에게 주로 미소를 띠워서 좋은 점수를 받기 위해서 온 것은 아니다.

B. 세계를 여행하다 보면, 인도이건, 미국이건, 유럽이건 또는 호주이건 간에 인간의 본성은 놀라울 정도로 유사하다는 것에 주목하게 된다. 이러한 현상은 대학에 있어서 특히 뚜렷하다. 우리는 마치 틀로 찍어내듯이 한 가지 유형의 인간을 만들어 내고 있다. 즉 그들의 주요 관심사는 안전을 찾고, 유명인사가 되고 또는 가능한 한 깊은 생각일랑 별로 하지 않으면서 호시절을 보내고 싶어 하는 인간들이다.

C. 오늘날의 인도에는 아직도 4개의 카스트 제도가 남아있다. 브라만은 인도가 분리되기 전에 인구의 6%를 차지하였는데, 승려와 교육자를 포함하고 있다. 크샤트리아는 통치자, 귀족, 전사들인데, 민간 및 군대 행정을 담당하고 있다. 부처는 B.C. 5세기에 이 계급으로 태어났는데, 그는 카스트 제도에 반대하고 또 이의 개혁을 주장하였다. 바이샤 계급은 상인, 지주들을 포함하는데, 서구에서 말하는 중산층에 해당한다. 수트라는 노동자, 하인들로서 카스트 제도에 포함되어 있으나, 힌두 사회에서

천하고 힘든 일을 수행한다. 이 그룹은 서구의 표준으로 보면 하층 계급을 형성하고 있고, 공산주의 용어로는 프롤레타리아에 해당한다.

D. 위험에 노출되어 사는 동물에 있어서 두려움은 우리가 생각하는 것 보다는 덜 심각하다고 많은 관찰자들이 언급하였다. 동물도 두려움을 알고 있으며 또 아마도 자주 알게 될 것이다. 그러나 공포는 눈앞에 닥친 위험이 사라지면, 곧 잊게 된다. 인간의 공포심은 그것이 심적 부담과 위협이 될 전도로 마음속에 오래 남아 있지만, 동물들은 이와 다르다. 동물들은 두려움에 사로잡히는 것보다는 두려움을 피한다. 이런 점은 마치 그들이, "비겁한 자는 진짜 죽기 전에 여러 번 죽는다. 용감한 자는 죽음을 한번만 맛본다."라는 말을 거의 알고 있는 것 같다.

7.13

연습문제 7.12의 C를 다시 읽어라. 이 문단은 분류체를 문단 전개의 주된 방법으로 사용하고 있다. 아래의 글을 완성하라.

A. 주제문에 밑줄을 그어라.

B. 분류를 완성하라: 오늘 날의 인도의 카스트 제도

1. ______________________________
2. ______________________________
3. ______________________________
4. ______________________________

7.14

아래 문단을 읽고 질문에 답하여라.

A. 우리가 미국 남부지방을 말할 때, 모든 사람을 만족시킬 만한 경계선을 긋는다는 것은 어렵다. 아마 남부 심장부(Deep South)로부터 시작하는 것이 안전할 것이다. 즉 1861-65까지의 남북전쟁 때에 남부군의 주–버지니아, 남북 캐롤라이나, 텍사스(동부) 그리고 아칸소 주 등이다. 그러나 투쟁정신으로 길들여진 주들이 있다. 즉,

델러웨어, 메릴랜드, 켄터키 그리고 미주리 주 등이다. 그러나 이 지역에서도 지형적으로 놀랠만한 변화가 있다. 나무가 무성한 산이 있는 버지니아, 남북 캐롤라이나, 테네시 그리고 켄터키 주, 목화재배에 특히 적합하고 광범위하게 펼쳐진 황토 언덕이 있는 남북 캐롤라이나, 조지아, 앨라바머 그리고 미시시피 주; 검고 비옥한 충적토를 가진 미시시피 강 유역 및 거대한 습지와 강어귀가 있는 멕시코 만 지역과 동남 대서양 연안 지역; 사토(sandy soil), 소나무 숲, 수천 에이커의 밀감 나무숲과 사과 밭이 펼쳐져 있는 버지니아 계곡 지역 등 다양하다. 이 남부의 사람들은 미국의 다른 지역에 비해 인종의 동질성이 더 많다. 이 지역 사람들은 영국에서 이주해왔다. 그러나 이민이 대량으로 미국으로 유입될 때에도 지중해, 중부와 동부 구라파와 스칸디나비아에서 이민해온 사람들과는 별로 섞이지 않았다. 남부지방에는 미국 흑인의 대부분이 살고 있으며, 앨라바머와 미시시피 주의 경우는 흑인이 인구의 절반을 차지하고 있다.

1. 주제문에 밑줄을 그어라.

2. 이글의 필자는 미국 남부지방을 3가지 기준으로 분류하고 있다. 즉,

a. ______________________________

b. ______________________________

c. ______________________________

B. 여기에 참가한 많은 사람들은 시카고, 디트로이트, 밀워키, 오마하, 샌프란시스코, 보스턴 그리고 뉴욕시의 교구 빈민 구호사업을 통하여 민권운동에 훈련이 된 성직자들이었다. 한편 남북 미주를 관장하는 희랍정교회 대승정인 수염을 기른 자코보스 대주교와 감독파 교회를 관장하는 존 이 하인스 수석주교는 리브 흑인의 죽음을 그들의 신도들의 이름으로 항의하여야 한다고 생각하고 죽은 리브의 장례식에 참석하기 위해서 셀마 시로 날아왔다. 그러나 대부분의 성직자들은 분격하는데 그쳤고 기성 성직자들을 부끄러워하면서 어떤 개인적인 참여의 기회를 찾고 있었다—아마 그들이 충분히 이해 못하고 있던 운동이었지만 어떤 구제를 받을 수 있는 길을 찾고 있었다. 그들에게는 도시 거리에서의 데모의 발생, 앨라바머의 투표 규정의 불합리성 시정, 인종차별의 시정 또는 교회 권한의 분산 등보다도 셀마 시 거리에서의 행사에 더 많은 의의를 부여하였다. 성직자들의 행진은, 비록 서투르고

혼란스러웠지만, 그 나름대로 현재 미국 사회에 나타난 전투적 교회를 위한 새로운 역할의 기초를 닦고 있었다.

1. 주제문에 밑줄을 그어라.

2. 위 문단은 앨라바머 주 셀마 시의 민권운동 행진에 참가하였던 성직자들을 기술하고 있다. 필자는 성직자들을 어떻게 분류하고 있는가?

❑ 필자는 성직자들을_______________________________따라 분류하고 있다.

3. 세 집단의 성직자들은 다음의 항목 하에 분류할 수 있을 것이다.

a. ____ 성직자

b. ____ 성직자

c. ____ 성직자

C. 액체 혼합물에는 3가지 유형이 있다: 첫째는 용액(solution, 溶液)으로서 그 속에 용해된 물질의 입자는 눈에 안 보인다. 둘째는 현탁액(suspension, 懸濁液)인데, 그 속에선 고체입자가 부유하다가 결국에는 가라앉는다. 셋째는 교상체(colloidal dispersion, 膠狀體)로서 비록 원 물질은 눈으로 식별이 안 되나 그 자체의 특성을 유지한다. 가정에서 흔히 쓰이는 암모니아 세제는 암모니아 가스가 용해된 것으로서 액체이다. 캐러마인(calamine) 피부염증 치료제(lotion)는 현탁의 한 형태이다. 교상체 중의 하나는 겔(gel, 액체 속 고체, 예: 젤라틴)이다. 또 덜 교상체인 것은 교질(sol, 액체 속의 고체, 예: 마그네시아 즙)이다. 여러 가지의 유상액(乳狀液, emulsion, 액체 속의 액체) 등은 "안정제(stabilizer)"가 없으면 성분이 원 상태로 환원(還元)하려고 한다. 기름과 물은 비누가 있으면 유상액이 된다. 계란과 기름은 식초를 넣으면 유상액이 된다(예: 마요네즈).

1. 위 글에서 필자가 분류하려고 시도하는 것은?

____

2. 3가지 유형을 적어라:

a. ____

b. ____

c. ____

D. 세계의 모든 나라에 있어서와 같이 일본 사람들도 미국의 존스나 스미스같이 흔한 성이 있다. 일본에서 가장 흔한 성은 아마 다나카와 기무라일 것이며, 야마타, 스즈키 그리고 사토도 미국의 브라운과 힐만큼 흔하다. 미국의 록펠러나 구라파의 로스차일즈와 같은 집안은 미쓰이, 미쓰비시 그리고 스미토모 집안일 것이다. 일본의 귀족 중에서 대표적인 가문은 후지와라, 마쓰다이라 그리고 시마스이다.

1. 주제문에 밑줄을 그어라.

2. 스미스가 흔한 이름이라면, 존스도 또한 ________________________이름이다.

3. 위 글에서 필자는 몇 가지 부류의 이름을 언급하고 있는가?

4. 록펠러, 로스차일즈, 미쓰이, 미쓰비시, 그리고 스미토모는 미국, 구라파 그리고 일본의 ________________________ 가문의 이름이다.

E. 사람들은 여러 가지 방식으로 기아변속을 하는데, 변속하는 방식을 보면, 운전자의 성격을 알 수 있다. 가장 흔한 경우는 폭주족 형이다(the hot-rodder type). 이런 타입의 운전자는 출발하려고 1단을 넣을 때 너무 세게 그리고 급작스럽게 당기기 때문에 마치 3단에서 저속기어인 2단으로 변속하는 것처럼 느껴진다. 그 다음엔 무사태평한 플레이보이 형(non-chalatant playboy type)이다. 모든 것을 다 가지고 있는 이러한 한량들은 4단 변속기어의 대형 엔진 차를 몰고 다니는데, 이들은 속도계(taco-meter)가 지시를 할 때만 기어변속을 한다. 세 번째는 바쁜 교차로에서 신호가 바뀔 때 금방 출발하지 못하고 머뭇거리는 중년 여인 형(middle-aged woman type)인데, 중년 여성들은 운전이 서툴러 클러치와 액셀러레이터(accelerator)를 밟아야 할 시기를 놓치는 것이다. 그러나 일단 차가 움직이면 이들은 기어를 변속할 때마다 기어가 망가질 정도로 심하게 다룬다. 마지막으로 노신사 형(elderly gentleman type)이다. 그는 1단에서는 15마일로, 2단에서는 25마일로 가고, 3단을 넣고도 너무 느리게 가기 때문에 매 블록 마다 2단으로 기아변속을 해야 한다. 그는 1단에서는 15마일로, 2단에서는 25마일로 가고, 3단에 도달하였을 때에는 아주 서행을 하여 신호등 거리를 건널 때마다 2단으로 기어를 넣는다.

1. 주제문 밑에 줄을 그어라.

2. 필자는 자동차 운전자의 기어 넣는 방법과 그 사람의 성격과의 관계를 보여주는 분류를 하였다. 두개의 항목에 해당하는 것을 빈 칸에 넣어라.

성격	기어를 넣는 방법
a. ______________________	______________________
a. ______________________	______________________
a. ______________________	______________________
a. ______________________	______________________
a. ______________________	______________________

7.15

✽ 논지 전환장치로 사용되는 대명사

글쓰기에서 논지의 전환은 독자로 하여금 한 문장에서 그 다음 문장으로, 또 한 문단에서 그 다음 문단으로 옮겨가는 다리 역할을 한다. 논지 전환장치는 독자로 하여금 이미 읽은 것을 되돌아보게 하고 또 앞으로 어떤 내용이 나올 것인가에 대해 기대를 갖게 한다.(5과 참고)

인칭대명사는(그, 그 여자, 그것, 그들), 부정 대명사(어떤, 약간, 그런, 대부분, 각각, 다른, 등등), 그리고 지시 대명사(이것, 저것, 그것, 그들)는 지시하는 것이 명료할 때에는 좋은 논지의 전환 역할을 수행한다.

⊃ 예: A. 군인들이 음식을 먹고, 투덜대었다. 그들은 그것이 식었고 서투르게 조리되었다고 말했다. B. 순희는 지성과 안정감 양쪽을 지니고 있다. 그들은 탁월한 자질이다.

특히 논지 전환장치로서 효율적인 것은 형용사적으로 사용된 부정대명사와 지시대명사이다.

⊃ 예: 농부들은 상원의원들이 농업보조금 지급 거부안에 찬성 투표한 것을 안 좋게 보고 있다. 몇몇 낙농업자들은 이런 행위가 도시의 이익을 대변하는 도구이라고 낙인찍게 되었다고 공개적으로 선언하였다.

지시사와 명사는 합치면, 일종의 이중 논지 전환장치가 된다. 대명사는 선행사를 가리키고, 명사는 선행 문구를 반복하거나 기록한다. 아래의 예를 보고 이런 사실을 익혀라.

A. 어제 그는 사고를 당했다. 이것은 그가 지난 2주 동안 당한 3번째 사고이다.

B. 어제 그는 사고를 당했다. 그것은 그가 지난 2주 동안 당한 3번째 것이다.

7.16

아래 문단을 읽고 대명사가 논지의 전환의 장치로 이용된 것에 밑줄을 그어라.

비록 미국인은 투표가 권리라고 생각하는 것 같지만 실상은 그것은 의무이다. 이것은 우리가 원하는 그런 종류의 공동사회에 사는 것을 보장 해주는 가장 좋은 방법이다. 예를 들면, 우리 시에 공공 주차장이 필요하다고 가정해보자. 시의 이런 사업은 교통체증을 경감시키고, 장보러가는 사람들이나 극장에 가는 사람들이 그들의 목적지에 쉽게 가게 하는데 절대적으로 필요하다. 더욱이 시의 공공주차장은 유료 통행 교량과 같이 자체 경비를 조달할 수 있다. 따라서 선거 날이 되면 모든 시민이 이 제안에 찬성표를 던질 것 같이 보인다. 그렇지만 우리 모두가 그날에 투표를 할 것이라고 생각하는가? 우리들 중 많은 사람들이 시의 선거는 그리 중요하지 않다고 생각할 수도 있다. 또는 시외로 나갈 수도 있다. 또는 투표장에 못갈 이유가 생길 수 있다. 또는 우리가 단순히 잊어버릴 수도 있을 것이다.

우리가 투표를 하지 않은 결과로 시의 공공 주차장을 설치하자는 제안이 파기될 수 있을 것이다. 그러면 우리가 살고 있는 근처 지역을 개선하기 위해서 변화를 주자는 좋은 기회도 사라질 것이다.

◰ 제7과 복습 및 확장된 연습문제

▪7.50.1

다음 단어를 읽고 아래 질문에 답하라.

ㅇ 나무, 못, 물고기, 바위, 개, 고양이, 숟가락, 말, 공, 반지, 풀, 문

1) 위 단어들을 2개의 집단으로 분류하라.

2) 위와 같이 분류한 기준이 무엇인가?

3) 위의 각 집단의 명칭을 써보아라.

▪7.50.2

다음 문단을 읽고 아래 질문에 답하라.

<영양소(The Food Groups/Nutrients)>

동물들이 섭취하는 대부분의 음식물은 3가지 종류에 속한다. 그 3종류는 지방질(fats), 단백질(proteins), 그리고 탄수화물(carbohydrates)이라고 부른다. 육류, 생선, 그리고 계란과 같은 음식은 주로 단백질에 속한다. 버터, 땅콩기름, 그리고 샐러드드레싱은 대부분 지방질이다. 빵, 스파게티(spaghetti), 그리고 시리얼(cereal, 곡물 식품)은 대부분 탄수화물이다.

1) 위 문단의 주제문은?

2) 이 문단의 전개 방식은?

7.50.3

다음 문단을 읽고 아래 질문에 답하라.

<어류의 분류(Fish Classification)>

총 7가지 척추동물(vertebrate classes) 중에 3종류가 어류에 속한다. 첫 번째 어류는 칠성장어(lamprey)를 포함한다. 칠성장어의 몸체는 튜브처럼 생겼다. 몇몇 칠성장어는 책의 길이만큼 자라고, 다른 것들은 사람의 팔 길이만큼 자라기도 한다. 상어(shark)와 가오리(ray)는 두 번째 종류에 속하는 어류이다. 이들은 연골 조직으로 된 골격을 갖고 있다. 연골은(cartilage) 쉽게 구부러질 수 있는 단단한 조직이다. 사람의 코나 귀는 연골 조직으로 이루어진 것이다. 상어나 가오리의 골격엔 뼈가 없고, 골격 전체가 연골 조직으로 이루어진 것이다. 세 번째 종류의 어류에는 우리가 물고기라는 말을 하면 맨 처음 생각나는 동물이 여기에 속한다. 수족관에(aquarium)에 있는 대부분의 어류가 여기에 속한다. 이 종류의 어류는 연골이 아닌 뼈로 이루어진 골격을 갖고 있다. 이런 어류를 경골어(硬骨魚, the bony fish)라고 부른다. 예컨대, 슈퍼마켓에 가면 볼 수 있는 농어(perch), 넙치(halibut), 배스(bass), 그리고 송어(trout) 등이 있다.

1) 위 문단의 주제문은?

2) 척추동물에 속하는 어류를 다시 3가지 종류로 분류했는데, 그 분류 기준은 무엇인가? 구체적으로 설명하라.

3) 여기서 사용한 분류 기준이 일관성이 있는가?

▪7.50.4

다음 문단을 읽고 아래 질문에 답하라.

<승용차(Cars)>

승용차는 크게 4가지 범주로 분류할 수 있는데, 즉 세단형 차(sedans), 스포츠카(sports cars), 스테이션 왜건(station wagons, 접거나 뗄 수 있는 좌석이 있고, 뒷문으로 짐을 실을 수 있는 전체 가족용 차), 그리고 소형차(minicars)이다. 세단은 다시 메르세데스 벤츠(the Mercedes Benz)와 같은 고급형(luxury models)과 도요타 코롤라(the Toyota Corolla)와 같은 보급형 범용차량(economy models)으로 나뉜다. 스포츠카는 닷선의 제트 계열(the Datsun Z series)과 같은 하드톱(hardtop models, 지붕이 금속제로 된 차)과 마즈다 미아타(the Mazda Miata)와 같은 컨버터블(convertibles, 지붕을 접을 수 있는 무개차)로 분류된다. 소형차는 구피(the Guppy)와 같은 문이 2개 달린 차종과 유럽산 스즈키 이그니스(the European Suzuki Ignis)와 같은 문이 4개 달린 차종으로 나뉜다. 오늘날과 같은 레크리에이션 지향적 사회의 요구에 부응하기 위해서, 수바루 아웃백(the Subaru Outback)과 같은 타운카(town cars, 유리문으로 앞뒤 자리를 칸막이한 문이 4개인 차)로부터 험비(the Humvee, 지프형 차량)와 같은 비포장 도로 전용차량에 이르는 수많은 종류의 스테이션 왜건(SUV)이 있다.

1) 위 문단의 주제문은?

2) 이 글에서 사용한 분류 기준이 무엇인지 설명하라.

3) 이 문단에서 스테이션 왜건과 SUV(Sports Utility Vehicle, 보통은 4륜구동/4-wheel drive의 스포츠 레저용 차량, 주로 지프형 차량이 여기에 속함)중에 어느 것이 상위차원의 개념인가?

4) 이 글에서 승용차를 4가지 종류로 분류하고, 다음 각각을 다시 2가지 차종으로 세분했는데, 그 중에서 분류 기준이 가장 애매한 것은?

7.50.5

다음 문단을 읽고 아래 질문에 답하라.

<데이트할 상대 남성을 조심하라(Daters Beware!)>

데이트할 때 여성을 대하는 방법에 따라 남성을 3가지 유형으로 분류할 수 있는데, 즉 직장생활 우선형(a social addict), 현상 유지형(a content lover), 그리고 여성을 챙겨주는 형(a keeper)이다. 첫째, 직장생활 우선형은 약속시간에 항상 늦게 나타나고, 모든 약속을 자기 스케줄에 맞춰야하는 남성이다. 이런 유형은 모든 일을 자기 위주로 하고, 자신의 직장 업무에 전념하는 사람이다. 이런 남성은 당신의 생일날 목걸이와 같은 선물을 하는데, 그렇게 함으로서 모든 사람들이 그것을 알아보도록 하려는 것이다. 이런 유형의 남성은 상대방이 어떤 감정과 느낌을 갖고 있는지 알아내려고 하기는커녕 자기가 이야기를 하면 상대가 좋아할 것이라고 혼자 미리 짐작하여 그때그때 생각나는 대로 말을 한다. 두 번째 유형의 남성은 자기가 맘 내키는 대로 오고 싶으면 오고, 가고 싶으면 가는 사람이다. 이런 유형의 남성은 서로 자리를 함께 하고 있긴 하지만 뭔가 마음에 와 닿는 게 없다. 그런 남성은 만나긴 하지만 자신의 마음을 열거나, 자기의 생각을 서로 나누려고 하지 않는다. 이런 남성은 상대방의 생일은 아예 잊어버리는 것이 보통이다. 마지막 유형의 남성은 약속시간에 상대방을 절대로 기다리게 하는 법이 없다. 그들에겐 상대방의 생일이 굉장히 중요하지만, 상대가 자신의 친구와 가족들과 함께 보내는 시간을 갖도록 양보해줄 수 있는 너그러움도 있다. 뿐만 아니라, 그들은 언제나 데이트가 있는 날 저녁엔 둘만의 오붓한 시간을 가질 수 있도록 매번 달라지는 독특한 계획을 세운다. 다른 유형의 남성들과는 달리, 상대를 지켜주고, 챙겨주는 이러한 남성은 상대에 대한 자신의 느낌이나 감정을 100퍼센트 솔직하게 털어놓고, 기꺼이 이야기하려고 노력한다. 비록 남성들의 데이트하는 스타일은 다양하지만, 그럼에도 불구하고 그 모든 것은 결국 상대의 어떤 행동에 당신의 마음이 내키느냐의 문제로 귀결이 된다.

1) 위 문단의 주제문은?

2) 이 문단의 결말과 그 종류는?

3) 이 문단에서 사용한 분류의 기준에 대해서 설명하라.

4) 이 글에서 적용한 분류 기준에 객관성이 있는가? 다시 말하면 그런 기준을 적용하면 누구나 똑같이 분류할 수가 있는가?

7.50.6

다음 문단을 읽고 아래 질문에 답하라.

<쇼핑객(Shoppers)>

쇼핑객들은 그들의 쇼핑 기술에 따라 알뜰 소비형(necessity shoppers), 과소비형(over spenders), 그리고 충동구매형(impulsive shoppers)으로 분류할 수 있다. 알뜰 소비형은 복잡하지 않고, 정상적인 쇼핑 기술을 갖고 있다. 그들은 식료품이나 화장품(cosmetic(s), toiletries)과 같이 꼭 필요한 물건을 필요한 때에만 구입한다. 과소비형은 너무 많은 물품을 구입하고, 너무 많은 돈을 쓴다. 그들은 의류나 장신구와 같이 필요 없는 물품을 산다. 또 그들은 간단한 물건 하나를 사려고 상점에 들어갔다가 엉뚱한 물건들을 사느라고 지갑에 있는 돈을 몽땅 다 털어야 직성이 풀리는 사람들이다. 마지막으로 충동구매형이 있는데, 그들은 알뜰 소비형과 과소비형을 합쳐놓은 유형이다. 알뜰 소비형처럼 그들은 처음엔 필요한 물건만 사겠다고 작정을 하고 상점에 들어가지만 막상 물건을 보면 별로 쓸데도 없고, 불필요한 물건을 손에 넣어야 직성이 풀리는 과소비형으로 표변한다. 비록 전 세계적으로 수백만의 쇼핑객들이 있지만, 그들은 쇼핑 기술에 따라 알뜰 소비형, 과소비형, 그리고 충동 구매형으로 분류할 수가 있다.

1) 위 문단의 주제문은?

2) 이 문단에서 사용한 분류 기준은 쇼핑 기술(shopping techniques)인데, 이에 대한 평가를 해보아라.

3) 이 문단의 결말과 그 종류는?

4) 이 글에서 사용한 분류 기준은 객관성이 있는가?

7.50.7

다음 문단을 읽고 아래 질문에 답하라.

<청량음료(Soft Drinks)>

청량음료는 3가지 종류로 분류할 수 있는데, 즉 콜라 맛이 나는 음료(cola-flavored), 과일 맛이 나는 음료(fruit-flavored), 그리고 감귤 맛이 나는 음료(citrus-flavored)이다. 코카콜라나 펩시콜라와 같은 콜라는 진정한 감식 전문가들이(real connoisseurs) 가장 좋아하는 음료이다. 그들은 더운 날 기분을 상쾌하게 해주는 것은 콜라 이외엔 없다고 말한다. 과일 맛이 나는 음료는 너무 달기 때문에 단 것을 좋아하는 사람들을(those with a sweet tooth) 위한 것이다. 딸기와 포도 맛은 설탕이 너무 많이 들어있어서 쉽게 질리게 되며(is overwhelmed by sugar), 또 많은 사람들이 시럽같이 끈적끈적 하다고(syrupy) 말한다. 스프라이트(Sprite)나 세븐업(7-Up)과 같이 감귤 맛이 나는 콜라는 짜릿한 맛(tangy)을 즐기는 사람들을 위한 것인데, 사실 이 음료는 단맛과 시큼한 맛을 혼합시킨 것이라는 점에서 역설적이다(a paradoxical mixture of sweet and tart). 이 음료는 또한 다른 더욱 강한 음료와 혼합해서 마시면 좋다. 이 3종류의 청량음료는 모든 형태의 입맛을 만족시키기에 충분하다.

1) 위 문단의 결말과 그 종류는?

2) 이 글에서 사용한 분류 기준은 무엇이며, 그 기준이 객관성이 있는지 구체적으로 설명하라.

3) 좀더 객관적인 기준에는 어떤 것들이 있는가?

7.50.8

다음 문단을 읽고 아래 질문에 답하라.

<꽃피는 식물의 구성(The System of Flowering Plant Variety)>

거의 모든 꽃피는 식물(顯花植物/현화식물)의 줄기는 2개의 기관으로 나눌 수 있는데, 즉 땅 밑에서 자라는 뿌리부분(the root system)과 땅 위에서 자라는 지맥부분(支脈, the shoot system)이다. 전형적인 뿌리기관은 식물을 토양에 단단히 고정시키고, 토양으로부터 수분과 그 속에 용해되어있는 다양한 영양소를 흡수한다. 대표적인 지맥기관은 잎, 분지(分支, 잔가지, branch shoots)가 달린 본줄기(the main stem)와 때때로 꽃으로 구성되어있다. 여기서 유의할 점은 줄기(stem)와 지맥(shoot)이란 용어는 동의어가 아닌데, 지맥이란 줄기와 잎을 포함하는 집합명사이다. 잎은 광합성을 통해 햇볕을 이용한 복합 영양분을 만드는 주된 식품 생산기관이다. 본줄기는 잎이 열리게 하고, 또 잎이 광합성에 필요한 햇볕을 잘 받도록 해주고, 식물의 다양한 기관들 사이에 주요 정보 전달경로로서의 역할을 한다. 뿌리에서 흡수된 수분과 용해된 광물질은 본줄기를 통해 잎과 꽃으로 전달되며, 잎에서 합성된 영양분은 본줄기를 통해 땅 위와 땅 아래에 있는 식물의 다른 기관에 운반되는데, 이러한 영양분은 식물의 성장에 사용되거나 또는 미래에 사용하기 위해서 저장된다. 꽃은 씨앗을 생산하여 종의 번식에 관계되는 일을 하는 기관이다.

1) 위 문단의 종류는? 즉 이 문단을 어떠한 형식에 따라 전개했는가?

2) 위 문단의 주제문은?

3) 이 문단에서 현화식물의 줄기(the body)를 2가지로 분류했는데, 그 분류기준은 무엇인지 설명하라.

4) 이 문단에서 땅 위에 있는 모든 기관을 포함하는 용어를 한마디로 지맥이라고 했는데, 여기에 포함될 수 있는 모든 기관을 적어라.

7.50.9

다음 문단을 읽고 아래 질문에 답하라.

<지의류 속의 녹초와 진균류 공생(Co-habitation of Green Algae and Fungi in Lichen)>

지의류(地衣類, lichen)는 바위나 나무에서 자라는 복잡하고 꽃이 없는 독특한 집단이다. 그 종류는 수천 가지가 있고, 또 다양한 색깔의 지의류가 발견된다. 지의류는 녹초(綠草, green algae)와 진균류(fungi)로 구성이 되어있는데, 이들은 서로 결합하여 각각의 요구를 상호 충족시켜준다. 독립영양 생물인 녹초(autotrophic green algae)는 광합성이란(photosynthesis) 과정을 통해 자신이 필요한 모든 영양분을 생산하고, 또 진균류에도 영양분을 제공한다. 반대로, 필요한 영양분을 다른 공급원에 의존하는 종속영양 생물인 진균류(heterotrophic fungus)는 녹초를 위해 수분을 흡수하고 저장할 뿐만 아니라 녹초를 보호한다. 이렇게 두 개의 상이한 유기체가 서로 결합하여 함께 살아가는 것을 공생(共生, symbiosis)라고 부른다. 이러한 공생은 지의류가 지구상의 가장 혹독한 환경을 견디어낼 수 있도록 해준다. 그리하여 지의류는 극지방의 빙원(the polar ice caps)은 물론 열대지방, 건조한 지역, 습한 지역, 산꼭대기, 해안지역을 가릴 것 없이 도저히 믿기 어려운 곳에서도 발견이 된다. 지의류의 적대적 환경에 대한 강한 저항력, 또 그러한 불리한 환경에서도 서로 조화롭게 협동하여 살아가는 능력은 우리 인류가 당면한 여러 가지 문제를 해결하는데 본받아야 할 하나의 좋은 사례라고 볼 수 있다.

1) 위 문단의 주제문은?

2) 이 글은 분류에 의한 문단 전개방법을 사용하고 있는데, 그 분류 기준이 무엇인지 간단히 설명하라.

3) 이 문단의 결말과 그 종류는?

4) 우리가 어떤 대상을 분류할 때 유사성/차이점, 또는 대등관계(coordination)/종속관계(subordination)를 기준으로 삼는데, 이 문단에서는 이 중에 어느 기준을 바탕으로 분류를 했는지 간단히 설명하라.

▪ 7.50.10

다음 문단을 읽고 아래 질문에 답하라.

<석기 시대(The Stone Age)>

석기시대는(The Stone Age) 기원전 약 2백만 년에 시작되어 기원전 3천 년까지 지속되었던 기간을 말한다. 그 이름은 현대 고고학자들이 발견한 석재 도구와 석재 무기로부터 유래된 것이다. 석기시대는 다시 구석기시대(the Polylithic Age), 중석기시대(the Mesolithic Age), 그리고 신석기시대(the Neolithic Age)로 나뉜다. 구석기시대(기원전 2백만 년부터 8천 년까지)에 손도끼(hatchet)와 난방과 요리를 위한 불이 맨 처음으로 사용되었다. 약 백만 년에 걸쳐 구석기시대로 진화되었던 빙하시대(the Ice Age)로 인해서 사람들은 동굴 속에 은신처를 마련하고, 옷을 해 입고, 그리고 새로운 도구를 만들지 않을 수 없었다. 중석기시대(기원전 8천 년부터 6천 년까지)에는 사람들이 조잡한 도기류(crude pottery)와 낚시(fish hook)를 처음으로 사용했고, 활과 화살을 개발했는데, 이것들은 기원후 14세기까지 사용되었다. 신석기시대(기원전 6천 년부터 3천 년까지)에는 인류가 양, 염소, 돼지, 소를 가축으로 길들였고(domesticating sheep), 그 전보다는 유목생활이 줄어들었으며, 영구적 정착지를 만들고, 정부를 세웠다.

1) 위 문단의 주제문은?

2) 이 글은 분류에 의한 문단 전개방식인데, 그 분류 기준을 간단히 설명하라.

3) 이 문단의 결말과 그 종류는?

4) 이 글에서 석기시대는 다시 몇 개로 분류되었으며, 빙하시대는 언제부터 시작되었는가?

7.50.11

다음 문단을 읽고 아래 질문에 답하라.

<포유류(Mammals)>

포유류는 다른 동물들과 구분 짓는 몇 가지 독특한 특성이 있다. 대부분의 포유류는 몸을 덮고 있는 털이나 모피를 가지고 있다. 또한 포유류는 그들의 체온을 조절할 수 있는 능력이 있다. 포유류는 신진대사(metabolism)를 통해 열 생산을 조절하고, 땀샘(sweat glands)은 몸의 열을 식히는데 도움이 된다. 이런 과정을 통해 포유류는 주위환경의 온도에 상관없이 일정한 체온을 유지할 수 있다. 또 하나의 차이점은 포유류는 온전한 형체를 갖춘 새끼를 출산하고, 포유류의 암컷은 새끼들에게 먹일 우유를 생산한다. 대부분의 포유류는 네발로 걷는데, 이 중에 오직 인간만이 두 다리로 직립보행을 한다(walking upright on two legs). 수생 포유류(aquatic mammals)는 지느러미 모양의 발(flippers)과 지느러미(fins)를 가지고 있는데, 이는 걷기 위한 다리가 아니고 수영을 하기 위한 것이다. 흔한 포유류에는 인간이나 원숭이와 같은 영장류(primates), 유대류(marsupials), 설치류(rodents), 고래(whales), 돌고래(dolphins), 그리고 물개(seals)가 있다.

1) 위 문단의 주제문은?

2) 이 문단의 전개 방식을 간단히 설명하라.

3) 이 문단에서 포유류를 다시 2가지 종류로 분류하면?

4) 이 글에서 포유류의 특성을 모두 몇 가지 제시했는가?

7.50.12

다음 문단을 읽고 아래 질문에 답하라.

<연체동물(Mollusks)>

연체동물은 지구상에 맨 처음으로 서식하기 시작했던 동물 중의 하나이다. 연체동물의 화석(fossils of mollusks)이 바위에서 발견이 되는데, 이는 5억 년 이상을 거슬러 올라간다. 그들의 딱딱한 껍질 때문에 연체동물의 화석은 비교적 잘 보존 되어있다. 대부분의 연체동물은 딱딱한 외부 껍질이 감싸고 있는 피부같이 부드러운 기관을 가지고 있다. 달팽이(snail)나 민달팽이(slug)와 같은 몇몇 연체동물은 육지에서 서식한다. 그러나 굴(oyster), 홍합(mussel), 대합조개(clam), 오징어(squid), 문어(octopus)와 같은 연체동물은 물에서 산다. 달팽이와 같은 육상 연체동물은 "발"이라고 부르는 편편한 발바닥을 사용하여 느릿느릿 이동한다. 해상 연체동물은 분사 추진(jet propulsion)에 의해 이동하거나 수영을 한다. 그들은 몸에서 물을 뿜어냄으로서 앞으로 추진해 나간다. 예컨대, 오징어는 몸속에 있는 공동(空洞. cavity)에서 물을 분출하고, 가리비(scallop)는 열렸던 껍질을 갑자기 꽉 죄어 닫혀서 내부의 물을 뿜어내면서 이동한다. 굴과 같은 몇몇 해상 연체동물은 바위나 다른 물질의 표면에 자신을 부착시켜서 살아가기 때문에 자력으로 움직일 수가 없다. 그들은 그 주위를 통과하는 물에서 작은 음식물 입자를 걸러서 섭취한다.

1) 위 문단의 주제문은?

2) 이 글에서 연체동물의 가장 큰 특징은?

3) 이 글에 의해 연체동물을 크게 2가지로 분류하면?

4) 육상 연체동물과 해상 연체동물의 이동 수단은?

7.50.13

다음 문단을 읽고 아래 질문에 답하라.

<파충류(Reptiles)>

파충류의 가장 두드러진 특징은 그들의 몸을 덮고 있는 비늘이다(the scales). 대

부분의 파충류는 허파를 통해 호흡을 하는데, 어떤 파충류는 그들의 입 속에 있는 얇은 막(membranes)을 통해 물에 녹아있는 산소를 흡수할 수도 있다. 파충류는 그들의 체온을 스스로 조절할 수가 없기 때문에 흔히 냉혈동물이라고 부른다. 그들의 체온은 주위 외부환경의 온도에 의존한다. 악어 종류인 크로커다일과 앨리게이터가(Crocodiles and alligators) 대형 수륙양용 파충류이다. 그들은 물갈퀴가 달린 발을 사용하여 육상에서 걸을 수 있다. 그들은 긴 꼬리를 사용하여 물속에서 수영도 할 수 있다. 크로커다일은 육상이나 수중에서 커다란 동물을 먹이로 삼는다. 그들은 강력한 턱과 이가 있어서 먹이를 갈기갈기 찢어먹는다. 도마뱀과 뱀은 파충류 중에서 숫자가 가장 많은 집단이다. 도마뱀은 꼬리가 길고, 네발 달린 동물이다. 많은 도마뱀은 포식동물의 공격을 받으면 스스로 꼬리를 잘라버리고 도망을 갈 수가 있는데, 나중에 새로운 꼬리가 다시 돋아난다.

1) 위 문단의 전개 방식은?

2) 이 문단에서 파충류의 특징은 크게 몇 가지인가? 구체적으로 설명해 보아라.

3) 위 문단에서 파충류의 종류는?

7.50.14

다음 문단을 읽고 아래 질문에 답하라.

<영장류(Primates)>

인간은 영장류에 속한다. 다른 흔한 영장류에는 원숭이, 개코 원숭이(baboon), 오랑우탄(orangutan), 침팬지(chimpanzee), 그리고 고릴라(gorilla)가 있다. 영장류를 다른 포유류와 구별 짓는 몇 가지 특성이 있다. 영장류는 손가락과 발가락이 잘 발달된 손과 발을 가지고 있다. 그들의 대향성(對向性, 즉 마주볼 수 있는) 엄지는 물건을 움켜잡기가 용이하게 해준다. 영장류의 눈은 머리 앞쪽에 달려있기 때문에 입체영상으로 사물을 볼 수 있는 시각을 갖고 있다. 그래서 결과적으로 그들은 거리를 판단할 수가 있는 것이다. 영장류는 또한 고도로 발달된 커다란 두뇌를 갖고 있다. 그들의 지능은 주위환경을 통제하고, 이를 자신들에게 알

맞게 마음대로 바꿀 수 있게(control and manipulate) 해준다. 그들의 뇌 속에 있는 고도로 발달된 시각중추는 색깔을 구별하는데 도움을 준다. 그들의 커다란 뇌는 또한 복잡한 언어와 의사소통 능력의 개발을 가능케 한다. 원숭이와 유인원은 사지를 사용하여 걷지만, 그러나 그들은 오직 뒷다리만을 사용하여 직립 상태로 달릴 수 있다(walk on all four limbs). 비록 영장류가 온전한 형체를 갖춘 상태로 태어나지만, 어미의 자궁 속에서 보내는 임신기간이 오래 걸리는 경향이 있다. 영장류는 또한 다른 동물에 비해서 더 오랜 기간동안 어미가 새끼를 돌보고, 교육을 시킨다. 그 결과, 새끼와 어미사이에는 강한 유대감이 형성된다. 영장류는 매우 사회적인 동물이며, 가족과 친구 사이에 강한 유대감을 형성하는 경향이 있다. 인간이 비록 여러 가지 면에서 원숭이와 유사하지만, 몇 가지 중요한 차이점이 있다. 인간의 뇌는 다른 영장류의 뇌보다 크기가 2배 이상이다. 그 결과, 인간은 가장 지능이 높은 영장류가 되었고, 가장 잘 발달된 언어, 의사소통, 그리고 논리적 사고 능력을 갖게 되었다. 인간은 또한 주위환경을 통제하는데 도움이 되는 복잡한 도구를 만들어 사용할 수 있게 되었다. 뿐만 아니라 인간은 두 다리로 직립 보행한다.

1) 위 문단의 전개 방식은?

2) 이 문단에서 인간이 속해있는 몇 가지 상위차원의 집단을 언급했는데 그것들을 골라내어 써보아라.

3) 위(질문 2)의 답을 생물학상의 분류순서대로 나열해보아라.

4) 이 글에서 언급된 영장류의 주요 특성은?

5) 인간이 다른 영장류와 구별되는 특징은?

7.50.15

아래 주제에 관해서 분류 방식을 사용하여 문단을 작성해 보아라. 이 때 자신이 선택한 분류기준을 사용하라(criteria/bases).

1. 다음 대상을 분류해 보아라: 친구/따분한 사람/애인/흡연자/정치가/상관/고용주/학생/ 선생/술주정뱅이/쇼핑객/사기꾼/도박꾼/목사/거짓말/요리사
2. 혈액형에 따라 사람의 성격을 분류해 보아라(classify personality traits by blood type).
3. 내가 알고 있는 사람들을 정치적 성향에 따라 다음 4부류로 분류할 수 있는데, 즉 극단적, 진보적, 보수적, 그리고 무관심형이다.
4. 나의 친구들, 친척들, 그리고 지인들을 다음 3가지 부류로 분류할 수 있는데, 즉 과거엔 뚱뚱했지만 지금은 아닌 사람들, 현재 뚱뚱한 사람들, 그리고 앞으로 뚱뚱해질 사람들이다.
5. 음주자의 유형: 알코올 중독자, 술을 적당히 마시는 애주가, 절대 금주자(the types of drinkers: alcoholics, social drinkers, and teetotallers)
6. 대학생의 유형: 학문 연구/진리 탐구를 위해 학교를 다니는 학생, 직장을 얻기 위해 학교를 다니는 학생, 졸업장 즉 간판을 따기 위해 학교 다니는 학생.
7. 친구의 유형
8. 부모의 유형: 독재적/전제적, 민주적, 자유 방임형(different types of parents: autocratic, democratic, and permissive).
9. 자동차를 크기/제조회사/가격/차체의 스타일/제작 년도에 따라 분류해보아라.
10. 록 음악을 분류해보아라(There are three types of rock music: alternative rock, classic rock and hard rock, also known as metal).
11. 사용 목적에 따라 웹 문서 작성용 컴퓨터 언어는 다음 3가지 기준으로 분류된다.
12. 내가 알고 있는 사람들을 사무적 관계 등으로 얼굴을 알고 지내는 단순한 지인, 우연히 만나 사귄 친구, 어릴 때부터 알고 지내는 흉금을 털어놓을 수 있는 단짝[XX]친구, 그리고 내가 사랑하는 사람들로 분류할 수 있다(mere acquaintances, casual friends, bosom buddies, and loved ones).
13. 지금까지 내 인생에서 나는 3종류의 사랑을 경험했다: 부모님의 헌신적 사랑, 친구들과의 깊은 우정, 그리고 이성과의 낭만적 사랑(parental devotion, deep friendship, and romantic attraction).

14. 태풍을 지역에 따라 분류하고, 그 차이점을 설명하라. 예; 태풍(typhoon), 허리케인(hurricane), 사이클론(cyclone), 윌리윌리(Willy-Willy).

15. 전염병을 종류별로 분류하라. 예: 지방 풍토병(endemic), 유행성 전염병(epidemic), 전국적/세계적 유행병(pandemic).

16. 무술(martial arts) 이나 이종격투기(mixed martial arts)를 종류별로 분류하라. 예: 유도/검도 /태권도/ 합기도/스모/ 쿵푸/무에타이/킥복싱/ 쌍절곤/ 삼보/씨름/둔갑술(judo/fencing/ Taekwondo/ hapkido/ sumo / kungfu /Muay Thai/ kick boxing/ nunchaku/sambo/Korean wrestling / the art of invisibility or occult arts).

17. 카드를 종류별로 분류하고, 그 차이점을 설명하라. 예; 선불카드(prepaid card), 후불/신용 카드(postpaid/credit card), 직불 카드(debit card).

18. 인수/합병(M&A, Merger and Acquisition)의 종류를 각각 설명하라. 예컨대, 합병은 다시 종속합병(merger)과 대등합병(consolidation)으로 구분되며, 기업 인수에는 다음 4가지 종류가 있다: 적대적 인수(hostile/predatory takeover), 우호적 인수(friendly takeover), 자사 경영층 주도의 인수(management-led takeover), 부채에 의한 기업인수(LBO, leveraged buyout).

19. 감가상각을 설명하고, 종류별로 분류하여 차이점을 설명하라(예; depreciation, amortization, depletion).

20. 경기순환(business cycle), 즉 주기적 경기변동을 설명하라. 예컨대, 경기 호황(economic boom/prosperity), 경기 후퇴(recession), 경기 회복(recovery), 경기불활(황(depression/slump).

제8과 정의와 논지의 전환
(Definition & Transition)

Ⅰ. 핵심요점

A. 문단전개: 정의(definition)를 문단을 전개하는 중요한 방법으로 사용

B. 문단에 있어서의 반복, 동의어, 간접 논지전환(indirect transition)용으로 대명사 사용

Ⅱ. 검토사항

제8과를 마치면 다음 사항에 관하여 알게 될 것이다.

A. 정의의 의미

B. 때때로 정의를 문단을 전개하는 주된 수단으로 사용하는 이유

C. 정의가 문단전개의 주요 수단일 때 이를 식별하는 방법

D. 정의를 주된 문단 전개의 수단으로 사용하는 방법

E. 문단 안에서 반복, 동의어 그리고 대명사를 간접 논지전환 수단으로 사용하는 방법

문단 전개

앞 6-7과에 우리는 예, 예시(illustration)와 분류를 문단전개의 주된 방법으로 활용하는 것을 공부하였다. 이 과에서는 정의를 문단전개의 주된 방법으로 사용하는 것을 공부하려고 한다.

우리가 제시하는 글의 주제를 독자가 명확하게 이해하도록 하기 위해서, 우리는 그 주제를 정의할 필요가 있다는 것을 자주 발견하게 된다. 우리의 주제는 독자에게 아주 복잡하거나 새로운 것일 수도 있다. 그렇다면, 이를 단순화하거나 독자가 이해할 수 있는 말로 소개할 필요가 있다. 우리의 주제에는 여러 측면이 있을 것이다. 그 중의 하나만을 언급하면, 우리는 1) 주제에는 여러 가지 요소가 있으며, 2) 그 중의 하나의 단면을 다루려고 한다고 말하여야 한다. 다시 말하면, 우리는 주제의 범위를 제한하려고 한다고 말하는 것이다.

우리는 때때로 하나의 단어를 정의할 필요가 있었을 것이다. 우리가 단어의 의미를 설명하는데 사용하는 과정을 검토해보자. 펜을 예로 들어보자. 펜이란 무엇인가? 우리는 펜을 글을 쓰는 도구라고 말할 것이다. 그러나 연필, 타자기 그리고 세계의 몇몇 곳에서는 붓이 또한 글을 쓰는 도구로 사용한다.

펜이 글을 쓰는 도구라고 부를 때에 우리는 펜을 일반 범주에 넣은 것이다. 그러나 이것은 정의를 하는 첫 번째 단계일 뿐이다. 즉 정의해야 할 대상을 일반적인 범주에 넣는 것이다.

정의의 다음 단계는 그 대상이 같은 범주에 속하는 다른 대상과 어떻게 다른가를 보여주는 것이다. 펜의 정의로 되돌아가보자. 어떤 방법으로 펜을 연필, 타자기 그리고 붓과 구별할 수 있는가? 우리는 펜의 물리적 특성을 기술할 수 있을 것이다. 우리는 펜의 모양이 원통형이고 넓이보다는 길이가 더 길고, 글을 쓰는 부분이 뾰족하다고 말할 수 있을 것이다. 이러한 세부적 특성은 펜과 다른 대상, 예를 들면 타자기와 명확히 구별시킬 수가 있다. 그러나 이러한 정의는 펜을 연필이나 붓과 명확히 구분지울 수 있을 것인가? 구별을 하기 위해서 우리는 글을 쓰는 펜의 끝은 단단한 물질로 만들어졌다고 말하여야 할 것이다. 우리는 또 글을 쓸 때에 펜의 뾰족한 끝에 있는 구멍에서 액체가 흘러나와서 글을 쓴다고 말하여야 할 것이다. 붓 끝은 부드럽고 또 연필 끝에서는 액체가 흘러나오지 않기 때문에, 펜을 다른 필기도구와 구별지울 수 있는 것이다.

8.10

우리는 문단을 전개하는데, 이와 똑같은 절차를 적용할 수 있다. 다음 문단에서 이러한 절차가 어떻게 사용되었는가를 살펴라. 아래 문단을 읽고 물음에 답하라.

티스푼은 음식을 퍼 올리거나 운반하는 주방기구이다. 이것은 2개의 부분으로 되어 있다. 즉, 손으로 잡는 납작하고 좁은 부부인 손잡이와 액체 속에 담그거나 액체, 음식 또는 다른 물질을 나르는 얕은 달걀형의 오목한 부분(bowl)이다. 손잡이의 길이는 12cm 정도이다. 손잡이는 넓은 끝 쪽이 위로 약간 휘어져 있고, 오목한 부분 쪽으로 날카롭게 굽어져 있다. 오른 손의 셋째 손가락(장지, 중지)에 올려놓고 첫째 손가락(엄지)과 둘째손가락(집게)의 첫 마디로 쥐었을 때에 스푼의 손잡이는 손에 딱 들어맞도록 모양이 되어 있다. 오목한 부분을 수평으로 할 때에, 손잡이는 약간 위를 향한다. 스푼은 대개 금속이나, 오래 써도 쉽게 닳지 않고 잘 부서지지 않은 물질로 만들어져 있다.

A. 이 문단에서 어떤 물건이 정의되고 있는가?

B. 이 물건은 어떤 일반 부류에 속하는가?

C. 이 물건은 같은 부류에 속하는 다른 품목과 어떻게 구별이 되는가?

D. 이 물건은 어떻게 사용되는가?

E. 이 물건은 어떤 부분으로 되어 있는가?

F. 이 물건은 대개 어떤 물질로 만들어져 있는가?

8.11

잘된 정의는 세밀한 관찰과 명석한 생각과 조심스러운 구성을 요구한다. 간단한 또 흔한 물건도 정확하게 정의하기가 쉽지 않다. 더 어렵고 또 추상적인 용어를 정의하려고 시도하기 전에, 지금까지 배운 기법을 이용하여 아주 친근한 사물을 분석해 보자.

A. 다음의 각각의 사물이 속해있는 일반적인 부류를 적어라. ⊃ 예: 반지 – 귀금속

1. 전화기 -
2. 등받이 의자 -
3. 모터스쿠터 -
4. 사전 -
5. 컵 -

B. A에 있는 물건들의 용도를 간략하게 써라. ※예: 반지 : 치장

1. 전화기 -
2. 등받이 의자 -
3. 모터스쿠터 -
4. 사전 -
5. 컵 -

8.12

위의 항목들을 정의할 때에, 아마 다음과 같은 질문을 하였을 것이다. "이 품목이 어느 부류에 속하지? 어떻게 사용되지?" 아마 다음과 같은 질문도 있었을 것이다. "어떻게 생겼지? 어떻게 만들어졌지? 그것을 구성하고 있는 부분들은 무엇인지? 그 속에 무엇이 들어간 것인지?" 정의의 대상에 따라 이런 질문이 유효할 것이다.

A. 아래의 품목을 정의하는데, 위의 질문 중의 어느 것이 정의하는데 적절한가?

1. 다이빙 보드:
2. 옷:
3. 사과 파이:
4. 전축:

8.13

다음에 나오는 사물의 기본적 물리적 특성을 생각해 내어 언급하라. 그런 언급은 학습자가 정의를 할 때에 사용하게 되는 말이 될 것이다. 그 물건들을 더 정확히 정의하는데 도움이 된다고 생각되는 각 품목의 부분이나 특성을 추가해 보아라.

A. 신발: 갈색, 바닥, 뒤꿈치, 가죽 끈, 유연성 물질, 아름다운, 무거운, 발 모양에 맞게

B. 책상: 다리, 금속, 목재, 빨강, 낮은, 편편한 표면, 딱딱한, 서랍

C. 창: 벽에 구멍, 커튼, 유리, 장식된, 큰, 사각형, 둥근

8.14

아래에 정의를 사용한 문단이 있다. 그 문단을 읽고 물음에 답하여라.

온도를 측정하는 여러 가지 장치 중에, 수은 온도계가 가장 흔하다. 수은 온도계는 가는 유리 튜브(모세관)로 되어있고, 맨 끝은 작은 수은구(bulb)가 달려있고, 상단 끝은 봉해져 있다. 수은구와 모세관의 일부에는 수은이 주입되어 있고 나머지 부분은 비어있다. 온도가 상승하면, 수은과 유리 관이 팽창한다. 그러나 수은은 유리보다 더 팽창하며, 수은의 일부가 좁은 모세관을 타고 올라간다. 눈금은 유리에 새겨져 있어서 온도를 읽을 수 있다.

A. 정의되고 있는 대상은 무엇인가?

B. 어디에 사용하는 것인가?

C. 구성 요소는?

D. 안에 들어있는 것은 무엇인가?

☞ B번에 응답함으로서, 우리는 이 사물이 속하는 일반 범주를 설정하게 된다.

8.15

위에서 정의를 사용하여 문단을 전개하는 기법을 일상적인 물건에 응용하였다. 그러면 같은 기법을 추상적인 개념을 정의하는 문단을 분석하는데 사용해 보자. 아래 문단을 읽고, 물음에 답하여라.

언어학이란 언어를 그 내적 구조의 관점에서 이해하려고 하는 학문이다. 물론 언어학은 다른 학문과 연관성이 전혀 없는 별개의 또 전적으로 독립적인 학문은 아니지만, 언어학은 그 한계가 분명하고 정확하게 구분되어지는 학문 분야이며, 자체적으로 고도로 효과적이고 아주 특징적인 방법을 발전시켜왔다. 그러나 언어학은 물리 음향학, 언어 소통학, 인간 생리학, 심리학 그리고 인류학과 같은 학문들의 기초적인 개념과 자료에 의존 하여야 한다. 대신, 언어학은 이들 학문에 중요한 기여를 하고 있다. 그러나 언어학이 다른 학문과 아무리 밀접하게 연관되어 있다 할지라도, 언어 구조의 연구가 기본 관심사이기 때문에 이들 학문들과는 확실하게 구별된다.

A. 위 문단에서 정의되고 있는 것은 무엇인가?

B. 정의되고 있는 항목이 어떤 일반 범주에 속하는가?

C. 이런 범주에 드는 다른 것들은 무엇인가?

D. 정의되고 있는 것이 이들과 어떤 관계인가?

E. 이것은 그들과 어떻게 다른가?

8.16

8.15의 문단을 다시 읽고 아래의 물에 답하라.

언어학이 추상적인 개념이기 때문에, 이것이 어떻게 생겼는가하는 관점에서 정의할 수는 없다. 그러나 그것의 용도나 기능의 관점에서는 정의할 수 있다.

¶ 언어학의 기능은 무엇인가?

8.17

아래 문단에 따르면 교육의 기능은 무엇인가?

자, 내가 의미한 이 거대한 게임의 규칙을 학습하는 것이다. 다시 말하면, 교육은 지식인이 자연 법칙을 가르치는 것이다. 여기에는 사물과 사물의 힘뿐만 아니라, 인간과 인간의 삶의 방식도 포함된다. 또 애정과 의지를 진지하고 사랑스러운 욕구로 바꿔서 그런 자연 법칙과 어떻게 하면 잘 조화를 이루어 살아갈 수 있게 되는가 하는 방법도 포함된다. 나에게는 교육은 이것 이상도 이하도 아니다. 교육이라고 자처하는 어떤 것이든지, 이런 기준에 의해서 판별되어야 한다. 그리고 이런 시험을 통과하지 못한다면, 나는 그것을 교육이라고 부르지 않겠다. 비록 반대편에서 어떤 권위나 수의 힘으로 버티든 간에. – *토마스 헨리 헉슬리*

8.18

아래의 2 문단을 읽어라. 하나는 정의를 문단전개의 주된 방법으로 사용하고 있고. 또 하나는 예시(illustration)를 사용하고 있다. 각 문단에 사용된 방법을 알아내서 각 문단 앞에 적어라.

❑______ A. 하나의 주를 그 면적만 보고 판단하면 속기 쉽다. 지도상에서는 다른 서부의 주들과 어깨를 겨누는 애리조나 주는 단지 평균 크기의 주에 지나지 않는다. 그런데도 뉴잉글랜드의 6개 주와 화란을 합쳐도 아직도 스위스를 쑤셔 넣어도 될 만큼 면적이 넓다. 그러나 이 주의 인구는 비록 급속히 팽창하고는 있지만, 피츠버그 시보다도 적다. 단지 638,000명에 지나지 않는다. 애리조나 주에는 더 많은 사람을 받아들일 공간이 많다

❑______ B. "문명"이라는 단어만큼 막연하게 쓰이는 단어는 별로 없다. 이것은 무엇을 의미하는가? 이것은 주민의 의견에 바탕을 둔 사회를 의미한다. 이것은 폭력, 군인의 지배와 지배자의 폭정, 전쟁의 상태 등이 법에 자리를 내주는 것을 의미한다. 즉, 국회에 의해서 만들어진 법들에 의해 장기간 유지되는 독립적인 정의의 법정이 제 자리를 차지하는 것을 의미한다. 그것이 문명이며, 그런 토양에서는 주민들이 안락하게 생활하고 그리고 문화가 계속적으로 성장하고 또 덜 구속을 받는 생활이 대다수에게 제공된다. 또 과거의 전통이 함양되고 선조들과 용기 있는 선각자들에 의해 우리에게 전해진 유산이 풍요로운 자산이 되어 모두가 이를 즐기고 사용하게 된다.

8.19

위에 있는 두 문단을 읽고 아래 물음에 답하여라.

A. B 문단에서 무엇이 정의되고 있는가?

B. A 문단에서는 무엇이 예시되고 있는가?

C. A 문단에서 문단을 전개하는 주된 방법으로 예시를 사용하는 것이 효과적인가?

D. 왜 필자는 문명이라는 단어를 정의하는 것이 필요하다고 생각하는가?

8.20

아래 두 문단을 읽어라. 각각의 문단을 전개하는 주된 방법이 무엇인지 알아내라. 빈 칸에 답을 써 넣어라.

❏_______________ A. 즐거운 얘기(merry tale)나 동물 얘기(animal tale)와 달리, 동화(fairy tale)는 그 속의 인간이 영웅이고 행복한 결말을 맺는 진지한 얘기이다. 주인공에 대한 이야기의 진행과정은 비극적 영웅과는 정반대이다. 즉 처음에는 그는 어리석거나 재주가 없어서, 즉 영웅적 자질이 부족하여, 사회적으로 천대받거나 경멸을 받지만, 끝에 가서는 그는 영웅적 행위를 보여주고, 명성과 부 그리고 사랑을 얻어 모든 사람들을 놀라게 한다. 비록 그가 종당에는 성공하지만, 투쟁 없이 얻어지는 것은 아니다. 그의 앞에는 유리로 된 산이나 화염방벽과 같은 자연적 장애물이 그를 가로 막을 뿐만 아니라 사악한 적대 세력, 계모, 질투하는 형제와 마녀 등에 직면하게 되어 애초엔 성공이 의심스러운 가운데서도 결국은 성공한다. 많은 경우에 그에게 어려움을 뚫고 가는 길을 알려주고 또 그가 할 수 없는 어려운 일을 대신 행하여 주는 친절한 도움 없이는 실패할 수도 있었을 것이다. 즉, 자기 자신의 힘 외에 행운을 필요로 하는데, 이런 행운은 우연히 오는 것이 아니고 그의 성격과 행동 때문에 따라오는 당연한 귀결이다. 이야기는 정의를 실천하는 것으로 끝난다. 선한 사람이 상을 받고 악한 사람은 별을 받는 인과응보의 법칙이 적용된다.

❏_______________ B. 비록 합성재료가 점차 많이 사용되고 있지만 아직도 상업적으로 중요한 물질인 목재는 2가지 종류의 나무에서 온다. 즉, 연목(softwood)인 침엽수(conifers)과 견목(hardwood)인 쌍자엽수(dicotyledons)이다. 연목은 우리가 흔히 알고 있는 유용한 상록수인 소나무, 전나무, 삼나무, 몇몇 히말라야 삼목 그리고 물론 캐리포니아의 미국 삼나무 등이다. 견목에서 우리는 더욱더 다양한 종류의 목재를 얻는다. 즉 양물푸레나무, 너도밤나무, 히코리나무, 느릅나무, 참나무, 단풍나무, 호두나무, 플라타너스, 유카립터스, 티크(teak) 그리고 여러 가지 종류의 박달나무 등이다. 이 모든 나무에서 매년 막대한 양의 목재가 얻어진다.

8.21

위의 문단들을 다시 검토하라.

A. 위 A 문단에서는 무엇이 정의되고 있는가?

B. 위 B 문단에서는 무엇이 분류되고 있는가?

8.22

비록 이들 문단에서 문단을 전개하는 주된 방법은 달라도, 양 문단에서 예가 사용된 것을 관찰할 수 있다.

A. 첫째 문단에서 나타난 자연적인 장애의 예를 적어보아라.

B. 둘째 문단에서 나타난 나무의 예를 적어라.

☞ 여기서 우리는 하나의 문단을 전개하는데 여러 가지 방법을 결합하여 사용할 수 있다는 사실을 알았다.

8.23

지금까지 우리는 3가지 간접 논지 전환장치에 접하게 되었다. 즉 반복, 동의어 그리고 대명사. 10과에서는 세 번째 장치의 용법을 더 연습하게 될 것이다. 다음 문단에서 처음 두 가지 장치의 사용법을 검토해보자. 반복하여 사용된 단어에 실선을 치고, 그것의 동의어에는 점선을 그어라.

그리고 미국에는 인디언들이 있다. 오클라호마 주 다음으로 애리조나에는 미국의 어느 다른 주보다도 많은 인디언들이 산다. 이 주의 3분의1은 인디언 구역으로 15개의 종족이 보호구역 내에 살고 있고 인디언의 인구는 약 55,000명이다. 그 중에서 아마 나바호와 호피 인디언이 가장 잘 알려져 있을 것이다—전자는 카펫, 담요, 은과 터키석 장식으로; 후자는 도자기, 카치나 인형, 사진에 많이 나오는 푸에블로 인디언의 집단 주택, 연례적 축제의식인 뱀 춤, 즉 기우제 등으로 알려져 있다. "인디언 지역"은 이 주의 동북부의 거대한 지역을 차지하고 있는데, 페인티드 데저트(Painted Desert) 너머에 위치해 있으면서 뉴멕시코 주로 뻗어있다.

8.23a

아래 문단을 읽고 8.23에서와 같이 하라.

그러나 모든 광경 가운데서 가장 위대하고, 세계에서 유래가 없고 또 모든 사람이 보고 싶어 하는 광경은 그랜드 캐니언(The Grand Canyon)일 것이다. 백인들이 처음으로 이 거대한 협곡을 본 것은 1540년 이었다. 그들은 콜로라도의 주력부대에서 떨어져 나와서 수색활동을 하고 있다가 이 협곡을 보고 경외심에 사로잡혔다. 그랜드 캐니언은 처음 스페인 사람들에게 있어서와 마찬가지로, 우리에게도 놀라운 광경이지만, 과학적인 사건이거나, 종교적 경험이 될 수 있다. 또는 이 모든 것이 될 수도 있다. 이곳의 무지개는 모든 색깔을 자랑하고 있어서 그것을 정확하게 묘사하기 위해서 모든 형용사를 다 동원해도 설명이 불가능하다. 깊이가 1마일이고 폭이 10마일이나 되는 이 거대한 협곡을 처음 보고 충격에서 벗어난 모든 방문객은 2가지를 알고 싶어 한다. 즉 언제 생겼고 또 무엇이 이것을 이렇게 만들었는가이다. 대답은 간단하다. 1천2백만 년 전에 콜로라도 강의 침식작용 때문에 생겨난 것이다.

8.24

❋ 정의의 예

아래의 글은 전체적으로 일반적인 것에서 구체적인 것으로 옮겨가면서 정의하고 있다. 처음에는 동부에서 서부로, 이어 국가 발전, 국민적 공감대 그리고 여러 가지 나라의 모습을 그리고 있다. 또 다른 면에서는 공간순서(지리적), 시간순서(역사적), 그리고 현재의 모습을 그리고 있다. **구체적으로 또 자세히 살펴보아라.**

여름을 해외에서 보내고 귀국한 미국인들에겐 미국이야말로 정든 고향집이 의미하는 모든 것을 갖추고 있다. 뉴욕 주 북부에 있는 알바니에서 발원하여 뉴욕시 자유 여신상을 지나 대서양으로 흘러나가는 허드슨 강, 장대한 미시시피 강, 올맨 강(Ol' Man River, 오스카 해머스타인이 미시시피 강을 소재로 한 서정시의 제목), 그리고 미시시피 강 제방을 따라 애창되던 흑인 영가가 있다. 립 밴 윙클(Rip Van Wingkle)의 전설이 깃 든 뉴욕 주의 캐츠킬 산맥, 로우든 요새(Fort Louden, Pennsylvania 주 Chambersburg 근처에 있고, 영국 식민지 시절 불란서 군과 인디언이 합세하여 영국군에 대항하여 군사반란을 일으킨 역사적 명소)로부터 피트 요새(Fort Pitt, Pennsylvania주의 Pittsburgh시가 위치한 곳으로 미국 독립전쟁 당시 영국군 William Pitt the Elder의 이름을 따옴. 그 전에는 the French and Indian War로 잘 알려져 있음)까지 인디언의 발길로 다져 논 산길이 종횡으로 뻗어있는 알레게니 산맥, 몬태나 주의 그랜드 티턴 국립공원(The Grand Tetons, 빙하로 덮인 산악지대), 그리고 테네시 주의 스모키 산맥(애팔래치아 산맥의 남부, Great Smoky Mountains National Park가 있다)이 있다. 솔트 레이크(Great Salt Lake, 유타 주에 있고, 염수의 농도가 해수의 10배에 달하는 호수), 애리조나 주의 대협곡인 그랜드 캐니언, 나이아가라 폭포, 그리고 요세미티(Yosemite, 캘리포니아 동부의 빙하 침식에 의한 대계곡)가 있다. 펜실베이니아 주로부터는 카너스토우거(Conestoga wagons, 서부 이주자들이 타던 큰 포장마차), 서부 대평원을 횡단하던 개척자들의 발자취, 이곳을 통과하여 우편물을 나르던 조랑말 속달우편(pony-express), 미국의 동서를 연결시켜준 위대한 검은색 철마(iron horses, 기관차), 미 제국 건설에 일익을 담당하느라고 검은 연기를 내뿜던 공장들이 있다. 콩코드 전투에 최초로 소집되었던 긴급소집 민병대(Minutemen of Concord, 미 독립전쟁 때 통고받고 몇 분 내로 즉시 소집 가능했던 즉시 동원 민병대), 존스와 수병(John Paul Jones, 미 독립전쟁 때 영국 동부해안에서 영군함을 격파하고 해전에 승리함), 앨러모 전투의 크로켓(David Crokett, 미국의 전설적인 개척자/정치인, Texas주 Alamo에서 산타아나가 이끄는 멕시코 군과 싸우다 전사함), 게티즈버그 전투에서 서로 총을 겨누던 남군과 북군(the Blue and the Gray at Gettysburg, 미 남북전쟁의 전환점이 된 전투, 북군의 청색 군복과 남군의 회색 군복을 지칭함), 테디 루스벨트 대통령과 의용기병대(Roughrider, 미국과 스페인 전쟁 때의 의용 기병대원), 그리고 보병과 미국 병사들(dough-boys and GI's)이 있다. 민주주의, 4가지의 자유(the Four Freedoms, F. R. Roosevelt 대통령이 선언한 freedom of speech and expression언론과 표현의 자유, freedom of worship신앙의 자유, freedom from want빈곤으로부터의 자유, freedom from fear공포로부터의 자유를 말함), 그리고 세계 평화를 위한 간절한 소망이 있다. 미 대륙 남부에 걸쳐서 팝콘, 땅콩, 팝 뮤직이 있다. 텔레비전, 고물 자동차(jallopies), 야외 영화가 있다. 미식 축구, 야구의 월드 시리즈(the World Series), 그리고 금요일 밤의 레슬링이나 권투 같은 격투기(the fights on Friday nights)가 있다. 대도시, 작은 읍, 길 아래의 하얀 집, 포도 과수원, 뒤뜰에 있는 그네, 머리가 빠져가는 노인네와 그의 곁에서 누군가를 기다리고 있는, 마음씨 곱고 사랑스런 얼굴을 한 자그마한 늙은 여인네가 있다. 그밖에도 당신이 추가하고 싶은 것이 무엇이던 간에 미국은 말 그대로 나의 정든 고향이다.

8.25

숙제: 여름 동안 해외여행을 다녀온 후 고국보다 좋은 곳은 없다는 글을 쓰라.

예: 원경식 씀(일부 수정)

여름을 해외에서 보낸 한국인에게는 한국은 고향을 의미하는 모든 것으로 느껴진다. 거대한 압록강이 백두산에서 발원하여 신의주을 지나 황해로 흘러들어 간다. 두만강, 한강, 낙동강은 긴 강들이다. 거대한 태백산맥이 남으로 약 500km나 뻗어서 한반도의 척추의 역할을 한다. 백두산의 천지, 인천 앞바다의 백령도, 제주도의 천지연 폭포와 성산포. 가장 원시적인 운송수단인 지게, 역마를 통한 우편물의 수송, 두 바퀴의 인력거와 긴 담뱃대. 신라의 화랑정신, 이순신의 수병들, 3.1 독립운동. 해방과 민주주의, 세계의 평화에 대한 희망. 전국 여기저기에서 산출되는 벼, 감자, 콩의 농사와 소다수; 텔레비전, 극장, 축구와 농구 경기. 큰 도시와 작은 읍, 길 아래 있는 초가집, 포도 넝쿨, 뒤뜰에서의 새들의 노래 소리, 백발이 된 노인과 누군가가 돌아오기를 기다리는 얼굴이 예쁜 작은 노부인. 이것이, 이것이, 우리가 바라는 것, 즉 정든 고향을 느끼게 하는 한국이다.

8.26

＊반복을 통한 정의의 예

아마추어에 대한 적절하고 정확한 또 빈틈없는 정의에 도달하려고 시도한다면, 상당히 혼란을 겪을 것이다. 사전에는 아마추어는 프로가 아닌 사람이라고 정의하고 있는데, 프로는 대개 운동경기에서 내기를 하거나, 돈을 걸거나, 입장료를 걸고 경쟁하는 사람을 말하고 또는 상금을 목적으로 하는 사람을 말한다. 보수를 받기 위해서 스포츠나 운동경기에서 교육이나 훈련을 시키는 사람을 의미하기도 한다. 이러한 정의에 대해서 아마추어 단체들은 프로는 직간접적으로 보수를 위해서 운동기술이나 자신의 이름을 상업적으로 이용케 하는 사람은 누구나 프로라고 한다고 말한다. 그러나 오늘날 스포츠계의 사정이나 여건으로 볼 때, 이런 소리(즉 정의)도 의심이나 논쟁의 여지가 상당히 있다. 미국의 스포츠 기자의 한사람이 정확성 면에서 좀더 가까이 다가가 있다. 그는 아마추어는 수표를 받지 않는 사람이라고 정의하고 있다.

그러나 장기간 동안 아마추어를 관찰하고 다룬 나의 경험에 의하면, 가장 비판적인 마지막 정의에 있어서도 융통성이 너무 많다. 나의 책에서 아마추어 골퍼는 일요일 아침에 골프클럽에 나가 80에서 110사이를 치는 사람을 말한다. 아마추어 테니스 선수는 주말에 정구코트에 나온 신사나 숙녀로서 백핸드 쪽으로 많은 공이 오지 않기를 바라는 사람들로 백핸드는 항상 약하다. 또 아마추어 주자는 통근하는 사람으로, 리치먼드나 포트 워싱턴에서 나와 8:13발 전철을 타기 위해 달리는 사람을 말한다. 그렇지 않으면, 나는 미국에서 진정한 아마추어가 누구인지 알 수가 없다.

제8과 복습 및 확장된 연습문제

8.27

정의체 문단은 단어, 어구, 또는 용어가 무슨 뜻인지를 설명하는 글이다. 정의체 글을 쓰려고 할 때 고려할 사항은 먼저 정의할 용어를 선택하여, 사전에서 그 말의 뜻을 찾아보고, 그 의미를 참고는 하되 그대로 베끼지 말고, 자신의 말로 그 용어를 다르게 설명해야한다. 사랑, 정직, 명예와 같은 추상명사는 개인의 견해에 따라 그 의미가 천차만별이 될 수 있기 때문에 그 범위를 좁혀야한다. 예컨대, "사랑"이란 말은 평생을 써봐도 끝이 없기 때문에 낭만적 사랑, 정신적 사랑(Platonic love), 또는 첫사랑 등으로 그 범위를 좁혀야한다. 그러나 반대로, 나무나 책과 같이 명확하고, 구체적인 의미(definite, concrete meanings)를 가진 용어의 경우엔 구체적 주제(specific topic)보다는 보다 광범위한, 총칭적 주제(broad, generic topic)가 더 좋다. 예컨대, 웨스트민스터 성당(Westminster Abby)보다는 교회(church)가, 그리고 마릴린 몬로(Marilyn Monroc)보다는 여성을 정의하는 것이 더 낫다. 정의체 문단을 전개하는 방법은 다음과 같다.

1. **기능에 의한 정의**(Define by function): 정의 대상이 무슨 일을 어떻게 하며, 어떻게 작동이 되는가를 설명한다.
2. **분석 또는 구조에 의한 정의**(Define by structure or by analysis): 정의 대상이 어떻게 구성이 되어있는가, 즉 정의 대상을 각 구성 성분으로 나누고, 각 부분을 따로따로 정의한다.
3. **분류에 의한 정의**(Define by classification): 정의 대상이 어떤 집단이나 부류에 속하는가, 또는 같은 집단/부류에 속하는 다른 것들과의 유사점과 차이점을 예를

들어 설명한다.

4. **비교/대조에 의한 정의**(Define by comparison/contrast): 우리가 잘 모르는 것을 정의하려고 할 땐 이미 잘 알고 있는 것과의 유사성이나 차이점을 들어 설명한다.
5. **이야기나 예를 들어 정의하기**(Define by narrative illustration): 사실, 사건, 일화/비화/비사 등을 사용하여 이야기체로 예를 들어 설명한다.
6. **구체적 세부사항을 들어 정의하기**(Define using concrete details): 정의 대상이 나타내는 물리적 특성, 전통적인 관념, 독특하거나 놀라운 특성, 또는 그 외의 구별짓는 특성을 들어 설명한다.
7. **부정/반대에 의한 정의**(Define by negation or counterpoint): 정의 대상이 무엇인가에 대한 근거를 제시하기 위해서는 그것이 아닌 것이 무엇인지를 설명한다. 즉 그것이 아닌 것은 무엇인가? 그것은 무엇을 할 수가 없는가? 그것의 한계는 무엇인가(limitations)?
8. **기원과 원인에 의한 정의**(Define by explaining its origins and causes): 정의 대상이 어디서 유래되었는가? 그것의 역사적 배경은 무엇인가? 처음 어떻게 탄생하게 되었는가?
9. **용도, 결과, 혹은 효과의 설명에 의한 정의**(Define by explaining its uses, results, and effects): 정의 대상이 쓸모가 있는가? 그것의 주요 용도는 무엇인가? 그것을 사용하면 어떤 결과나 효과가 있는가?
10. **미래에 대한 전망을 예측하여 정의하기**(Define by predicting its futures): 정의 대상의 미래에 어떤 일이 닥칠 것인가? 앞으로 그 효력/실효성이 얼마나 지속될 것인가.

8.27.1

다음 문단을 읽고 아래 질문에 답하라.

<검보(Gumbo)>

검보(오크라 수프, Okra soup)의 사전적 의미를 보면, 마치 이 음식이 실제보다 그렇게 맛이 없는 것처럼 보인다. 사전에서는 검보를 "남부 루이지애나에서 만든 걸쭉한 수프(a thick soup)"라고 되어있다. 그러나 이 맛좋은 음식을 먹어본 사람은 누구나

이러한 정의가 검보를 묘사하는 데는 너무 밋밋한(too bland) 표현이라는 사실을 안다. 검보가 걸쭉한 수프라는 말은 맞지만, 그러나 검보에는 그 이상의 뭔가가 있다. 모든 케이쥰 요리 중에서 가장 인기가 있는 검보는 다양한 종류의 해산물 또는 육류와 피망(pimentos), 양파와 같은 채소를 섞어서 조리한다. 예컨대, 해산물 검보는 새우와 조개를 넣는다. 다른 종류의 검보는 닭고기, 소시지, 또는 칠면조고기를 넣는다. 검보에 넣는 재료(ingredients)가 무엇이던 간에 검보는 언제나 사발에 쌀밥을 담고 그 위에 검보 요리를 부어서 먹는다.

1) 위 문단의 주제문은?

2) 이 글에서 검보의 사전적 의미가 너무 김 빠진 표현이라고 했는데, 아래에 학생 자신의 정의를 다시 내려보아라.

3) 이 글에서 "케이쥰 요리" 라는 말이 나오는데, "Cajun" 이란 단어를 사전, 백과사전, 또는 인터넷에서 찾아보고, 그 역사적 배경을 써보아라.

4) 이 정의체 문단의 전개 방식은?

8.27.2

다음 문단을 읽고 아래 질문에 답하라.

<가십(Gossip)>

미국 헤리티지 사전에 의하면 가십은 "개인의 일신상 성격의 하찮은 소문"이라고 정의하고 있는데, 그러나 이런 정의는 가십이 마치 전혀 해롭지 않은 것처럼 들린다. 첫째, 가십이 그렇게 나쁘지 않는 것처럼 보일지도 모른다. 한 사람이 두 번째 사람에게 어떤 다른 사람에 대한 이야기를 하면, 그 두 번째 사람은 세 번째 사람에게 그 이야기를 하고, 그 사람은 다시……. 등등. 그 정보는 이런 식으로 이 사람에게서 저 사람에게로 퍼져나간다. 그래서 가십은 단순한 정보나 소문 그 이상이다(gossip is much more than just information and rumor). 소문이 계속 진행되면서, 그 소문이

점점 더 커지고, 내용도 바뀐다. 사람들은 모든 사실을 다 아는 것도 아니다. 그들은 중간에 정보를 더 보탠다. 가십이 한 사람에게서 다음 사람으로 이동해가면서 그 피해는 계속되는데도, 그 가쉽의 당사자는 자신을 방어하거나 변론을 하기 위한 어떤 일도 할 수 없다. 가십에 의한 잠재적 피해(the potential damage)는 상처받은 감정에서부터 직장을 잃는 결과를 초래할 수도 있기 때문에, 가십은 사실 단지 "하찮은 소문"보다는 훨씬 더 나쁜 것이다.

1) 위 문단의 주제문은?

2) 이 문단이 주제는?

3) 이 문단의 결말과 그 종류는?

4) 이 문단은 정의체 문단인데, 문단을 전개하는 방식은?

8.27.3

다음 문단을 읽고 아래 질문에 답하라.

<프레첼(Pretzels)>

프레첼은 소금으로 간을 해서 짭짤하고, 매끄럽게 윤기가 나며, 매듭 모양으로 꼬인 일종의 비스킷이다. 프레첼은 서기 610년에 이탈리아의 남자 수도원에서 맨 처음으로 만든 것이다. 이 비비꼬이고, 가늘고 긴 과자는 원래는 "프레티올라"라고 불렀는데, 그 의미는 라틴어로 "작은 보상"이란 뜻이다. 프레첼은 수사들이 기도하는 법을 배운 동네 아이들에게 상으로 주었다. 프레첼은 유럽 전 지역에 급속도로 퍼져나갔다. 오늘날에는 프레첼이 독일, 오스트리아 그리고 미국에서 특히 인기가 있는 간식거리이다. 사실은 이 간식거리의 현재 발음은 "프레티올라"라는 말이 전와(轉訛)되어 현재의 "프레첼"이란 영어 단어가 된 것이다.

1) 위 문단의 주제문은?

2) 이 문단의 전개 방식은?

8.27.4

다음 문단을 읽고 아래 질문에 답하라.

<최악의 대폭풍(Nature's Worst Storm)>

허리케인(a hurricane)은 강풍과 폭우를 동반한 아주 위험한 폭풍이다. 뿐만 아니라, 해안가에 있는 지역은 마을 전체가 물에 잠길 수도 있는 해일의 피해를 입을 수도 있다. 대서양의 허리케인은 4월에서 11월 사이에 대부분 발생한다. 그러나 허리케인이 가장 빈번한 시기는 8월과 9월이다. 현대과학은 이제 어느 특정한 지역 주민들이 언제 허리케인이 그 지역을 강타할 위험이 있는지를 미리 예측 가능케 해준다. 그러나 이러한 예측이 반드시 정확한 것은 아니다. 예컨대, 1900년 텍사스주 갤베스톤 시민들을 기습 공격한 허리케인은 수천 명의 사망자를 냈다. 비록 우리가 허리케인에 대해서 전보다는 훨씬 더 많이 알게 되었고, 그 진로까지 추적할(track their movements) 수 있게 되었지만, 허리케인은 아직도 가장 위험한 기후현상 중의 하나로 남아있다.

1) 위 문단의 주제문은?

2) 이 문단의 결말과 그 종류는?

3) 이 글에서 파도가 밀려오는 현상인 해일(a tidal surge)을 언급했는데, 이는 쓰나미(tsunami)와 어떤 차이가 있는가?

8.27.5

다음 문단을 읽고 아래 질문에 답하라.

<인내(Patience)>

인내란 비록 당장 눈앞에서 그 결과를 기대할 수는 없으면서도 어떤 일을 계속할

수 있는 능력이다. 우리는 어린 아이들을 가르치는 선생에게서 인내심을 발휘하고 있는 모습을 본다. 비록 그 선생이 그 날 몸이 별로 좋지 않을지라도 그 선생은 아이들이 못되게 행동할(misbehave) 때 화내지 않고 미소를 짓는다. 우리는 비록 어느 사무원이 이미 7내지 8시간 동안이나 일을 계속했는데도 고객들에게 여전히 공손하게 대하는 모습에서 인내를 볼 수 있다.

✍

현대사회를 살아가고 있는 요즈음 사람들은 조금의 인내심조차도 없다(lack simple patience). 요즘 사람들은 언제나 당장 눈앞의 결과만을 기대한다. 내가 볼 땐 인내심이야말로 문명화된 사회의 징표라고 생각한다(one mark of a civilized society).

a. 우리는 어떤 사람에게서 인내심을 본다. b. 그 사람은 길모퉁이에 있다. c. 그 사람은 기다리고 있다. d. 보슬비가(drizzle) 내리고 있다.

1) 위 문단의 주제문은?

2) 이 글에서 "인내" 에 대한 정의를 필자가 내린 것인가, 혹은 사전적 정의인가?

3) 이 문단의 결말과 그 종류는?

4) 문단 바로 밑에 있는 4개의 문장을 하나로 결합하여 위의 빈 칸에 채워 넣어라.

8.27.6

다음 문단을 읽고 아래 질문에 답하라.

<수어드의 바보짓(Seward's Folly)>

바보짓이란 어리석고, 나쁜 결과를 가져와서 결과적으로 값비싼 대가를 치르는 행위이다. 미국 최대의 원유 생산주인 알래스카의 구입이 한때는 바보짓이라고 여겨졌던 사실을 알고 있는가? 사실은 알래스카가 "수어드의 바보짓"이라고 불렸다.

이런 이름은 1867년 러시아로부터 알래스카를 사들이는 것이 좋은 생각이라고 미의회를 설득시켰던 국무장관 윌리엄 수어드를 가리키는 말이다. 그 당시엔 많은 미국인들이 수백만 불을 주고 추운 불모지를 구입한다는 것은 엄청난 낭비라고 생각했다. 그러나 그들의 생각이 틀렸던 것이다.

✍

많은 양의 금과 다른 광물들이 알래스카에서 발견되었다. 알래스카는 미국에게 중요한 석유원이다. 뿐만 아니라, 매년 수천 명의 사람들이 그 주의 아름다운 자연경관을 보기 위해 알래스카를 방문한다. 1867년에 알래스카를 구입한 것은 그 당시엔 잘못된 결정처럼 보였을지도 모르지만, 오늘날 우리는 알래스카의 매입이 결코 바보짓이 아니었다는 사실을 분명히 알고 있다.

a. 알래스카는 항시 추운 곳은 아니다. b. 알래스카는 항시 불모지는 아니다. c. 그것은 돈의 낭비가 아니었다(not a waste of money).

1) 위 문단의 주제문은?

2) 위 문단 바로 밑에 있는 3개의 문장을 하나로 결합하여 위 빈 칸을 채워 넣어라.

3) 이 문단의 결말과 그 종류는?

4) 이 글은 정의체 문단인데, 문단의 전개 방식은?

8.27.7

다음 문단을 읽고 아래 질문에 답하라.

<기이한 어원語源(An Unusual Word Relationship)>

당신은 영어의 “pottery(도기류)”와 “sincere(성실한)”이란 말의 어원이 같다는 사실을 결코 상상도 할 수 없었을 것이다. “sincere”란 말은 2개의 라틴어 낱말인 “sin,” 즉 “없는(without)”이란 말과 “cere,” 즉 “왁스(wax)”란 말에서 유래된 것이다. 그리하여 “sincere”란 ”왁스가 없는(without wax)”이란 뜻이다.

✍

옛날에는 도기를 만드는 데는 특히 오랜 시간이 걸렸고, 때때로 도기에는 갈라진 틈이 있었다. 갈라진 틈이 있는 도기는 쓸모가 없었기 때문에 깨뜨려버려야 했다. 새로운 도기를 만드는 일이 대단히 힘들었기 때문에 어떤 몇몇 도공들은 갈라진 틈을 왁스로 때우기도 했다. 무심한 쇼핑객의 눈엔 그런 도기도 별문제가 없는 것으로 보였다. 그러나 사람들은 나쁜 도기와 좋은 도기를 구별할 수 있게 되었다. 그리하여, "왁스가 없는," 즉 "sincere(진실 된/성실한)" 도기를 만드는 도공이 가장 존경을 받게 되었고, 이렇게 해서 "sincere"란 말이 유래된 것이다.

a. 사람들이 도기를 사용했다. b. 그 도기들은 접시용이었다. c. 이 시절은 고대였다. d. 그 도기들은 사발용이었다. e. 그 도기들은 진흙으로 만들었다.

1) 위 문단의 주제문은?

2) 이 문단의 결말과 그 종류는?

3) 이 글은 정의체 문단인데, 문단의 전개 방식은?

4) 문단 바로 밑에 있는 5개의 문장을 하나로 결합하여 위 빈 칸을 채워 넣어라.

8.27.8

다음 문단을 읽고 아래 질문에 답하라.

<여자(A Woman)>

여자란 무엇인가? 여자란 명시적 의미(denotation)로는 암컷이지만, 그러나 함축적 의미(connotations)는 거의 무한대라고 할 수 있다. 여자란 복합적인 용도로 이용하기 위해 만들어낸 놀라운 창조물이다. 에덴동산에서의 그 말썽 많은 여성의 기원에 대한 이야기로부터 현대문화 속에서 여성이 차지하고 있는 지위에 이르기까지 한번도 여성이 비판의 대상에서 제외된 적이 없었다. 비록 남성을 몰락시킨 원인 제공자라는

비난을 받았지만, 여성은 자신의 남성상대와 함께 지금까지 용케 살아남았다. 여성은 여러 가지 다양한 방법으로 분류할 수도 있으나, 최근엔 그들의 역할이나 직업에 따라 분류하기가 점점 더 힘들어졌다. 대신 여성을 자식을 낳아 기르는 양육자라고 정의할 수 있지만, 그러나 요즈음 여성은 또한 경쟁적이고 모험을 마다하지 않는다. 여성은 상냥하고, 부드럽다는 기대에 부응해야 하는 것은 물론이고, 또 한편으론 강인하고 탄력성이 있어야한다(tough and resilient). 여성들은 감정 폭발을 잘하고, 히스테리가 있다는 뿌리박힌 고정관념에서 벗어나기 위해 투쟁해왔다(overcome old stereotypes of hysteria and emotional outbursts). 현대문화에서는 여성이 세상물정에 밝고(savvy), 교육을 많이 받고, 자식을 양육하고, 또 자급자족을 할 것을 요구받고 있다. 즉 현대여성에게는 어느 것도 공짜가 없다는 말이다. 그러나 여성이 아무리 세련되고, 다재다능할지라도 여성은 남성이 아니다. 여성은 텔레비전을 보기 위해 리모콘을 너무 밝히지도 않고, 상대를 어깨로 밀어 제치고 나아가기 위해, 근육 강화제인 테스토스테론(testosterone)을 복용하지도 않는다. 비록 최고가 되기 위해 남들과 경쟁을 할 수는 있지만, 한편으로는 여성은 항시 친구들을(심지어 적들까지도) 자신보다 더 높은 자리에 올라가도록 해주는 것을 의식하며 살아간다. 여성의 미래는 밝은 것처럼 보인다. 여성은 과거 전통의 일부이고, 현재의 소중한 참여자이며, 그리고 미래의 역동적인 힘이다.

1) 위 문단의 주제는?

2) 이 문단의 주제문은?

3) 이 문단의 종류는?

4) 이 문단의 전개 방식을 구체적으로 설명하라.

5) 이 문단의 결말과 그 종류는?

6) 이 글에서 변하지 않는 여성의 전통적인 역할/특성은?

8.57.9

다음 문단을 읽고 아래 질문에 답하라.

<토네이도(Tornado)>

토네이도(twister, 대선풍, 회오리바람) 내부에는 인간에게 피해를 주는 강풍이외의 힘이 또한 작용하고 있다. 비틀고, 꼬이면서 올라가는 깔때기(twisting funnel) 모양의 회오리바람이 지붕 위를 지나가면, 때때로 마치 집안에서 폭탄이 터지는 것 같이 벽과 천장이 파열된다. 이런 폭발은 토네이도 중심의 낮은 기압 때문에 발생하는 것이다. 토네이도의 중심기압은 보통 평방인치당 13파운드(13psi)이다. 그러나 집안 내부의 기압은 평방인치당 약 15파운드로 정상 수준이다. 집안 내부와 외부사이에 평방인치당 2파운드의 기압 차가 별것이 아닌 것처럼 보일 수도 있다. 그러나 토네이도 회오리바람 기둥이 가로 20피트, 세로 10피트, 높이 10피트인 조그만 건물 위를 통과한다고 가정하면, 건물 외부의 기압과 건물 내부의 기압사이엔 매 평방인치당 2파운드의 기압 불균형이 생기게 된다. 그리하여 천장에서만 총 57,600파운드의 기압 불균형이 발생하게 된다. 4개의 벽에서는 총 172,000파운드의 기압 불균형이 형성된다. 만약 건물의 창문이 열려있다면, 건물 내부의 공기의 일부가 창문을 통해 급격히 빠져나갈 것이다. 그 결과, 건물 내외부 기압은 균형을 이루게 된다. 그러나 만약 창문이 빈틈없이 밀폐되어있다면, 엄청난 내부압력 때문에 그 건물은 파열이 될 것이다. 불행하게도, 가끔 폭우와 우박이 뇌우를 동반하게 되는데, 이런 뇌우가 나중에 토네이도로 변하게 된다. 그러나 사람들은 그들의 재산을 보호하기 위해서 모든 창문을 폐쇄시키는 경우가 많다. 이것이 나중에 훨씬 더 큰 피해를 초래할 수 있다. 똑같은 이유로, 토네이도 대피용 지하실에는 공기 배출구를 반드시 설치해야한다. 그렇지 않으면, 토네이도가 통과할 때 지하실 문이 터져 날아갈 수도 있다.

1) 이 문단의 주제는? 다음 중에 골라라.

a. 토네이도를 예방하는 방법 b. 토네이도가 자주 발생하는 시기

c. 토네이도가 자주 발생하는 지역 d. 토네이도가 많은 피해를 끼치는 이유

2) 이 문단의 주제문은?

3) 이 글에서 토네이도가 동반하는 강풍보다는 어떤 힘 때문에 더 큰 피해가 발생한

다고 했는데 그것은?

4) 이 글에 의하면 토네이도 경고가 있을 땐 어떤 대비를 해야 하는가?

8.27.10

다음 문단을 일고 아래 질문에 답하라.

<소름(Goosebumps)>

소름이 돋는 이유를 아십니까? 당신이 추위를 느끼거나 겁을 먹었을 때, 피부 내에 있는 아주 작은 근육이 수축되고, 피부에 나있는 털을 약간 위로 밀어 올린다. "소름(goosebumps)"이란 말은 'goosepimples'에서 나온 것인데, 그 말은 거위의 털을 뽑은 후 추운 겨울 날씨에 노출이 되었을 때의 거위의 피부 모양을 묘사할 때 유럽인들이 쓰는 말에서 유래된 것이다.

1) 위 문단의 주제문은?

2) 이 문단의 종류와 전개 방식은?

8.27.11

다음 문단을 읽고 아래 질문에 답하라.

<쿠키(Cookie)>

쿠키란 웹사이트에서 당신의 하드디스크에 남겨둔 정보인데, 나중에 그 웹사이트가 당신에 관해서 뭔가를 기억할 수 있도록 하기 위한 것이다(더 전문적으로 말하자면, 클라이언트와 서버사이에 통신을 하면서 서버가 클라이언트 측에 미래에 사용하기 위해서 저장해둔 정보이다). 대체적으로 쿠키는 당신이 어떤 특정한 웹사이트를 사용할 때, 당신이 어떤 것을 선호하는지에 대한 정보를 기록해 둔다. 웹의 하이퍼텍스트 전송규약(Web's Hypertext Transfer Protocol: HTTP)을 사용하기 때문에, 당신이 어느

특정한 웹 페이지를 요청하는 것은 모든 다른 요청과는 전혀 관계가 없이 독립적으로 이루어진다. 그런 이유 때문에, 웹 페이지 서버가 사용자에게 과거에 어떤 웹 페이지를 보냈는지 또는 사용자의 과거 접속에 관한 기록이나 기억이 없다. 쿠키는 서버로 하여금 사용자의 컴퓨터에 사용자에 대한 정보를 저장하도록 해주는 장치이다. 당신은 당신의 하드디스크에 저장되어있는 쿠키를 볼 수도 있다(비록 각 쿠키에 저장된 내용은 이해할 수 없어도). 쿠키는 웹사이트에서 보낸 배너 광고를 회전시키기 위해 사용되는데(to rotate banner ads), 그렇게 함으로서, 당신이 요청한 웹 페이지를 연속적으로 보낼 때마다 똑같은 배너광고를 계속 보낼 필요가 없기 때문이다. 또한 쿠키(Cookies)는 당신이 사용하는 브라우저의 형식 또는 당신이 웹사이트에 제공한 다른 정보를 바탕으로 서버에서 당신에게 보낼 웹 페이지를 개인 맞춤형으로 만드는데 사용된다. 웹 사용자가 동의를 해주어야만 쿠키를 저장할 수가 있는데, 그러나 일반적으로 쿠키는 웹사이트에서 사용자에게 더 좋은 서비스를 할 수 있도록 도와준다.

1) 위 문단의 주제문은?

2) 이 문단의 종류는?

3) 이 글에서 말한 쿠키의 사용 목적은?

4) 쿠키는 웹 서버와 사용자 중에 누구에게 더 유리한 장치인가?

5) 이 문단의 결말과 그 종류는?

8.27.12

다음 문단을 읽고 아래 질문에 답하라.

<로게이닝(Rogaining)>

로게이닝은 2내지 5명으로 구성된 팀이 24시간 이내에 될수록 많은 목표지점 또는 통제소(checkpoints)를 방문하는 장거리 크로스컨트리 경기이다. 통제소는 각 통제소

까지 가는 거리의 난이도에 따라 다르게 점수를 매기기 때문에 각 팀들은 전략을 선택해야한다(예컨대, 낮은 점수의 통제소를 많이 방문할 것인가 아니면 소수의 높은 점수의 통제소를 방문할 것인가). 모든 팀들은 광활한 농지에서부터 언덕진 숲에 이르기까지 변화무쌍한 지형에 따라 위치해있는 통제소 사이를 지도와 나침반만을 사용하여 도보로만 이동해야 한다. "간이식당(hash house)"으로 알려진 중앙본부 역할을 하는 베이스캠프(central base camp)는 경기 내내 따뜻한 음식을 제공해주는데, 각 팀들은 언제라도 여기를 찾아와서 먹거나, 쉬거나 혹은 잠도 잘 수 있다. 어린 아이들부터 할머니, 할아버지에 이르기까지 누구나 자신의 체력 수준에 따라, 자신에게 맞는 보조로, 자신이 편한 대로 걷는 크로스컨트리 대회에 참가함으로서 맛보는 개인적인 만족감을 경험할 수 있다. 경기 중에 모든 팀원들은 서로 부르면 들리는 거리를 유지해야한다(within earshot of each other). 로게인의 통상적인 경기 시간은 24시간이지만, 더 단축된(shorter variations) 6, 8, 12, 또는 15시간짜리 종목이 24시간짜리 경기와 동시에 열린다(concurrently with a 24-hour event).

1) 이 문단의 주제문은?

2) 이 글을 읽고, 로게이닝(소문자 rogaining 또는 대문자 Rogaine 모두 쓰이는데, 호주에서 시작된 것이며, 이는 유럽에서 유행하는 orienteering과 비슷한 경기임)의 주요 특징을 써보아라.

3) 이 경기에 참가함으로서 배우거나 얻을 수 있는 이점은?

8.27.13

다음 문단을 읽고 아래 질문에 답하라.

<헤이징(Hazing)>

헤이징(신참자를 곯리기, 못살게 굴기, 즉 군대의 신병이나 신입생/신입 사원의 신고식과 비슷함)은 어느 집단에 가입하거나 또는 어느 집단의 정식회원 자격을 얻

으려고 하는 신참자들에게 그들의 의지와 상관없이 굴욕감을 느끼게 하거나, 품위를 떨어뜨리게 하거나, 또는 정신적, 신체적 위해를 감수케 하는 행위를 말한다(humiliates, degrades, or risks emotional and/or physical harm). 과거에는 헤이징이란 관행이 대학의 남학생 사교클럽에서 젊은이들 사이에 의례 있어왔던 우스꽝스러운 익살이나 아무 해가 없는 장난쯤으로 여겨졌다. 그러나 오늘날엔 헤이징이 대학 남학생 사교클럽의 울타리를 넘어 학생집단, 학교기관, 운동선수 팀, 군대, 그리고 다른 사회 또는 전문 기관의 남녀노소에게까지 확대되었다는 사실을 누구나 알고 있다. 헤이징은 어떤 특수한 문화적 배경 하에서 또는 집단이나 기관 내에 작용하는 힘의 역학관계에 따라 그 유형이 달라지는 복잡한 사회문제이다. 헤이징 행위는 일반적으로 다음과 같은 특징이 있다: 신체적 학대, 위험스러운, 그리고 성폭행(physically abusive, hazardous, and/or sexually violating). 이 범주 내에서 구체적 행위는 참여자, 집단, 그리고 환경에 따라 매우 다양하게 나타난다. 대부분의 헤이징 행위에서 음주는 가장 흔한 일이며, 다른 대표적인 사례를 들면 다음과 같다: 수면 박탈과 대소변을 참도록 하는 것(sleep deprivation and restrictions on personal hygiene); 신참자에게 또는 신입사원에게 고함을 치고, 욕을 하고, 모욕 주기; 대중 앞에서 부끄럽게 창피를 주는 옷을 입도록 강요하기; 냄새가 지독하고 혐오감을 주는 물질을 먹도록 하거나 그것을 피부에 바르도록 하는 것; 누명 씌우기(brandings); 구타 행위; 쉬지 않고 계속 술을 마시도록 하는 것, 즉 폭음이나 술 마시기 게임(binge drinking and drinking games); 성행위를 흉내 내기 그리고 강간과 같은 성적 폭행.

1) 위 문단의 주제문은?

2) 이 문단의 종류와 전개 방식을 설명하라.

3) 이 문단의 주제는?

4) 필자가 이 글을 쓴 목적은?

▪8.27.14

다음 문단을 읽고 아래 질문에 답하라.

<스팸(Spam)>

스팸(spam, 스팸 메일, 통신이나 인터넷을 통해 무차별적으로 대량 살포하는 광고성 전자 메일)은 전자 정크메일(electronic junk mail), 혹은 정크 뉴스그룹 게시물(junk newsgroup posting)이라고 정의한다. 어떤 사람들은 스팸을 더 폭넓게 요청을 하지 않았는데도 보낸 모든 전자우편이라고 정의한다. 그러나 만약 오랜 동안 연락이 끊겼던 동생이 당신의 전자우편 주소를 발견하고 당신에게 소식을 전해온다면, 비록 그것이 요청하지 않은 전자우편이지만 이것을 스팸이라고 부를 수는 없다. 진짜 스팸은 우편 수취자 명단이나 뉴스그룹에게 보내는 상품광고를 위한 전자우편이다. 원하지도 않은 전자우편으로 사람들의 시간을 낭비하게 할 뿐만 아니라, 스팸은 또한 많은 통신망 유통공간을 잠식한다. 그 결과, 다양한 기술을 사용하여 스팸을 퇴치하기 위해 발 벗고 나서는 개인은 물론 많은 기관이 있다. 그러나 인터넷은 대중적 성격을 띠고 있기 때문에 정크메일을 예방하는 것이 불가능한 것처럼, 스팸을 예방하기 위해 실제로 할 수 있는 방법이 별로 없다. 그러나 몇몇 온라인 서비스업체들이 자기 가입자들에게 스팸메일을 보내는 스패머(spammer)를 예방하기 위한 정책을 시행하기 시작했다. “spam”이란 단어는 점심용 돼지고기 통조림인 “Spam”과 여러 가지 특성이 같기 때문에 남가주대 컴퓨터 그룹 실험실에서 그런 이름이 유래되었다는 설이 있는데, 그 공통적 특성은: 아무도 그것을 원하거나 요청한 적이 없다; 아무도 그것을 입에 댄 적이 없다; 점심식사를 할 땐 그것은 옆으로 밀어 치워버리는 첫 번째 품목이다; 돼지고기 통조림인 스팸도 마치 정크메일 중에도 1% 정도는 몇몇 사람들에게 진짜 쓸모가 있는 것처럼 때때로 맛이 있는 경우도 있다.

1) 위 문단의 주제문은?

2) 필자의 글을 쓰는 스타일(writing style)에 대한 인상은?

3) 이 문단의 결말과 그 종류는?

4) 이 글에서 스팸메일을 기술적으로 예방할 수 있는 방법이 제시된 것이 있으면 설명하라.

8.27.15

우리가 공부를 하는 목적이 사실은 전문용어(technical terms)를 배우고, 그들 사이의 관계를 알아내어 이를 실생활에 적용하려는 것이다. 적어도 자신의 전공분야에 대한 전문용어를 철저히 숙지해서 일반인들이 이해하기 쉽도록 설명해줄 수 있는 능력이 바로 진짜 실력이다. 다음 주제에 관해서 정의체 문단(definition paragraph)을 써보아라.

1. 기시감(旣視感, deja vu, 일종의 착각)이란 무엇인가?
2. 최면(술)이란 무엇인가(hypnosis techniques), 즉 과거의 기억을 되살리거나 과거 생활로 회귀하여 회상)?
3. 텔레파시(telepathy, 정신 감응[精神 感應])이란 무엇인가/ 초감각적 감지[感知] 또는 영감/제6감[직감] /투시력/원격 투시(ESP, extrasensory perception/the 6th sense /clairvoyance/remote viewing)?
4. 인과응보/인연/업보(karma) 또는 환생(reincarnation)이란 무엇인가?
5. 정직성의 참뜻은?
6. 아이러니(irony, 反語法, 사건, 운명 등의 예상외의 전개/결과, 얄궂은/기구한 운명 등)란 무엇인가?
7. 영웅이란 무엇인가?
8. 권력이란 무엇인가?
9. 지혜란 무엇인가?
10. 참된 용기란 무엇인가?
11. 바람직한 지도력이란 무엇인가(What is leadership)?
12. 전사적 품질경영(TQM, Total Quality Management, 全社的 品質經營)이란 무엇인가(고객 만족을 위해 전 종업원이 조직적으로 노력하는 체계적인 관리방법)?
13. 인터넷 중독(Internet addiction)이란 무엇인가(an online-aholic)?
14. 과장 어법(hyperbole)/수사적 표현, 즉 직유(直喩, simile)와 은유(隱喩, metaphor)이

란 무엇인가?

15. 자존심이란 무엇인가?
16. 증오 범죄란 무엇인가(hate crime. Burning the U. S. flag is a hate crime)?
17. 유전무죄 무전유죄란 무엇인가?
18. 표절(plagiarism)은 시민 불복종 행위이다.
19. 다음 용어를 설명하라: 일시적 유행(fads), 사물에 대한 직관/통찰(an epiphany), 사기꾼(a con artist), 위선(hypocrisy), 집착(obsession), 관용(generosity), 착취(exploitation), 우울증(depression, 저기압), 이중 구속/속박(a double bond, 딜레마, 아이들에게 2개의 모순된 명령/요구할 때 느끼는 심리적 혼란 상태).
20. 다음 전문용어를 설명하라: 양도소득세(capital gains taxes), 부가가치세(VAT, value-added taxes), 유인책(incentives), 주택 저당 대부금(mortgage), 정반합(正反合, thesis-antithesis-synthesis), 당좌 대월(overdraft), 감채 기금(sinking fund), 엔트로피(entropy, 무질서의 정도, 비가역성/irreversibility), 부가 급부(fringe benefits, 연금, 유급휴가, 보험급여 등), 항상성(恒常性, homeostasis), 손익 분기점(break-even point), 국민 총생산(GNP, gross national product), 국내 총생산(GDP, gross domestic product), 국민 총소득(GNI, gross national income), 생태학(ecology, 生態學), 감정 이입(empathy, 感情移入, 공감), 주식과 채권(stocks and bonds), 스톡옵션(stock option, 회사 종업원에게 주는 주식 매입 선택권), 종업원 지주제(ESOP, Employee Stock Ownership Plan), 선물거래소(futures exchange), 장외 거래시장(over-the-counter market), 옵션(option).
21. 진정한 신사/숙녀란 무엇인가?
22. 성공이란 무엇인가?

제9과 비교와 대조
(Comparison & Contrast)

Ⅰ. 핵심요점

A. 문단전개: 비교와 대조를 문단을 전개하는 주된 방법으로 사용

B. 2개의 관련된 문단의 전개: 비교와 대조를 상호 관련이 된 2개의 문단들을 전개하는 주된 방법으로 사용

C. 단어나 구를 사용하여 문단의 부분끼리 또는 문단 사이의 논지전환을 나타냄

Ⅱ. 검토사항

제9과가 끝나면, 학습자는 아래 사항들을 배울 것이다.

A. 비교와 대조라는 용어의 의미

B. 때때로 비교와 대조를 문단 전개의 주방법으로 사용하는 이유

C. 이런 방법을 사용한 문단을 식별하는 방법

D. 이 방법을 사용하여 문단을 구성하는 3가지 방법

E. 비교와 대조를 문단 전개의 주된 방법으로 사용하여 문단을 작성하는 방법

F. 대조를 나타내는 논지 전환장치를 이용하여 단어, 구, 절, 문장, 2개의 연관된 문단을 연결하는 방법

문단 전개

우리는 사물을 보고 여러 가지 방법으로 이에 관해서 배운다. 만일 우리가 어떤 사물의 발생원인과 그것이 다른 것에 미치는 영향(4과 참조)을 검토한다면, 우리는 그것을 더 잘 이해할 것이다. 또 어떤 것은 예를 들어주면 가장 잘 설명이 될 것이다(제 6과 참조). 또 다른 것들은 분류나(7과 참조) 정의를 해주면(8과 참조) 더 잘 이해할 것이다. 그러나 사물을 설명하기 위해서 가장 흔히 사용되는 방법 중의 하나는 비교(comparison)라고 불리는 방법이다.

비교는 간단히 말해서 어떤 것을 다른 것과 비교해서 이해하는 방법이다. 어떤 상점에서 사고 싶은 물건의 가격과 품질(모양, 색깔, 크기, 결(texture), 무게 등을)을 다른 상점에 있는 물건의 가격 및 품질과 비교한다. 자기가 좋아하는 작가의 작품을 다른 작가가 최근에 쓴 책과 비교한다. 젊은 대학생이 다른 곳에서 본 여성을 해변에서 본 여성과 비교한다. 젊은 여성은 사귀고 있는 남자를 자기 마음속에 그린 이상적인 남성과 또는 자기 주변에 있는 다른 남자와 비교한다. 투자자는 막 사려고 하는 주식과 이미 구매한 주식을 비교한다. 영어반의 학생이 첫째 주의 숙제를 다른 주의 숙제와 비교한다. 또는 영어선생을 다른 반 선생과 비교한다. 사실상 우리는 매일 이런저런 비교를 해가며 살고 있다. 비교는 우리가 주위 세상에 관해서 생각하고 판단을 하는 중요한 방법이다.

비교를 하기 위해서는 기본적으로 유사한 대상을 선택하여야 한다. 1965년에 포드 팰컨(Falcon) 자동차가 가장 좋은 컴팩트카(compact)라는 것을 비교를 문단 전개의 주된 방법으로 사용하여 글을 쓰라는 숙제를 받았다고 하자. 만일 정확하고 명료하기를 원한다면, 팰컨 자동차를 포드사의 훨씬 더 큰 차인 페어레인(Fairlane)과 비교하는 것은 시간 낭비가 될 것이다. 비록 양쪽이 다 승용차이고 또 포드사의 자동차이지만, 두 차는 같은 부류의 차가 아니다—즉 오늘날 자동차 시장에서 컴팩트카라고 알려진 차는 아니다. 포드의 팰컨과 패어레인은 같은 부류에 들지 않는다. 그들은 근본적으로 유사하지 않다. 포드 팰컨을 컴팩트 급에 드는 다른 차와 비교하는 것이 좋다. 즉 램브러 아메리칸, 닷지 랜서, 프리머스 배리언트, 폰티악 템페스트, 또는 머큐리 카멧 등과 비교하는 것이 좋다. 다시 말해서, 우리는 같은 부류에 속하는 2가지 물건을 비교하여야 한다. 잘못된 비교에 의존한 글은(근본적으로 유사하지 않는 것의 비교) 곧 그 의의를 상실할 것이다.

두 물건이 같은 부류에 속한다고 결정하면(제7과 참조) 또 비교를 할 수 있다고 결정하면, 각각의 특징을 지적하도록 해야 한다. 비록 2개의 사물이 같은 부류에 속한다 할지라도, 그들은 반드시 동일한 것은 아니다. 사실은 2개가 정확하게 같은 경우는 거의 없다. 그렇다고 2개가 완전히 다르다는 뜻도 아니다. 만일 다르다면, 그들은 같은 부류에 속할 수 없다. 우리는 그들이 어떤 면에서 같고 어떤 면에서 다른지를 보여주어야 한다. 우리가 비교 항목을 많이 지적할수록, 우리의 뜻은 더 명료해 질 것이다.

우리가 2개의 물건을 비교할 때에, 동일한 측정 기준에서 검토하여야 한다. 이 말은 하늘색을 워싱턴 기념탑의 높이와 비교할 수 없다는 뜻이다. 왜냐하면, 색깔과 높이는 상호 다른 측정 기준이기 때문이다. 이 말은 서로 다른 측정의 기준을 동시에 사용할 수 없다는 뜻이다. 만일 우리가 거리를 비교한다면, 우리는 영국식 길이 단위나 미터 단위나 또는 이와 비슷한 일관성 있는 기준 중 한가지로만 비교하여야 한다. 우리가 비교할 기준이나 항목을 정하면, 그 기준으로만 유사점을 고려하여야 한다.

비교를 통하여 문단을 전개할 수 있는데, 그것은 2사람, 물건 또는 관점에 있어서의 동일성이나 차이점을 설명할 것이다. 차이를 보여주는 것은 대조(contrast)라고 말한다.

비교에는 3가지 방법이 있다. 첫 번째 방법은 한 대상을 먼저 기술하고 이어 같은 검토방법을 따라서 다른 대상이 같은지 다른지를 말하는 것이다. 두 번째 방법은 두 대상이(전체적으로) 어떻게 같은지 또는 다른지를 언급하는 것이다. 즉, 두 대상이 어떻게 같은지를 기술하고 나서 어떻게 다른지를 언급하는 것이다. 물론 반대로 할 수 도 있다. 세 번째는 2개의 대상이 비교항목마다 같은지 다른지를 언급하는 것이다.

비교의 유형에는 2가지가 있다. 즉 1)평행 비교(parallel comparison) 와 2) 상사/유추 비교(相似/類推 比較, analogous comparison)이다. 첫 번째 유형은 다음과 같이 설명할 수 있다. 물건이나 상품을 저장하는 건물은 대개 창고로 분류된다. 만일 어떤 창고를 가지고 그와 유사한 다른 창고를 비교한다면, 우리는 평행 비교를 하는 것이다. 그러나 만일 어떤 부류의 대상을 가지고 이와 유사한 다른 부류의 대상이나 현상을 설명한다면, 예를 들어 물결을 가지고 광파를 설명한다면, 그러면 우리는 두 번째 유형인 상사비교를 하는 것이다.

9과에서 우리는 평행비교만을 다루고 상사비교는 다루지 않겠다.

9.10

다음 문단을 읽어라. **하나의 대상을 먼저 기술하고, 그 다음 똑같은 항목별로 다른 대상이 이와 같은지, 혹은 다른지를 말하라.**

집돼지와 멧돼지는 거의 닮지 않았다. 첫째, 집돼지는 작다(최고 145kg). 집돼지는 또한 불결하다. 피부는 거친 경우가 많다. 몸은 지방이 아주 많아 통통하고 살은 부드럽지도 않고 맛이 있지도 않다. 그러나 가장 큰 특징은 집돼지는 유순하다. 한편, 멧돼지는 크게 자란다. 숲 속의 자기 영역에서 자유로이 돌아다니고, 충분히 먹고 여가에는 다른 동물을 추격하고, 싸우고 또 뛰어다니기 때문에, 멧돼지는 거대하고 위협적인 형태로 자란다(300-360kg까지). 멧돼지는 꾸준히 목욕을 하고, 몸에 좋은 것만 먹고 있기 때문에 몸은 깨끗하고 맑으며, 날카로운 털 밑의 표피는 상당히 부드럽다. 몸에는 지방이 별로 없고 또 음식을 선택적으로 골라서 먹기 때문에, 고기는 연하고 맛이 아주 좋다. 무엇보다도, 멧돼지는 유순하지 않다—사실 멧돼지는 숲에서 가장 사납고 또 가장 강한 싸움꾼이다.

❋ 문단의 분석

A. 위 문단의 주제문은: "집돼지와 멧돼지는 거의 닮지 않았다"이다. 주제문은 비교하는 대상을 언급한다. 독자는 집돼지가 멧돼지와 비교된다는 것을 알게 된다. "거의 닮지 않……."라는 구는 대조관계를 말하려고 한다는 것을 알게 해준다. 즉 두 종류의 돼지사이의 주요한 차이점이 비교되고 있다는 것을 알려준다. 필자는 2가지 돼지를 비교하고 있기 때문에 그는 평행비교를 하고 있는 것이다. 이 두 동물은, 하나는 유순하고 다른 것은 사납지만, 둘 다 같은 계통 또는 부류인 돼지에 속한다.

B. 필자는 처음에 집돼지를 기술한다. 그런 다음 같은 비교 항목별로 멧돼지가 집돼지와 어떻게 다른지를 말하고 있다. 그는 다음과 같은 비교항목을 따르고 있다. 즉, 1) 몸무게, 2) 청결도, 3) 피부, 4) 살(고기) 그리고 5) 성질

❡ 위의 문단과 아래 표에 있는 세부사항을 비교하라.

비교항목	집돼지	멧돼지
1. 몸무게	145kg까지	360kg 까지
2. 청결도	더러운	깨끗한
3. 피부	부드럽고 깨끗함	거칠고 울퉁불퉁
4. 살/고기	질기고 맛이 없다.	맛이 있다
5. 성질	유순한	사나운

9.11

다음 문단을 읽고 물음에 답하라.

현대의 고속 군용 전투기는 저속 상업용 항공기와는 개념과 디자인 면에 있어서 아주 다르다. 현대 군용 전투기의 공기역학 기술의 주안점은 엔진의 추진력이다—추진력은 곧 힘을 의미한다. 현대의 전투기에 있어서는 엔진이 전부라고 할 수 있다.—동체는 엔진을 위한 운반체에 지나지 않는다. 군대는 속도 즉 힘을 원한다. 전투기의 나머지 부분은 필요하기는 하지만 부차적이다—단지 최고 비행속도를 내기 위한 것이다. 날개는 최소로 필요한 것이다. 즉, 이륙과 그리고 활강하기 위해 최소한도로 필요한 것이다. 그리고 조종사의 안락함과 안전은 단지 마지못해 필요하다고 고려하여 갖춘 것이다. 한편, 현대 상업용 항공기에 있어서의 공기역학 기술상의 주안점은 단순성에 있다. 단순성은 조작의 간편함을 의미한다. 현대의 작은 상업용 항공기에 있어서의 중요한 설계 역점은 동체를 작게 설계하는 것이다. 그 이유는 동체 공기역학상의 특징에서 용이한 비행의 비밀이 발견되었기 때문이다. 속

도는 비교적 덜 중요하고 양력(큰 날개), 활강(경량, 큰 날개), 편안함 그리고 안전이 최고의 고려사항이다.

A. 위 문단의 주제문은?

B. 주제문에서 독자에게, 필자가 두 ______________________________ ________. 필자는 평행 비교를 하고 있다. 그 이유는 ____________________과 ____________________을 비교하고 있기 때문이다. 주제문에 있는 다음의 단어인 "________" 가 독자에서 필자가 대조를 하고 있다는 것을 말해주고 있다. 대조는 두 사람, 물건 또는 과정 사이에 ______________________________보여주는 것을 의미한다.

C. 위의 문단에서 각각의 대조 항목의 내용을 채워라.

비교항목	군용 전투기	상업용 소 항공기
1. 공기역학 기술의 주안점		
2. 핵심적 중요사항		
3. 핵심적 중요사항		
4. 날개		
5. 활강/양력		
6. 안락함/안전		

9.12

다음 문단을 읽고 물음에 답하여라.

자연 현상을 탐구하는 과학기술이 발전함에 따라, 전에는 전적으로 다르다고 생각하였던 대상물들 사이에 더욱더 가까운 관계가 존재한다는 것을 발견하게 된다. 예를 들면 성게(sea urchin)는 해저에 사는 생물이다. 이것은 가시모양의 돌기 침(spines)으로 덥혀있고, 다리와 같은 돌출부가 없다. 성게는 둥글고 돌기 침으로 옮겨 다닌다. 성게는 연체동물-타입의 생명체를 깔고 앉아 입의 기능을 하는 부리와 같은 기관으로 그것을 저작한다(咀嚼, chew). 성게는 대개 색이 검거나 푸르며, 돌기 침이 제거되면, 몸체는 딱딱하고 부서지기 쉬운 바늘이 달린 딱딱한 둥근 물체로 되어 있는 것을 알게 된다. 성게의 연한 살은 이 공 속에 있다. 그런데, 불가사리는 성게와 외형상 유사점이 없다. 그러나 이들은 아주 밀접히 연관되어 있다. 사실을 말하자면, 그들은 원래 같은 동물의 변종이다. 비록 불가사리는 돌기가 없지만, 5개의 다리를 가지고 있고, 몸에 붙어있는 많은 작은 "다리"를 가지고 있다. 불가사리의 "다리"가 달린 밑 부분은 활발히 움직인다. 반면에 상부는 "비활동적"이거나 "군더더기" 노릇을 한다. 불가사리의 "다리"는 성게의 돌기 침에 해당한다. 또 불가사리의 다섯 개의 다리를 모두 한 곳으로 모아놓으면, 성게의 돌기 침에 해당하는 둥근 공이 된다는 것을 알게 될 것이다. 또 비록 살아 있는 불가사리는 부드럽지만 죽은 것은 살아있는 성게의 돌기 침과 같이 딱딱하고 잘 부서진다. 이동할 때에, 불가사리는 그 많은 "다리"를 이용하여 움직이고, "성게"는 돌기 침으로 이동한다. 불가사리의 먹는 자세나 도구는 둥근 "성게"의 경우와 같다. 마지막으로 비록 불가사리는 빨간 색이지만, 많은 성게의 검거나 푸른 돌기 침도 표백하거나 끓이면 같은 빨간 색이 된다.

A. 위 문단의 주제문은 어느 것인가?

B. 불가사리와 성게는 다 바다생물인 극피(棘皮)동물 즉 에키노덤(echinoderm, 綱, class)에 속한다. 따라서 필자는 ___________비교를 하고 있다.

C. 위 문단에서, 필자는 2가지 바다 생물이________________라는 것을 보여주고자 노력하고 있다.

D. 두 동물은 다음 중 어느 기준에서 서로 유사한가? 아래에서 번호를 골라라.

1. 몸체의 외피 2. 몸의 모양 3. 신경 계통 4. 이동방법 5. 음식 섭취 6. 먹는 자세 7. 씹는 기관 8. 호흡하는 기관 9. 돌기 침의 색깔

9.13

아래 A, B, C에 있는 정보를 받아서 각각을 기술하는 하나의 문단을 작성한다고 가정하자. 어떤 종류의 비교를 할 것인가? 앞에서 이미 본 3가지 방법 중에서 어떤 것을 사용할 것인가? A, B, C에 주어진 정보를 검토하고 각각의 질문에 답하라.

9.13a

차문이 2개인 세단(승용자)의 차종을 비교하라

비교항목	세블	패어레인
1. 엔진/마력	표준, 6 실린다	표준, 6 실린다
	120 마력	120 마력
2. 배기량	194 입방 인치	200 입방 인치
3. 길이	196.6 인치	196.4 인치
4. 차축거리	115 인치	116 인치
5. 폭	74.6 인치	73.8 인치
6. 전비 중량(全備重量)	3015 파운드	2915 파운드
7. 가격	$22,310	$22,300

❑ 세블 차와 페어레인 차는 아주 ________________________. 그래서 나는 두 차의 __________을 기술하려고 한다. 나는 _______________ 방법이 문단에서 비교를 하는 가장 효과적인 방법이라고 생각한다.

9.13b

동남아시아의 작은 두 나라를 비교하라. (참고: 현재와는 부분적으로 불일치)

비교항목	라오스	캄보디아
1.면적	89,000평방마일	88,780 평방 마일
2.인구	3,000,000 명	5,000,000 명

3.최근의 역사	전 프랑스 보호령. 프랑스에서 독립	전 프랑스 보호령. 프랑스에서 독립
4.현 정부의 형태	입헌군주국	입헌군주국
5.자원	농업: 쌀, 옥수수, 담배, 감귤, 과일, 벤소인, 설락, 커피, 티크 목재	농업: 농토의 80%에서 쌀농사 쌀 외의 다른 생산품: 고무, 옥수수, 후추, 케이폭, 야자-사탕, 담배, 목화, 견직물, 유실수, 콩
6. 종교	불교	불교

9.13c

라오스와 캄보디아는 대부분의 항목에서 아주 ___________________. 그러나 두 나라는 한 가지 중요한 _______________점이 있다.

☞ 내 생각으로는 _____________이 문단에서 비교를 하는 가장 효과적인 방법이다. 그 이유는 나는 ___________________하고 싶다(선택에 대한 논리적인 이유를 말하라). 나는 이렇게 하는 것이 좋은 문단의 주제문을 뒷받침해줄 수 있기 때문이다.

¶ 자신의 주제문을 아래에 적어라.

9.13d

2채의 집을 비교하라: 집 A와 집 B, 또는 나의 집과 나의 친구의 집.

비교항목	집 A	집 B
1. 위치	시의 새 주택가	시의 구 주택가로 전통, 부(富), 사회적 지위가 높은 기성 가문이 주로 사는 구역
2. 건축	단순, 현대식, 서구식,	복잡, 오래된, 향토적인 복잡한 디자인,

	하나의 주 건물에 단순한 사이길, 장식 없는, 편편한 지붕	전통 예술작품, 장식, 별도의 건물에 별도의 생활기능 구비, 높게 쌓아올린 지붕의 선, 건물들 한 가운데 큰 뜰이 있음.
3. 크기	하인 숙소를 제외하고 약 2,500 평방피트	하인 숙소를 제외하고 약 4,500 평방피트
4. 가족 편의시설	현대식 주방과 욕실, 문과 창문에 망창 부착, 에어콘	상수도와 전기, 구식 부엌과 목욕탕, 문과 창문에 망창 없음, 높은 천정과 벽면이 넓은 공간으로 되어 있어 1년 내내 비교적 서늘함
5. 가격	약 $450,000	약 $750,000

☞ 집A와 집B는 아주 ____________________, 그래서 두 집을 기술하는데 있어 나는 아마______________ 을 보여주어야 한다. 나는 _______________하는 방식이 문단에서 대조를 효과적으로 보여주는 가장 좋은 방법이라고 생각한다. 그리고 아래에 제시한 주제문이 그런 문단에 적합할 것이다.

❑ 주제문:

9.14.

필자가 비교를 문단 전개의 주된 방법으로 사용하는 간단한 문단에 있어서, 비교를 하는 방법은 ________________________________에 달려 있다.

A. 비교 항목으로 필자가 사용하려는 정보의 성격
B. 문단의 주제문에서 필자가 말하고자 하는 한정부의 내용
C. 비교가 되는 사람들, 물건들 또는 과정들

9.15

아래 문단은 2개의 대상이 어떻게 같고 어떻게 다른가를 보여준다.

일본과 영국의 오토바이 사이의 겉으로 보이는 유사성 때문에 실제로 존재하는 더 큰 차이점이 가려지고 있다. 양쪽의 오토바이는 모두 엔진, 바퀴, 의자, 운전대와 펜더(fender)를 가지고 있다. 둘 다 가솔린과 윤활유의 혼합물을 사용하고, 둘 다 내연기관의 원리에 의해 작동한다. 그러나 일본 오토바이는 저출력이고 영국 오토바이는 고출력이라는 점에서 차이가 난다. 영국 오토바이는 튼튼하게 만들어져 있는 반면, 일본제는 많은 얇은 금속판과 플라스틱으로 만들어져 있다. 영국제는 내구성이 있는 것으로 유명한 반면, 일제는 급속히 마모가 된다. 그러나 동양의 제품에 대한 굉장한 인기를 설명하는 가장 중요한 차이점은 일본 제품이 영국 제품보다 값이 훨씬 싸다는 점이다.

✽ 문단의 분석

A. 주제문은→**일본과 영국의 오토바이 사이의 겉으로 보이는 유사성 때문에 실제로 존재하는 더 큰 차이점이 가려지고 있다.** 주제문은 비교대상을 언급하고 있다. 즉 일본 오토바이와 영국 오토바이 사이의 차이점이 가려지고 있다, 그리고 더 큰 차이점이란 어구는 독자로 하여금 비교에 있어서 유사점과 차이점을 이 글에서 제시하려고 한다는 것을 말해준다. 필자는 그의 주제문에서 다음과 같은 것을 알려주려고 한다. 즉, 비교되는 것은 오토바이라는 점과, 오토바이는 일제와 영제라는 것, 그리고 양쪽 오토바이 사이의 유사성과 차이점을 보여주겠다는 것이다.

B. 필자는 우선 두 오토바이의 유사성을 기술하고 나서 차이점을 기술한다. 필자가 "모두, 둘 다"라는 표현을 써서 유사성을 보여주고 있다. 또 차이점을 말하면서 대조를 나타내는 "반면"이라는 단어를 사용하고 있다. 유사점에서 차이점으로 옮겨올 때에 "그러나...."라는 말의 사용으로 논지의 전환을 이룩한다. 또한 주의할 점은 아래에 제시한 비교항목에 따라 유사점과 차이점을 설명할 수 있다. **아래 도표에 있는 항목과 위 문단에 쓰인 내용을 비교해 보아라.**

비교대상	일제	영국제
A.유사성		
1.부품	엔진, 바퀴, 의자, 운전대, 펜더	같음
2.연료	가솔린과 기름의 혼합물	같음

3.동력원리	내연기관	같음
	B. 차이점	
1.출력	저출력	고출력
2.구조의 강도	약함	강함
3.내구성	낮음	높음
4.가격	낮음	높음

9.16.

아래 문단을 읽고 물음에 답하여라.

비록 그 건물은 처음에는 우리가 찾고 있던 대사관 건물같이 보였지만, 우리는 그 건물이 전혀 다른 나라의 대사관 건물이라는 것을 발견했다. 사실 두 건물은 다 컸었다. 두 건물은 화려했고 나무에 둘러싸여 있었다. 양 쪽 건물 앞에는 고급 리무진이 주차되어 있었다. 양쪽 지붕에는 외국기가 휘날리고 있었다. 그러나 첫 번째 대사관에 들어가려고 하자, 대문이 잠겨있는 반면, 두 번째 대사관은 대문이 활짝 열려있어 훌쩍 들어가기 쉬웠다는 것을 알았다. 다음, 첫 번째 대사관의 경비원은 우리를 아주 거칠고 무뚝뚝하게 대했고 우리의 요구사항이 무엇인지 이해를 못하는 듯 하였다. 우리가 두 번째 대사관에서 받은 친절하고 유능한 대접과는 참으로 달랐다! 첫 번째 건물 정문 안에는 무장한 군인이 서 있었는데 반해, 두 번째 건물 안에는 민간인 복을 입은 친절한 사람이 서 있었다. 우리는 두 나라의 대사관은 단지 대사관 건물 위에 있는 국기보다는 더 큰 차이가 존재한다는 것을 알았다.

A. 위 문단의 주제문은:

B. 주제문은 독자에게 필자는 두 ________________. 필자는 평행 비교를 하고 있는데, 그 이유는 그가 __________을 ____________________과 비교/대조하기 때문이다.

C. 위의 문단에서 논의한 비교항목에 따라 아래 챠트에 유사점과 차이점을 기술하라.

비교대상	첫 대사관	둘째 대사관
유사점:		
1. 크기		
2. 양식		
3. 전망		
4. 배치사항		
5. 장식		
대조점:		
1. 접근성		
2. 응접(reception)		
3. 내부 분위기		

9.17

아래 문단에서 필자는 비교항목별로 2가지 대상을 비교한다. 즉, 필자는 한 대상이 다른 대상과 같은지 또는 다른지를 항목에 따라 언급한다.

14년 후에 영국 선박회사는 화이트 스타 회사에 의뢰하여 로버트슨(Robertson)의 소설에 나오는 배와 상당히 흡사한 증기선을 건조하도록 하였다. 새 정기선은 배수량이 66,000톤이었는데, 로버트슨 소설의 배의 배수량은 70,000톤이었다. 실제 배의 길이는 882.5 피트이었는데, 소설에 나오는 가공의 배의 길이는 800 피트이었다. 양 쪽 배는 다 3엽 스크류(screw)를 달았고, 24-25 노트의 속도로 항해했다. 양 쪽은 다 최대 3,000명을 승선시킬 수 있었는데, 구명보트는 단지 총 승선 인원의 극히 일부분만 실을 수 있었다. 그러나 이런 것은 문제가 안 되었는데, 그 이유는 양 쪽이 다 "침몰 불가"라고 분류된 선박 이였기 때문이다.

☞ 위 문단의 필자는 배 두 척을 비교하고 있다. 그는 허구적인 대서양 정기선과 실제로 존재한 대서양 정기선을 비교하고 있다. 비록 한 정기여객선은 상상적이고 허구적인 것이지만, 또 하나는 실제로 존재하는 것이었고, 두 배는 다 정기선으로서 같은 급/부류(class, classification)에 속한다. 따라서 필자는 평행비교를 하고 있다.

A. 주제문은: 14년 후에 영국 선박회사는 화이트 스타 조선회사에 의뢰하여 로버트슨의 소설에 나오는 배와 아주 흡사한 증기선을 건조하도록 주문한다.

B. 비교되는 대상은: 정기여객선 제조회사인 화이트 스타의 증기선과 로버트슨의 허구적인 증기선

C. 비교:

	화이트 스타의 증기선	로버트슨의 허구적 증기선
1. 배수량	66,000톤	70,000톤
2. 길이	882.5피트	800피트
3. 추진체계	3엽 스크루	3엽 스크루
4. 속도	24-25 노트	24-25 노트
5. 승객 수용능력	최대 3,000명	최대 3,000명
6. 승객 안전	부적절, 그러나 적절하다고 판정받음	부적절, 그러나 적절하다고 판정받음

D. 문단속의 문장에서 비교를 하는 방법

1. 주제문에서 필자가 배 두 척이 어떻게 유사한지를 보여주려고 한다는 것을 알려주고 있다.

2. 문단속의 문장들과 도표의 항목에서와 같이, 문단의 나머지 문장들은 두 배가 어떻게 유사한지를 항목별로 따져서 보여준다.

3. 2번째 문단은 배 두 척의 배수량을 보여주고, 3번째 문장은 배의 길이를 언급하고 있다. 이 두 문장에서 비교를 쉽게 이해하도록 하고 있다.

4. 네 번째 문장에서 "양쪽" 배는 3엽 스크루를 달고 있고, 속도는 24-25 노트로 항해한다라고 할 때에 양쪽은 비교 항목을 독자에게 명료하게 말해준다. 즉, 1) 정기선은 같은 프로펠러 체계를 갖추고 있고, 2) 같은 속도를 낼 수 있다는 것을 보여준

다. 필자는 다른 단어를 사용할 수도 있었을 것이다. 즉, "각각, 또한 또는 역시"와 같은 단어를 사용하여 두 정기여객선을 비교하면서, "각각은 25노트의 속도를 낼 수 있다."라고 말할 수도 있었을 것이다.

9.18

아래 문단을 읽고 물음에 답하여라.

외국어 학습 방법이 그 동안 참으로 크게 바뀌었다! 얼마 전까지만 해도, 초보 학습자는 앉아서 펜으로 자기 공책에 외국어의 기본 구조를 써 내려갔을 것인데, 이는 그가 앞으로 결코 입으로는 사용하지 못할 그런 문장 구조만을 기록하고 있었을 뿐이었다. 오늘 날 똑같은 교실에서, 펜과 공책은 치워지고 외국어의 음성소리가 방을 가득 메운다. 50년 전에는 학습자는 번민하고 지루하고 좌절한 가운데 사전의 보조물에 지나지 않은 교재를 통하여 단어에 파고들었었는데, 오늘날엔 같은 학생은 우선 귀로 듣고 입으로 말해서 익숙하게 된 후에, 눈으로 읽게 된다. 따라서 각 단어는 이미 회화연습을 통하여 완전히 숙달한 것으로서 강화하는 차원에서 읽게 되는 것이다. 오늘날, 마지막 기술—외국어 글쓰기—은 친숙하고 고무적인 것이 되어서 전 언어학습 과정에 있어서 자연스럽고 가능한 부분이 되어가고 있다. 그러나 몇 년 전만 해도, 언어의 4가지 기술 중에 마지막으로 배우는 기술(즉 말하기)이 오늘날에 맨 처음 배우는 기술이 되었다.

A. 위 문단의 주제문은:

B. 주제문은 ______________________________ 방법에 대해서 필자는 평행 비교를 하고 있다. 그 이유는 그가 ________________언어학습을 ______________언 어 학습과 비교하고 있기 때문이다.

C. 주제문은 화자가 다음의 어느 것을 보여주려고 한다는 것을 지적하고 있는가?
1. 유사성 2. 차이점이나 대조

D. 아래 차트를 완성시켜라.

비교항목	외국어학습의 구식방법	언어학습의 신식방법
1. 초보 학습자		
2. 읽기		
3. 마지막으로 배우는 기술		

9.19

아래 문단을 읽고 물음에 답하여라.

비록 멕시코의 부에나 세르베사(Buena Cervesa)의 관광 사정이 캐슬 오리오(Castle Orio)보다 훨씬 탁월할 것이라고 일반적으로 알려져 있지만, 우리는 놀랄 만큼 조건이 똑 같다는 것을 발견하고 당황스러워하였다. 무엇보다도 우선 양쪽의 호텔은 관광객으로 초만원이었다. 부에나 세르베사의 거리에 나서면 반드시 수많은 관광 안내원, 사진사, 꽃 장사 등이 다가온다. 캐슬 오리오에서도 더 말할 것도 없이 거리는 비좁고 들어갈 데가 없을 정도이다. 캐슬 오리오의 해변은 끝에서 끝까지 불결한 흰 육체들이 카펫처럼 깔려있다. 그리고 부에나 세르르사에서는 꼼작하지 않고 누워있는 일리노이주 오크 스프링(Oak Spring)에서 온 사람들의 타올, 긴 옷(robe), 샌달, 안경, 로션, 라디오, 글 쓰는 종이, 우산, 작은 강아지, 읽을거리, 쌍안경, 카메라, 지도, 이 도시의 밤과 낮의 안내 책자, 그리고 물론 여러 가지 "토종상품"으로 가득 차 있기 때문에 단 한 평의 빈 모래밭도 찾을 수가 없다. 부에나 세르베사의 지역 활동은 거의 전적으로 미국에서 온 관광객 중심이 되어 있고 캐슬 오리오에서는 예전의 유별스러워서 흥미를 끌던 스페인 양식의 조그마한 도시의 풍경은 간 데가 없고 약간 황폐한 캔자스 시(Kansas City)나 미네아폴리스(Minneapolis)의 교외가 아닌가하고 의심할 정도이다.

A. 위 문단의 주제문은?

B. 필자는 평행 비교를 하고 있다. 그 이유는 그는 확실히 하나의 ________를 다른 ____________와 비교하고 있기 때문이다.

C. 필자는 2 도시가 어떠한가를 보여주려고 하는가?

1. 유사하다 2. 다르다

D. 아래의 차트를 완성 시켜라.

비교항목	첫 대상의 이름	둘째 대상의 이름
1.		
2.		
3.		
4.		

9.20

우리는 문단을 전개하는 3가지 비교와 대조의 방법을 공부했다.

1. 하나의 대상을 먼저 기술하고, 여기서 다룬 비교 항목의 순서대로 다른 대상이 유사한지 혹은 다른지를 언급 2. 두 대상이 어떻게 같은지를 먼저 기술하고 나서 이어 어떻게 다른지를 언급 3. 각 비교 항목별로 하나의 대상이 다른 대상과 같은지 다른지를 언급

¶ 아래의 문단을 읽고 각각이 1, 2, 그리고 3의 방법 중의 어느 것을 따르고 있는지 그 숫자를 빈 칸에 넣어라.

□_________ A. 때때로 겉으로 보기에는 유사하게 보이는 종교들도 실제로는 기본적으로 다르다. 오늘날 기독교는 불교와 유사하게 보인다. 사실 두 교리는 겸손, 마음 비우기, 동정 그리고 그 외의 여러 가지를 "주창"하고 있다. 양쪽 교리는 인간의 삶에 대한 해석을 제시하고 있으며, 두 교리는 우주와의 더 좋은 관계를 맺기 위해 "추구"하여야 할 방법을 제시하고 있다. 양 종교는 "신" "구원" "속죄" "죄의 구제" 등을 언급하고 있다.

그러나 이러한 피상적인 유사성은 근본적으로 차이가 있다고 증면된 사실들을 덮고 있다. 기독교에서 주장하는 겸손은 분명히 "의식"적 수준에서 나오는 것인데,

칭송할 만하다. 이에 비하여 불교에서는 "무의식"적인 인간의 착한 심성에 의존하고 있다. 그리고 기독교에서는 인간을 우주와 대비되는 존재로 보지만—어떤 의미에서는 별개의 존재로 보지만—불교에서는 인간과 모든 사물은 같은 심오한 지점에 있고 "분리"의 개념이 없다. 기독교에서는 인간을 세상과 "더 좋은" 관계 하에 놓지만 "신(God)"이라고 하는 절대자란 중간 개념이 관여하는 관계이다. 한편 불교는 기독교적인 의미에서 "신"은 존재하지 않으며, 인간이 우주와 직접적으로, 즉각적으로 또 중간자가 없이 관계를 가지라고 요구한다.

기독교의 "길(way)"은 바로 다음과 같은 것이다. 즉 기록되고, 실행되고 인생에 강요되는 어떤 것이다. 반면에 불교에서는 "길(道)"이 인생 그 자체이며, 사람이 자기의 "길"을 "깨달으면", 그 길은 더 이상 존재하지 않는다. 그리고 마지막으로 기독교와 불교의 글에서 유사한 용어가 자주 나타나지만, 아주 다른 목적으로 그런 용어가 사용되고 있다. 기독교에서는 "길"의 대부분은 그 자체가 "사물(things)"인 그런 용어의 형태에 의존하고 있는 반면, 불교에서는 인간이 우주에서 자기의 위치를 이해하면, 언어(language)는 의사소통을 떠나서, 더 이상 어떤 의미있는 기능을 수행하지 않게 된다.

❑ _______ B. 독일인과 스웨덴 사람들 모두가 자기들이 지닌 장인기술 때문에 칭송받고 있는데, 그 명성은 상당한 의미와 가치가 있는 것이다. 독일인은 물건을 만들 때에 철저하다는 것이 여러 해 동안 알려져 왔고, 스웨덴인은 가구, 칼, 기계, 자동차 제조기술에 있어서 독일인과 경쟁자가 되어왔다. 스웨덴과 독일 사람들은 내구성 있는 물건을 만든다—즉 오래 쓸 수 있다. 두 나라 사람들은 또한 물건의 품질과 단순성을 고도로 조화시킨다는 면에서 유명하다. 그러나 또 다른 탁월한 특징은 이 두 구라파 국가 사람들은 그들의 제조업 분야에서 독창성도 있다는 점이다.

❑ _________ C. 비슷한 기후가 서로 아주 멀리 떨어진 세계의 지역에서 자주 발견된다. 예를 들면, 대서양에 있는 푸에르토 리코(Puerto Rico) 섬들은 거의 일년 내내 동북 무역풍을 향유한다. 이 일단의 섬들은 바람 속의 습기를 잡는 높은 지역을 또한 가지고 있어서, "건조"한 지역과 "습"한 지역이 형성되어 있다. 푸에르토 리코의 연평균 기온은 화씨 75도이고 강우량은 "적절"하다고 한다. 하와이 섬들은, 푸에르토 리코에서 아주 멀리 떨어진 태평양에 놓여 있고, 거의 일년 내내 섬을 서늘하게 해주는 북동 계절풍이 분다. 이들 섬들도 섬 중앙에 높은 지역이 있어서 "바람맞이"와 "바람을 피하는"의 2가지 지형을 형성하고 있다. 하와이의 연평균 기온은 화씨 75도이며 강우량은 푸에르토 리코의 양과 거의 비슷하다.

9.21

어떤 개념들은 너무나 복잡하여 하나의 문장으로 비교할 수 없는 경우가 허다하다. 그런 경우, 문단을 비교의 단위로 사용한다. 비교하고자 하는 대상 A B 중, A를 먼저 하나의 문단에 적고, B를 그 다음 문단에 적는다. **아래의 서로 연관된 문단들을 읽어라.**

A. 겉으로 보기에, 가스는 물질의 형태로서는 우리를 가장 당황하게 하는 것일 것이다. 즉 기체는 가장 희박하고 또 거의 만질 수가 없다. 보통 사람들에게는, 이 변덕스러운 물질이 숨을 쉬는 공기, 부엌 스토브의 연료 냄새, 에어컨의 프레온 가스, 풍선의 가스, 타이어를 팽창시키는 바람, 용접할 때 사용되는 아세틸렌과 산소, 수술대에서 고통을 없애주는 마취제와 같이 인생의 모든 곳에 나타나지만 기체는 하나의 수수께끼일 것이다.

B. 반대로, 과학자에게는 기체는 역설적이지만, 그가 가장 잘 알고 있는 물질의 형태이다. 각 기체 분자는 간격이 아주 넓어서 애체나 고체의 분자와 비교가 된다. 하나의 기체분자는 다른 기체분자와 다소 독립적으로 행동하기 때문에 과학자들은 기체의 집단행동을 쉽게 관찰할 수 있다.

☞ 문단 A의 첫 번째 문장이 그 문단의 주제문이다. 필자는 문단 A의 나머지 부분을 초심자, 즉 비전문가(layman)들에게 "가스"가 무엇인가를 설명하는데 할애하고 있는데 유념하라.

☞ 문단 B에서는 필자가 대조를 하고 있다. 즉 과학자에게 "기체"는 무엇인가를 "보통사람들에게 가스가 무엇인가"와 대조하고 있다. 문단 A와 B를 연결하는 논지 전환장치는 독자에게 대조가 이루어질 것이라는 것을 암시하고 있다. 즉, 반대로, 과학자에게는 가스는 몇 개의 논지 전환장치나 요소를 포함하고 있다. 우선, 반복되는 구조가 있다. 문단 A에 있는 "보통 사람들에게는"와 문단 B에 있는 "과학자에게는"이다. 그리고 반복되는 단어가 있다. 즉, 문단 A와 B에 있는 "기체"의 동의어인 "물질"이다. 마지막으로 "반대로"라는 직접 대조 논지의 전환 문구가 있다.

☞ 문단 B에는 주제문이 없다. 문단 B는 문단 A에 있는 주제문을 공유하고 있다. 두 문단을 하나로 결합할 수도 있었을 것인데, 필자는 아마도 대조되는 2개의 문단으로 작성함으로서, 독자가 그 대조를 보다 명료하게 볼 수 있게 하였을 것이다.

9.21a

위 9.10의 문단을 다시 읽어라. 그리고 집돼지와 멧돼지를 비교/대조하고 있는 아래 2개의 연관된 문단을 읽어라.

A. 여러 가지 면에서 집돼지와 멧돼지는 유사하다. 집돼지는 대개 흰색이거나 흰색과 다른 색의 혼합으로 되어있다. 털은 빳빳하여서 문질러 닦는 솔이나 헤어 브러시로 사용될 수 있고 또 물론 그들의 기본 골상은 포유동물의 골상을 가지고 있다. 멧돼지도 또한 흰 색이며 그들의 털은 빳빳하고 단단하여서 값이 나간다. 멧돼지의 골상도 포유동물의 골상을 하고 있으며, 그것은 당연히 집돼지의 골상과 같다.

B. 한편, 집돼지와 멧돼지 사이에는 현격한 차이가 있다. 예를 들면, 농촌에서 가축으로 기르는 종은 돼지우리에 갇혀있다. 집돼지는 주는 대로 먹는다. 집돼지는 원할 때마다 목욕을 할 수도 없고, 최소한의 공간 범위 이상으로 움직일 수도 없다. 그러나 멧돼지는 좁은 공간에 갇혀있는 것이 아니고, 마음대로 돌아다니고 최대한으로 움직일 수 있으며, 먹고 싶은 것을 먹고, 그런 과정에서 그의 크고 단단한 몸집을 움직인다. 숲 속의 멧돼지는 기회가 있을 때마다, 산의 물구덩이, 시냇물 그리고 호수에서 목욕을 한다. 그리고 모든 면에서 농장에 있는 "갇힌" 돼지보다 자유롭다.

☞ 위의 연습문제에 있어서도 필자는 같은 제시 순서를 따르고 있지만, 그는 문단 A를 그들의 유사성을 기술하기 위해서 사용하였고, 문단 B는 그들의 차이점을 기술하는데 사용하였다. 각 문단은 필자가 행하려는 비교의 유형을 명확히 지적하는 주제문을 포함하고 있다. 덧붙여 말하면, 문단 B의 주제문은 대조적 논지 전환장치, 즉 "한편"을 사용하고 있는데, 그것은 독자에게 다음에 대조가 이루어진다는 신호를 할 뿐만 아니라, 문단 A와 B를 연결하는데 도움이 되는 신호를 보내고 있다.

9.22

다음 서로 연관된 2개의 문단을 읽고 질문에 답하라.

A. 근원을 따져보면, 바닷물과 강물이 아주 유사하다는 것은 의심할 여지가 없다. 예를 들면, 강물은 바닷물의 증발-응결의 순환에 의해서 형성되는 경우가 많은데, 그 과정에서 바닷물은 습기로 상승하여 구름으로 이동하고, 마침내는 산에 이르게

되고 습기가 응집하고 냉각되어 결국 비로 땅으로 내려오고, 그물은 이번에는 산을 흘러내려 강물이 되어 바다로 흘러들어간다.

B. 생성과정에 있어서의 이러한 유사성에도 불구하고, 바다 물과 강물 사이의 화학적 성분의 기본적이 차이점은 그들을 별도의 물질로 고려하게끔 구분 짓게 만든다. 예를 들어 실리콘 함량으로 말하면, 강물은 바닷물보다 5배 더 많이 함유하고 있다. 그 뿐만 아니라, 강물에는 칼슘과 염소가 4대1의 비율로 포함되어 있으나, 바닷물에서는 그 비율이 1대 46이다.

A. 어떤 대상을 비교/대조하고 있는가?

A 문단 ____________________

B 문단 ____________________

B. 비교/대조 항목은 무엇인가?

A 문단 ____________________

B 문단 ____________________

C. A 문단에서 필자가 보여주려는 것은 무엇인가?

1. 유사점 2. 차이점 3. 유사점과 차이점

D. B 문단에서 필자가 보여주려는 것은 무엇인가?

1. 유사점 2. 차이점 3. 유사점과 차이점

E. 문단 A와 문단 B 사이의 논지전환을 보여주기 위해서 필자가 사용한 논지 전환을 나타내는 구(phrase)에 밑줄을 그어라.

F. 문단 B의 주제문에서 사용한 모든 논지 전환장치를 분류하여 목록을 만들어라.

Ⅰ. 직접 논지전환:

Ⅱ. 간접 논지전환:

9.23

아래에 있는 서로 관련된 문단을 읽고 질문에 답하여라.

A. 우리 생각으로는 종교적인 면에서 도피자는 누구도 우리가 흔히 말하는 좋은 선생이 될 수가 없다. 예를 들어 어떤 사람이 사물을 기술하는 탁월한 능력을 가지고 있고 또 아주 먼 과거에 관한 학문의 영역에서 훌륭한 전문가일 수도 있다. 또 그 사람은 고등수학으로 모든 가시적인 현상 뒤에 숨어있는 거대한 힘을 이해하는 박식하고 훌륭한 과학자일 수도 있다. 그러나 우리 생각으로는 훌륭한 선생은 언제나 그의 동료 인간과, 그들의 운명과 그들의 슬픔에 대해 관심을 갖는 사람이며, 항상 사람들이 덜 속박 받고 더 자유로운 사회구조를 실현하기를 갈망하는 사람이다.

B. 몇몇 선생은 외견상 훌륭한 선생처럼 보이나, 비록 그의 학생들이 그 선생의 특별한 결점을 발견하지 못하였다 할지라고 좋은 선생은 아니다. 그런 사람들은 사회가 필요로 하는 좋은 선생은 아니다. 그 이유는 그들은 특별한 비전을 갖고 있지 않으며, 사회적 충동도 없고, 투쟁심도 없기 때문이다. 그들은 각자의 분야를 잘 알고 있으며, 규율에 충실한 사람들이고 그들이 가르치는 학과 과정을 분별 있게 계획하고, 효율적으로 수행한다. 그러나 개인적으로 그들은 편협한 사고방식을 갖고 있고, 사람들을 얕잡아 보고, 학생 집단까지도 무시한다. 그리고 대체적으로 인간의 완전성을 믿는 사람들은 누구나 바보라고 생각한다.

A. 필자가 문단 A에서 기술하는 것은 무엇인가?

B. 문단 B에서는 무엇을 기술하고 있는가?

C. 필자는 그의 비교항목을 어떻게 구성하고 있는가? 필자는 각 문단에서 항목별 비교/대조를 하고 있는지를 살펴보아라.

제9과 복습 및 확장된 연습문제

9.50

✽ 비교/대조가 효과적인 경우

비교/대조를 사용하여 문단을 전개하는 것이 효과적인 경우는 다음 3가지 목적을 달성하기 위함이다. 첫째, 서로 다른 것이라고 생각되었던 2개의 대상이 사실은 비슷하다. 둘째, 서로 비슷하다고 생각되었던 2개의 대상이 사실은 매우 다르다. 셋째, 2개의 대상이 비록 상호 비교가 가능하지만 대등한 관계나 수준이 아니다. 다시 말하면, 하나가 다른 것보다 더 좋거나, 더 낫다.

9.50.1

✽ 비교/대조 사용 시 유의사항

어떤 대상을 비교하려고 할 때는 2개의 대상이 비교 가능해야한다. 예컨대, 지미 카터(Jimmy Carter) 전 대통령과 집단 살인범인 찰스 맨슨(Charles Manson)을 비교하는 것은 마치 야구와 고양이를 비교하는 것과 같은 바보짓이다. 심지어 카터와 맨슨을 비교가 아닌 대조를 하는 것도 힘든 일이다. 그들이 모두 인간이며 남성이란 사실이외에 둘 사이엔 공통점이 전혀 없다. 비교/대조를 위해선 둘 사이에 상호관련성이 있거나 어떤 공통적인 바탕이 있어야한다.

9.50.2

✽ 비교/대조의 2가지 문단 구성방법

가. 분리형 비교/대조(The Divided Pattern of Comparison/Contrast:(A+B))

A와 B를 비교할 때, 문단의 전반부에선 A를 설명하고, 후반부에선 B를 설명하는 방식이다. 가령 A에 대해서 3가지 항목을 언급했다면, 다음 B에 대해서도 3가지 항목을 똑같은 순서대로 언급을 한다. 가능하면 양쪽의 문장의 개수, 길이도 같도록 한다.

나. 교차형 비교/대조(The Alternating Pattern of Comparison/Contrast: A/B + A/B + A/B ...)

A와 B에 대한 비교 항목을 짝지어진 쌍으로(in matched pairs) 하나의 문장 속에서 비교/대조를 하는 것이 보통이다. 이것을 항목별 비교(point-by-point comparison)라고도 한다. 분리형 비교가 사용하기 더 쉽기 때문에 보통 짧은 글을 쓸 때는 더 자주 쓰이는데 반해서, 교차형 비교는 길이가 긴 글에서 주로 쓰이며, 비록 더욱 세심한 문단전개가 필요하고 사용하기가 쉽진 않지만 독자들이 이해하기 쉽고, 흥미를 느끼게 해준다. 다음은 소형차(compact cars)와 스포츠유틸리티 차량(SUV, Sports Utility Vehicle, 스포츠레저용 차량으로 보통은 station wagon이라고도 한다. 험로 주행 장치인 4 Wheel Drive/4륜구동의 지프형 차량이 대부분임)을 3가지 비교 기준/항목(3 criteria/points/bases for comparison)에 따라 2가지 방법으로 비교/대조한 문단이다.

1.a. 분리형 비교(The Divided Pattern of Comparison)

보통의 미국인 가족이 새 차를 사러 갈 때 차종이 너무 다양하기 때문에 어려운 결정을 내려야할 상황에 직면하게 된다. 도저히 불가능한 차종은 고려대상에서 아예 제외시키고, 대부분의 가족은 SUV와 소형차 중에서 선택을 해야 하는데, 각각이 모두 장단점이 있다. 소형차는 연비가 높은데, 보통 갤런 당 30내지 40마일 나간다. 휘발유 가격이 갤런 당 5불까지 치솟는 현실에 비추어 이것은 무시할 수 없는 고려사항이다. 조종하기가 편리하다는 점이 소형차의 또 하나의 긍정적 요소이다. 소형차는 크기가 작기 때문에 조종의 편이성과 주차장에서 좁은 빈 공간을 비집고 들어갈 수 있는 능력은 거의 보장받은 셈이다. 그러나 사람과 화물을 실을 공간이 제한되어있다. 대가족인 경우, 카풀(the car pool, 합승 이용, 즉 출퇴근 시 자가용을 교대로 태워주는 그룹의 합승 이용)이나 장기간 휴가여행의 경우엔 소형차가 이상적인 것은 아니다. SUV는 이런 종류의 가족이나 활동에 훌륭한 대안이 될 수 있다. SUV는 성인 6명을 태우고도 아직도 화물이나 개 혹은 더 많은 사람을 추가로 실을 수 있는 공간이 많이 남아있다. 그러나 이렇게 차체가 크다는 말은 분명히 조종하기가 약간 불편하다는 뜻이다. 또한 차가 크기 때문에 SUV는 소형차만큼 연비가 좋은 것은 아니고, 주유소에 더 자주 가야하고, 더 비싼 연료비를 지불해야한다. 새 차를 사려고하는 가족은 이 2종류의 차를 비교해서 각각의 장단점을 주의 깊게 저울질해야한다.

☞ 위 문단의 전반부에서는 소형차를 다루었고, 후반부에서는 SUV를 다룬 분리형 비교인데, SUV보다는 소형차에 대한 설명이 더 많다. 즉 소형차에 대해서는 6개의 문장, SUV에 대해선 단지 4개의 문장만을 사용했다. 소형차의 연비에 대해서 언급한 2개의 문장은 연비의 구체적인 수치까지 제시했고, 또 치솟는 휘발유 가격을 지적했다. 그러나 SUV의 연비에 대해서는 짧게 언급을 했는데, 이는 휘발유 가격이 치솟고 있는 이 시기에 SUV의 연비가 훨씬 더 낮을 것이라는 점을 넌지시 암시해주고 있다. 분리형 비교에서는 각 부분에서 다루는 비교 기준/항목은 동일한 순서(A: 1, 2, 3 + B: 1, 2, 3)를 따를 수도 있고, 아니면 위 문단의 예에서처럼 역순을 따를 수도 있다. 즉,(A: 1, 2, 3 + B: 3, 2, 1). 위 문단에서는 소형차는(연비, 조종하기, 승차 공간)의 순서이고, 다음엔 논지 전환장치, 그리고 SUV는(승차 공간, 조종하기, 연비)의 역순(an inverted sequence/ order)으로 되어있다.

1.b. **교차형 비교**(The Alternating Pattern of Comparison)

보통의 미국인 가족이 새차를 사러갈 때, 차종이 너무 다양하기 때문에 어려운 결정을 내려야 할 상황에 직면하게 된다. 도저히 불가능한 차종은 고려대상에서 아예 제외시키고, 대부분의 가족은 SUV와 소형차 중에서 선택을 해야 하는데 각각이 모두 장단점이 있다. 소형차는 연비가 높은데, 보통 갤런 당 30내지 40마일이다. 휘발유 가격이 갤런 당 5불까지 치솟고 있는 현실에 비추어 이것은 무시할 수 없는 고려사항이다. 반대로 SUV는 차체가 크기 때문에 연비가 좋지 않고, 그래서 주유소에 더 자주 가야만하고, 더 비싼 연료비를 지불해야한다. 조종하기가 편리하다는 점이 소형차의 또 하나의 긍정적 요소이다. 소형차는 크기가 작기 때문에 조종의 편이성과 주차장에서 좁은 빈 공간을 비집고 들어갈 수 있는 능력은 거의 보장을 받은 셈이다. 적어도 소형차 1대가 SUV 속에 다 들어가고도 남을 정도이기 때문에 SUV와 같은 큰 차를 조종하기가 약간 불편하다는 점은 금방 알 수 있다. 대가족의 경우, 카풀이나 장기간 휴가여행을 할 때 소형차가 이상적인 것은 아니다. 반대로, SUV는 성인 6명을 태우고도 아직도 화물이나 개, 혹은 더 많은 사람을 추가로 실을 수 있는 공간이 많이 남아있다. 새 차를 사려고 하는 가족은 이 2종류의 차를 비교해서 각각의 장단점을 주의 깊게 저울질해야한다.

☞ 위 문단에서는 각각의 비교 기준/항목이 A와 B에 동시에 나타난다. 즉(연비: 소형차/SUV, 조종하기: 소형차/SUV, 승차 공간: 소형차/SUV)의 순서이다. 이와 같은 항목별 비교를 도식으로 표시하면(A/B 1 + A/B 2 + A/B 3)과 같이 된다.

9.511

다음 문단을 읽고 아래 질문에 답하라.

<윤리적 절대론 대 윤리적 상대론(Ethical Absolutism vs. Ethical Relativism)>

철학자 스테이스(W. T. Stace)는 문화적 상대론자의 견해에 반대하는 입장에서 "우리는 모든 도덕적 행동이 상대적이다라고 결론을 내릴 수는 없다"고 주장했다. 그는 윤리적 절대론과 윤리적 상대론이라는 2가지 도덕이론에 대한 찬성과 반대 주장을 제시했다. 그는 윤리적 절대론자를 우익, 보수주의, 그리고 구식에 젖어 구태를 벗어나지 못한 자로 분류한 반면, 윤리적 상대론자를 좌익·혁명론자, 그리고 그때그때 새로운 최신 사상을 수용하는 자로 분류했다. 그는 "윤리적 절대론이란 단순하고, 확고한 이론일 뿐, 그 이상 그 이하도 아니며, 모든 인간에게 엄정하고, 공평하게 적용되는 영원불멸의 진리이며, 타당한 도덕규범은 오직 하나밖에 없으며, 그것은 절대적이며 불변이다"라고 주장했다. 윤리적 절대론은 원래 기독교 신학, 구체적으로 기독교의 일신주의(一神主義), 즉 "하나님이 도덕률의 창조자이다"라는 믿음에서 발전된 것이다. 스테이스는 절대론에 대한 상대론자들의 반발(The revolt of the relativists against Absolutism)은 "정통종교(orthodox, 즉 초대 교회의 신조를 지키는 것, 그 반대는 heterodox, 즉 이단, 비정통성)에 대한 신앙의 타락에 바탕을 두고 있다"라고 말한다. 오늘날의 회의론(skepticism, 또는 무신론)은 그동안 기독교의 일신주의가 윤리적 절대론에 보냈던 지지를 빼앗아가고 있다. 스테이스는 "윤리적 상대론이란 간단히 말해서 윤리적 절대론을 부정하는 것이다"라고 말한다. 절대적 도덕규범이란 존재하지도 않는 것이다. 예를 들면, 내 생각엔 상대론자들은 프랑스 사람이 자신에게 옳은 것이라고 믿는 것은 자신에게 옳은 것이고, 동시에 그 이웃나라인 스페인 사람에겐 그것이 틀린 것일 수도

있다고 믿는데, 나는 그런 사상을 받아들일 수 있다. 상대론자들은 하나의 절대적 기준이란 존재하지도 않고, 다만 어느 특정 지역에서만 통하거나, 일시적이고, 언제라도 변화 가능한 여러 개의 기준이 있을 뿐이다라고 믿는다.

1) 위 문단의 주제는?

2) 이 문단의 종류는?

3) 이 문단은 비교/대조를 하고 있는 글인데, 그 구성이 독특하다. 문단의 구성 형태를 설명하라.

4) 이 글의 필자는 어느 도덕론을 찬성하는가?

9.51.2

다음 문단을 읽고 아래 질문에 답하라.

<친구(Friends)>

친구란 과연 무엇인가? 친구란 말만 들어도 수많은 느낌과 이미지가 떠오르는데(conjures up), 그 중엔 많은 좋은 것들도 있고, 몇 가지 나쁜 것들도 있다. 친구란 당신이 문제가 생겼을 때, 또는 조언이 필요할 때 의지할 수 있는 그런 존재인가? 아니면 당신과 똑같은 관심사와 감정을 공유하고 있는 그런 존재인가? 친구란 무엇인가에 대한 질문은 그동안 수많은 철학자들에 의해 오랫동안 계속해서 다루어져왔다. 이 질문에 대한 해답을 찾기 위해 나는 아리스토텔레스의 견해와 나의 생각을 비교/대조해 보려고 하는데, 왜냐하면 그가 이 주제에 관해서 많은 훌륭한 견해를 밝혔기 때문이다. 아리스토텔레스(Aristotle)는 진정한 우정, 즉 완전한 우정이란 도덕(virtue) 수준이 비슷한, 좋은 사람들 사이의 우정이라고 생각했다. 아리스토텔레스의 이 말은 근본적으로 두 사람이 친구가 되기 위해선 먼저 그 두 사람이 모두 유덕(有德)한 사람이어야 한다는 전제가 필요한 것이다. 그러나 내 개인적인 생각으론 이 세상에 어느

누구도 진정으로 유덕한 사람이란 있을 수 없는데, 왜냐하면 진정으로 덕망이 있기 위해선 완벽해야 되는데, 이 세상에 진정으로 완벽한 사람이란 없다고 느끼기 때문이다. 그래서 나는 이 점에 한하여 아리스토텔레스가 틀렸다고 생각한다. 아리스토텔레스 자신도 "이런 종류의 우정이란 매우 드물 것 같은데, 왜냐하면 그런 사람은 거의 없기 때문이다"라고 말했다. 하지만 이런 견해에 동의한다고 해도, "비교적 같은 도덕 수준의 두 사람이 서로 진정한 친구가 될 수 있다"는 말로 바꾸어야 할 것이다. 내가 앞에서도 언급한 바와 같이, 나 자신은 진정으로 도덕적인 인간은 아니라는 점을 인정은 하지만, 허나 내가 친구라고 부를 수 있는 사람이 몇몇은 있는데, 그 이유는 그들의 도덕 수준이 나와 대략 비슷하기 때문이다. 그래서 나는 아리스토텔레스의 진정한 친구에 대한 견해는 틀렸다고 생각하지만, 그러나 그의 견해를 약간 수정하면, 더 많은 사람들이 진정한 우정의 기쁨을 경험할 수 있으리라 믿는다.

1) 위 문단의 종류는?

2) 이 문단에서 사용한 비교의 형식은?

3) 이 글에 대한 전체적인 느낌이나 인상은?

4) 이 글에는 대단히 중요한 논리적 오류가 있는데 설명해보아라.

9.51.3

다음 문단을 읽고 아래 질문에 답하라.

<공자, 함무라비, 그리고 사자의 서의 비교(The Writings of Confucius, Hammurabi, and the Book of the Dead)>

고대문명의 가장 유명한 3대 저술은 공자의 글, 함무라비 법전(Code of Laws), 그리고 이집트의 사자의 서(The Book of the Dead, 死者의 書, 고대 이집트인이 내세의 명복을 빌어 부장한 사자의 기도문)이다. 첫째, 이 저술들이 쓰여 진 시대적, 지역적,

그리고 종교적 배경이 다르기 때문에 겉으로 보기엔 매우 다른 것처럼 보이지만, 그러나 이들 모두는 고대인들이 어떠한 가치를 가장 중요하게 여겼는지에 대해 우리가 들여다볼 수 있게 해준다. 이들 3개의 문명권에서 공통적으로 중요시한 가치 중의 하나는 정의와 공평함이다(justice and fairness). 이점은 함무라비 법전에서 가장 잘 나타나있다고 느껴진다. 모든 범죄에 대한 처벌은 매우 엄중 했지만, 그러나 공평했다(All of the penalties for the crimes are very stiff, but fair). 만약 어떤 사람이 귀족의 팔다리를 부러뜨렸다면, 그의 팔다리도 마찬가지로 부러뜨리는 것이 나는 공평하다고 느낀다. 그것은 성경에 나오는 "눈에는 눈, 이에는 이"와 같은 이치이다. 이집트의 사자의 서에서는 사자(死者)가 이승에서 나쁜 짓을 하지 않았다고 판명이 나지 않는 한 저승에 갈 수가 없었다. 공자의 저술에서 "정의"란 말을 실제로 언급한 것은 아니지만, 그러나 "대인은 수월성을 탐하고, 소인은 자신의 안위만을 탐한다. 대인은 법과 규칙을 탐하지만, 소인은 특혜를 탐한다"라고 공자가 말했다. 나에게 이 말은 대인은 공평한 반면, 소인은 불공평하다는 의미로 해석된다(To me, that means Great Man is fair, Petty Man is unfair).

1) 위 문단의 주제문은?

2) 이 문단의 종류는?

3) 이 문단에서 사용한 비교의 형태는?

4) 이다음 문단에서는 어떤 내용이 나올 것으로 기대하는가?

5) 이 글에서 미숙하거나 어색한 점이 있는지 설명해보아라.

9.51.4

다음 문단을 읽고 아래 질문에 답하라.

<위대한 개츠비 15 에세이 모음(Great Gatsby 15 Short Essays)>

당신이 자신이라고 부르는 인간의 마음속에 2개의 상반된 자아가 서로 당신을 지배하려고 다투는 경험을 해본 적이 있습니까? 그 중에 어느 것이 주도권을 쥐어주기를 당신 스스로가 원하고 있는지조차도 몰랐던 경험이 있습니까? 우리 모두는 적어도 2가지 자아를 갖고 있는데, 열심히 일하고, 좋은 점수를 받고, 또 성공하고 싶은 자아가 있는 반면, 일광욕을 즐기며, 음악이나 듣고, 공상을 하는 편이 차라리 낫다는 자아가 있습니다. 작가임과 동시에 한 인간으로서 스콧 피츠제럴드(Scott Fitzerald)를 이해하기 위해선, 이중성 또는 양가감정(兩價感情, ambivalence)이란 개념으로부터 출발해야한다. 피츠제럴드는 "파멸(The Crack-Up)"이란 유명한 에세이 시리즈에서 "최고의 지능을 가름하는 시금석은 마음속에 2개의 상반된 생각을 동시에 가지고 있으면서도 사람으로서의 구실을 할 수 있는 능력"이라고 말했다. 피츠제럴드에 관한 모든 것은 바로 이러한 생각에 바탕을 두고 있다. 예컨대, 그는 돈을 사랑했고, 또 동시에 돈을 혐오했다. 그는 가진 것이라곤 없는 국외자로서 부유층의 삶에 이끌렸으나, 동시에 그는 그들의 허위의식, 위선 그리고 잔인성을 증오했다.

1) 위 문단의 주제는?

2) 스콧 피츠제럴드의 "The Crack-Up" 이란 에세이 시리즈에 대해서 도서관이나 인터넷을 통해 찾아보고, 그것이 무슨 뜻인지 설명하라. 또 피츠제럴드라는 작가에 대해서 간략히 소개하라.

3) 이 문단에서 사용한 비교/대조의 형식은?

4) 인간의 양가감정, 이중성, 삼중성, 또는 다중성(선과 악, 성선설과 성악설, 유교의 주리론[主理論]과 주기론[主氣論], 이성과 감정, 위선[hypocrisy], Freud의 id[原我], ego [自我], superego[超自我] 등)은 결국 인간이 동물임과 동시에 이성을 가진 존재이기 때문에 나타나는 것이다. 그렇다면 학생 자신, 이웃, 또는 사회나 국가가 이성과 감정 중에 어느 쪽에 더 치우쳐있다고 생각하는가? 인류역사를 통해 어느 쪽이 더 큰 영향력을 행사해 왔다고 믿는가? 가령 이성 60%, 감정 40%와 같이 수치로 나타낼 수 있는가?

9.51.5

다음 문단을 읽고 아래 질문에 답하라.

나와 같은 방을 쓰는 친구와 나는 정반대이지만, 그러나 우리는 사이좋게 지낸다. 그는 걸을 때 천천히 걷고, 말을 천천히 하고, 천천히 먹고, 그리고 일도 천천히 한다. 그러나 나는 모든 것을 빨리 한다. 그는 일찍 일어나지만, 나는 늦게 잠자는 것을 좋아한다. 그는 숙제를 열심히 하지만, 나는 숙제를 성의 없이(unenthusiastically) 한다. 그의 방은 잘 정돈이 되어있으나, 나는 옷이나 책을 여기저기 놓아둔다. 그는 언제나 조심스럽게 운전을 하면서, 날더러 차를 너무 빨리 몬다고 말한다. 사실 그는 내가 차를 무모하게 운전한다고(a reckless driver) 생각한다.

1) 위 문단의 주제문은

2) 이 문단의 종류는?

3) 여기서 사용한 비교/대조의 형식은?

9.51.6

다음 문단을 읽고 아래 질문에 답하라.

<혈구(Blood Cells)>

적혈구와 같이 대부분의 백혈구는 골수(bone marrow)에서 생산된다. 그러나 백혈구는 성숙이 되어도 세포핵이 없어지는 것은 아니다. 백혈구는 신체의 가장 중요한 방어체계에 속한다. 박테리아와 같은 미세한 침입자에 의해 공격을 받은 부위까지 혈액에 의해 운반된 백혈구는 침입자를 둘러싸고 잡아먹는다. 다른 종류의 백혈구는 바이러스나 다른 여러 가지 극히 미세한 침입자들을 공격하기 위해 특수한 화학물질은 생산한다. 반면에 성숙된 적혈구는 세포핵이 없다. 적혈구는 혈액에 의해서 신체의 각 부위에 운반되어 신체의 모든 세포에 산소를 공급한다. 적혈구는 둥근 모양을 하고 있으며, 높은 철분 함량 때문에 색깔이 빨갛다.

1) 위 문단의 주제문은?

2) 이 문단에서 사용된 비교/대조를 나타내는 논지 전환장치를 모두 써보아라.

3) 여기서 사용한 비교/대조의 형식은?

9.51.7

다음 문단을 읽고 아래 질문에 답하라.

<애벌레와 번데기(Larva and Pupae)>

애벌레(larvae)와 번데기(pupae)는 어떻게 다른가? 번데기는 때로 "휴면단계"라고 부르기도 하는데, 그 아유는 그들이 움직이지 않기 때문이다. 그러나 애벌레는 돌아다닌다. 번데기는 보통 땅속이나 고치(cocoon) 속에서 성장한다. 애벌레는 성장기에 여기저기로 이동할 수 있다. 애벌레와 번데기의 또 하나의 차이점은 번데기는 먹지를 않는다. 반대로 애벌레는 많은 음식을 먹는다. 어떤 애벌레는 곡식과 식물을 몽땅 먹어치워서 이들을 아예 파괴해버리기도 한다. 애벌레가 먹은 음식 중 일부는 저장했다가 번데기가 성장하는 동안 사용한다.

1) 위 문단의 주제문은?

2) 여기서 사용한 비교/대조의 형식은?

3) 애벌레와 번데기 중에 어느 것이 앞선 성장단계에 속하는가?

9.51.8

다음 문단을 읽고 아래 질문에 답하라.

<도시생활의 이점(Advantages of City Life)>

스몰 힐즈의 인구는 2,500명이다(The population of Small Hills is 2,500). 여기선 누구나 서로를 알고 있다. 이 도시의 시장은 스포츠 용품점의 주인이기도 하다. 스몰 힐즈엔 고등학교가 단 하나 있는데, 6세부터 18세까지의 모든 학생들이 서로를 알고 지낸다. 매 주말마다 많은 스몰 힐즈의 주민들은 이 읍내의 유일한 식당에 가서 저녁을 먹은 후엔, 단 하나밖에 없는 극장에 간다. 이러한 판에 박힌 일과는(routine) 계속된다. 로스앤젤레스의 인구는 약 3백만이다. 이 도시는 문화적으로 매우 다양하기 때문에 아무 때라도 주민들은 아무 음식점에나 갈 수 있고, 아무 영화나 볼 수 있고, 수를 헤아릴 수 없을 정도로 많은 전시회나 박물관을 구경할 수 있다. 이 중에 어느 생활방식이 더 좋은가요? 다양성으로 충만한 대도시에서 사는 것이 조그만 시골에서 사는 것보다 훨씬 더 좋다는 사실이 분명한 것 같다.

1) 위 문단의 주제문은?

2) 여기선 비교/대조를 사용했는데, 그 형식은?

3) 대도시와 시골을 비교/대조할 때 사용한 기준/항목은?

9.51.9

다음 문단을 읽고 아래 질문에 답하라.

<언제나 코카콜라(Always Coca-Cola)>

펩시가 아무리 많은 돈을 광고비로 지출하더라도, 나의 견해로는 코카콜라가 언제나 한 수 위일 것이다. 어떤 사람들은 이 두 청량음료가 모두 똑같다고 말하는데, 그러나 나는 코카콜라가 훨씬 더 좋다고 생각한다. 첫째, 코카콜라는 펩시처럼 달지 않다. 코카콜라는 탄산의 양, 즉 거품이 이는 가스(carbonation or fizz)의 양이 적당하다. 뿐만 아니라, 제품의 포장이 독특하지만 단순하다. 비록 마이클 잭슨(Michael Jackson)이 텔레비전에 나와 펩시의 장점을 납득시키려고 해도, 나의 마음을 바꾸지는 못할 것이다. 나에겐 언제나 코카콜라뿐이다.

1) 위 문단의 주제문은?

2) 여기서 사용한 비교/대조의 형식은?

3) 여기서 사용한 비교의 기준/항목은?

9.51.10

다음 문단을 읽고 아래 질문에 답하라.

<플랑크톤(Plankton)>

"플랑크톤"이라고 불리는 수십억 톤의 미세한 동식물이 세계의 모든 바다에 걸쳐 산재해있다. 이 동식물의 대부분은 너무 작아서 인간의 눈으로는 볼 수도 없다. 그들은 조류에 따라 느릿느릿 여기저기로 표류해 다니면서 수많은 더 큰 동물들에게 기본 식량을 제공하고 있다. 플랑크톤은 건조한 육상 대륙에서 자라는 풀과 같은 존재라고 묘사되고 있는데, 그러한 비유는 적절한 것이다. 그러나 잠재적 식량으로서의 가치는 육상에서 자라는 풀의 가치를 훨씬 능가한다. 어느 과학자는 전 세계의 모든 풀이 매년 약 490억 톤의 귀중한 탄수화물을 생산하는 반면, 바다의 플랑크톤의 총 생산량은 그 2배에 해당한다고 추산했다. 식량자원으로서의 엄청난 잠재력에도 불구하고, 우리가 육지에서 풀을 재배하는 것처럼 플랑크톤을 양식하려는 노력은 최근까지도 거의 없었다. 이제 해양학자들은 늘어나는 세계 인구를 먹여 살릴 수 있는 수단으로서 그 해양자원의 중요성이 한층 더 증대됨에 따라 그 가능성을 드디어 연구하기 시작했다.

1) 위 문단의 주제는?

2) 위 문단의 종류는?

3) 여기서 사용한 비교/대조의 형식은?

4) 여기서 사용한 비교/대조의 기준/항목은?

9.51.11

다음 문단을 읽고 아래 질문에 답하라.

<검소와 인색(Frugal or Stingy)>

당신은 검소한 편입니까, 아니면 인색한 편입니까? 여기엔 커다란 차이가 있는데, 전자는 미덕이고, 후자는 악덕이다. 그 차이는 당신의 검소한 행위가 다른 사람에게 어떠한 영향을 끼치는가에(affect) 달려있다. 내 친구 중 한 명은 가난하게 자랐다. 비록 그녀가 더 이상 가난하진 않지만, 그녀의 아이들이 뭔가를 사달라고 요구할 때 그녀는 아직도 거의 반사적으로(reflexively) "안 돼!"라고 말하는 자신을 발견하게 된다. 그녀는 이런 짓이 금전적으로 신중한(prudent) 행동인가, 아니면 인색한 행동인가라고 자문해 본다. 또 한 친구는 어느 남성과 교제 중인데, 그 남성은 가끔 자기 집으로 그녀를 초대하여 직접 요리를 해서 대접한다. 그 남성이 진정으로 요리하는 것을 그토록 좋아하기 때문일까, 아니면 단지 그 남성이 음식점에서 돈 쓰는 것을 피하기 위해서 그런 것일까라는 의문이 생긴다. 당신이 친한 친구의 결혼식에 초대를 받았지만, 당신은 신용카드 부채를 갚느라고(pay off credit-card debt) 몸부림을 치고 있다고 가정해보자. 이때 만약 당신이 결혼 선물을 사는데 돈을 절약했다면 그런 경우에 당신은 검약한 것인가, 아니면 구두쇠인가? 우리 모두는 우리가 자신의 돈을 어떻게 쓸 것인가에 대해 선택을 해야 한다. 현명한 선택은 우리의 부를 축적하게(build our wealth) 해서 결과적으로 재정적인 독립을 가능케 한다. 그러나 이것은 검소한 행동이다, 또는 이것은 도를 넘어 인색한 짓이라고 판정할 수 있는 그 한계선을 어떻게 알 수 있는가?

1) 위 문단의 주제문은?

2) 이 글에서 사용한 비교/대조의 형식은?

3) 이 글에서 의문문을 자주 사용했는데, 그 이유는?

4) 이 문단의 결말과 그 종류는?

5) 이 글의 다음 문단에서 어떤 내용을 다룰 것으로 기대하는가?

9.51.12

다음 문단을 읽고 아래 질문에 답하라.

<인색함과 검소함의 기준(Basis for Stingy or Frugal)>

어느 때 당신은 인색하다고 생각될까요? 내가 이런 질문을 독자들에게 던졌을 때, 어느 독자는 인색함과 검소함의 차이는 보는 사람의 눈에(in the eyes of the beholder) 달려있다라고 대답했다. 또 어느 사람은 "한쪽에서 인색하다고 하는 짓이 다른 사람들이 볼 땐 검소한 행동인 경우가 많은데, 특히 어느 집단이 세운 계획을 막으려고 할 때, 혹은 다른 사람이 하려고 하는 행동에 반대를 하는 경우에 이런 현상이 많이 발견된다"라고 말했다. 아마 그럴 수도 있겠지요. 그러나 나는 인색한 행동은 객관적으로 판별해낼 수가(objectively identified) 있다고 믿는다. 여기에 몇 가지 판단 기준이 있다(some benchmarks:): 만약 당신이 음식점에서 1인분 요금에 2인분 식사를 제공하는 할인 쿠폰(2-for-1 coupons)을 사용한다면, 당신은 검소한 것이다. 그러나 만약 당신이 식당 봉사자에게 그 할인가격을 기준으로 계산해서(the discounted bill) 팁을 준다면, 당신은 아마 인색한 편이다. 만약 당신이 매년 자선기관(charitable contributions)에 기부할 총액을 미리 정해놓고, 그 다음부터는 그 예산 범위를 넘지 않도록 생활하려고 노력한다면, 당신은 검소한 것이다. 그러나 만약 당신이 자선기관에 기부한 마지막 물품이 당신이라면 손조차 대지 않았을 아주 오래된 리마콩 통조림이었다면 당신은 인색한 편이다.

1) 위 문단의 주제는?

2) 여기서 사용한 비교/대조의 형식은? 또 논지 전환장치는?

9.51.13

다음 문단을 읽고 아래 질문에 답하라.

<검소함은 미덕이다(Frugality is a virtue)>

검소함은 미덕이 될 수 있고, 또 미덕인 것이 사실이다. 그 말은 당신이 당신의 자원을 낭비하지 않고 아껴 쓴다는 것을 암시한다. 인색함은 악덕인데, 그 말은 비열함이란 어감을 지니고 있다. 또 그 말은 웹스터 사전에서 정의 한 것처럼 "두드러지게 관대함이 결여된 것을 암시한다." 인색함이란 인간적인 충동은 주라고 하는데도, 실제로는 뒤꽁무니를 빼는 것을 의미한다. 어느 독자가 자신의 어린 시절에 경험했던 전형적인 사례를 들었다. "우리가 인색하다고 악명이 높은 이웃집에 놀러갔었는데, 그 집에서 아이스케이크(popsicles)를 주었다. 그런데 자기 집 애들에겐 모두 아이스케이크 한 개씩을 주면서, 놀러온 이웃 집 애들에겐 아이스케이크 한 개를 주면서 4조각으로 갈라서 우리들끼리 나누어 먹으라고 했다. 내가 어린 시절의 옛날 놀이친구들을 만날 때마다, 우리는 그 이야기를 하면서 웃곤 한다. 나에겐 비록 아이스케이크 한 개를 4조각으로 나눈 것일지라도 누구에게나 똑같은 양을 주는 것이 바로 검소함이다라고 그는 말했다. 나의 견해로는, 인색함이란 가장 좋은 것은 언제나 자기가 갖고, 쓰레기는 다른 사람에게 주는 것을 의미한다.

1) 이 문단의 주제는?

2) 이 문단의 종류와 문단전개 방식은?

3) 여기서 사용한 비교/대조의 형식은?

9.51.14

다음 문단을 읽고 아래 질문에 답하라.

<인색한 사람은 남에게 피해를 준다(Stingy Folks Often Harm Others)>

몇몇 독자들은 인색한 사람들이 흔히 선택한 행동이 다른 사람들에게 값비싼 대가를 치르게 한다는 점을 지적했다. 내가 자칭 까쟁이라고(cheapskate) 하는 또 하나의 작가에게 검소함과 인색함에 대한 정의를 내려달라고 요구했을 때, 그녀는 즉시 위와 똑같은 견해를 피력했다. "검소함이란 나의 수입 이하로 살아가기 위해서 나에게

요구되는 행위이다. 반면에, 인색함이란 다른 사람에게 내가 검소하게 살아가는데 보탬이 되도록 요구하는 행위이다"라고 말했다. 그녀는 몇 가지 예를 들었다: "인색한 사람이 사회적 통념에 맞는 팁을 준다고 해서 당장 죽는 것도 아닌데, 그들은 항시 요리 하나를 시켜 나누어 먹고, 옷을 샀다가 한번 입어보고 반품하면서 상점 주인이 대금 전액을 환불해주도록 속이려고 하며, 교회에는 땡전 한 푼도 헌금한 일이 없고, 자기 아이들 담임선생에게 감사 표시의 선물을 하지도 않고, 다른 사람들을 희생시켜 될수록 많은 돈을 벌려고 가능한 모든 수단을 다 쓴다." 반대로 검소함에 대한 그녀의 정의는 관대함이란 개념(the concept of generosity)을 포함한다. "남에게는 주고, 자신은 절약하는 것이 검소함의 핵심이다; 남들에게 주는 것이 탐욕에 대한 해독제이다; 절약하는 것이 공포에 대한 해독제, 즉 해결책이다; 만약 당신이 항상 주고, 먼저 절약한다면, 당신은 탐욕스럽거나 무일푼이 되는 일은 결코 없을 것이다"라고 그녀는 말했다

1) 위 문단의 종류는?

2) 이 문단에서 사용한 비교/대조의 형식은?

3) 이 문단에서 분리형 비교/대조(즉 A + B)를 나타내는 논지 전환장치는?

9.51.15

다음 주제에 대해서 비교/대조를 사용하여 문단을 작성하라.

먼저 무엇에 관해서 서로 비교/대조를 할 것인가, 즉 비교/대조의 기준 또는 항목(criteria /points /bases for comparison /contrast)을 브레인스토밍하여 아이디어를 얻고, 비교의 형식, 즉 분리형/교차형(항목별, 상황별) 비교/대조 중에 하나를 선택한다.

1. 한국의 텔레비전 채널을 비교/대조하라(Compare/contrast any TV channels in Korea).
2. 통근 수단으로서 자동차/전철/자전거의 비교(ride my bicycle for commuting).
3. 작년의 유행과 금년 유행의 비교(Compare/contrast last year's fashions and this year's fashions).

4. 5년 전의 내 친구와 현재의 내 친구의 비교.
5. 15세에 나에게 중요했던 일과 현재 나에게 중요한 일의 비교.
6. 채식과 육식의 비교(a vegetarian diet).
7. 어느 특정한 한국 요리(a Korean dish)와 일식/중식/양식 등과 비교.
8. 고전음악과 록 음악처럼 2가지 음악을 비교하라. 비교 기준/항목은 가수, 악기, 청중, 그리고 인기도를 기준으로 할 수도 있다.
9. 2개의 문화권에서 생일, 결혼, 또는 장례와 같은 중요한 의식을 치르는 방법상의 유사성과 차이점을 설명하라.
10. 2종류의 유명인사, 스포츠, 영화, 장소, 기계, 공휴일 또는 축제, 산, 강, 교육, 직업, 공원을 비교하라(Compare/contrast two kinds of celebrities, sports, movies, places, machines, holidays or celebrations, mountains, rivers, education, professions, or parks).
11. 아파트와 단독주택에서의 생활 비교(Compare living in houses with living in apartments). 이 때 생활비(living costs), 사생활(privacy), 공간(space) 등을 비교 기준으로 사용하라.
12. 한국의 교육제도와 미국/일본/대만/영국/독일/프랑스의 교육제도의 비교(Compare/contrast the educational systems in Korea with those in the U.S./Japan/Taiwan/the United Kingdom/Germany/France).
13. 동양과 서양의 교육제도(Education in the East and the West).
14. 한국인과 일본인, 미국인, 중국인, 영국인, 러시아인의 사회적 행동의 비교.
15. 개인주의 대 집단주의(Individualism vs. collectivism).
16. 한국과 일본의 비교/대조. 비교 기준은 언어, 크기, 기후, 인종의 다양성(the diversity of ethnic groups), 피부색, 경제 제도, 종교 등이 있다.
17. 한국의 봄/가을 또는 여름/겨울의 비교.
18. 취미로서 독서와 영화 감상의 비교.
19. 한국의 수도인 서울과 동경/뉴욕/런던/파리/북경/모스크바/로마/홍콩의 비교(Compare/contrast Seoul, the capital of Korea, with Tokyo/New York/ London/ Paris/ Beijing/ Moscow/Rome/Hong Kong).
20. 국내 여행 대 외국 여행.

제10과 문단을 넘어서—개요와 논술
(Outline and Expository Writing)

Ⅰ. 핵심요점

A. 글쓰기에 있어서 중요한 도구인 개요(outline)

B. 논술이나 소론(小論, essay)의 문단들: 문단을 연결하여 더 큰 단위인 논술이나 소론을 전개하고 구성하기

Ⅱ. 검토사항

이 과를 학습하면 다음 사항에 관하여 알게 될 것이다.

A. 문단을 구성하는 원리가 여러 문단들을 모아서 더 큰 단위인 논술을 작성하는데도 적용된다.

B. 글을 쓰는 방법이 글로 표현하고자하는 문단들의 내용과 어떻게 관련되어 있는가? 즉 문단들의 수, 문단들의 크기, 문단의 외적 및 내적 구성, 문단들 간의 논지 전환장치 등.

C. 개요(outline)는 우리가 글쓰기 할 내용을 어떻게 전체적으로 구성할 것인가에 대해 사전에 청사진을 작성하는 것으로서 시간과 노력을 절약해주는 방법이다. 그리고 나중에 세부사항을 쓰는데도 지침으로 활용할 수 있다.

D. 다른 저자의 글을 명료하게 분석하는 방법을 익혀서 우리 자신의 글을 쓰는데 도움이 됨.

E. 저자가 자기 글 전체를 조리있게 작성하기 위해서, 즉 글의 앞뒤가 맞도록 연결시키기 위해 사용하는 직접적 또는 간접적 논지 전환장치.

문단 전개

10.1

문장들을 연결하여 하나의 문단을 만드는데 적용된 많은 원리들이 문단들을 모아 하나의 논술 또는 소론 및 더 큰 단위의 글을 쓰는데 역시 적용된다. 따라서 문단들을 공간 또는 시간의 순서로 구성할 수 있고, 원인-결과의 관계로 구성할 수 있고, 또는 대조 또는 극적(climatic 점층법, 漸層法) 관계로 구성할 수 있다. 문단들은 각각 다른 구체적 세부사항들을 열거할 수 있고, 예를 들 수 있고 또는 그들을 분류하고 정의할 수도 있다.

10.2

이미 독자가 알고 있는바와 같이, 문단의 주제와 문단 내의 문장들을 위해서 사용된 구성의 유형에는 어떤 상관관계가 있다. 따라서 창가에 섰을 때 밖에 보이는 것은 묘사할 때에는 공간 관계로 구성하는 것이 제일 좋을 것 같으며, 밤 동안에 본 것을 기술할 때에는 시간 관계로 구성하는 것이 제일 좋을 것이다. 또는 두 가지를 적절히 배합하여 기술하는 것이 제일 좋을 수도 있을 것이다. 공간과 원인-결과를 연관시켜 기술할 때에는 하나의 사건을 기술하는데 유용할 것이다. 주제문을 지원하는 구체적인 예가 10과와 앞의 과에서 제시되어 있는데, 이 두 과에서 우리가 검토한 개별 문단의 구성 원리에 관해서 개관하려고 시도한다.

10.3

마찬가지로, 논술의 주제나 특수 연구서 한 장(chapter)의 주제는 문단에서 사용될 문단 구성원리나 이와 관련된 어떤 시사점을 던져줄 것이다. 더 간단히 말하면, 주제에 따라서 논술에서 말하고자 하는 내용이 대체적으로 여러 문단들을 함께 엮는데 결정적 역할을 할 것이다. 그러나 문단을 구성하는 방법에는 여러 가지가 있다. 그래서 어떤 방법을 따르느냐에 따라 논술은 전적으로 다른 결과를 낳을 것이다. 논술을 구성하는 방법의 선택에 따라 독자에게 주는 전체적인 효과는 다를 것이다. 이와 같이 각 문단의 양태와 내용은 논술 구성 방법의 선택에 있지만, 주로 논술 전체의 개요(outline)에 따라 각 문단의 구성 형태가 결정된다.

10.4

이와 같이 글을 쓰기 전에 우리는 논술 전체의 구성이라는 문제를 고려하는 것이 좋다. 만일 문단들이 수행할 역할을 고려하지 않고 따로따로 각각의 문단을 작성하는 일을 진행한다면, 또 만일 후에 그것들을 어떤 식으로든지 짜 맞추려고 시도한다면, 우리는 문단들을 빈틈없이 단단하게 결속하고, 또 조리가 있는 논술로 전개할 수가 없을 것이며, 그 결과 나중에 문단 자체를 완전히 뜯어 고쳐야 할 경우가 생길 수도 있다. 그래서 미리 개요를 작성하고 문단을 써 내려가는 것이 좋다. 그런 과정에서 어떤 문단은 전혀 관계가 없다고 삭제해 버리거나, 다른 것은 고쳐 쓰기도 하고 또 처음에 필요성을 전연 예상하지 못하였던 새 문단을 추가시켜야 할 경우가 생기기도 한다.

10.5

다시 말하면, 논술을 작성할 때는 "전체"로부터 시작하여 "부분"으로 가는 것이 좋을 것이다. 개요는 미리 논술을 계획하는 것이기 때문에 우리에게 큰 도움이 된다. 우리가 논하려는 주 논점을 미리 고려함으로서, 또 그들을 어떤 논리적 순서로 배열할 것인가를 결정함으로서, 우리는 첫 문장을 쓰기 시작하기 전에 벌써 논술 전체를 개관을 할 수 있으며 또 부분들에 대한 가장 좋은 상호관계를 결정할 수 있다. 개요를 작성하고 나서 내리는 결정은 대체적으로 봐서 문단들 간의 가장 좋은 관계를 설정하고 또 각 문단 안에 있는 문장들 간의 가장 좋은 관계를 결정하는데 기여할 것이다. 작가에게 개요는 건축가의 청사진에 비유할 수 있다.

10.6

개요를 작성하는 능력이 탁월하면, 2가지 활동에 있어서 직접적인 성공을 이룰 수 있다. 즉, (1) 주제(theme)와 이야깃거리를 준비하고, (2) 책이나 강의로부터 중요한 자료를 얻는 활동이다.

10.7

✻ 개요의 유형.

두 가지 흔한 개요의 유형 중에, 주제형 개요(topic outline)는 간단한 글이나 강연을 준비하는데, 대체적으로 더 유용하다. 주제형 개요에 있어서, 모든 표제(heading)는 단어, 구, 절 또는 이런 것들의 결합으로 나타내며, 완전한 문장은 아니다. 하나의 개요에 나오는 동급의 표제는 동일한 문법적 형태를 취한다는 것을 유념해야 한다.

실제로 많은 내용을 보여주는 문장형 개요(sentence outline)는 긴 논문이나 독서에서 얻은 정보를 얘기하거나 적을 때에 선호된다. 글에서 다루려고 하는 모든 핵심 요점은 완전한 문장으로 써내려가게 된다. 이런 형식의 개요는 길고 세부적이기 때문에 전체 글의 정보 안내자로서 도움을 주려는 의도 하에 작성되는 것이다. 개요는 모든 자료가 수집되고 어떤 순서로 배열하고 또 전체 글에서 어떻게 각각의 문단을 엮어나갈 것인가를 결정하고 난 후에만 작성할 수 있다. 개요를 완전하고 종합적인 논술 계획으로 간주해야지, 예비적 초안이나 골격으로는 보지 말아야 한다.

10.8

✻ 개요의 예.

다음은 3단계(level) 개요의 예이다(I, A, 1). (4단계 개요는 다음과 같다. 즉, I, A, 1. a.)

[개요]

주제 : 나의 모교

Ⅰ. 위치

Ⅱ. 역사

A. 창설

B. 발전

1. 첫 50년간(1950년까지)

2. 1950년–현재

Ⅲ. 오늘날의 상황

A. 건물

B. 교직원

C. 학생

10.8a

[개요]

주제: 내 모교

Ⅰ. 팔성고등학교의 위치는 탁월하다.

A. 큰 도시의 교외에 있다.

B. 교정이 넓고 아름답다.

Ⅱ. 이 기독교 학교는 다사다난한 역사를 가지고 있다.

A. 1900년에 선교사에 의해서 창설되었다.

B. 학생수는 초기에는 적었다.

1. 첫 졸업생 수는 단지 10명이었다.

2. 30년 동안 학생수는 200명에 지나지 않았다.

Ⅲ. 팔성고등학교는 오늘날 명문교이다.

A. 교정은 1만평의 경치가 좋은 언덕위에 위치해 있다.

1. 이 학교는 10만 권의 장서를 가진 도서실을 자랑으로 삼고 있다.

2. 훌륭한 현대식 강당이 있다.

3. 2개 동의 건물을 건축예정이다.

B. 교직원은 100명이다.

C. 학생은 3천명이다.

10.9

*개요의 원칙

논리적이고 유용한 개요를 만들고 싶다면, 유념하여할 몇 가지 일반적인 원칙이 있다.

1. 흔히 쓰는 기호를 사용하고 들여쓰기를 한다.

Ⅰ. ______________________

Ⅱ. ______________________

A. ______________________

B. ______________________

1. ______________________

2. ______________________

a. ______________________

b. ______________________

(1) ______________________

(2) ______________________

(a) ______________________

(b) ______________________

2. 구두점.

우리말에서는 구두점의 사용이 명확하지는 않다. 예전에는 띄어쓰기도 안하다가 띄어쓰기를 하고 있고, 문장 끝에는 점을 찍고 있으나, 그 외는 그리 명확하게 확정된 규칙이 있는 것은 아니다. 많은 사람들이 영어의 구두점을 모방해서 쓰는 경우가 많다.

3. 개요의 하위 구분/분류를 논리적으로 하라.

대표제(大表題, main heading)는 여기에 속하는 모든 하위 범주를 포함하는 범주가 되어야 한다. 따라서 A, B, C(또는 가, 나, 다) 등의 하위 범주로 구분이 되는 소표제(小表題, subheadings)는 I, II, III 등으로 구분되는 상위 범주보다 하위에 놓여 있어야 한다. 만약 각 부분의 주제를 개요의 소표제(subheading)로 사용한다면, 그것이 주제형이던 문장형이든 간에 그 부분의 핵심 요점을 포괄해야 한다. 또 각각의 표제(heading)에 속하는 하위 분할을 충분히 하고 또 같은 단계의 대표제나 소표제들 간에는 평행구조(parallel construction)를 유지하여야 한다.아래의 예를 참고하라.

잘못됨:	옳게 됨:
Ⅰ. 중미	Ⅰ. 중미
A. 기후	A. 기후
B. 지형	B. 지형
C. 고지대	1. 고지대
D. 저지대	2. 저지대
E. 산업	C. 산업

10.10

아래 제시된 개요는 잘못 된 것이다. 대표제(main heads)와 소표제(subheads)가 뒤섞여 있다. 옳게 분류하여 배열하라.

잘못됨:

I. 양원제 의회

A. 하원

B. 상원

C. 의회의 권한

D. 의회의 절차

Ⅰ. ______________________

A. ______________________

B. ______________________

Ⅱ. ______________________

Ⅲ. ______________________

10.10a

아래의 주제는 단지 목록에 지나지 않는다. 이들을 2단계 분류로 재배열하라. 제목은 “정부의 3권 분립”

입법부, 대통령, 행정부, 대법원, 내각, 하급법원, 상원, 하원, 사법부

10.10b

아래의 문장형 개요를 수정하라.

<나의 뉴욕 방문>

Ⅰ. 나는 관광을 하였다.

Ⅱ. 나는 몇몇 야구 경기를 구경하였다.

Ⅲ. 나는 엠파이어스테이트 건물 꼭대기에서 뉴욕시를 보았다.

Ⅳ. 나는 나이트클럽 2 곳에 갔다.

Ⅴ. 내 사촌이 흥미로운 곳으로 나를 데리고 갔다.

A. 그는 나를 8월 20일에 벌어진 양키즈-레드삭스 야구시합에 데리고 갔다.

B. 그는 나를 스코크 클럽(나이트클럽)으로 데리고 갔다.

C. 그는 나를 자유의 여신상을 보도록 안내하였다.

D. 나는 첫 번째 리틀리그 게임에 참가하였다.

E. 나는 엘 모로코의 칵테일파티에 참석했다.

"나의 뉴욕 방문"

____

____

____

____

____

____

____

____

10.10C

주제형 개요에 있어서, 주제를 같은 문법구조를 가진 형태로 표현하라. 즉, 평행 구조를 유지하라.

잘못됨: 수영의 이점

Ⅰ. 레크리에이션

A. 단독

B. 단체로 참여하기 위해서

Ⅱ. 운동을 위해서

A. 맑은 공기가 있는 야외에서

B. 근육

C. 인내심을 기르기 위해서

Ⅲ. 유용한 안전 수단으로 사용될 수도

A. 자기 목숨을 구함

B. 다른 사람들

✍ 수정됨:

Ⅰ. 레크리에이션으로서

A. 혼자서도 할 수 있는 좋은 놀이

B. 단체로 있을 때에 사교활동

Ⅱ. 운동으로서

A. 야외로 나가게 함

B. 근육을 골고루 발달시킴

C. 지구력을 향상시킴

Ⅲ. 안전 수단으로서

A. 자신의 생명

B. 타인의 생명

10.11

아래 주제형 개요를 고쳐서 모든 주제가 같은 문법구조를 갖도록 하라.

잘못됨: 위즈 세제를 구매해야 한다.

Ⅰ. 위즈 세제를 사는 것은 경제적이다

Ⅱ. 일손을 덜음

Ⅲ. 손에 아무런 손상을 주지 않음

Ⅳ. 일의 효과

✍ 수정됨: 위즈 세제를 구매하여 함.

Ⅰ. ______________________________

Ⅱ. ______________________________

Ⅲ. ______________________________

Ⅳ. ______________________________

10.11a

아래 주제형 개요를 수정하여 표제가 같은 문법구조를 갖도록 하라.

잘못됨: 골프 퍼팅의 기술

Ⅰ. 올바른 자세가 기본이다

Ⅱ. 그립 잡기
Ⅲ. 백스윙의 중요성
Ⅳ. 타구
Ⅴ. 공을 친 후에 조심스럽게 클럽을 끝까지 휘둘러야 한다(follow through).

✍ 수정됨: 골프 퍼팅의 기술

Ⅰ. ______________________________

Ⅱ. ______________________________

Ⅲ. ______________________________

Ⅳ. ______________________________

Ⅴ. ______________________________

10.11b

단 하나의 하위 표제를 만들지 말 것. 개요의 주 목적은 큰 아이디어를 어떻게 작은 아이디어로 쪼개어 분할할 수 있는가를 보여주기 위한 것이다. 작은 표제를 하나만 언급할 필요가 있을 때에는 차라리 그것을 상위 표제에 포함시키거나, 아니면 또 하나의 하위 표제를 추가하여 2개의 작은 표제가 있게 하라.

잘못됨

Ⅰ. 그의 초기 경력
    A. 지방순회 곡예비행을 하는 조종사
Ⅱ. 저술

✍ 수정됨

Ⅰ. 지방순회 곡예비행을 하는 조정사로서의 그의 초기 경력
Ⅱ. 저술

✍ 또는

Ⅰ. 그의 초기 경력
    A. 지방순회 곡예비행을 하는 조정사로서

B. 연구 소장으로서

Ⅱ. 저술

잘못됨:

Ⅰ. 예비과정은 힘들다

A. 5년간의 대학 과정이 필요하다

1. 이 과정은 명문대학교에서 수행하여야 한다.

Ⅱ. 재정적 소득의 기회가 많다

✍ 수정됨:

Ⅰ. 명문대학교에서 5년간에 걸친 예비과정은 힘들다

Ⅱ. 재정적 소득의 기회가 많다

✍ 또는:

Ⅰ. 예비과정은 힘들다.

A. 명문대학교에서 5년간의 과정이 요구된다.

B. 실제 경험이 아주 바람직하다.

Ⅱ. 재정적 소득의 기회가 많다.

10.12

지금까지 본 여러 원칙을 참고하여 다음의 문장들을 2단계로 구성된 문장형 개요로 재배열하라.

<좋은 개요는 의사소통을 향상시킴>

가). 개요를 작성하면 글의 논리적 구조의 허술한 점을 필자가 수정할 수 있도록 해준다. 나). 개요를 작성하면 필자가 자기 생각을 명료하게 하는데 도움이 된다. 다). 좋은 개요는 독자로 하여금 그의 글의 내용을 기억하는데 도움을 준다. 라). 나의 경험에 의하면 잘 구성된 글은 오래 동안 기억되고 혼란스럽게 구성된 글은 금방 잊어버린다. 마). 신중하게 작성된 개요는 독자들이 쉽게 이해하도록 해 준다. 바) 레이몬 윌러 교수의 실험에 의하면, 어떤 틀의 형태로 인식된 인상이 혼돈된 형태로 인식된 것보다 즉시 이해되고 또 기억된다고 한다.

✍ ____

____

10.13

아래에 번호가 붙여진 주제는 "야외에서 석쇠에 고기를 굽는 방법"이라는 짧은 글에서 따온 내용의 개요들이다. 여기에 주어진 주제들은 순서를 따르지 않았다. **시간순서를 따라서 2단계 개요를 작성하라.**

1. 고기의 유통 기간	8. 고기를 담가서 절일 양념(소스 준비)
2. 고기의 조리	9. 불 피우기
3. 기름과 물렁뼈 제거	10. 적절한 품질의 쇠고기
4. 고기 조리 준비	11. 숯불과 고기 사이의 거리
5. 사용할 나무나 숯	12. 양념에 절이는 시간
6. 고기의 선택	13. 굽는 시간
7. 고기의 두께	14. 양념 바르기와 맛내기

Ⅰ. 고기의 선택

A. ______________________________

B. ______________________________

C. ______________________________

Ⅱ. 고기 조리 준비

A. ______________________________

B. ______________________________

C. ______________________________

III. 고기의 조리

A. ______________________________

B. ______________________________

C. ______________________________

D. ______________________________

E. ______________________________

제10과 복습 및 확장된 연습문제

학술논문을 쓰는 사람이나 연설문 등을 준비하는 사람에게 개요는 건축가의 청사진과 같다. 제대로 된 개요를 작성했다면 논술의 75%를 완성한 거나 다름이 없을 정도로 개요는 중요한 위치를 차지한다.

10.50

❀ 개요의 형식(Form of Outline)

개요의 형식에는 표제형 개요(topic outline), 문장형 개요(sentence outline), 그리고 문단형 개요(paragraph outline)가 있다. 표제형은 단어, 어구, 절을 사용하고, 각 항목의 끝에 구두점을 찍지 않는다. 이 형식은 문장형보다 작성하기가 더 쉽고, 시간을 절약할 수 있다. 반면에 문장형은 모든 항목을 완전한 문장으로 표현하고, 구두점을 찍는다. 이 형식은 작성하는데 시간은 오래 걸리지만, 대신 논술이나 논문을 최종적으로 완성하기가 더 쉽고, 시간이 절약되며, 각 문단의 주제문(topic sentence)을 포함시킬 수가 있다. 문단형은 문장 대신 문단을 사용한다. 개요의 각 항목에 번호를 매기거나 문자로 표시하는 방법(numbering and lettering)은 첫 번째 계층(단계, 등급, 순위)에 속하는 대표제(大表題/main headings, 또는 대논지[大論旨]/main points)는 로마 숫자(Roman numerals/letters, 대문자, 즉 I, II, III 등), 그 하위 계층인 소표제(小表題 /subheadings, 또는 소논지[小論旨]/subpoints)는 알파벳(Alphabet, 대문자, 즉 A, B, C 등), 그 아래 하위 계층은 차례로 아라비아 숫자(Arabian numerals/decimal form, 즉 1, 2, 3 등), 알파벳(소문자, 즉 a, b, c 등), 괄호를 사용한 아라비아 숫자(또는 로마 숫자의 소문자, 즉 i, ii, iii 등), 괄호를 사용한 알파벳(소문자) 등의 순서대로 숫자와 문자를 교대로 사용한다. 다음은 로마 숫자로 시작되는 경우와 아라비아 숫자만을 사용한 경우의 예이다.

가. 로마 숫자(Roman Numerals)

Ⅰ. 첫 번째 대표제(大表題, First major heading)

A. 일등급 소표제(小表題, Subheading of first degree)

1. 이등급 소표제(小表題, Subheading of second degree)

2. ______________________________

a. 삼등급 소표제(小表題, Subheading of third degree)

b. ______________________________

(1) 사등급 소표제(Subheading of fourth degree)

(2) ______________________________

(a) 오등급 소표제(Subheading of fifth degree)

(b) ______________________________

B. 일등급 소표제(小表題, Subheading of first degree)

Ⅱ. 두 번째 대표제(大表題, Second major heading)

나. 아라비아 숫자(Arabian Numerals)

1.

1.1.

1.1.1.

1.1.2.

1.1.3.

1.2.

1.2.1.

1.2.2.

1.2.2.1.

1.2.2.2.

2.

2.1.

2.1.1.

2.1.2.

2.1.3.

10.51

✽개요 작성 과정(Process of Outlining)

개요를 작성하기 전에 첫째, 논술을 쓰는 목적이 무엇인가를 결정하라. 둘째, 어떠한 독자들을 대상으로 할 것인지를 결정하라. 셋째, 독자들의 기대를 충족시키기 위해서 주제를 선택해서 그 범위를 좁히고, 한 가지 핵심적인 문제에 집중하여 주제를 발전시켜라. 넷째, 브레인스토밍을 하라. 즉, 논술에 들어갈 아이디어를 생각나는 대로 적어서 목록을 작성하라. 주제는 물론이고, 논제문(論題文), 주제문, 또는 논술에 들어갈 내용에 대한 아이디어를 얻기 위해선 영어의 "WH-questions," 즉 6하 원칙인 '누가? 무엇을? 언제? 어디서? 어떻게? 왜?"로 시작하는 질문을 끊임없이 던져라. 사실은 모든 해답이 바로 여기에 있다. 여기서 의문이 안 풀리면 도서관이나 인터넷에 들어가 자료를 검색하는 와중에 더 좋은 아이디어가 널려있다는 사실을 알게 될 것이다. 그러나 이 때 영어 실력이 필수적인데, 만약 영어 실력이 부족하면 먼저 자료를 복사해서 인터넷 대화방 등에서 물어보면 영어 실력도 향상되니 일거양득이 된다. 다섯째, 상호 관련이 있는 아이디어들끼리 한데 묶어서 소주제(minor topics/subtopics) 또는 범주 별로 분류하라. 여섯째, 수집한 아이디어를 항목별로 분류한 다음, 이를 다시 일반적인(general, 즉 개괄적/포괄적) 내용으로부터 구체적인(specific) 내용 순으로 배열하거나, 또는 추상적인(abstract) 것으로부터 구체적인(concrete) 내용의 순서대로 배열하라. 일곱째, 대표제(大表題, main headings, 또는 대논지/main points)와 소표제(小表題, 또는 소논지/subpoints)의 명칭을 붙여라.

10.52 필자의 주석(Writer's Note)

개요를 설명할 때 쓰이는 용어도 통일되어있지 않고, 또 이들 용어를 한국어로 번역하려고 해도 적절한 등가어도 없다. 영어로 문단의 주제나, 논술문의 주제를 다 같이 "topic, thesis, main idea, main point" 등으로 다양하게 쓰고 있는데, 다만 문단의 주제문은 "topic sentence"로, 논술문은 "thesis statement"로 달리 표현하고 있다. 필자는 이를 문단의 "주제문(主題文/ topic sentence)"과 대비시키기 위해서 논술의 경우엔 "논제문(論題文/ thesis statement)"라고 하겠다. 그리고 서론의 논제문 다음에 나오는 본론의 항목들은 계층적 구조를 이루고 있는데, 로마 숫자로 시작하는첫 단계(the first level/degree) 항목은 영어로 "main or major headings" 등으로, 그 다음 단계 항목들은 "minor points, subpoints" 등으로 표현하고 있다. 만약 첫 단계의 항목들을 "주표제/주논지/주논점/주요지/주안점" 등으로 번역한다면, 그 아래 단계는 "작은/ 부(副) /차(次)/ 소(小)"라는 접두사를 붙일 수가 있을 것이다. 그러나 그보다 하위 계층의 항목들은 어떻게 번역을 해야 할까? 또 "주논지(主論旨)"란 말은 주(主)가 되는 논지가 하나밖에 없을 터인데, 가령 I. 다음에 나오는 II.의 항목은 주된 논지가 아니라는 말인가? 논리적으로 볼 때 계층적 분류는 원래 여러 상하 단계(levels, 계층, 순위, 등급)들 사이에 등급/등위 관계(ranks, classes)를 이루고 있다. 따라서 필자는 "main headings/main points"를 "대표제 (大表題)/대논지(大論旨)"로, 그 하위 계층을 차례로 "1등급 소표제/소논지," "2등급 소표제/소논지" 등으로 번역했다. 물론 여기서 "1등급" 대신에 "1단계," "1순위," "1차" 등으로 바꿔 쓸 수도 있을 것이다.

10.53

❃ 개요작성의 원칙(Principles/Rules of Outlining)

효과적인 개요를 작성하기 위해 고려해야할 4가지 원칙, 즉 평형 관계(parallelism), 등위/대등 관계(coordination), 종속 관계(subordination), 그리고 분할/분류 관계는 널리 알려져 있는 개념인데, 여기에 몇 가지를 더 추가한다.

가. 평형 관계(Parallelism)

같은 등급의 표제는 평행구조를 이루어야 한다. 즉, 만약 같은 동급의 첫 번째 표제가 명사형/동사형/형용사형/전치사구 등으로 되어있으면, 두 번째 표제도 각각 동일한 유형이어야 한다. 다음의 예를 검토해보자.

- 올바른 평형 구조
  - (가) 명사형(영어는 동명사)
    - A. 원하는 대학교 선택
    - B. 입학 신청서류 작성
  - (나) 동사형

A. 원하는 대학교를 선택하라

B. 입학 신청서류를 작성하라

(다) 형용사로 시작하는 유형

A. 가정용 컴퓨터

B. 새로운 컴퓨터

C. 경험이 많은 사용자

• 잘못된 평형 구조

1. 하계 레크리에이션(Summer recreation)

a. 수상의(Aquatic) － 형용사형

b. 골프(Golf) － 명사형

c. 캠핑을 가기 위해서－ 부정사구

☞ 위의 내용을 올바른 평형 구조로 고치면 다음과 같다(모두 명사형으로 바꾼다).

1. 하계 레크리에이션(Summer recreation)

a. 수상 스키 타기(Water skiing)

b. 골프 치기(Golfing)

c. 캠핑하기(Camping)

나. 등위/대등 관계(Coordination)

동등한 중요성을 갖거나, 동등한 가치를 갖는 항목들은 대등한 숫자나 문자로 표시한다. 대등/등위 관계는 논술의 조리와 일관성을 유지시켜주는 핵심적 원칙이다.

• 올바른 등위 관계(Correct Coordination)

A. 문서처리 프로그램(Word processing programs)

B. 데이터베이스 프로그램(Database programs)

C. 전자계산표 프로그램(Spreadsheet programs)

• 잘못된 등위 관계(Faulty Coordination)

A. 문서처리 프로그램(Word processing programs)

B. 마이크로소프트 워드(Microsoft Word)

C. 페이지 메이커(Page Maker)

☞ 위에서 "Microsoft Word"는 문서처리 프로그램의 일종이기 때문에 A의 하위 항목에 속한다. "Page Maker"는 탁상출판 프로그램, 즉 컴퓨터를 이용하여 보고서, 소책자, 서적 등의 인쇄물 제작용의 일종이다.

• 교정된 등위 관계(Corrected Coordination)

A. 프로그램의 종류

1. 문서처리 프로그램(Word processing programs)

2. 탁상출판 프로그램(Desktop publishing programs)

B. 프로그램의 평가(Evaluation of programs)

1. 문서처리(Word processing)

a. 워드(Word)

b. 워드 퍼펙트(Word Perfect)

2. 탁상출판(Desktop publishing)

a. 페이지 메이커(Page Maker)

b. 쿼크 익스프레스(Quark Express)

다. 종속 관계(Subordination)

중요성의 등급/수준/순위(levels/degrees/ranks)를 나타내기 위해서 개요에는 대표제(main/major headings, 또는 main points/대논지), 소표제(minor headings/subheadings, 또는 minor points/소논지) 등을 사용한다. 개요에 나오는 항목들의 순서를 정할 땐 일반적(즉 포괄적/개괄적)인 개념을 상위에 놓고, 그 아래로는 구체적인(specific) 개념을 포함시키거나, 또는 추상적인(abstract) 개념으로부터 시작하여 점차 구체적인(concrete) 개념 순서대로 구성해야한다. 즉 더 일반적이거나 더 추상적인 개념을 상위 계층/ 등급/수준에 넣어야 한다. 하나의 계층에 소속된 하위계층의 항목들끼리는 동등한 중요성을 갖고, 또 그 항목들은 전체(즉 그 항목들이 속해있는 상위계층)에 대해서 동일한 관계를 이루어야한다.

※(예 1) "너의 인생에 영향을 준 사람에 대해서 기술하라"라는 문제를 받고, 글을 쓰기 위해서 개요를 다음과 같이 작성해보자.

I. 영향을 준 사람(Influential people)

A. 내가 좋아하는 고교선생님(Favorite high school teacher)

B. 나의 조부모님(Grandparents)

☞ 위의 예에서 "고교선생님"과 "조 부모님"이 "영향을 준 사람들"의 구체적인 예로서 그 중요성이 비슷해서 동급에 속하고, 또 다같이 "영향을 준 사람들"의 하위 개념이다.

⊃ 예2

A. 문서처리 프로그램(Word processing programs)

1. 워드(Word)
2. 유용한(Useful)
3. 폐물이 된(Obsolete)

☞ 위의 예에서는 A만 있고 B는 없다. 그리고 1, 2, 3에 나오는 항목들이 동등한 관계가 아니다. 즉 1의 워드는 문서처리 프로그램이고, 2와 3의 항목들은 자질(qualities)을 나타내는 형용사이다. 이것을 올바로 고치면 다음과 같다.

A. 워드(Word)
 1. 장점(Positive features)
 2. 단점(Negative features)

B. 워드 퍼펙트(Word Perfect)
 1. 장점(Positive features)
 2. 단점(Negative features)

라. 분할/분류(Division)

하나의 항목을 분류하기 위해선 적어도 2개 이상의 하위항목(또는 구성 부분)이 있어야한다. 앞의 10.1.에서 설명한 개요의 형식에서 B가 없는 A는 없고, 2가 없는 1이 없으며, 또 b가 없는 a도 없다. 그러나 각 계층별로 구성 항목들을 분류할 땐 어느 항목을 한 가지 이상으로 분류할 수도 있는데, 여기서 반드시 지켜야 할 원칙은 오직 한 가지 분류 기준을 사용해야 되며, 또 그 기준이 명확해야 된다는 점이다.

• 올바른 분류(Correct Division)

A. 개인용 컴퓨터: 하드웨어(Personal computers: hardware)
 1. 종류
 2. 가격

3. 관리유지

B. 개인용 컴퓨터: 소프트웨어(Personal computers: software)

• 잘못된 분류(Faulty Division)

A. 컴퓨터(Computers)

1. 메인프레임(Mainframe)
2. 마이크로(Micro)
   a. 플로피디스크(Floppy disk)
   b. 하드디스크(Hard disk)

B. 컴퓨터의 용도(Computer uses)

1. 단체용(Institutional)
2. 개인용(Personal)

☞ 위에서 a, b의 항목들은 마이크로컴퓨터가 아니고, 컴퓨터의 구성품(components)일 뿐이다.

마. 중복(Overlapping)

개요에서 평형 구조를 이루는 항목들끼리는 서로 겹치는 부분이 있어선 안 된다.

• 중복된 분류

Ⅰ. 미국산 자동차

Ⅱ. 포드(Ford)

• 올바른 분류

I. 미국산 자동차(American automobiles)

A. 포드(Ford)

B. 시보레(Chevrolet)

II. 외국산 자동차

☞ 위에서 II의 포드는 미국산 자동차이기 때문에 I의 항목과는 그 의미가 겹치게 되어 평형 구조를 이룰 수가 없다.

바. 일관성(Consistency)

표제형 개요(topic outline)에서는 모든 대표제와 소표제는 단어, 어구, 또는 절로 표시되고, 문장형 개요(sentence outline)에서는 모든 표제가 완전한 문장이어야 한다. 다시 말해서 이를 섞어서 쓰면 안 된다는 뜻이다.

사. 대문자 사용(Capitalization)

영문 개요의 모든 대표제, 또 그 하위 등급에 속하는 모든 소표제의 첫 단어는 대문자로 써야한다. 나머지는 모두 소문자로 표시하되 다만 고유명사는 예외로 한다.

아. 구두점(Punctuation)

모든 표제의 맨 앞에 나오는 숫자나 문자 다음엔 마침표(period)를 찍어야하며, 또 문장형 개요에선 모든 문장 끝에 마침표가 있어야 하지만, 표제형 개요에서는 마침표가 없다.

자. 들여 쓰기(Indentation)

같은 등급의 표제는 들여 쓰기도 똑같이 해야 한다. 만약 어느 항목이 너무 길어서 다음 줄에 계속 써야할 경우엔 위에 있는 같은 등급의 표제 항목의 첫 글자와 줄을 맞춰야한다. 어느 경우든 일종의 번호를 나타내는 숫자나 문자 바로 밑에 글을 써서는 안 된다.

10.54

다음은 마약의 합법화/불법화에 대한 찬반양론에 관한 논술을 쓰기 위해 작성한 표제형 개요인데, **이를 논리적으로 타당하고, 설득력 있는 순서로 배열하라.**

1. 마약과의 전쟁은 비효과적 임; 새로운 전략이 필요함
2. 마약과의 전쟁에서 패배하고 있음; 새로운 방법으로 전략을 수정해야 함; 스웨덴의 성공사례
3. 마약 거래상/마약 사용자를 수용할 교도소 운영에 수십억 달러의 국민 세금이 사용됨; 돈이 낭비되고 있음
4. 마약의 불법화는 마약 암시장 가격만을 치솟게 하여, 결과적으로 마약 거래를 이윤이 많이 남는 사업으로 만들고 있음
5. 구속된 마약상/사용자는 교도소에서 교화되지 않음; 돈만 낭비
6. 반대 논리: 마약의 합법화는 잘못된 메시지를 보낼 수도 있지만, 그러나 알코올의 합법화나 마찬가지임

7. 마약 합법화의 경제적 효과; 교육 프로그램 등에 지출할 수 있는 여유자금이 생김
8. 마약의 합법화는 마약 거래로 고소득을 올리려는 동기를 없앨 것임

▪10.54.1

다음 개요의 소표제의 항목으로 적합한 내용을 아래 4개의 예에서 골라 넣어라.

Ⅰ. 보호관찰 대상 아동수용소 서비스

A. 교육 서비스를 제공한다.

B. 상담 기회를 제공한다.

C. ______________________________

D. 근로 경험을 제공한다.

E. 오락 프로그램을 제공한다.

(1) 소년원에서는 수감자 1명당 2만 2천불이 드는데 비해서, 아동 수용시설의 감방 하나에 드는 평균 비용은 3만 2천불이다. (2) 대부분 3내지 6개월간의 단기간 수용 (3) 직업 교육을 제공한다. (4) 고달프고, 폭력이 난무하는 곳

Ⅱ. 미성년자가 성인법정에서 재판을 받는 경우의 부정적 효과

A. 성인법정에서는 더 엄한 처벌을 받음

B. 재활 프로그램이 전무하거나 거의 없음

C. 범죄기록을 완전히 삭제하거나 지워버리기가 어려움

D. ______________________________

E. 군대 복무를 거부당할 수도 있음

F. 성인 교도소에 수용된 미성년자들은 과거의 생활행태로 복귀할 가능성이 있음

(1) 미성년자는 성인 구치소나 감옥에서 희생당할 위험이 더 큼 (2) 2002년 현재 2,225명의 미성년자가 가석방 기회 없이 종신형을 살고 있음 (3) 1999년 이래 성인 교도소에 수감되는 미성년자의 숫자가 감소하고 있음 (4) 코네티컷, 노스캐롤라이나, 뉴욕 주에서는 16세가 되면 성인으로 간주함

Ⅲ. 비행 아동 교화훈련소란 무엇인가?

A. 비행 아동을 군대식 환경에서 교화시키는 프로그램

B. 기강을 강조함

C. 혹독한 훈련을 통해 신체적 상태 조절을 강조함
D. ____
E. 비폭력 범죄나 초범으로 제한됨

(1) 비행 아동 교화프로그램을 마친 아이들이 재범으로 다시 구속될 확률이 높다는 연구 결과가 나왔다. (2) 훈련소 간부들은 너무 많은 아동들이 군대식 훈련프로그램을 성공적으로 마치기엔 성숙도와 자제력이 부족하다고 의구심을 나타냈다. (3) 어느 연구결과에 의하면, 지역사회를 기반으로 한 소규모 프로그램이 교도소보다 비용도 더 적게 들고, 더 성공적이라고 함 (4) 청소년 교도소에 장기간 수용하는 것에 대한 올바른 대안

10.54.2

성인법정에서 재판을 받는 아동들에 관한 연구를 하려고 할 때, **다음 중 어느 것이 가장 신뢰성이 낮은 정보 출처인가?**
(a) 전국지/신문 (b) 비행 아동범죄 전국 자문회 (c) 정부의 웹사이트 (d) 교도소 생활을 기록한 학생의 일기

10.54.3

다음은 집시에 관해서 브레인스토밍 또는 도서관/인터넷을 방문하여 수집한 정보이다. **이를 바탕으로 개요를 작성하되,** 신체적 특성(physical features), 생활 방식, 그리고 이주(migration)란 3가지 대표제(大表題, main headings)를 사용하라.

집시(Gypsies): 전통적으로 유랑 민족; 피부색이 검고, 키가 작고, 체중이 가벼운; 소규모 포장마차 대열을 이루어 이동; 혈연관계로 모인 집단; 남부 히말라야 지방의 종족과 일치함; 전 세계 모든 대륙에서 발견되며, 금속공, 가수, 무용수, 악사, 말 장사, 자동차 정비공, 그리고 여성은 점쟁이로 생활을 영위함; 총 인구는 6내지 7백만 정도로 추산되고, 원래는 인도의 북서부 지역 출신; 연장자에 의해 통치를 받음; 인도 북서부 지역의 언어와 어원이 같은 동족 언어인 로우머니(Romany)라고 불리는 고유 언어; 16세기 초까지 유럽의 모든 지역으로 확산됨; 1800년대 말에 북미에 도착; 오늘날엔 집시의 대다수가 동유럽에 거주하고 있음; 독특한 민속을 가지고 있음; 보통 그들이 거주하고 있는 국가의 종교를 믿고 있음.

10.54.4

고등학교 학생이 대학에 입학하기 위해 밟아야할 단계에 관한 글을 쓰기 위해 개요를 작성해 보아라. 이 글의 목적은 대학 입학 신청절차를 설명하는 것이다. 이 글이 지향하고 있는 독자는 대학 입학신청을 하려고 하는 고등학교 학생과 학부모이다. 아래 개요의 빈 칸을 채워라.

제목(title): <대학 입학 신청절차(The College Application Process)>
논제문(thesis statement): 대학에 입학 신청을 하려는 학생은 올바른 학교 선택과 입학 신청서류 준비를 포함한 특정한 과정을 밟아야 한다.

[개요]

Ⅰ. 대학교를 선택하라(Choose desired college).

A. 대학을 방문해서 평가하라(Visit and evaluate college campuses).

B. 대학 웹사이트를 방문해서 평가하라(Visit and evaluate college websites).

1. 흥미 있는 학과를 찾아봐라(Look for interesting classes).

2. 중요한 통계를 찾아봐라(Note important statistics).

a. 학생/교수 비율(Student/faculty ratio)

b. 학생 잔류율(Retention rate, 즉 입학생수와 중도 탈락자를 뺀 재학생수의 비율)

Ⅱ. 입학 신청서류를 준비하라(Prepare application).

A. 개인 소개서를 작성하라(Write a personal statement).

1. 흥미 있는 주제를 선택하라(Choose an interesting topic).

a. 너의 인생에 영향을 준 사람을 기술하라(Describe influential persons in your life).

(1) ______________________________

(2) ______________________________

2. 중요한 과거 경험이나 사건을 포함하라.

a. ______________________________

b. ______________________________

Ⅲ. 이력서를 작성하라(Compile resume).

A. 관련된 학과목의 목록을 만들어라(List relevant course work).

B. 근로 경험을 나열하라(List work experiences).

C. 봉사활동 경험을 나열하라(List volunteer experiences).

1. ______________________________

2. ______________________________

10.54.5

다음은 문장형 개요인데, 논리적으로 타당한 문장으로 빈 칸을 채워 개요를 완성하라. 결말에는 글의 내용을 요약하라(summarize).

[개요]

주제문: 나는 왜 항시 피로한가?

A. 나는 잠을 충분히 자지 않는다.

1. 나는 잠을 늦게 잔다.
   - a. 어제 밤 나는 새벽 2시에 잠을 잤다.
   - b. 그런데 난 잠을 잘 수가 없었다.
2. 난 밤늦게까지 친구들과 전화로 이야기를 한다.
   - a. 어제 밤 내 동생이 밤 11시에 전화를 했다.
   - b. 그 후 난 자정에 내 남자친구에게 전화했다.
3. 나는 밤늦게까지 텔레비전을 보는 것을 좋아한다.
   - a. ______________________________
   - b. ______________________________

B. 나는 운동을 하지 않는다.

1. 나는 너무 바쁘다.
2. 나는 헬스클럽에 가입할 경제적 여유가 없다.
3. ______________________________

C. ______________________________

1. 나는 장을 보거나 요리를 할 시간이 없다.
2. 나는 공부를 하면서 식사를 한다.
3. 나는 정크 푸드를 좋아한다(칼로리는 높으나 영양가가 낮은 인스턴트식품).

결말: ______________________________

10.54.6

아래에 있는 정보를 이용하여 그 다음에 나오는 빈 칸을 채워 개요를 완성하라.

<지렁이(Earthworms)>

건조한 지역이나 극지방을 제외하고 전 세계 모든 지역에서 2,200종이 발견됨; 크기는 1인치에서부터 11피트까지 다양함; 색깔은 고동색에서 자주색에 이르기까지 다양함; 땅속에 굴을 팜; 구름이 낀 흐린 낮에나 밤에 표면으로 나옴; 날씨가 춥거나 건조한 기간에는 휴면상태에 들어감; 몸통은 몇 개의 체절(體節, segments, 즉 분절)로 나뉘어 짐; 각각의 체절은 4쌍의 억센 털(강모, 剛毛/bristles)을 가지고 있음; 억센 털은 몸을 고정시키기 위해서 사용함; 몸통 앞부분에 원시적인 뇌가 있음; 산채로 낚시미끼로 사용됨(used as live bait); 5개의 일직선으로 배열된 심장이 있음(5 linearly arranged hearts); 잡교 수정을 함(雜交, cross fertilize, 즉, 다른 종류나 같은 종류라도 계통이 다른 종과 수정을 함); 새끼는 성체(成體, 즉 어른)의 축소형으로 고치에서 부화함(young hatch from cocoon as miniature adults); 땅속에서 공기를 순환시켜 통풍이 잘 되도록 도와주며 토양을 뒤섞어줌(help ventilate(circular air) and mix the soil); 어떤 사람들은 이를 식용으로 사용함.

[개요]

제목: 지렁이

Ⅰ. 지렁이에 대한 전체적인 기술(General description of earthworms)

A. 2,200종

B. ________________________________

C. 건조한 지역이나 극지방을 제외하고 세계 전 지역에서 발견됨

D. ________________________________

E. ________________________________

F. 색깔은 고동색에서 자주색까지 다양함

Ⅱ. 이동(Movement)

A. ________________________________

B. 각 체절은 4쌍의 센 털을 가지고 있음

C. 몸통은 체절로 나뉘어 짐

D. ______________________________

E. 구름이 낀 궂은 날이나 밤에 표면으로 나옴

F. ______________________________

Ⅲ. 새끼(Young)

A. 성체의 축소판으로 고치에서 부화

B. ______________________________

Ⅳ. 용도(Uses)

A. ______________________________

B. ______________________________

C. 땅속에 통풍을 시켜주고, 토양을 뒤섞어줌

10.54.7

다음 문단을 읽고, 이 글의 개요를 완성해보아라.

<해양 조류(Ocean Currents)>

일반적으로 대양을 흐르는 조류엔 2가지 종류가 있다. 깊은 해저의 바닷물 속에 산소를 공급해주고, 동식물들에게 영양분을 날라다주어 해양생물에게 도움이 되는 조류가 있다. 이런 조류는 또한 알과 작은 새끼들을 바다 먼 곳까지 광범위하게 흩뿌려주는데, 결과적으로 다양한 생명체를 바다 속에 확산시켜주는 역할을 한다. 그러나 때로는 해양 조류가 파괴적이 될 수도 있다. 급격히 온도가 상승한 난류를 운반하는 조류는 수천 종의 물고기나 식물을 죽이고, 부패한 물질로 뒤덮인 해변을 검게 물들게 한다. 바닷가에 사는 새들은 식량 공급이 차단되어 고통을 받게 되고, 난류성 조류는 때대로 엄청난 홍수의 원인이 되는 폭우를 동반하게 된다.

[개요]

제목: 2종류의 해양 조류

I. 생명체에 도움이 된다.

A. 운반한다.

1. ______________________________

2. ______________________________

B. 흩뿌린다.

1. ______________________________

2. ______________________________

II. 생명체에 해가 된다.

A. 운반한다(Bring).

1. ______________________________

2. ______________________________

10.54.8

만약 우리가 에이즈(AIDS, Acquired Immune Deficiency Syndrome/ 후천성 면역결핍증)에 관한 연설문을 작성한다고 가정할 때, 다음과 같은 내용을 포함시킬 수가 있다. 이 내용을 가지고 개요를 작성하기 위해선 먼저 어떤 항목이 여러 개의 하위 항목을 그 아래에 포함시킬 수가 있는 포괄적/개괄적인 개념(encompassing ideas)인가를 선택해야한다. 바로 이것이 대표제/ 대논지(main headings/ main points)가 되고, 거기에 속한 하위 항목들이 소표제/ 소논지(subheadings/ minor points)가 된다. 여기서 대표제(大表題)가 되는 항목들은 I. 전파경로(Transmittal), II. 에이즈의 사회적 영향(Societal consequences of AIDS), III. 연구(Research)로 구분할 수 있다. 다음 단계는 나머지 항목들을 이 3개의 대표제 아래 끼워 넣는 것이다. 이 점을 고려하여 다음 빈 칸을 채워 개요를 완성하라.

에이즈: 에이지티(AZT, 에이즈 치료약인 항바이러스제); 전파경로; 에이즈에 감염된 부모에게서 태어난 아이(AIDS babies); 10대 청소년; 안전한 성생활(safe sex); 유행병 수준의 숫자(epidemic numbers); 연구(research).

[개요]

제목: 에이즈에 관한 주요 논점(Major Aspects of AIDS)

I. 에이즈의 전파경로(Transmittal of AIDS)

A. ______________________________

B. 체액(Body fluids)

1. ______________________________

2. 성 접촉이외의 경로(Nonsexual)

Ⅱ. 에이즈의 사회적 영향(Societal consequences of AIDS)

A. 전염병 형태(Epidemic disease pattern)

1. ______________________________

2. 여성

3. ______________________________

B. ______________________________

C. 동성애에 대한 공포심의 증가(Increased homophobia)

D. 보건의료비의 과중한 부담(Overburdened health care)

Ⅲ. 에이즈 해결을 위한 연구(Research solutions to AIDS)

A. ______________________________

B. 에이치아이비 바이러스(HIV virus)

C. 다른 바이러스(Other viruses)

10.54.9

다음 11개의 문장을 바탕으로 아래 빈 칸을 채워서 개요를 완성하라.

(1) 귀중품을 호텔 방에 남겨두지 말고, 호텔금고에 보관하시오.

(2) 비행장이나 호텔에서는 항시 당신의 짐을 감시하고, 짐이 당신의 시야에서 벗어나지 않도록 하시오.

(3) 경계를 게을리 하지 말고, 주위환경을 잘 파악해두시오.

(4) 히치하이커(hitchhiker, 자동차 편승 여행자)를 태워주지 말고, 곤란한 처지에 처해있는 사람을 도와주려고 차를 세우지 마시오.

(5) 누가 뒤에서 당신의 차를 부딪치더라도 차를 세우지 말고, 경찰서로 가시오.

(6) 밤엔 조명이 밝은 곳에 차를 주차하고, 차의 문을 잠그시오.

(7) 여행자 수표(traveler's checks)를 사용하고, 소액의 현금만을 지참하시오.

(8) 밤에는 어두운 출입구 쪽으로 걷지 말고, 대신 도로 쪽으로 걸으시오.

(9) 만약 누가 당신을 미행하고 있다고 생각되면, 길을 건너가거나, 한 무리의 사람들 속으로 끼어들거나, 혹은 상점 안으로 들어가시오.

(10) 밤에는 항시 한 무리의 사람들과 함께 집단적으로 다니고, 위험한 지역에는 가지 마시오.

(11) 차의 문은 언제나 잠가두고, 차의 문을 항시 끝까지 올려서 닫아두시오.

[개요]

제목: 안전한 휴가여행을 위한 유의사항

A. 비행장과 호텔에서

1.

2.

B. 차를 가지고 다닐 때

1.

2.

3.

4.

C. 걸어 다닐 때

1.

2.

3.

4.

5.

10.54.10

다음 문단을 읽고, 아래 빈 칸을 채워 개요를 완성하라. 이 때 주제와 관련이 없거나, 개요 작성 원칙에 벗어난 항목은 골라내라.

<간호사(Nurses)>

간호사는 적어도 5가지 자질(qualities)을 가지고 있어야 한다. 첫째, 환자들이 때로는 불쾌하게 하거나, 지나친 요구를 하는 경우가 있기 때문에 간호사는 진정으로 사람들을 좋아해야 한다. 둘째, 간호사는 계획성이 있어야한다. 만약 간호사가 환자들

에게 약을 제시간에 주는 것을 잊는다면 심각한 결과(consequences)를 초래할 수도 있다. 약값이 대단히 비싸다. 셋째, 간호사는 침착해야한다. 간호사는 응급환자의 경우 생사가 걸린 결정을 내려야하는데, 침착한 사람은 흥분을 잘하는 사람보다 더 나은 결정을 한다. 침착한 간호사는 또한 화가 나있는 환자를 진정시켜(soothe) 줄 수가 있다. 의사들 또한 비상시엔 침착해야한다. 뿐만 아니라, 간호사는 육체적으로 많은 고된 일을 해야 하기 때문에 신체적으로 건강해야한다. 아마 간호사는 8시간의 교대 근무시간 동안에 오륙 마일은 걸어야하고, 또 무거운 환자를 침대에 내려놓고, 올려놓는 일을 반복해야한다 . 마지막으로, 간호사는 화학에서부터 심리학에 이르는 다양한 과목을 공부하고, 오늘날 병원에서 사용되고 있는 복잡한 기계를 작동하기에 충분할 만큼의 지적능력이 있어야한다. 간단히 말해서, 간호사는 봉사적이고, 계획성이 있고, 침착하며, 강인한 체력을 갖추고, 똑똑한 사람들에게 적합한 직업이다.

[개요]

제목: 간호사

주제문: 첫 문장

A. 사람들을 좋아해야 한다.

B. 계획성이 있어야한다.

  1. 약을 제시간에 안 주면 심각한 결과를 초래한다.
  2. 약값이 비싸다.

C. ______________________________

  1. 생사가 걸린 결정을 해야 한다.
  2. ______________________________
  3. 의사도 비상시에 침착해야한다.

D. ______________________________

  1. 8시간 동안 수 마일을 걸어야한다.
  2. ______________________________

E. ______________________________

  1. 다양한 과목을 공부해야하고, 또 복잡한 기계를 다루어야한다.

결말: 간호사는 봉사적이고, 계획적이며, 침착하고, 강인하고, 똑똑한 사람에게 맞는 직업이다.

10.54.11

다음 문단을 읽고 아래 질문에 답하라.

<틴에이저(Teenagers)>

10대 청소년/소녀들은 그들의 부모를 화나게 하는 수많은 방법을 찾고 있다. 첫째, 그들은 머리를 자주색으로 물을 들이거나, 아니면 머리를 밀어 삭발하기도 한다. 그들은 또한 새로 구입하여 멀쩡한 60불짜리 유명 디자이너 진 바지를 일부러 찢어서 입고 다니거나, 몸에 문신을 새기거나, 또는 코에 반지를 끼기도 한다. 뿐만 아니라, 그들은 보행자 전용 상점가인 쇼핑센터에서 또는 전화를 거느라고 수 시간을 보낸다. 그들은 텔레비전을 볼 시간은 있어도 숙제를 할 시간은 없다고 한다. 또한 그들은 항시 너무 바빠서 방 청소를 할 시간이 없다고 하면서도, 냉장고 속에 있는 모든 것을 먹어치움으로서 너무 바빠서 냉장고를 청소할 시간이 없다는 말은 결코 한 적이 없다. 마지막으로, 그들은 운전을 하기에 충분한 나이가 되었다고 하면서도, 막상 휘발유 값을 내라고 하면 아직 너무 어려서 못한다고 한다. 보통 그들은 무일푼이기 때문에 가족 공용차를 연료탱크가 텅 비어있는 상태로 되돌려준다. 틴에이저가 되는 것은 힘이 들지만, 그러나 그들의 부모가 되는 것은 훨씬 더 힘이 든다.

1) 위 문단의 주제문은?

2) 이 문단의 결말과 그 종류는?

3) 이 문단에서 주제문을 뒷받침해주는 문장(supporting sentences)은 모두 몇 개이며, 이를 대표제/대논지, 또는 소표제/소논지로 구분해서 분류할 수가 있는지 설명하라.

10.54.12

다음 문단을 읽고 아래 개요를 완성하라. 이 문단엔 4개의 대논지/대표제가 있고, 이들을 각각 뒷받침해주는 소논지/소표제가 있다. 이 글의 주제문과 결말도 골라서 써넣어라.

<연약한 성(The "Weaker" Sex)>

(1) 비록 여성이 더 연약한 성이라고 흔히 말들을 하지만, 여러 가지 면에서 여성이 남성보다 더 우위에 있다.

(2) 전 세계 모든 나라에서 여성이 남성보다 더 오래 살고, 더 건강하다.

(3) 미국에서는 평균적으로 여성이 남성보다 7년을 더 오래 산다.

(4) 이런 차이는 태어날 때부터 시작되어 노후까지 계속된다.

(5) 태어날 때는 여자아이 100명당 남자아이가 105명이지만, 80세가 되면 여성이 남성의 2배이다.

(6) 오감이 관련된 일에는 여성이 남성보다 더 우수하다.

(7) 여성은 남성보다 더 예리한 미각과 후각을 갖고 있고, 또 더 잘 듣는다.

(8) 비록 남성이 여성보다 육체적으로 더 강하지만, 여성이 정신적으로 더 강하다.

(9) 예컨대, 2차 대전 중 런던 공습기간에 여성보다 더 많은 남성이 정서적 문제로 고통을 받았다.

(10) 남성이 여성보다 더 자기 파괴적이다.

(11) 더 많은 남성이 다른 남성들에 의해 살해당하고, 더 많은 남성들이 자살을 한다.

(12) 남성은 여성보다 더 무모하게 운전하기 때문에 남성들은 여성들보다 2배나 많은 치명적인 사고를 낸다.

(13) 당신은 아직도 여성이 더 연약한 성이라고 믿습니까?

[개요]

주제문:

____

____

A. ____________________________

1. __________________________

2. __________________________

3. __________________________

B. ____________________________

1. __________________________

C. ______________________________

1. ______________________________

D. ______________________________

1. ______________________________

2. ______________________________

결말: ______________________________

____

____

____

____

10.54.13

다음 문단을 읽고 아래 빈 칸을 채워 개요를 완성하라.

<사형제도(Capital Punishment)>

(1) 나의 견해로는 사형제도는 잘못된 것이다. (2) 첫째, 죽인다는 것은 나쁜 짓이라고 믿는다 .(3) 오직 하느님만이 생명을 빼앗아갈 권리가 있다. (4) 인간이 인간을 죽여서는 안 된다. (5) 비록 범인이 끔직한 범죄를 저질렀을지라도 정부가 그를 처형시킬 권리는 없다. (6) 둘째, 전기의자나 가스실로 보내겠다고 아무리 위협을 해도 범죄를 막지는 못한다. (7) 사람들이 살인과 같은 중죄를 범했을 때, 그들은 어떤 처벌을 받을 것인가에 대해 생각하지 않는다.(8) 사실은 많은 살인사건들이 사람이 화가 났을 때 발생한다. (9) 그들은 자신의 행동의 결과에 대해서 생각하지 않는다. (10) 뉴욕타임스 보도에 의하면, 루이지애나 주는 1987년 가을 9주 동안 8명을 사형집행 했다. (11) 같은 기간동안에 뉴올리언스 시의 살인 율은 16.4퍼센트 증가했다. (12) 이것은 사형을 시키겠다고 아무리 위협을 해도 범죄를 멈추게 할 수는 없다는 사실을 보여준다. (13) 사형 제도를 페지시켜야하는 가장 중요한 세 번째 이유는 정부도 때로는 실수를 하여 죄 없는 무고한 사람을 처형하기 때문이다. (14) 실제로 이런 일이 발생했다. (15) 타임지의 기사에 의하면, 1900-1991년 사이에 미국에서 23명의 무

고한 시민을 사형집행 했다고 한다. (16) 나의 생각으론 이 경우엔 정부 그 자체에게 살인죄를 적용시켜야 한다. (17) 이러한 3가지 이유로 나는 미국에서 살인죄를 폐지시켜야 한다고 믿는데, 왜냐하면 그것은 사실 바로 "합법적이 살인"이기 때문이다.

[개요]

제목: 사형제도

주제문: ______________________________

A. ______________________________

1. ______________________________
2. ______________________________
3. ______________________________

B. ______________________________

1. 범인들은 범죄를 저지르는 동안 처벌에 대해서 생각하지 않는다.
2. ______________________________
3. ______________________________
4. ______________________________
5. ______________________________
6. ______________________________

C. ______________________________

1. ______________________________
2. ______________________________
3. ______________________________

결말: ______________________________

10.54.14

앞에서 배운 개요 작성원칙에 따라 주제의 내용에 적합한 문단이나 논술의 종류(즉, 묘사, 정의, 비교/대조, 원인/결과, 예시, 분류 등)를 선택해서 다음 주제에 대한 개요를 작성하라.

1. 감성지능 또는 감성지수란 무엇인가(emotional intelligence or EQ: Emotional Intelligence Quotient)? 그것을 어떻게 측정하고 또 어떻게 향상시킬 수 있는가? 그것을 직장이나 가정에서 어떻게 사용하는가?
2. 복합 지능이란(multiple intelligence) 무엇이며 그것을 어떻게 검사하는가?
3. 포스트모더니즘 시대란(A Post-Modern Age)?
4. 국립미술관에서의(the National Museum of Arts) 문화적 경험
5. 화술
6. 한국/아시아의 미술/연극/영화/음악
7. 인터넷의 역사
8. 휴대전화 세대(A Cellular Generation)
9. 컴퓨터 바이러스의 역사
10. 저작권 침해/표절과의 전쟁(A Pirating/Plagiarism War)
11. 가상현실에 대한 고찰(An Insight into Virtual Reality)
12. 컴퓨터 불법침입에 대한 개관(An overview of hacking/ crackers)
13. 항생제에 대한 내성(Antibiotic resistance)
14. 인공지능(Artificial intelligence)
15. 정보처리 인식능력(Cognitive ability of information processing)
16. 추구 열풍(A passion for soccer)
17. 연예인이나 프로 선수들이 과대평가 되거나 지나치게 많은 보수를 받는가(Are TV talent/ movie stars/musicians/ professional athletes overrated/over-praised/ over-paid)?
18. 소방사라는 직업(A career in the field of fire fighting)
19. 줄기세포 연구(Stem cell research)
20. 초심자를 위한 요가 안내서

제11과 논술문 작성
(Writing Essays)

Ⅰ. 핵심요점

짧은 논술문 작성

A. 논술문이란 무엇인가?

B. 짧은 논문의 논제(thesis)의 해석

C. 논제로부터 개요 전개

D. 짧은 논문의 서론, 본론 그리고 결론 쓰기

Ⅱ 검토사항

11과를 학습하면 다음의 사항들을 알게 될 것이다.

A. 논술문의 논제로부터 실용적인 개요를 작성하는 방법

B. 논술문의 서론의 의미, 목적 및 구성.

C. 논술문의 결론의 의미, 목적 그리고 구성

D. 짧은 논문의 서론, 본론, 결론을 적절히 결합하는 방법

연습문제

11.1

학생이 주관식 답안을 작성할 때에, 또는 학기말 리포트를 작성할 때에, 그는 논술을 쓰는 것이다.

후론 윌리니는 논술문 작성을 다음과 같이 정의하고 있다. "논술문은 사실, 의견 그리고 아이디어를 표현한다. 논술문은 이야기, 기술적 및 인상적인 글의 작성은 제외한다(비록 이런 분야의 기교가 논술문 작성에 사용될지는 몰라도). 그리고 논술문은 또한 질서 정연하고, 건전하고 개방적인 검토와 가설에 입각하여야한다. 따라서 감정적 호소에 입각한 설득적, 논쟁적인 글은 제외한다. 논술적인 글은 분석적이고, 비판적이고 논리적인 글이지, 가공적, 과장된, 교활한, 개인의 일신상의 이야기나 자유분방한 글은 아니다. 논술(exposition)이란 단어는 같은 뿌리에서 나온 "노출하다(expose)"에서 나왔는데, 이 말은 밝혀내고 명료하게 한다는 뜻이다. 이와 같이 근본적으로, 논술문은 설명하거나, 분석하거나, 논리적으로 해결해내거나 밝혀낸다는 뜻으로 사용된다.

1과에서부터 학습한 문단들과 연습문제들은 또 10과에서 분석한 논술은 설명문의 예이다. 또 이미 분석한 논문들은 모두가 논술문의 좋은 예들이다.

11.2

우리가 어떤 글의 구조를 검토하려고 하면, 그 글의 제목, 논제문(thesis statement), 개요의 형태로 된 그 글의 기본 골격, 문단의 수와 크기, 또 논지 전환장치를 파악할 것이다.

11.3

독자로서는 어떤 글을 읽기 시작하긴 전엔 그 글의 논제(theme)를 모른다. 다만 글을 읽어나감에 따라 논제가 점점 머리 속에 명료해지기 시작할 것이다. 필자는 자신의 글을 효과적으로 구성하기 위해 명료하고, 정확하며 충분한 정보를 제공하는 표현을 사용하여 논제를 밝혀야 한다.

11.4a

학생이 어떤 글을 하나의 문장으로 요약해 보라고 요청을 받을 때, 그것은 대개 그 논문을 "한정하는 아이디어"이거나 그런 것을 위한 "주제문"을 쓰라는 것이다. 예를 들면, 다음 문장은 주제의 중심 아이디어가 무엇인지를 쓰라고 자주 요청받는 그런 것이다. 즉, "많은 평화 봉사단원은 앞으로 배치될 저개발국가의 사람들에게 실질적으로 도움이 되는 지식과 기술을 알아야 한다." 그런데 이런 종류의 글은 사실상 논문/논술문이다.

11.4b

논제문은 대개 충분히 전개된 개요와 동일하다. 이런 개요는 더 길고 "복잡한 논술문"을 작성 하는데 사용되는데, 예를 들면, 긴 에세이나, 긴 숙제, 학사 졸업논문, 석사학위 논문, 박사학위 논문이다. 한편, "짧은 형식"은 대개 학기 중의 시험에서 학생들에게 주어진 많은 에세이 질문이나, 학기말 논문 숙제 같은 것이다 "짧은 형식"은 종종 다음과 같은 말로 끝난다. 즉 , "논하라, 설명하라, 분석하라, 기술하라, 옹호하라" 등이다. 이런 말들은 학생에게 논제에 관해서 무엇을 어떻게 쓸 것인가를 말해주고 있다. 논제를 "논제문"이나 "짧은 형태"로 표현해 보라고 하면, 다음과 같은 글에 대한 질문에 답하는 것이다. 즉, "내가 말하고 싶은 것을 하나의 문장으로만 표현하여야 된다면, 그 문장은 어떻게 될 것인가?

11.5

"미국생활—1부"의 논제는 다음과 같이 축소될 수 있다.

전체: 미국 생활방식을 본 외국 방문객의 첫 번째 반응은 아마 2가지의 일반적인 타입으로 나눌 수 있을 텐데, 양 쪽을 더 세밀히 관찰하면 그 구분은 피상적이고 잘못되었다는 것이 증명될 것이다.

축소: 미국을 방문한 외국인의 피상적이고 잘못된 최초 반응에 관하여 논하라.

11.6

논제문이 명료하게 밝혀지면, 다음 단계는 이것을 분석하여 이것의 의미를 파악하고 이것이 전체적인 구조를 짜기 위한 실마리가 되도록 하는 것이다. 그 다음 우리의 과제는 글의 구조를 결정하여주는 논점을 발견하는 것이다. 우리는 핵심 논점을 형성할 때까지 구체적 세부사항은 잠시 비켜두고자 노력한다. 만일 논제문이 제대로 작성된 것이라면, 대개 특별한 실마리를 포함하고 있기 때문에, 우리로 하여금 핵심 논점을 간단하고 비공식적인 개요로 표현하도록 유도한다. 그래서 우리가 글을 써감에 따라 우리가 갖추고자 하는 보다 구체적인 논술의 기본구조가 형성될 것이다.

11.7

이제 간단한 논술형 시험문제나 학기말 리포트와 같이 간단한 글을 검토하자. "예술지식의 사회적 용도들을 논하라." 이 논제에 있어서 중요한 것은 2개 이상의 분리된 답이 나오도록 요구하는 복수명사로 된 "용도들"이라는 표현이다. 즉, 하나 이상의 답을 요구하는 이 복수 형식에 유념하여야 한다. 이 "들"이라는 말의 일반적인 의미에 따라 글을 여러 부분으로 나눠야 한다. 우리는 이런 "들"이 의미하는 것이 무엇을 요구하고 있는 것인지를 알아내려고 머리 속을 더듬는다. 그래서 우리는 복수명사인 용도를 몇 개의 단수명사로 나눈다. 즉, 이 용도, 저 용도, 다른 용도. 그리고. 또 다른 용도로. 우리는 명석하고 예리하게 생각하여야 한다. 그래서 서로 중복되지 않은 참된 용도들을 알아 맞춰야한다. 우리가 따로따로 또 넓은 용도를 생각할 때에, 우리는 아래와 같은 짧고 비공식적인 예술의 사회적 용도에 대한 개요를 구상할 수 있다.

1. 대화의 주제를 제시
2. 특정한 집단에 속하는 의미를 제시

3. 혼자 있을 때에 즐기는 방편으로 제시
4. 복잡한 사회에서 더 잘 적응하는 데 도움이 되는 방법을 제시

11.8

이제 학습자는 다음과 같이 질문할 것이다. 즉, "논제가 복수가 아니면 어떻게 하지?" 대학의 사회학, 심리학, 정치학, 역사 또는 인류학 교수는 논제에 대해서 짧은 글을 써보라는 숙제를 내는 경향이 있다. 이런 논제의 대부분은 복수명사가 아닌 단수명사로 되어있다.

만일 논제를 세밀히 검토해보면, 대개 함축된 복수명사를 발견하게 되며, 이 복수명사에서 핵심 논점의 기본구조를 추출해 내게 되고, 그 핵심 논점에 관해서 구체적인 문단들을 작성하게 된다. 몇 가지 예를 검토하자.

1. 우리나라의 농부에게 줄 충고에 관한 에세이를 써라. 또는 미국에 유학하러 올 우리나라 학생들에게 줄 충고에 관한 에세이를 작성하라(양쪽 문장 논제에서, 열쇠가 되는 단어는 "충고"인데, 여기선 "다수의 충고"란 의미도 포함된다고 할 수 있다).
2. 모든 지역사회는 개성이 있다(개성은 특성이나 특질을 의미한다).
3. '평화를 보존하기 위한 최선의 길은 전쟁 준비를 하는 것이다'라는 견해를 공격하거나 방어하라(한축된 명사는 이유들이나 근거들이다).–아마 독자는 다음과 같이 말할 수 있을 것이다. 즉, "나는 이런 견해를 이러한 근거를 들어 옹호한다." 또는 "나는 이런 이유들 때문에 이런 견해를 공격한다."
4. 청소년 범죄를 예방하는 방법(방법들을 암시하고 있다.)

11.9

논문의 기본적인 구조를 설정하고 난 후에, 즉, 모든 핵심 요점을 목록으로 작성한 후에 이런 핵심 논점들을 논리적 순서로 배열하여야 할 것이다. 그 다음에 이들 핵심 요점들 각각에 대한 구체적 세부내용을 첨가한다. 이 단계를 거치고 나면, 다음엔 각각의 핵심 요점이 논제를 설명하는데 실제로 꼭 필요하고 적절한 것인지, 모든 구체적 세부사항이 각각의 핵심 요점을 뒷받침해주고 있는지, 이들이 논리적

순서에 따라 배열이 되었는지, 그리고 마지막으로, 각각의 핵심 요점과 세부사항이 전체 논술을 전개하는데 꼭 필요한 것인지를 확인해야 한다. 이런 모든 고려사항을 해결하고 난 다음에 논술을 쓰는데 지침이 될 사용 가능한 개요를 완성할 수 있다.

11.10

다음과 같은 범위가 넓은 제목으로 1,500자 내외의 짧은 논술을 계획 해보아라. 즉, "우리나라의 교육." 필자가 진지하게 이 제목에 관해서 글을 충분히 또 적절히 쓰려고 한다면, 1,500자의 몇 배의 단어가 필요하다는 것은 명백하다. 따라서 논제의 범위를 제한하여 1,500 단어만으로 충분히 또 편안하게 논술할 수 있도록 이 광범위한 논제의 어느 한 단면이나 문제점만을 포함하는 논제로 바꿔 써야한다. 그리고 나서 "우리나라의 교육"이란 제목의 논제문(thesis statement)을 써야한다. 즉, 논제문은 논문의 중심 아이디어와 목적을 요약하는 문장이다. 이 논제문을 바탕으로 비공식적인 또 간단한 개요(11.13 참고)를 작성하고, 이어서 구체적인 주제형 개요(11.13 참고)를 작성하여야 한다.

이렇게 하여 작문 숙제의 논제와 개요를 완성하게 되면, 논문 작성을 시작하라. 독자에게 자기의 논제를 소개하는 것으로 시작하라.

논술문 서론의 첫 번째 목적은 독자로 하여금 필자가 쓰고자 하는 글의 논제로 직접 인도하여, 독자는 그가 읽게 될 글의 전체적인 성격을 미리 파악할 수 있도록 하는 것이다. 이러한 목적은 학기말 리포트, 논술형 시험, 대학 논문(또한 상업적/전문적 글에서도)의 글에 적용된다. 간단히 말하면, 목적은 논제를 명확하게 알려주는 것이며, 독자를 애타게 하거나 마음을 졸이게 하기 위한 것이 아니다.

기본 틀(개요)은 논문에서 전개될 핵심 논점을 제시한다. 그러나 서론을 제공하지는 않는다. 그러한 일은 충분히 언급된 논제문이 잘 작성되어 있다면 거기서 제공될 것이다. 논제를 면밀히 살펴서 서론을 작성하여 독자에게 논제가 실질적으로 무엇인지를 알 수 있도록 하라. 특히 논술의 서론을 쓰기가 힘들면, 논제를 다시 작성하거나 논제를 더 충분히 언급하도록 노력하라. 그러면 서론 속에 포함시킬 핵심 아이디어를 찾아낼 수 있게 될 것이다.

아래에서 논제의 핵심 요점에 밑줄이 처져있다. 이 핵심 요점이 논문 처음에 또 도입 문장에 부드럽게 또 적절하게 표현된 점에 유념하라.

논제: 평화를 보전하는 최선의 방법은 전쟁 준비를 하는 것이라는 견해를 옹호하라.

• 논문의 도입부

많은 선량한 사람들은 모든 무기를 폐기하는 것만이 평화를 보전할 수 있다고 생각한다. 그러나 세계 정치의 현실을 들여다보면, 오직 전쟁에 대한 대비만이 평화를 보장할 수 있다고 나는 확신한다.

☞ 논제로 직접 들어가는 것 보다, 서론은 독자에서 흥미를 유발해서 독자가 계속 읽기를 원하게끔 하여야 한다. 그리고 나서 논제를 명확히 설명해주면 관심 있는 독자는 흥미를 가지게 될 것이다.

그러나 단순히 논제를 말해주는 것만으로는 독자의 강한 관심을 일으키기에는 충분하지 않다. 뿐만 아니라, 서론은(나머지 글과 같이) 명쾌하게 기술되어야 한다. 그 이유는 제목과 더불어 좋은 문체는 독자의 관심을 자극한다.

아래의 글은 명쾌하게 기술된 글이 어떠한 것인지를 잘 보여준다.

❦ 논제: 우수한 고등학생들을 특별 반에 따로 분리시켜서는 안 되는 이유를 논하라.

• 논제를 소개만 하여 글을 열기:

이 장에서 나는 우수 고등학생들을 특별반에 따로 분리시켜서는 안 된다는 이유를 보여주겠다.

• 속임수의 글 열기:

지금은 2006년이다. 한 때 우수했던 고교생이 일자리를 잃었고, 재정적 파탄을 겪고 있으며, 숙취에서 깨어나기 위해서 싸구려 여인숙을 전전하고 있다. 왜?

• 논제에 관하여 명쾌하게 기술한 글 열기:

피상적으로 보면, 우수한 고교생을 분리하여 특별반으로 편성하는 것은 그들에게 탁월한 수업을 받게 하는 확실한 방법인 것처럼 보인다. 그러나 실제로 이 제도는 많은 결점을 지니고 있다.

☞ 첫 번째 글 도입부는 너무 단조로워서 효과가 없다, 두 번째 것은 너무 기괴하다. 세 번째 것은—직접적이지만 명쾌한 어투로 되어 있어서—짧은 글에는 가장 적격이다.

논제를 명쾌한 어투로 표현하는 것 외에, 서론은 전체 논문의 적절한 논조(tone)를 설정하여야 한다. 논술의 주목적은 정보를 알려주는 것이기 때문에, 논조는 객관적이고, 침착하고, 논리적이면서 편견이 없어야 한다. 논조는 독자에게 다음과 같은 것을 암시하여야 한다. 즉, 무엇인가 배울 것이 있다던가, 설명되어야할 중요한 문제가 있다던가, 또는 고려하여 할 흥미로운 견해가 있다는 것 등이다. 논조는 논제에 적합하여야 한다; 지나치게 극적이거나 주장이 강해서는 안 된다. 온화하거나 타당한 논조는 과장된 논조보다 독자의 흥미를 더 끌 가능성이 있다.

※다음의 예는 적절한 논조가 무엇이지를 예시하고 있다.

❦ 논제: 미국에서 신문의 개인상담란이 광범위하게 호소력을 갖는 이유를 논술하라.

• 지나치게 주장이 강한 논조:

신문의 개인상담란에 어리석을 정도로 심취하는 것보다 미국 사람들의 낮은 수준의 지능, 취미, 사회의식을 나타내는 것은 없다.

• 타당한 논조:

미국 신문의 개인상담란이 광범위한 호소력을 가지고 있는 이유는 인간 본성의 어떤 단순한 특성이나 결점 때문은 아니고, 인간 본성의 복잡한 다양성 때문인데, 그 가운데에는 칭송받을 만한 몇 가지 특질이 있는 것도 있다.

☞ 서론은 적절한 길이로 작성하여 흥미를 유발하는 식으로 논문의 논제를 개진하여야 하고, 또 대부분은 짧은 서론이 요구된다. 지나치게 긴 서론은 독자의 흥미를 잃게 한다.

추가로 포함시킬 내용이 한두 문단 정도로 짧으면 서론은 물론 별도의 문단으로 작성할 필요가 없다. 대신, 그 논문의 주요핵심을 언급하는 첫 번째 문단에 포함시키면 된다.

주제가 다양한 것과 같이 논문을 시작하는 방법도 다양하다. 널리 사용되는 방법을 아래에 제시하였으니 참고하도록 하라.

1. 경악스러운, 역설적인 또 믿기 어려운 말을 사용하기:

☞ 이 방법은 독자의 흥미를 유발하기 때문에 효과적이다. 그러나 그런 말은 흥미를 유발하는 데에만 사용하라; 뒤에 오는 내용과 연관성이 있어야 한다.

불란서 정치가인 줄 페리는 한 국가가 단결하기 위해서는 먼저 분열이 되도록 만들어야 한다고 제안하였다.

2. 하나 또는 여러 개의 질문을 사용하기:

만일 당신이 외딴섬에 일년 동안 홀로 살게 되고 책 한권만 가지고 가야한다면, 당신은 어떤 책을 선택할 것인가? 소설이나 시가 될 것인가? 철학, 과학이나 미술에 관한 책이 될 것인가? 기독교 성경이나 플라톤의 "공화국"이 될 것인가?

3. 친숙한 인용문으로 시작하기:

"인간은 빵만으로 살수 없다." 이 말은 기독교 성경에서 인용한 것이고, 천년 동안 인정을 받은 진리이다. 이 말은 인간이 사는데 음식만으로는 충분치 않고, 인간을 만족 시키는 데는 현실적인 물질만으로는 충분치 않고 또 인간에게는 영혼이 있고 인생에 있어서 더 훌륭한 것을 갈망한다는 것을 의미한다.

4. 잘 알려진 사건, 사람, 책 등을 언급하라:

프랭클린 루스벨트 대통령은 뉴딜 정책(New Deal, 신 경제정책)을 표방하였고, 해리 트루만 대통령은 패어딜(Fair Deal, 공평정책)을, 존 케네디는 뉴프론티어(New Frontier, 신개척자 정책)를 주창하였다. 린든 존슨 대통령은 미국민에게 그레이트 소사이어티(Great Society, 위대한 사회 정책)를 제창하였다.

5. 서스펜스의 사용하기:

이것은 이 도시에서 가장 많이 화제에 오른 주제이다. 이것은 지역사회의 모든 가정에서 하루에 5-6번씩이나 이야기가 회자된다. 당신이 잠자러 가기 전에 적어도 하루에 한번은 친구에게 언급한다. 교실에서 적어도 한번은 생각한다. 이것이 지나가는 것은 통제할 수가 없다. 모든 사람에게 이것의 효과는 불가피하다. 이것은 무엇인가? 이것은 다름 아닌 "시간"이다!

6. 이야기로 시작하기:

며칠 전 수업이 끝난 뒤에 기숙사로 걸어가고 있을 때에, 열 살 쯤 된 맨발의 소년이 나를 쫓아오면서 소리를 질렀다, "여보세요, 댁이 만원권을 저기에 떨어뜨리지 않았어요?" 그 말에 나는 발걸음을 딱 멈췄다.

11.11

위에서 제시한 분류 방법에 따라 아래에 있는 문단을 분류하라. 만일 한 가지 이상의 방법이 사용되었으면, 두 개 이상의 번호를 빈 칸에 적어 넣어라.

A. ___________ 우리 4명 중 두 사람은 평균수명을 못 넘길 것이다.

B. ___________ 존 브라운은 듀크(Duke) 대학에서 장래가 촉망되는 젊은 강사였다. 1964년 10월15일 저녁 8시 15분에 그는 목욕을 하기로 결정하였다. 그는 목욕탕에 있는 동안 논문 읽기를 끝내기 위해서 또 목욕탕의 전등이 흐려서, 그는 침실에 있는 램프를 욕탕 바로 옆으로 옮겨 놓았다.

C. ___________ 300년 전에 한 사람이 태어났는데, 그의 아이디어는 아주 참신하여서 오늘 날도 세계가 그 중 몇 가지 좋은 아이디어를 실천에 옮기기에 바쁘다. 그는 미국이 탄생하기 전에 이미 사망하였다. 그러나 그는 미국과 같은 국가를 세울 것을 처음으로 제안한 사람이였다.

D. ___________ 앵무새가 200년이나 산다는 것을 알고 있습니까? 두꺼비의 수명이 40년이라는 것을 알고 있습니까? 거대한 바다거북이가 적어도 100년을 산다는 것을 알고 있습니까? 당신은 어떨 것 같아요? 당신은 얼마나 살 것 같아요?

E. ___________ 나는 지금까지 북극에서 남극까지 지구를 샅샅이 돌아다녀 보았는데, 이 지구상에서 가장 추운 곳은 아프리카 정글 속에 위치한 적도 부근이었다.

F. ___________ 나는 몇 년 전 어떤 날 늦은 오후를 생생하게 기억하고 있어요. 그 때 나는 우리 집 뜰에서 친구와 얘기하고 있었어요. 그 때 구름 한점 없는 하늘엔 반달이 걸려 있었어요. "쌍안경으로 달을 본적이 있니?"하고 그 친구가 물었다. "아니" 하고 나는 놀래면서 답하였다. 나는 바로 옆에 있는 선반에서 쌍안경을 찾아서 먼지를 털었다. 맨 눈으로 보았을 때에는 달은 하늘에 떠있는 작은 흰 점에 지나지 않았고, 편편하고 좀처럼 흥미를 끌지 못한 것이었다. 내가 쌍안경을 들어올려 봤더니, 달이 나에게 튀어 나오는 것처럼 보였다.

G. ___ 인류 역사상 이처럼 완전히 대조적인 양면적 성격을 갖고 이 지구상에 태어난 사람이 흔한 일은 아니다. 즉, 한편으론 강철같이 냉혹하면서도 다른 한편으론 벨벳처럼 부드럽고, 바위처럼 단단하면서도 떠있는 안개처럼 유연하고, 가슴과 마음속에 무시무시한 폭풍과 같은 격정과 말할 나위 없는 완벽한 평온을 동시에 간직하고 있는 그런 사람 말이다. 수 세기에 걸쳐 가끔씩 이렇게 철저하게 대조되

는 성격의 소유자라고 말할 수 있는 사람이 있었다는 보도가 있었다. 그러나 이런 면에서 비교할 대상이 없는 에이브라함 링컨은 이런 양면적 성격의 완벽한 구현자라고는 꼭 말할 순 없으나 그런 성격에 거의 가까운 사람이다.

H ___________ 나는 자기 인생의 가장 위대한 선물은 일할 기회라고 믿는 훌륭한 사람을 알고 있다. 그는 나이 때문에 하고 싶은 일을 못하는 것은 아니라고 믿고 있다. 그는 50세에 비행기 공장을 시작함으로서 이러한 신조를 증명하였다. 그는 같은 해인 1931년에 비행기 조종술을 배웠다. 오늘날 그의 회사는 세계에서 가장 많은 비행기를 생산하고 있다. 84세인 토마스 파이버는 세계적으로 유명한 파이퍼 컵(Piper Cub)을 창시한 사람으로 여전히 노익장을 과시하고 있다.

I. ___________ 지난여름, 내가 캘리포니아 주 새크라멘토 계곡의 광활한 토마토 밭 끝자락에 서있었을 때에, 괴상하게 생긴 거대한 기계가 바다와 같은 토마토 밭을 가로질러 나에게 다가오는 것을 보았다. 기계의 4각형의 앞부분은 해군 상륙정의 열린 입과 같이 벌어져 있었다. 기계가 시속 0.5 마일의 속도로 움직이어 밭을 갈면서 다가오고 있을 때에 끝이 안 보이게 펼쳐진 토마토 줄기들은 기계 앞쪽으로 들어갔고, 이어 기계 속으로 들어갔다가 뒤로 빠져 나왔다. 기계 꼭대기에는 2줄로 마주보고 앉은 6명의 일꾼들이, 컨베이어 벨트 위로 계속 밀려오는 토마토를 분주히 선별하고 있었다. 계속해서 들어오는 붉은 토마토는 기계 옆을 따라다니는 트럭 속으로 쏟아져 들어갔다. 운전기사 한 사람과 선별원 12명으로 이 놀랄만한 발명품을 사용해서 한 시간에 10톤의 토마토를 수확하고 있었다. 60명의 사람이 할 일을 하고 있다니!

J. ___________ 다른 근육은 금방 지쳐버리는데, 같은 근육인 심장이 충실하게 박동을 하고 움직이는 이유는 어디에 있는가?

K. ___________ "사랑이 전국을 휩쓸고 있다"라는 곡이 카프만-거쉬인의 뮤지컬 <그대를 노래하노라>의 노래이다. 이 노래는 애국심을 고취하는 정치에 대하여 또 사랑에 푹 빠져있는 전 국민들의 오락문제에 대하여 풍자한 것이다. 세계 여느 다른 국민들보다도 특히 미국인들은 사랑의 가치를 인정하고, 미친 듯이 사랑을 예찬하며, 사랑에 푹 빠져 있고, 또 사랑에 정신 나간 사람들이다.

L. ___________ 신앙의 사유를 추구한 사람들에 의해서 건국된 미국은 교회가 자리를 잡은 후까지도, 사람들의 마음속에 신이 계속 존재하는 종교적 문화인가? 또는 미국은 교회와 국가 사이에 "분리의 벽"이 있는 또는 종교가 사람의 일상생활

에서 단지 별 볼일이 없는 세속적인 문화인가?

M. __________ 리처드 챔벌레인과 빈세트 에드워스 등 2명의 배우들은 그들의 TV 드라마에서의 역할로 각인되어 있기 때문에 보통 사람들은 그들을 진짜 킨데어 박사와 벤 케이시 박사라고 생각하고 있다.

N. __________ "우리는 좋던 나쁘던 간에 결코 돌이킬 수 없는 우리의 운명을 스스로 만들어내고 있다. 아무리 사소한 선악의 행동도 결코 작지 않은 흔적을 남긴다." 윌리엄 제임스가 얼마 전에 선생들에게 주는 글에서 이렇게 언급하였다.

O. __________ 금주가 끝나기 전에, 이 방에 있는 사람 중에 한 사람이 죽을 것이다. 그러나 이런 숫자에 겁먹을 필요는 없는데, 그 이유는 그것은 단지 통계수치에 불과하기 때문이다. 기록에 의하면, 이 도시에서 창궐하고 있는 유행성 독감은 30명 중에서 한 사람의 목숨을 빼앗아가고 있다. 당신은 운이 좋아 살아남을 수 있지만 그와 같은 엄청난 사망률은 비극적이다.

11.12

✽ 결론의 작성 방법 (1과의 복습과 확장된 연습문제를 참고)

이미 논제를 도입하는 효과적인 방법을 공부했기 때문에, 이제는 논술을 마무리하는 효과적인 방법을 공부해보자. 논문을 종료하는데 있어서 명심할 가장 중요한 점은 다음과 같다. 즉, 논문의 종료는 너무 갑작스러워서는 안 된다. 다시 말하면, 완성된 느낌 또는 토론을 마무리하여 목표에 도달하였다는 인상을 주어야 한다. 그러나 결론을 쓰기 위한 결론을 써서는 안 된다. 짧은 논문은 대개 결론 문단이 필요치 않다. 그 이유는 바로 직전에 핵심논점이 독자에게 아주 명료하게 제시되었기 때문에 필자가 그것을 요약할 필요가 없다. 예컨대, 3개의 문단에서 주요논점을 제시하고 나서 4번째 문단에서 3개의 문단에서 막 제시한 논점을 다시 논술할 필요가 없다. 마지막 논점을 제시한 문단에다 전체내용을 요약하는 문장을 첨가하는 것으로 충분하다. 산만하고 장황한 결론은 이미 언급한 내용의 효과를 반감시킨다.

다시 말하면, 연관된 증거를 조사하고 난 후에 핵심논점을 증명한 논문에서 또는 타당한 결론에 도달하도록 의도된 논문에서, 결론은 물론 이러한 이미 증명된 논점이나 이미 도달한 결론에 대한 진술(statement)인데, 그것은 필요한 만큼 길어질 수 있다. 만일 논문이 짧으면—500-1,000단어의 논문—그러한 결론은 마지막 문단에서 하나의 문장으로 간단히 언급될 수 있다. 또 2-3문장의 분량이라면, 하나의 문단을 구성할 수 있을 것이다. 만일 논문이 더 길어진다면, 결론은 별도의 문단으로 작성하거나, 본론 마지막에 몇 개의 문단으로 추가할 수도 있다.

논술문의 결론 문장이나 문장들은 비록 기괴하거나 쓸데없이 깜짝 놀라게 하는 그런 것은 아니고 어조가 강하여야 한다. 소설은 결론에서 충격적인 기법을 사용할 수 있다. 그러나 논술문 결론의 논조는 전체 논문의 논조와 일치하여야 한다. 강한 논조의 결론은 독자에게 논술의 주 아이디어(전체적인 아이디어)를 강하게 심어줄 것이다. 결론은 몇 가지 사소한 세부사항이나 하찮은 것을 다루지 말아야 한다. 또 갑자기 사족을 붙이거나 엉뚱한 말을 하지 말아야 한다.

효과적인 종결은 논제를 요약하거나 결말을 짓는 문장에 의해서, 또는 논제가 새롭고 실용적인 응용에 도움이 된다는 점을 말해주는 문장에 의해서, 또는 논제를 현재의 관심사와 연결시켜주는 문장에 의해서 달성 될 수 있다. 제목이나 논제에 따라서 다음의 몇 가지 방법을 시도할 수 있을 것이다.

1. 핵심 아이디어를 요약하라.

이것은 가장 간단한 요약의 유형인데, 단지 논문에 나타난 순서대로 핵심논점을 열거하는 것이다. 다음에는 논문 전체를 개괄하는 말이 뒤따른다. 이것은 앞에서 이미 다룬 것을 수정하여 재론하거나 그대로 반복하는 것이 될 것이다. 이 방법은 직접적이며 적절한 것이고 꼭 그렇지는 않지만 정보를 제공하는 글에 적합하다. 예를 보자.

➲ 이와 같이 인간은 단지 두 가지 조건 하에서만 인간애를 성취할 수 있는 것으로 보인다. 즉, 하나는 모든 사람이 자기가 제정하지는 않았지만 받아들인 관습법(common law)을 준수한다면, 둘째는 자기가 창조하지는 않았지만, 자기들을 창조하신 하나님에게 눈을 돌린다면 달성될 수 있다.

2. 논제의 개략적인 요약을 하라.

이것은 어떤 개별 부분에 대해서보다는, 논제에 관해서 주의를 집중시킨 것으로서 간단하면서도 흔히 사용하는 방법이다. 예를 들면, 적십자의 가치를 제목이나 논제로 삼은 논문의 결론은 아래와 같을 수 있다.

➲ 따라서 적십자는 가장 가치 있는 운동인 것처럼 보인다. 어느 곳에서나 사람들

은 적십자의 심볼을 존중하고 있는데, 그것은 적십자에는 인종, 피부색 또는 신앙의 경계가 없기 때문이다. 적십자의 주된 관심사는 항상 인류의 선이며 우리의 현재 관심사도 적십자의 가치 있는 활동을 지원하는 것이 되어야 할 것이다.

3. 서론에서 사용한 방법으로 돌아가라.

이 방법은 논문의 결론을 아주 분명하고 또 간단하게, 그러나 효과적으로 끝내는 방법이다. 서론을 풀이하거나 시작할 때 사용한 논제나 아이디어를 언급하는 것이다. “유행성 독감”에 관한 글의 결론은 다음과 같을 수 있다.

➲ 사실, 우리가 직면하게 될 비극적 가능성에는 의심할 여지가 없다. 내가 처음에서 언급한바와 같이, 통계적으로는, 이번 주가 지나기 전에 이방에 있는 사람 중의 한 사람은 사망할 것이다. 30명 중 1명이 현재 유행 중인 독감으로 죽을 것이다. 우리는 이미 충고를 받은 대로 예방조치를 취하여 이 통계치수를 줄입시다.

4. 인용문을 사용하라.

아래의 글이 당신의 은사에 관한 전기의 결론이 될 수 있다.

➲ 스미스 선생은 내가 알고 있기로는 다른 어떠한 사람보다도, 시인이며 소설가인 필립 윌리가 말한, 행복의 시금석을 잘 예시하고 있다. 그것은 다음과 같다: “행복한 사람의 척도는 그 사람이 자신에게는 엄격하고 타인에게 너그럽게 대할 수 있는 능력이다.”

5. 유머를 사용하라.

만일 글을 유머러스하게 시작하였다면, 글을 유머로 끝내기를 바랄 것이다. 그러나 유머가 결론 전체를 차지해서는 안 된다. 이런 방법은 만일 논문의 어떤 한 부분으로 사용하면 효과적일 것이다. 의회의 운영방법에 관한 글은 다음과 같이 끝맺을 수도 있을 것이다.

➲ 비록 의회의 운영이 복잡해서 비효율적임에도 불구하고, 미국 의회는 국민이 감시할 수 있도록 개방되어 있고 또 궁극적으로는 국민들이 만든다. 따라서 우리는 상원의 예배당 담당목사(chaplain)이었던 에드워드 에베렛 해일이 전에 언급하였던 말 때문에 낙담할 필요가 없다. “해일 박사님, 당신은 상원을 위해서 기도합니까?”라고 누가 물었을 때, “아니요”라고 그는 응답하고, “나는 상원의원을 쳐다보면서 나라를 위해서 기도합니다.”라고 말했다.

6. 우화, 실례 또는 이야기를 사용하라.

외교에 관한 글은 다음과 같이 끝낼 수도 있다.

➲ 매년, 뉴욕의 메트로폴리탄 오페라는 약 1천명의 저명인사를 공연에 초청하여 단장의 틀별 관람석에서 구경을 하게 한다. 초청장은 주로 국제연합의 각국 대표들과 상급 직원에게 6주전에 발송된다. 공연 기간 동안 매일 아침, 오페라의 단장인 루돌프 빙은 그 날 저녁에 초대될 손님들의 명단을 받는다. 어느 날 밤에 그는 색다른 손님의 이름을 암기하였다. 특별 좌석에서 그는 모든 사람의 이름을 일일이 호명하면서 자리에 앉히었다. 그 다음 날 그는 다른 날짜의 초대인 명부를 받았었다는 것을 알고 몹시 당황스러워하였는데, 모든 이름은 틀린 것이었다. 그러나 그가 이름을 틀리게 불렀지만 그날 초대된 손님들은 진짜 외교관이어서 아무도 이름이 잘못 되었다고 말하지 않았다.

7. 미래를 내다보라.

미래의 전망을 제시한다.

➲ 농부와 정부가 농토를 보존하기 위해서 더 노력을 하지 않는다면, 우리는 장래에 우울한 환경에 직면하게 된다. 현재 쭉 펼쳐 진 들판은 비옥하고 표토가 풍부하지만 앞으로 침식되어 협곡으로 변하여 잘려나갈 것이다. 양질의 목초지는 잡초로 엷게 덥힐 것이며, 가축의 수가 줄어들고 여위게 될 것이다. 이러한 결과는 미래 세대에게 식량의 부족과 높은 식품 값으로 나타날 것이다. 우리는 이런 일이 일어나게 해서는 안 된다.

8. 행동에 호소하라.

많은 연설이 이런 조로 끝나는데, 이런 유형의 결론은 또한 글에서 아 주 흔하다 링컨의 2차 취임 연설–미국에 준 가장 고귀한 유산인–은 이런 유형이다.

➲ 어느 누구에게도 악의를 품지 않고, 모두에게 자비를 베풀고, 하나님이 우리에게 옳은 것을 판단할 수 있는 능력을 주셨기 때문에 옳은 일을 확고히 하면서, 우리가 하고 있는 일을 끝내고, 국민의 상처를 덮고, 전쟁의 고통을 떠맡아 견디어 나갈 미망인과 고아들을 돌보기 위해서 노력합시다. 또 우리들은 모든 나라 사람들과 함께 정당하고 영속적인 평화를 성취하고 향유하기 위한 모든 일을 수행합시다.

9. 질문이나 문제를 제기하라.

이것은 결론을 강하게 제시하는 방법이다.

➲ 이것이 우리가 직면한 시련이다—우리나라뿐만 아니라 모든 자유세계의 국민들에게. 이것은 평화를 계속 보존하면서 우리의 힘을 동원하느냐, 또는 사소한 욕심이나 하찮은 이익에 매달리어 우리의 자유와 문명을 위태롭게 할 것인가의 사이의 선택의 문제이다. 어떤 외부의 적도 우리를 패배시킬 수는 없다. 그러나 우리는 자신을 패배시킬 수 있다. 결정은 여러분에게 달려있다. 어느 것을 선택할 것인가—불편 또는 패배 중에서.

11.12a

위에 제시한 결론을 짓는 방법에 따라 아래 문단들을 분류하라. 한 가지 이상의 방법을 사용한 문단이 있으면, 하나 이상의 번호를 빈 칸에 적어 넣어라.

A. __________ 사실 나일론이란 요술을 부리는 말이다. 이미 살펴본 바와 같이 첫째, 이것은 화학의 마법으로 만들어진 제품이다. 둘째, 나일론의 제조과정을 보면 마치 마술사가 날쌘 손재주로 마술을 부리는 것 같다. 셋째 이것의 사용은 기기묘묘하고 독창적이다. 넷째, 이것의 장래 가능성은 마술사의 모자에서 토끼가 나오는 것처럼 놀랍다. 현대 과학의 기적–그것이 바로 나일론이다.

B. __________ 그렇다면 좋은 단어들은 진정한 의미에 있어서의 힘과 쾌감을 줄 수 있다. 만일 하루에 새 단어를 하나씩 배운다면, 일년이면 365개의 새로운 힘과 쾌감의 원천을 갖게 되는 셈이다. 지금 시작하는 것이 어떨까요? 그렇게 해보세요. 하학하기 전에 온화한(genial)이란 단어를 사전에서 찾아봐요. 내일 수업이 있을 때까지 이 단어를 3번 사용해봐요, 그러면 이 단어는 영원히 자신의 것이 될 것입니다. 이런 식으로 하면, 학습자는 이미 단어의 달인(達人)이 되는 길로 들어선 것이나 마찬가지인 셈이다. 지금 시작 하세요!

C. __________ 세계평화는 가망이 없는 것도 아니고 불가능한 것도 아니다. 많은 사람들이 수천 년 동안 해왔듯이 지금도 여전히 평화를 갈망하고 있다. 우리가 그 목표를 위해서 건설적인 노력을 한다면, 또 우리의 믿음을 굳건히 한다면, 성경의 예언은 실현될 것이다. 즉, "사람들은 칼을 두들겨 펴서 쟁기의 쇳조각인 보습(plow)으로 만들 것이고, 창을 두들겨 펴서 문고리로 만들 것이다: 그러면 한 국가

는 다른 국가에 대해서 무기를 들지 않고, 어느 나라도 이제 더 이상 전쟁을 배우지 않을 것이다."

D. ____________ 우리는 모두가 투표권을 행사해야 한다. 우리는 친절한 어느 늙은 부인을 닮으면 안 된다. 그 부인은 작은 소도시의 선거에서 모든 후보자들을 알고 있어서 그들이 모두 훌륭한 사람들이라고 생각하여 어떤 후보자도 선택할 수 없었다. 그래서 투표용지를 받고서 그 밑에 다음과 같이 적었다. "모두에게 하나님의 축복이 있기를!" 우리의 후보자들은 우리의 축복을 원하는 것이 아니고 우리의 표를 원한다.

E. ____________ 투표권을 주는 인두세는 미국의 정서와 완전히 이질적이기 때문에 수백만 명의 미국인이 투표하는 것을 불가능하게 만들 것이다. 수백만 명의 투표 자격이 있는 미국 시민이 백인이든 흑인이든 간에, 그런 장치로 인해 투표에서 제외될 것이며, 그런 장치는 미국민의 국가에 대한 희생이나 지금까지 국가에 바친 헌신과는 아무런 관계가 없는 것이다. 이런 잘못된 제도로 인해서, 수백만의 미국인들이 그들의 투표권을 행사하지 못하게 되면 그것은 마치 그들의 손에 정치적 자물쇠가 채워져 있는 것이나 마찬가지가 될 것이다.

F. ____________ 이와 같이, 연구자들은 가까운 장래에도 일을 계속할 것이다. 오늘날 가장 유망하게 보이는 기계들의 다수가 후에 '연구자들의 노력의 역사'를 글로 쓸 때에는 웃음을 자아내게 할 정도로 밖에 각주에 반영되지 않을 것이다. 그러나 반대로 오늘날의 관점에서 보면 가장 가망성이 없어 보이는 신고안품이 미래의 세상에서는 오히려 훌륭한 공헌을 하게 될 것이 확실하다.

G. ____________ 리처드의 팔에 생긴 이상한 부기와 열을 해결함으로, 아동 병원의 의사들은 소년 한명의 생명을 구했을 뿐만 아니라, 또한 진료기술을 향상시켜서 전 세계에 있는 수많은 다른 생명을 구할 수 있게 되었다. 그리고 그들은 그 와중에서 의학지에 세계에서 가장 흥미로운 수수께끼 같은 또 하나의 에피소드를 제공하게 되었다.

H. ____________ 시어도어 루스벨트가 제이콥 리이스(Jacob Riis)의 책, "다른 반쪽이 사는 법"을 읽었을 때에 그가 전시나 평화시에나 강렬하게 발휘했던 투쟁정신이 발동되었다. 그는 뉴욕 저지대 맨해턴(Manhattan)을 걸어 내려가서, 빈약한 공동주택의 계단을 올라가 문을 두드렸다. 리스 씨는 집에 없었다. 그래서 그 방문객은 자기 명함을 꺼내서 다음과 적었다. "당신 책을 읽고 도우러 왔습니다. 시어도어

루스벨트.” 그런 열정적인 독서와 공부가 오늘날 미국이 필요로 하는 교육이다.

I. ______________ 따라서 서구 민주주의 국가들이 생존할만한 가치가 과연 있는가는 다음 조건에 달려있다. 첫째, 모든 역사와 노력을 지키기 위한 단호하고 명석한 의지가 있는가라는 점과, 둘째, 바라는 목적을 달성하기 위해 실질적이고, 진실 되며, 효과적인 협력을 해나갈 수 있는 능력이 우리에게 과연 있는가하는 점이다. 여기서 우리가 당장 얻을 수 있는 사례금(premium)은 별로 크지 않으나, 장차 거기서 얻을 수 있는 배당금(dividend)은 실로 엄청난 것이다. 즉, 그 배당금은 바로 평화와 자유가 될 것이다.

11.13

다음의 지시문을 읽어라.

1. 다음의 제목에 관해서 1,500 단어 정도의 짧은 글로 된 간단하고 비공식적인 개요를 작성하라. 즉, “우리나라의 교육.”
2. 1,500단어로 “우리나라의 교육”과 같은 광범위한 논제를 다루기에는 불충분함으로, 주어진 1,500 단어로 논술될 수 있는 우리나라 교육의 한 단면만을 다룰 수 있도록 논제를 바꿔 써라.
3. 아래 A란에 바꿔 쓴 논제를 제시하라.
4. 그리고 B란에 A란에서 명료하게 밝힌 논제로부터의 실마리를 찾아내서, 글의 핵심 논점을 간단하고 비공식적인 주제형 개요로 만들어 써넣어라.
5. 논제에서 중요한 복수명사나 함축된 복수명사 밑에 줄을 그어라.

A. 논제: ______________________________
(바꿔 쓴 논제를 여기에 제시하라.)

____

B. 개요:
주 논점 #1: ______________________________
주 논점 #2: ______________________________
주 논점 #3: ______________________________
주 논점 #4: ______________________________

주 논점 #5:____

11.13a

다음의 지시문에 따르라.

1. 위에서 작성한 비공식적인 간단한 개요를 사용하여 구체적인 주제형 개요를 작성하라.
2. 구체적 세부사항들은 모두가 핵심논지를 뒷받침해주고 필요한 것이여야 하며, 또 논리적인 순서대로 배열되어 있어야 한다.
3. 11.13에 제시한 재구성한 논제를 아래에 적어라.
4. B란에서 주제형 개요를 작성하라.

A. 논제: ____

(11.13에서 수정된 논제를 옮겨놓아라.)

B. 문장형 개요:(개요 작성 시 필요한 모든 규칙을 꼭 준수하도록 하라.)

____

____

____

____

____

⊃ 11.13의 예:

A : 논제: 한국 대학생의 생활

B : 주제형 개요 :

주 논점 #1: 입학시험

주 논점 #2: 공부

주 논점 #3: 시간제 취업

주 논점 #4: 정치 운동

주 논점 #5: 여가

➲ 11.13a의 예:

A: 논제: 한국대학생의 생활

B: 문장형 개요

#1 한국학생들은 아주 힘든 대학 입학시험에 통과하여야만 한다.

#2 한국 학생은 4년간 대학에서 공부하여야 하며, 교양과목에 2년간을 보내야 한다.

#3 많은 한국 학생들이 생활비와 등록금을 벌기 위해서 시간제 취업을 한다.

#4 정치운동은 한국 학생들 사이에서 인기가 있다.

#5 한국 학생들은 바둑, 운동, 여행 등을 하면서 대학생활을 즐긴다.

제11과 복습 및 확장된 연습문제

11.50

논술문은 하나의 주제에 관해서 분석, 기술, 설명하거나 사실, 견해를 제시하는 여러 개의 문단으로 구성된 글인데, 짧게는 3-5개의 문단으로 이루어진 에세이(essay, 논술, 소논문)로부터 10페이지 이상이나 되는 긴 에세이도 있고, 또 수백 페이지나 되는 학위 논문(thesis, dissertation), 연구 논문, 학술 논문 등도 있다. 이 모든 것이 에세이의 한 종류라고 말할 수 있는데, 요즈음은 TOEFL, SAT(Scholastic Aptitude/Assessment Test, 학습능력 적성시험), 학기말 리포트(term paper), 논술형 숙제, 논술 시험, 신문이나 잡지의 기사나 논설(article), 이력서(resume, curriculum vitae)를 제출할 때 함께 첨부해야하는 표지말(cover letter, 커버레터, 자기소개서 비슷함), 취업시 제출하는 입사신청서, 미국 대학 입학 신청 시 필수적으로 요구하는 일종의 자기소개서(personal statement: 하나의 주제에 관해서 몇 가지 지침, 즉 길잡이/prompts를 주고 학생 자신에 관한 글을 쓰라고 한다), 추천서(recommendation letter), 연설문, 심지어 구직 편지도 여기에 포함된다. 참고로 미국에서는 초등학교 3-4학년부터 글쓰기를 정식 과목으로 정해놓고, 체계적으로 가르치고 있으니 국가 경쟁력이 높아질 수밖에 없다.

11.50.1

* 에세이의 종류(Different Kinds of Essays)

에세이의 종류는 지금까지 배운 문단의 종류와 유사하며 묘사체/기술체(descriptive), 정의, 비교/대조(compare/contrast), 원인/결과, 이야기체(narrative), 과정(process), 논쟁(argumentative), 비평(critical), 분류, 탐구(exploratory), 설득, 학술 등 다양하다.

11.50.2.

*문단과 논술의 비교(Comparison of Paragraphs and Essays)

문단과 논술의 구성형태는 원칙적으로 같다. 차이가 있다면, 길이와 정보의 범위에 있다. 예컨대, 대학 교육에 관한 글을 쓰려고 할 때 5내지 15개의 문장이 보통인 하나의 문단에서 이런 거창한 내용을 다루기는 힘이 들기 때문에 그 범위를 좁혀서 대학 등록금(tuition costs) 등으로 한정해야한다. 그러나 논술에서는 4년제 대학과 2년제 대학의 비교 등과 같은 좀 더 광범위한 내용을 다룰 수가 있다. 다음은 문단과 논술을 비교한 내용이다.

	문단(paragraph)	논술(Essay)	기능(Function)
서론 (Introduction)	주제문	유인문구(Hook) 논제문	독자의 흥미를 끌기위해, 주제를 소개하기 위해
본론 (Body)	주제문을 뒷받침해주는 구체적 세부사항/문장 (Supporting details or sentences)	논제문을 뒷받침해주는 여러 개의 문단 (Supporting Paragraphs)	대논지(Main Points)를 중심으로 이를 뒷받침해주고, 구체적 정보를 제공하기 위해
결론 (Conclusion)	결말 문장 (Concluding sentence)	결말 문단(Concluding paragraph)	글의 종료를 알리기 위해

11.51

다음은 하나의 주제에 대해서 2가지 문장이 제시되어 있는데, 이 중에 문단의 주제문으로 적합한 것은 P로, 논술의 논제문(thesis statement)으로 적합한 것은 E로 표시하라. 여기서 유념할 것은 논제문은 주제문보다 더 일반적(포괄적/개괄적)이며, 더 많은 정보를 담고 있는 반면, 주제문은 더 구체적(specific)이고, 범위가 한정되어 있다.

1. 주제: 일본의 관습(Japanese customs)

A. ( ) 만약 당신이 일본을 여행한다면, 먼저 일본의 관습, 금기, 그리고 국민에 대해서 알아봐야 할 것이다.

B. ( ) 외국인이 일본의 관습과 관련해서 저지를 수 있는 최악의 실수는 밥사발에 젓가락을 똑바로 세워놓는 것이다.

2. 주제: 미국과 대만의 교육

A. ( ) 미국과 대만의 교육제도간의 하나의 차이는 스포츠 프로그램의 역할이다.

B. ( ) 내가 두 나라에서 교육을 받은 경험이 있는데, 나는 미국과 대만의 교육이 여러 분야에서 서로 차이가 있다는 사실을 발견했다.

3. 주제: 집안 허드렛일(Household chores)

A. ( ) 다리미질은 대충대충 빨리 끝낼 수가 없기 때문에 내가 꺼려하는 집안 일이다.

B. ( ) 내가 가장 꺼려하는 3가지 집안일은 다리미질하기, 접시 닦기, 그리고 침실 청소하기이다.

4. 주제: 학교교복(School uniforms)

A. ( ) 여러 가지 이유 때문에 학교교복을 착용하는 것은 공립학교 학생들에게 훌륭한 선택이다.

B. ( ) 학교교복을 착용하는 것은 학생들의 생활을 훨씬 편하게 해 줄 것이다.

5. 주제: 사형제도(Capital punishment)

A. ( ) 어떤 사람은 국가가 국민의 생명을 빼앗을 권리가 없다고 말하는데, 그러나 다음에 제시한 여러 가지 이유 때문에 사형제도는 존치해야한다.

B. ( ) 사형제도의 존재이유 중의 하나는 경제적인 것이다. 죄수를 감옥에서 먹여 살리는 것보다 사형시키는 것이 비용이 덜 든다.

11.52

✻ 논술 작성과정(Process of Essay Writing)

논술을 쓰기 전에 먼저 3가지 사항을 고려해야한다. 첫째, 논술을 쓰는 목적이 무엇인가? 둘째, 어떤 독자들을 대상으로 글을 쓸 것인가(the intended audience of a paper)? 셋째, 어떤 주제에 관해서 쓸 것인가?

11.52.1

✻ 논술문 작성단계(Steps in the Writing Process)

가. 주제 선택

나. 브레인스토밍(brainstorming)과 자료 수집(gathering data)

다. 개요 작성

라. 초안(a rough draft) 작성

마. 교정과 편집(revising and editing the draft)

바. 최종 원고 인쇄(printing the final manuscript)

11.52.2

✻ 논술문의 형식(Form of an Essay)

5개의 문단으로 구성된 논술의 경우를 예로 들면 다음과 같다.

제목: ______________________________

Ⅰ. 서론 - 문단 1

A. 유인문구(Hook)

B. 연결 문구(Connecting information)

C. 논제문(Thesis statement)

Ⅱ. 본론(Body)

A. 대표제/대논지 - 문단 2

주제문:

1. 소표제/소논지(Minor heading/subpoint)

a. 소논지를 뒷받침해주는 문장

b. 소논지를 뒷받침해주는 문장

2. 소표제/소논지

a. 소논지를 뒷받침해주는 문장

b. 소논지를 뒷받침해주는 문장

3. 논지 전환문장(Transition sentence, 다음 문단으로 연결시키기 위한)

B. 대표제/대논지 - 문단 3

주제문:

1. 소표제/소논지

2. 소표제/소는지

3. 소표제/소논지

C. 대표제/대논지 - 문단 4

주제문:

1. 소표제/소논지

2. 소표제/소논지

Ⅲ. 결론(Conclusion) - 문단 5

A. 논술을 끝낸다는 신호(Close of the action)

B. 논술의 요약 등

C. 마지막 결말 문장

11.53

* 서론, 본론, 결론의 내용

가. 서론(Introduction)

1내지 3개의 문장으로 된 유인문구(hook, attention grabber, attention-getter)의 목적은 독자의 관심과 흥미를 끌어 글을 계속 읽어가도록 유인하는 일종의 낚싯밥이다. 그 다음에 나오는 2내지 5개로 된 연결 문구는 독자와 주제를 연결시켜주기 위한 목적인데, 주제에 관한 배경을 설명하고, 모든 사람이 수긍할 수밖에 없는 일반적/전체적 사실을 제시한다. 서론의 마지막엔 1내지 2개의 문장으로 된 논제문이 나오는데, 이는 논술이 무엇에 관한 글인가를 독자에게 알려주어 독자가 논술의 내용과 방향을 미리 예측할 수 있도록 해주는 가장 핵심적인 부분이다. 서론의 전개방식은 일반적/포괄적인 내용으로부터 시작해서 점점 구체적인 내용으로 옮겨가는데, 맨 마지막에 나오는 논제문의 내용이 가장 구체적인 것이어야 한다.

나. 본론(Body)

논제문의 내용을 구체적으로 증명하거나 뒷받침해주기 위해 3내지 5개의 문단으로 된 짧은 본론으로부터 수백 페이지에 달하는 것까지 다양하다. 본론의 각 문단은 보통 주제문이 맨 앞에 나오고, 다음에 이를 뒷받침해주는 문장(보통은 4개 이상)과 결말이 나오는데, 이는 앞에서 다룬 다양한 문단의 종류에서 이미 공부한 바 있다.

다. 결론(Conclusion)

보통 1내지 2개의 문장으로 된 본문의 요약(summary)으로부터 시작하는데, 여기서는 이 글이 주는 메시지를 통해 독자들이 어떤 교훈이나 새로운 정보/지식을 얻었기를 바란다는 내용이다. 맨 마지막엔 보통 1개의 문장으로 된 끝맺는 말이 나오는데, 여기선 논술의 첫 문장에 대한 논평(comment on the hook)을 한다. 결론의 전개방식은 서론과는 반대로 구체적인 내용으로부터 시작하여 일반적/총체적인 내용으로 옮겨간다(from specific to general).

11.54

❃ 서론의 작성요령

가. 유인문구(The Hook/Attention Grabber)

독자의 주의를 끌기 위한 유인문구를 작성하는 몇 가지 요령은 다음과 같다.

1. 질문하기(Asking a Question)

예컨대, 일본을 처음 방문한 미국인 교사가 경험한 언어문제에 관한 글을 쓰면서, "만약 당신이 어느 날 잠에서 깨어나 어느 누구와도 의사소통을 할 수 없는 세상에 갑자기 던져졌다고 한다면 당신은 어떻게 하겠습니까?"라는 질문으로 논술을 시작하면 독자는 이 질문에 대한 답을 알고 싶어서 글은 계속 읽으려고 할지도 모른다.

2. 일화, 비화, 혹은 재미있는 이야기(Anecdote, Interesting Story)

예컨대, "모든 사람이 신데렐라 이야기가 어떻게 끝나는지는 알고 있으나, 그녀가 왕자를 만나기 전에는 실제로 어떤 생활을 했는지 생각을 해 본 일이 있습니까?"라는 잘 아는 이야기를 질문 형식으로 시작한다.

3. 흥미로운 관찰 결과나 충격적인 사실(Interesting Observations and Shocking Facts)

가령 아시아의 불경기에 관한 글을 쓸 때, "아시아의 경제 관료들은 요즈음 매일 밤 불면증에 시달리고 있다"는 말로 시작한다.

4. 농담(Jokes)

a. 임종이 가까운 어느 기업가: 임종이 가까운 어느 사업가가 자기 친구를 불러 "여보게, 친구! 내가 죽거들랑 나의 유해를 화장(cremate)해주겠다고 나에게 약속을 해주게"라고 말했다. 그 친구가 "너의 재는 어떻게 해주면 좋겠나?"라고 물었다. 그 기업가는 "그걸 봉투에 넣어 국세청에 우편으로 보내게, 그리고 봉투에는 '이제 당신들은 나의 모든 것(즉 밀린 세금)을 다 받아간 것'이라고 쓰게"라고 말했다.

b. 내가 3사람 몫의 일을 하고 있었기 때문에 사장에게 봉급인상을 요구했을 때, 그는 봉급인상은 안 된다고 하면서, 대신 만약 내가 그에게 그 3사람의 이름을 대면 그들을 해고시켜버리겠다고 말했다.

c. 내 남편의 사업은 다소 오르락내리락하는 편이다. 그는 요요(장난감, yo-yo)를 제작하는 사업을 한다.

d. 전화 판매원(Tele-marketer): 만약 전화판매원이 당신에게 대출을 해주겠다고 전화하면, 이제 막 파산 신청을 했지만, 신규 대출을 해 주겠다면 얼마든지 환영한다고 말하고, "대출 기간은 언제까지인가? 그 돈을 꼭 갚아야 되는가? 내가 파산 신청 전에 빌린 다른 대출과 같은 종류인가?"라고 계속 질문을 해라.

5. 주제와 관련된 생생한 장면 묘사

예컨대, "시속 백마일 이상으로 움직이면서도 막상 당사자는 전혀 움직임을 느끼지 못한다. 그는 완전히 정적 속에 휩싸인다. 잠시 동안 그는 마치 새로운 차원의 세상 속으로 빨려 들어온 느낌을 받는다"라는 문구는 스카이다이빙(skydiving)에 대한 글의 유인문구이다.

6. 유명한 인용문구 사용(Using a Famous Quote)

예컨대, "사느냐, 죽느냐; 그것이 문제로다(To be or not to be, that is the question)"는 셰익스피어의 햄릿에서 인용한 문구로 자살을 주제로 한 글의 유인문구로 사용된 예이다.

7. 충격적이거나 놀라운 사실, 사례, 통계(Statistics) 이용

예컨대, "폐암으로 인한 사망자는 범죄로 인한 사망이나 사고사를 모두 합친 숫자보다 더 많다"는 흡연의 위험성을 주제로 한 논술의 유인문구이다. 또 음주운전을 경고하는 글에서 "미국에서는 매년 2만 명 이상이 음주와 관련된 교통사고 때문에 사망한다," 그리고 온실가스에 관한 글에서 "만약 지구의 온도가 계속 상승한다면, 2050년까지는 싱가포르와 뉴욕은 물에 잠길 것이다"라는 유인문구가 사용되었다.

11.55

나. 연결 문구(Connecting Information)

유인문구 다음엔 3내지 5개의 문장으로 된 연결 문구가 나오는데, 주제에 관한 배경이나 예를 제시하여 독자와 주제를 연결시켜주는 역할을 한다. 앞에 나온 신데렐라(Cinderella)의 유인문구 다음엔 그녀가 왕자를 만나기 전에 했던 힘든 집안 허드렛일의 예를 들고 있다,

"그녀의 판에 박힌 일과는 화려한 것과는 거리가 멀었다. 그녀는 마루를 닦는 것에서부터 음식을 요리하는 것까지 모든 집안일을 다 했다. 만약 누가 신데렐라에게 '네가 하는 집안 일 중에 특별히 하기 싫은 일이 있나?'라고 물었다면, 그녀는 아마 '아닙니다. 전혀 없어요. 집안일을 하는 것이 바로 저의 의무인데요'라고 대답했을 것이다."

☞ 이 부분을 읽고 독자들은 다음에 이 글의 주제인 "힘든 집안 허드렛일"에 관한 이야기가 전개될 것으로 기대할 수 있다.

다. 논제문(Thesis Statement)의 작성요령

논제문의 종류에는 2가지가 있다.

(A) 직접적/명시적 논제문(Direct/Stated Thesis Statement)

논제문은 논술의 내용을 구체적으로 요약하는 것인데, 예를 들면 다음과 같다.

논제문: 남미 국가들이 현재 당면하고 있는 주요 문제는 취업기회의 부족, 보다 나은 보건의료 서비스에 대한 점증하는 요구, 그리고 가난한 학생들의 대학교육 기회의 제한이다.

☞ 이 논제문을 읽은 독자는 이 논술의 본론에서 3가지 문제를 아마 3개의 문단

에서 각각 다룰 것이라는 예상을 하게 된다.

(B) 간접적/함축적 논제문(Indirect/Implied Thesis Statement)

위와 똑같은 주제에 대해서 구체적인 세부 내용대신에 일반적/개괄적인 내용만을 논제문에서 언급하면, 독자는 다음 본론에서 주제를 뒷받침해주는 구체적인 내용이 나올 것이라는 기대를 하게 된다.

논제문: 오늘날 남미 국가들이 당면하고 있는 중요한 문제는 즉각적인 해결책을 요구하고 있다.

라. 결론(Conclusion)의 작성요령

결론을 쓸 때 몇 가지 유념할 사항은 다음과 같다. 첫째, 독자에게 논술의 마지막 문단임을 알려주는 논지 전환장치(transition), 또는 연결사(connector), 즉 "결론적으로(in conclusion), 요약하면(to summarize), 지금까지 언급한 바와 같이(from the information given)" 등을 덧붙여 논제/주제를 다른 표현으로 바꿔서 재 언급한다(restate the thesis or main idea of the essay). 둘째, 본론의 각 문단에서 다룬 내용을 요약한다(summarize). 셋째, 마지막에 나오는 결말(concluding sentence)은 논술을 끝맺는 말로서(wrap the paper up), 논제/주제에 관해서 기억에 남을만하거나, 도전적이거나, 또는 앞으로 곰곰이 생각해야 할 과제를 던져주는 내용이 포함된다(something memorable, or challenging, point to ponder). 논술의 마지막 1내지 2개의 문장은 다음 예에서처럼 제안(suggestion), 개인적인 견해(opinion), 조언(advice), 설득(persuasion), 주장(assertion), 논평(comment), 예측(prediction) 등을 한다. 다음에 몇 가지 예를 보여준다.

이 논술에서 제시된 모든 사실들이 온실가스가 지구의 온난화에 지대한 영향을 끼치고 있다는 점을 보여주고 있다. 그러므로 우리는 이러한 경고에 유념하여 문제가 더 이상 악화되지 않도록 적절한 대안을 마련하는 것이 시급한 과제이다. (제안/suggestion)

여기서 제시한 2가지 방안에는 각각 장단점이 분명히 있다. 그러나 두 번째 방안이 첫 번째 방안보다는 더 큰 대중적 호소력이 있기 때문에 우리 국민들에겐 훨씬 더 나은 선택이라고 생각한다. (개인적인 견해/opinion)

➲ 이 논문에서 텔레비전에 대한 정부의 통제를 찬성하는 강력한 근거를 제시했

다. 이러한 정부의 통제가 없다면, 미국사회의 도덕 수준은 계속해서 저하될 것이 분명하다. (예측/ prediction)

➲ 일단 이러한 정보를 접한 이상, 모든 독자들은 동물실험이 잔인하고, 비윤리적이기 때문에 폐지되어야한다는 점에 동의를 해야만 할 것이다.(설득/persuasion)

➲ 모든 사실을 주의 깊게 고려한 다음엔 독자들은 학교에서 체벌(corporal punishment)을 즉시 금지시켜야 된다는 점에 분명히 동의를 할 것이다. (설득/persuasion)

11.56

다음 논술문을 읽고 아래 질문에 답하라.

<체육 코치와 기업 매니저에 대한 진실(The Truth about Coaches and Business Managers)>

1.____

____

기업 매니저는 사무실에서 근무하지만 체육 코치는 야외에서 일한다. 코치는 선수들의 신체를 훈련시키지만, 매니저는 기업의 세부적 사무에 더 많은 노력을 집중한다. 그러나 이러한 차이점은 이 두 전문직이 공유하고 있는 유사성에 비하면 아무 것도 아닌데, 왜냐하면 체육선수단 코치와 기업 매니저의 주요 기능은 서로 밀접히 관련되어 있기 때문이다.

2. 체육 코치와 기업 매니저 사이의 가장 근본적인 유사성 중의 하나는 각각 체육선수들이나 혹은 기업의 종업원들을 지도한다는 점이다. 코치는 선수 개개인의 장단점을 파악해서 선수들의 훈련을 책임진다. 코치는 또한 선수들의 경기력을 향상시킬 수 있도록 지도하고, 경기가 끝나면 그 경기를 재평가해서 조언을 해준다. 마찬가지로 기업 매니저도 종업원들의 훈련을 책임진다. 매니저는 종업원들이 각자의 능력을 최대한 발휘하여 최대의 성과를 내도록 한다. 뿐만 아니라, 매니저는 종업원들의 작업 수행능력을 주기적으로 평가해서 조언을 해준다.

3. 두 전문직 사이의 또 하나의 중요한 유사성은 선수들 혹은 종업원들 간에 발생

한 문제를 해결하는 능력이다. 선수들은 매우 경쟁적이기 때문에 이러한 지나친 경쟁심이 훈련이나 경기 도중에 가끔 말다툼으로 번지는 경우가 있다. 코치는 이러한 행위가 팀을 승리로 이끄는데 생산적이지 않다는 사실을 알기 때문에 중간에서 중재자 역할을 한다. 코치는 양쪽의 말을 듣고 나서 문제의 해결을 위해 지혜를 담은 명언이나 조언을 해준다. 마찬가지로 매니저는 사이가 좋지 않은 사무실 직원들 사이에 분쟁 조정자 역할을 해야 할 때가 있다. 매니저는 팀워크(teamwork, 협동작업)가 생산성 향상에 필수적이라는 사실을 알기 때문에 작업장을 원활하게 운영할 수 있도록 경영 훈련을 받는다.

4. 마지막으로, 코치와 매니저는 둘 다 상부 경영층에 자신의 부하들을 대표해야한다. 많은 사회집단은 계층적 조직으로 운영되고 있으며, 이 점은 라커룸(locker room)이나 사무실에서도 차이가 없다. 코치는 구단주에게 매 기간마다 정기적으로 현황보고를 해야 한다. 코치는 잘 나가는 선수, 부상당한 선수, 그리고 기준에 미달하는 선수에 대한 신상정보를 작성하여 구단주에게 보고해야한다. 뿐만 아니라, 코치는 선수들의 대변자 역할을 한다. 만약 선수들이 경기력이외의 다른 특별한 문제가 있다면, 선수를 대신하여 구단주와 이런 문제를 상의하는 것도 결국 코치의 임무이다. 코치와 마찬가지로 기업 매니저도 하급 종업원들과 최고경영자사이의 연결고리 역할을 한다. 기업 매니저는 종업원들을 감독하고, 그들 사이에 중재자 역할을 해야 하는 임무가 있다. 최고경영자는 회사 내부에서 일어나고 있는 모든 일에 대한 상황파악을 원하지만, 그런 세부적 내용까지 파악할 시간이 없다. 그렇기 때문에, 기업 매니저는 종업원과 최고경영자 양측의 대변자 역할을 한다.

5. 겉으로 보면, 이 두 직업사이엔 아무런 관련성이 없는 것처럼 보인다. 코치는 야외에서 일하고, 신체 훈련과 경기 전략을 짜내어야 하는 심리적 중압감을 이겨내야 하는 반면, 기업 매니저는 첨단기술로 둘러싸인 엄격한 공식적인 환경에서 근무한다. 그러나 좀 더 면밀하게 살펴보면, 이 두 전문직의 직무 내용은 매우 밀접히 관련되어있다. 이 두 직종의 기본 임무가 다른 사람을 이해하고, 그들 사이에 의사소통을 증진시켜야 한다는 점에서 서로 유사하다.

1) 위 논술문의 유인문구를 맨 위에 써넣어라.

2) 이 논술의 논제문은?

3) 이 글의 논제문은 직접적(direct/stated, 명시적)인가, 아니면 간접적(indirect/implied, 함축적)인가? 설명하라.

4) 이 글의 논제문을 직접적인 것으로 바꿔서 다시 써보아라.

5) 이 논술의 결론의 종류는?

6) 위 글에 대한 개요가 다음에 나와 있다. 빈 칸을 채워 개요를 완성하라.

제목: ______________________

I. 서론
   A.(유인문구/Hook): ______________________
   B.(연결 문구):
      1. ______________________
      2. ______________________
   C. 논제문: ______________________
II. 본론(Body)
   A. 유사성 #1(Similarity #1): (주제문): ______________________
      1. ______________________
         a. ______________________
         b. ______________________
         c. ______________________
      2. ______________________
         a. ______________________
         b. ______________________
   B. 유사성 #2(Similarity #2): (주제문): ______________________
      1. ______________________
         a. ______________________
         b. ______________________

2. ____________________

a. ____________________

b. ____________________

C. 유사성 #3(Similarity #3): (주제문): ____________________

1. ____________________

a. ____________________

b. ____________________

2. ____________________

a. ____________________

b. ____________________

Ⅲ. 결론: ____________________

11.57

다음 논술을 읽고 아래 질문에 답하라.

(1) "개는 인간의 가장 좋은 친구이다." 이런 흔한 말이 어느 정도의 진실을 담고 있는지는 모르지만, 그러나 개만이 사람들이 동반자로 갖고 싶어 하는 유일한 애완동물은 아니다. 사실은 많은 사람들에겐 고양이가 가장 좋은 친구이다. 견공 애호가들의 개에 대한 찬사에도 불구하고, 고양이는 훌륭한 가정용 애완동물이다.

(2) 첫째, 사람들은 고양이를 동반 상대로 즐긴다. 많은 고양이들은 사랑스럽다. 그들은 바짝 달라붙어서 턱밑을 긁어주거나, 쓰다듬어달라고 요구한다. 도대체 이 세상에 어떤 사람이 가르랑거리는 목소리를 내고 있는 고양이를 못들은 체 할 수 있을까? 만약 그들을 귀여워 해주지 않는다는 느낌이 들면 고양이들은 보통 장난치기를 좋아한다. 그들은 공이나 깃털, 혹은 끈에 대롱대롱 매달려있는 것은 무엇이나 무조건 쫓아다니기를 즐겨한다. 그들은 주인과 함께 하는 놀이에 동참하는 것을 특히 좋아한다. 일반적인 사회적 통념에 반하여, 고양이도 훈련시킬 수가 있다. 개와 마찬가지로, 상과 벌을 이용하여 고양이도 원치 않은 행동을 못하게 하거나 재주를 부리도록 훈련시킬 수가 있다. 그러면 고양이도 물건을 가서 가지고 올 것이다(Cats will ever fetch!).

(3) 둘째, 고양이는 교화된 가족의 구성원이다. 개와는 달리, 고양이는 짖거나 시

끄러운 소리를 내지 않는다. 대부분의 고양이는 야옹 야옹하면서 자주 울지도 않는다. 그들은 대체적으로 조용한 생활을 한다. 또한 고양이는 자주 "사고"를 치지도 않는다. 어미고양이가 새끼고양이에게 쓰레기통을 사용하는 법을 훈련시켜주면, 대부분의 고양이는 그 후부터 틀림없이 그 쓰레기통을 사용한다. 심지어 떠돌이 고양이조차도 쓰레기통을 보여주면 보통 그 개념을 파악하고, 정기적으로 그것을 사용한다. 물론 고양이는 갈고리 발톱이 있기 때문에 주인들은 이에 대한 대비책을 마련해야한다. 집안 내 고양이가 좋아하는 장소에 고양이가 대신 긁거나 할퀼 수 있는 기다란 말뚝을 마련해주면, 고양이는 이것에 만족하여 집안가구에는 손을 대지 않을 것이다. 물론 최후의 수단으로 고양이의 발톱을 제거할 수도 있다.

(4) 마지막으로, 가정의 애완동물로서 고양이의 가장 큰 매력 중의 하나는 보살피기가 용이하다는 점이다. 고양이는 주인이 함께 밖으로 나가 도보산책을 시킬 필요가 없다. 고양이는 집안 내에서 혼자 놀면서 충분한 운동을 할 수 있고, 또 쓰레기통에 볼일을 본다. 쓰레기통 청소는 시간이 걸리거나 힘이 드는 일이 전혀 아니다. 고양이는 또한 자신의 몸단장을 스스로 알아서한다. 고양이는 목욕시킬 필요가 거의 없는데, 왜냐하면 보통의 경우에 고양이는 항시 자기 몸을 청결하게 유지하는데 더 까다롭게 신경을 쓰는 편이다. 뿐만 아니라, 고양이는 아무런 걱정 없이 여러 시간동안 집안에 홀로 남겨둘 수가 있다. 여느 다른 동물과는 달리, 대부분의 고양이는 홀로 남겨두어도 가구나 비품을 훼손하지 않는다. 그들은 늘 하던 활동에 전념하느라고 다른 일엔 신경을 쓸 겨를이 없다.

(5) 고양이는 관리, 유지비가 적게 들고, 교화된 동반자이다. 비좁은 곳에 살거나 애완동물을 돌볼 시간이 없는 사람들은 고양이의 이러한 진가를 인정해야한다. 그러나 주거 공간이 넓고, 충분한 시간적 여유가 있는 많은 사람들도 고양이를 선택하는데, 그 이유는 그들이 고양이의 성질을 사랑하기 때문이다(love the cat personality). 여러 가지 면에서 고양이는 이상적인 가정용 애완동물이다(the ideal housepet).

1) 위 논술의 유인문구와 그 종류는?

2) 이 글의 논제문은?

3) 이 글의 논제문은 직접적(direct/stated)인가, 아니면 간접적(indirect/implied)인가?

4) 이 글의 결론에서 마지막 문장의 종류는?

5) 이 글을 읽고, 다음 빈 칸을 채워 개요를 완성하라.

제목: 〈최고의 가정용 애완동물(The Best Housepet)>

Ⅰ. 서론(Introduction)

A. (유인문구/Hook) ____________________

B. (연결 문구/Connecting information):

1. ____________________

2. ____________________

C. (논제문/Thesis statement) : ____________________

Ⅱ. 본론(Body)

A. (주제문): ____________________

1. ____________________

2. 귀여워 해주지 않는다고 느끼면 장난치기 좋아한다

3. 고양이도 훈련 가능하다.

B. (주제문): ____________________

1. ____________________

2. ____________________

3. 갈고리 발톱에 대한 대비책

C. (주제문): ____________________

1. 도보 산책 불필요

2. 스스로 몸단장

3. 집안에 홀로 남겨둬도 됨

Ⅲ. 결론(Conclusion): ____________________

▚ 11.58

✽ 브레인스토밍을 통한 아이디어/주제 찾기(Brainstorming Ideas/Topics for Writing)

글을 쓰기 위해서는 먼저 주제를 생각해내고, 그 선택된 주제에 대해서 쓸거리 즉 소재를 개발해야 되는데, 이런 모든 단계에서 브레인스토밍이 필요하다. 그러나 머리 속에 생각나는 것을 그대로 적어 내려가는 것도 나름대로 좋은 방법이긴 하나 생각이 안 떠오르는 경우도 있고, 또 체계적인 방법은 못된다. 따라서 시행착오를 좀 더 줄이고, 실패할 확률이 낮은 방법을 함께 사용하는 것이 현명한 일이다. 주제나 소재 등이 머리 속에 떠오르지 않는다면 매 단계마다 다음 6가지 질문을 해보아라(ask WH-questions about your topic): 즉, "누가(who)? 무엇을(what)? 언제(when)? 어디서(where)? 어떻게(how)? 왜(why)?

➲ 예1. 만약 이야기체 논술문(narrative essay)을 쓰려고 한다면, 자신의 경험 중에 신나거나(exciting), 힘이 들었거나(difficult), 훌륭하거나(wonderful), 또는 놀랬던(frightening) 일들을 기억해 내서 다음과 같은 질문을 던져가면서 주제를 생각해낸다.

· 나의 인생에서 중요한 때가 언제였는가(when)?
· 내가 경험한 일 중에 무엇을 쓰고 싶은가(what)?
· 내가 경험한 사건 중에 독자들에게 이야기를 해주고 싶은 것은(what)?
· 나의 특정한 경험에 대해서 나는 어떻게 느꼈는가(how)?
· 내가 쓰고 싶은 사건이나 경험에서 관련된 사람들은(who)?
· 내가 그 사건이나 경험을 이처럼 생생하게 아직도 기억하고 있는 이유는(why)?
· 그 사건이나 경험이 나에게 어떤 변화를 가져왔는가(what change or effect)?
· 내가 읽었던 책, 보았던 영화, 또는 다른 사람에게서 들었던 이야기 중에서 독자들에게 이야기를 해주고 싶은 내용은(what)?

➲ 예 2. 다음과 같은 일반적인 주제(general topic)로부터 시작하여 좀 더 구체적인 주제(specific topic)를 생각해내고, 선택된 주제에 대한 쓸거리, 즉 소재를 생각해내기 위해서 6가지 질문을 한다.

일반적 주제: 독립기념일 축하행사(Celebrating Independence Day)

6가지 질문(WH-questions): 독립기념일을 누가 축하하는가(who)?

독립기념일의 역사적 배경은(what)?
언제 축하행사가 개최되는가(when)?
어디서 축하행사가 열리는가(where)?
왜 축하행사를 하는가(why)?
어떻게 축하행사가 진행되는가(how)?

위 질문에 대한 답을 생각해본 결과, 주제는 "미국의 독립기념일(U.S. Independence Day)"로 정했고, 다음과 같은 아이디어를 얻었다.

• 애국심(patriotism), 불꽃놀이(fireworks), 피크닉, 떠들썩한 소리, 빨간색, 흰색, 청색, 자유, 스포츠, 가족, 온화한 날씨(warm weather), 퍼레이드, 국기(flag), 퇴역 군인

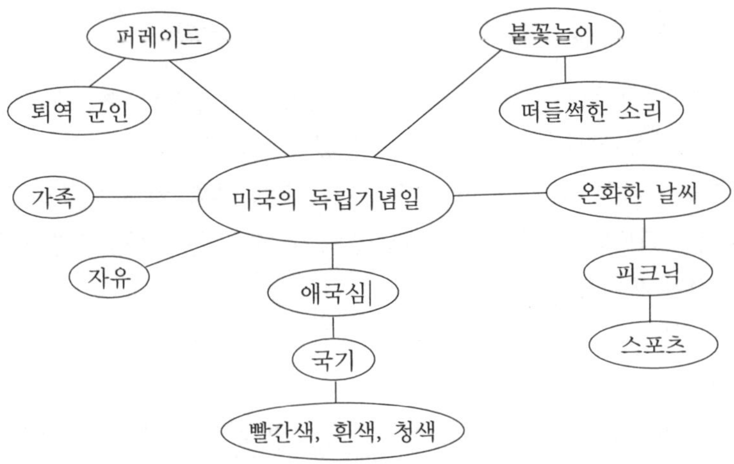

(veterans)

이와 같은 내용을 클러스터링(clustering/아이디어 다발, 또는 아이디어 지도/idea map) 기법을 사용하여 다음과 같은 그림을 완성한다. 이런 그림을 그리는 목적은 서로 관련된 내용들은 같은 집단으로 모으고, 서로 관련된 것들 사이엔 줄도 그어가며 연결시키는 것이다. 즉 대표제/대논지(main headings/major points)와 소표제/소논지(subheadings/ minor points) 등으로 집합/분류하려는 것이다.

다음 단계는 위 그림을 바탕으로 내용을 첨삭한 다음 논리적 순서대로 개요를 작성한다.

⊃ 예 3. 원인/결과 관계를 사용하여 글을 쓰려고 할 때, 주제를 뒷받침해줄 구체적 내용을 생각해내기 위해서 6가지 질문을 해본다. 예컨대, 과체중 문제(overweight), 주식시장의 붕괴(a stock market crash), 비행기 추락사고(airplane crash), 바터 제도(a barter system)를 주제로 한 글을 쓰려면, 각각의 주제에 대해서 그 원인은 무엇인가, 그 결과는 어떻게 되는가를 물어서 그 대답으로부터 글의 소재를 찾아낸다. 다음 질문에 대해서 적어도 3가지 이상의 답변을 생각해내서 논술의 대표제/대논지로 사용한다.

1. 사람들은 왜 과체중이 되는가(why)?
2. 주식시장이 붕괴된 후에 어떤 일이 발생하는가(what effects)?
3. 비행기 추락은 왜 일어나는가(what causes)?
4. 돈 대신 바터 제도를 사용하면 그 결과는(what effects)?

⊃ 예4. 만약 "오존층 파괴의 지구환경에 미치는 영향"이란 주제에 관한 소재를 얻기 위해선 다음과 같은 질문을 할 수가 있다.

1. 왜 오존층이 파괴되는가? – 불소화합물의 사용, 공해, 열대 우림의 잠식
2. 오존층이 파괴되면 그 결과는? – 자외선 증가, 지구의 사막화, 대양의 수위 상승으로 해안선이 줄어듦
3. 사막화의 실례와 그 결과는? – 가뭄, 경작지의 감소, 식량 부족, 사하라, 모래 폭풍, 황사 현상
5. 대양의 수위가 상승하면 그 결과는? – 해안선이 줄어듦, 극지방 얼음이 녹음, 해안도시가 물 속에 잠김

⊃ 예5. 논쟁체 논술(argumentative essay)을 쓸 땐, 어떤 문제에 대한 찬성 혹은 반대 주장을 해야 하고, 찬성 측 주장(pro argument)을 하더라도 반드시 반대 측 주장(con argument/counter-argument)도 함께 제시하고, 이를 다시 반박(refutation)하는 순서로 진행하게 된다. 예컨대, "학교에서 체육교육의 의무화(Mandatory Physical Education in School)"라는 주제에 대한 찬성 주장을 할 때, 다음과 같은 질문을 하여 소재를 얻을 수 있다.

1. 체육교육을 의무화해야하는 이유는(why/reasons)? – 어린이의 건강 증진, 사회생활에 도움, 생존 훈련/교육, 전문교육을 받은 체육교사/우수한 학교시설

2. 가정이 아닌 학교에서 체육교육을 시켜야하는 이유는(why/reasons)? – 잘 훈련된 체육교사, 우수한 학교시설과 장비, 전문 체육교사가 학생의 운동 소질/자질 조기 발견

3. 학교체육이 사회생활에 도움이 되는 이유는(why)? – 팀워크를 배움, 건강한 경쟁의 이점을 배움, 약자에 대한 배려

4. 반대 측 주장은(what/counter-argument)? – 일부 학부모들은 학교에서는 학술 과목만 가르쳐야한다고 주장

5. 이에 대한 반박은(what/refutation)? – 학부모들은 아이들이 충분한 운동을 하는지 확인할 수 있는 시간/자원이 없음, 아이들의 심신단련은 학교의 책임/의무임

11.59

❀ 다른 방법을 통한 아이디어/자료 수집하기

한 개인이 알고 있는 지식/경험은 한계가 있기 때문에 전문 지식이 필요한 논술이나 학술논문을 쓸 때는 다양한 방법을 강구해야한다. 전문가를 찾아가서 조언을 구하거나, 인터넷 대화방(chat room), 토론그룹, 도서관, 현장 학술조사(field research, 즉 전문가 면담, 논문 읽기, 강의 참석, 정부의 기록/자료 검토 등), 또는 웹(the World Wide Web)을 통해서 주제에 대한 아이디어나 자료를 구할 수 있다. /www.google.com/에 들어가, 예컨대, "description+essay"를 입력하면 묘사체 논술문에 대한 참고자료가 수도 없이 많이 나오고, 또 "cover letter+resume"를 입력하면 커버레터(표지말)에 대한 자세한 설명과 예문도 수도 없이 많다. 오히려 너무 많아서 취사선택이 어렵다. 여기서 중요한 것은 영어 실력이 있어야한다. 참고로 제목별(using an Internet Subject Directory), 또는 키워드별(using an Internet Keyword Search)로 검색해보려면, /lycos.com/ yahoo.com/ altavista.digital.com/ excite.com/ google.com/ 등이 있고, /dogpile.com/ mamma.com/ metacrawler.com/ 등은 메타 검색엔진(meta-search engine)이며, 미 의회도서관은 /www.loc.gov/이다. 그리고 만약 어떤 단어를 사전에서 찾아봐도 안 나올 때는 /www.answers.com/나 /http://en.wikipedia.org/에서 찾을 수 있고, 또 영어 문제에 대한 의문이 있을 땐 /www.englishforums.com/English/에 들어가면 전 세계 영어 선생들이 도와주려고 발 벗고 나설 것이다.

11.60

아래에 제시한 글을 읽고 그 글이 **논술의 요건을 갖추었는가를 살펴라**. 필요하면, 일관성 있고 논리적인 글로 고쳐 써라. 대부분이 사실적인 보도내용이다.

<A. '무노조 월마트, 중국에 첫 노조 생겨: 거대시장 확보 위해 중국 압력에 굴복>

무노조 원칙을 고수해 왔던 세계적인 유통업체 월마트에 처음으로 노동조합이 생겼다. 월마트 세계 전체 매장 중 중국 푸젠(福建)성 취안저우(泉州)의 월마트 진장(晋江)점이 29일 노조원 30여 명 규모의 노동조합을 만들었다고 중국과 홍콩 언론들이 30일 보도했다.

이는 전 세계 15개국에 6500개 이상의 점포를 유지하면서 무노조 원칙을 관철해 온 월마트가 중국의 거대한 소비시장 확보를 위해 중국 당국의 압력에 굴복한 셈이라고 신문은 평가했다. 월마트는 1996년 중국에 첫 점포를 세운 뒤 노조 설립을 억제하며 중국 최대 노동단체인 중화전국총공회(ACFTU:총공회)와 대치해 왔다.

월마트 점포의 노조 설립에 대해 치오제(喬健) 중국노동관계학원 교수는 "실질적 의미보다는 상징적 의미가 더 크다"며 "총공회는 분배를 강조하는 중국 정부의 '조화사회 건설' 시책에 맞춰 다른 외자 기업들에 노조 설립 등을 더욱 압박할 수 있는 계기가 될 것"이라고 전망했다.

실제로 이달 초 중국 전국인민대표대회(全人大:국회에 해당) 부위원장이기도 한 총공회의 왕자오궈(王兆國) 주석은 "2년 전부터 월마트에서 노조가 설립되도록 노력해 왔지만 아무런 성과가 없었다"며 "노동법을 개정해 외자 기업의 노조 설립을 의무화하는 규정을 마련할 것"이라고 밝혔다.

그러자 그동안 직원들과의 직접 의사소통 원칙을 강조하며 노조 설립을 일절 허용하지 않았던 월마트 측은 최근 종업원들의 뜻을 존중하겠다는 의사를 내비쳤다. 중국 노동조합법에 따르면 25명 이상의 종업원이 있는 기업체에선 노조 설립이 가능하지만 10만개가 넘는 중국 내 외자 기업 가운데 노조가 생긴 곳은 30%에 불과하다. 월마트는 올해까지 중국에 20개 점포를 개설하는 등 현지 사업을 확대해 앞으로 5년간 15만 명을 고용할 계획이다.

한편 최근 한국에서 철수키로 한 월마트는 28일 내 85개 점포 전체를 현지 유통업체인 메트로에 넘긴다고 밝혔다. 월마트는 97년 독일에 진출해 현재 1만1000명을 고용하고 있으며 지난해 20억 유로(약 2조6000억원)의 매출을 올렸다.

<B. '50-70대'가 만든 경제발전 엔진: 새마을 운동, 한류로 부활>

지금의 50-70대들이 과거 한국 경제발전의 '엔진'으로 삼았던 새마을운동이 '한류(韓流)'로 거듭나고 있다. 새마을운동 교육차 방한한 중국인은 올 7월까지 188명이며, 중국 정부는 장기적으로 30여만 명의 공무원을 한국에 보내 교육받도록 할 방침이다.

베트남·필리핀·러시아·콩고·몽골 등지에서도 새마을운동을 찾는 발길이 늘고 있다. 현재까지 133개국에서 4만여 명의 외국인이 방한해 새마을 교육을 받았다. 4-5일씩 합숙하며 교육을 받는 정규 과정에는 1700여 명의 외국인이 참여했다. 정규 과정은 새마을운동의 역사와 추진 방법 등을 배우는 '이론 수업'과 고소득 농가 등을 방문하는 '현장 학습'으로 진행된다. '1일 교육' 수강생의 경우 2000년 13개국 341명에서 지난해 27개국 821명으로 두 배 이상 늘었다.

서울대 박효종(국민윤리교육) 교수는 "60-70년대 근대화 과정에서 낙후됐던 우리 농촌이 역동성을 유지할 수 있었던 것은 새마을운동을 통해 자생적인 역량을 계발했기 때문"이라며 "최근에야 농촌문제에 직면하게 된 제3세계 국가들도 이를 높이 평가하고 주목하고 있다"고 말했다.

재해나 전쟁 피해를 본 국가들의 관심도 높다. 이라크 아르빌 지역 공무원 20여 명은 최근 한국을 찾아 새마을운동의 추진 방법을 배워갔다. 교육에 참가했던 이스마엘 무하마드(61) 이라크 살라하딘대 교수는 "한국이 전쟁 폐허 속에서 경제 대국으로 성장한 배경에는 새마을운동이 있었다는 점을 알게 됐다. 이라크 재건의 희망을 볼 수 있었다"고 말했다.

해외로 직접 찾아가는 '방문형 새마을 운동'도 활발하다. 방문형 새마을 운동의 경우 사회주의 체제를 경험했거나 장기간 빈곤 상태인 지역에 '경제 원리'를 도입해 마을 전체의 소득을 높이는 것이 핵심이다. 실제로 경기도 새마을부녀회는 몽골 나랄이흐 군(郡) 알타이 마을에서 '기계 은행'을 운영 중이다. 기계 은행이란 재봉틀·목공기계 등 가내수공업에 필요한 기계를 대신 구입해 주고 1년 내로 갚도록 하는 것이다. 돈을 갚으면 기계를 추가 구입해 다른 주민들에게 나눠주고 갚지 못할 경우 기계를 회수하는 방식이다.

콩고 새마을운동 회장으로 일하고 있는 프렝이 롱굴라(46)는 한국에 보낸 편지에서 "콩고가 빈곤에서 벗어나기 위해선 근면·자조·협동 등 새마을운동 정신이 절실하다는 것을 배웠다"고 말했다.

<C. 재난 대책 패러다임 다시 짜자>

지난달 14일 시작된 올 장마가 엊그제인 20일 끝났다고 기상청이 공식 발표했다. 평년보다 2주일 길었고 강우량도 기록적이었다. 서울에는 1046mm의 비가 내려 사상 최대였던 1966년의 기록을 갈아 치웠다. 피해도 컸다. 지금까지 인명 피해만 사망·실종이 50명을 넘은 것으로 조사되고 있다. 올 장마의 기록적인 강우량을 감안하면 피해정도가 이만한 게 그나마 다행이다.

이번 장마 폭우를 계기로 우리의 재난 방지 시스템 전반을 재점검하고, 필요하면 새로운 패러다임을 짜야 한다. 지금보다 더 큰 기상이변이 언제라도 일어날 수 있다는 가정 하에 대책을 마련해야 한다. 지구 온난화가 계속된다면 범지구적인 환경·기상 재앙이 더욱 빈번해질 것이며, 우리나라도 결코 예외일 수 없기 때문이다. 21세기형 재난에는 21세기형 재난 방지 패러다임과 시스템이 필요하다.

우선 이번에 서울과 수도권에 별다른 피해가 없었던 사실에 주목해야 한다. 이는 이미 지적했던 대로 한강수계의 다목적댐이 제 기능을 했기 때문이다. 그러나 전문가들은 댐을 더 지어야 한다고 입을 모은다. 특히 남한강 유역 전체를 충주댐 하나로 관리하기엔 역부족이라는 것이다. 올해 두 번이나 물난리를 겪은 충북 단양·제천 주민들의 "하류지역 홍수를 막느라 충주댐 방류 량을 줄인 게 원인"이라는 불평에 귀 기울여야한다. 이는 상류인 동강에 댐이 있었다면 피할 수 있었다는 말이기도 한다. 정부는 일부 환경단체 등의 눈치만 볼 게 아니라 '치수(治水) 백년대계'라는 각오로 임해야 한다.

지난번 폭우로 강원 영동과 영서를 잇는 중요한 도로가 모두 막히고, 이번에 경부고속도로가 일부 침수된 것은 심각한 문제다. 어떤 경우에도 나라의 '대동맥'은 제 기능을 해야 한다. 이를 위해 도로설계·시공 상의 안전기준을 더욱 강화해야 함은 물론 기존 도로에 대해서도 재난 해결능력을 제고해야 한다. 특히 산사태가 잦은 급경사 절개지등은 총체적인 재점검을 해 시설을 보강하기 바란다.

기상예보도 보완할 점이 많다. 이번 폭우 때는 그나마 별문제가 없었지만 늑장 예보에다 '실(失) 시간 예보'라는 비판이 많았다. 늑장 예보는 곧 인명·재산피해로 이어진다는 점을 명심해 장비와 인력을 늘려서라도 기상예보 체계를 업그레이드해야 한다. 지난번 황사 때처럼 필요하면 북한·중국 등 주변국과의 정보 교류도 강화해야 한다.

우리 국민의 만성적인 안전 불감증도 문제다. 설마 하는 생각에 위험하다는 경고에도 아랑곳하지 않는 안전의식 부재는 하루빨리 시정돼야한다. 이는 개개인의 판단에 맡길 게 아니라 필요하면 공권력을 동원해서라도 강제해야 한다. 그래야만 인명피해를 최소화할 수 있다.

<E. “한인이 만든 청바지 원더풀” - 오프라 윈프리, 쇼프로·잡지서 극찬>

‘토크쇼의 여왕’ 오프라 윈프리가 자신의 쇼와 잡지에서 한인업체 브랜드의 청바지를 극찬해 화제다. 미국에서가장 영향력 있는 인물 중 한명이 청바지를 소개함에 따라 한인 업체는 ‘대박’의 조짐을 보이고 있다.

오프라는 최근 자신의 쇼 '오프라 윈프리‘에서 여성의 체형에 가장 잘 어울리고 편안한 청바지로 한인업체 브랜드인 ‘It Jeans’(iT)를 포함, 5개 브랜드를 추천했다. 이 쇼에서는 브랜드 이름을 제거한 수백 종의 제품을 입어보고 가장 편안한 브랜드를 선택했다. 윈프리는 iT를 ‘사랑스런 청바지’라고 추켜세웠다.

이와 함께 오프라는 자신이 발간하는 잡지 ‘O’8월호에 iT의 ‘디바’란 청바지를 입고 표지모델로 등장해 관심을 모았다. 그는 또 잡지의 편집자이자 친구인 게일 킹 역시 iT ‘하티’ 청바지 마니아라고 소개하며 다른 매거진 스탭들도 iT를 입고 자유롭고 편하게 업무를 볼 수 있었다고 강조했다.

이에 따라 미국 로스앤젤레스에 본사를 둔 iT(대표 커미 송)는 평소의 몇 배에 이르는 소비자 문의 전화에 즐거운 비명을 지르고 있다. 뜻하지 않은 엄청난 광고효과에 직원들에게 함박웃음이 가득하다.

송 대표는 “오프라가 iT의 뛰어난 기능을 직접 소개하자 주문이 급증하고 있다”며 “이대로라면 대박으로 이어지지 않을까한다”며 기대했다.

iT는 그동안 100달러 미만의 중저가 시장을 공략하는 브랜드로 시장에서 꾸준한 호평을 받으면 성장해왔다.

<F. <‘동대문 디자이너’ 파리로 간다: 동대문시장서 옷 장사 하다 패션계 진출한 최범석씨 독자 브랜드 남성복으로 유명 백화점 두 곳에 입성>

‘제네럴 아이디어’라는 브랜드로 주목받고 있는 신예 남성복 디자이너 최범석(30)씨의 의상이 프랑스 파리 프랭탱 백화점과 르봉 마르셰 백화점에 진출한다.

프랭탱과 르봉 마르셰는 갤러리 라파예트와 함께 파리를 대표하는 백화점. 프랭탱 백화점의 경우 최씨의 브랜드인 ‘제네럴 아이디어’가 남성관 2층 패션 샵에서 이달 말부터 판매되고 르봉 마르셰에는 최씨의 또 다른 브랜드인 'W5H'가 현지 쇼룸인 LOA를 통해 들어갈 예정이다. 프랭탱에서 판매될 옷은 이미 7월에 파리로 들어갔다.

'제네럴 아이디어'는 4월 르봉 마르셰에 입점한 또 다른 남성복 디자이너 '솔리드 옴므' 우영미씨에 이어 남성복으로는 두 번째로 파리에 진출한 셈이다.

최씨는 10년 전 동대문에서 옷 장사를 시작해 패션계에 진출한 특이한 경력의 인물. 정식 디자인 교육을 받은 적이 없지만 특유의 감각으로 동대문 시절부터 두터운 마니아층을 확보한 인기 디자이너다.

2003년 SFAA 서울 컬렉션을 계기로 정식으로 패션계의 주목을 받기 시작했고, 조인성·권상우·이준기 등 수많은 남성 연예인들이 '제네럴 아이디어'의 단골로 소문나 있다. 20대 남성이 주요 타깃인 최씨의 의상은 몸에 붙는 슬림한 캐주얼 라인에 화려한 프린트 등을 활용한 장식적인 요소가 많은 것이 특징이다. 최씨는 "파리 진출에 기분이 좋은 것은 사실이지만 판매보다는 현지에서의 인지도를 높이는데 주력하고 싶다"고 소감을 밝혔다.

그른 파리 컬렉션 참가에 대해서 '만약 100명의 디자이너 중에 90등 정도로 컬렉션에 진출한다면 의미가 없다. 90등으로 데뷔해서 10등 안에 들기란 너무나 힘들기 때문이다. 국내에서 좀 더 실력을 쌓아 최소 20등 이상의 위치로 컬렉션에 참가하고 싶다'며 포부를 드러냈다.

또 그는 "옷 자체만으로 승부하는 동대문과 달리 압구정에선 제품의 질은 물론이고 매장 구성과 음악 등 모든 것을 신경 써야 했다. 이제야 제대로 옷을 만들고 있는 느낌"이라고 말했다.

최씨는 2004년 압구정동에 '제네럴 아이디어' 단독 매장을 오픈한 이래 2005년에 롯데 백화점 내의 남성복 패션 샵에 진출했고, 올 봄에 티셔츠 전문 브랜드인 'W5H'를 내놓는 등 활동 영역을 계속 넓히고 있다. 파리 진출에 이어 곧 일본 후쿠오카에도 단독 매장을 열 계획이다.

<G. '1000만 불의 사나이' 최경주, US 뱅크 챔피언십서 9위, 통산 상금 1,003만 불 벌어, PGA 투어 역대 6번째 7시즌 만에 선수 재벌로>

최경주(36 나이키골프)가 미국프로 골프협회(PGA) 투어 진출 7시즌 만에 통산 상금 1,000만 달러(약 56억원)를 돌파했다. PGA투어에서 통산 상금이 1,000만 달러를

넘은 선수는 최경주를 포함해 지금까지 63명밖에 없다.

최경주는 31일(한국시간) 위스콘신 주 밀워키 브라운 디어파크 골프장(파70-673야드)에서 열린 PGA 투어(US 뱅크 챔피언십) 최종 4라운드에서 6언더파를 몰아쳤다. 2번 홀에서 보기를 범해 불안하게 출발했지만 5번 홀부터 세 홀 연속 버디 등 7개의 버디를 잡았다. 3 라운드까지 공동 22위로 '그저 그런'성적이었던 최경주는 함께 13언더파 공동 9위로 올라서 시즌 두 번째 '톱 10'에 진입하는데 성공했다. 10만4,000달러의 상금을 추가한 최경주는 통산 상금 1,003만9473달러를 기록했다.

최경주보다 먼저 PGA 투어에 입문했고, 브리티시오픈에서 우승하는 등 통산 5승을 기록한 존 댈리(미국)도 통산 상금랭킹이 74위(878만6,252달러)에 불과하다. 일본 출신으로 마루야마 시게키(48위·1,200만 6,336달러)가 최경주보다 많은 상금을 얻은 유일한 선수다.

1999년 초청선수로 두 차례 PGA 투어에 출전했던 최경주는 99년 퀄리파잉 스쿨을 통과해 2000년부터 PGA 투어에 본격적으로 합류했다. 첫해에 30만5,745달러를 벌어들이는 데 그쳐 2000년에 다시 퀄리파잉 테스트를 치러야 했던 최경주는 2001년부터 본격적으로 성적을 올리기 시작했다. 2001년 80만 달러의 상금을 따내 전 경기 출전권을 따낸 이후 승승장구였다. 2002년에는 5월 컴팩 클래식, 9월에는 탬파베이 클래식에서 우승해 시즌 2승을 거두고 220만 달러의 상금을 획득하는 등 최고의 해를 맞이했다. PGA정상급 스타가 된 최경주는 매년 꾸준하게 100만 달러 이상의 상금을 따냈다. 지난해 크라이슬러 클래식 우승을 차지해 통산 3승을 거둔 최경주는 올해 초반 부진했으나 시즌 상금 88만1,583달러를 획득, 통산 상금랭킹 63위를 달리고 있다.

한편 노장 코리 페어빈(46)이 이날 3언더파를 추가, 합계 20언더파 260타로 미국의 제리 케리를 2타차로 제치고 우승했다. 96년 마스터 카드 콜로니얼 이후 10년 만에 거둔 우승으로 통산 15승 고지에 올랐다. 정확한 샷과 '콧수염'으로 유명한 페어빈은 이번 대회에는 콧수염을 깎고 출전, 4라운드 내내 선두를 놓치지 않았다.

<H. 브라질산 '바이오 에탄올' 열풍>

캐나다의 오일샌드가 고유가 덕분에 '흑진주'로 부각된 것처럼 30년의 역사를 자랑하는 브라질의 '바이오에탄올' 산업도 요즘 각광받고 있다. 산유국이기도 한 브라질의 바이오 에탄올 산업에도 안정적 지원확보를 위한 해외 투자가 이뤄지는 실정

이다. 바이오 에탄올은 사탕수수나 옥수수·고구마 등을 발효시켜 뽑아낸 천연 연료를 가리킨다. 얼마 전까지만 해도 바이오 에탄올은 경제성이 떨어지고 연비가 가솔린보다 낮다는 점에서 '액세서리 연료'로 치부됐다. 하지만 고유가와 환경 이슈가 등장하면서 대접이 달라졌다. 식물에서 만들어 낼 수 있는 바이오 에탄올이 값싼 청정연료로 주목받고 있는 것이다. 실제로 주로 사탕수수로 만드는 브라질의 바이오 에탄올은 생산 비용이 리터당 200원정도로 휘발유와 경유의 40%가 채 안 된다.

그래서 세계적인 기업가들이 브라질을 방문하고 사업성을 검토하고 있다. 미국의 카길, 프랑스의 루이 드레퓌스 등 곡물 메이저가 상파울로 주 인근과 미나스 제라이스 주를 연이어 답사했다. 투자자 조지 소로스, 구글 창시자 세르게이 브린과 테리 페이지, 마이크로 소프트의 빌 게이츠 등이 사탕수수·대두·피마자 등이 풍부한 이 지역을 답사하였다.(중략 및 수정)

실제로 고유가 덕분에 세계의 바이오 에탄올 생산이 늘고 있다. 2005년 바이오 에탄올의 생산량은 460억 리터로 전년 대비 13% 증가했다. 이 중 브라질이 생산하는 몫이 30%를 넘는다. 미국·중국·인도 등도 바이오 에탄올을 많이 생산하는 나라다. 고유가에 따라 바이오연료 사용이 늘면서, 사탕수수 등을 많이 재배하는 나라들이 '바이오 산유국'이 되고 있는 것이다.

일본은 국가 치원에서 브라질의 바이오 에탄올에 정성을 쏟고 있다. 진보국제협력은행(JBIC)은 최근 브라질 바이오 에탄올 사업 등에 13억 달러를 투자한다고 발표했다. 중소 규모 사탕수수 및 에탄올 생산업체들에 저금리로 지원하겠다는 내용이다. 일본은 가솔린의 3%의 에탄올을 혼합해 사용하는 의무 법안을 발표, 알콜 수요가 많이 증가할 것으로 예상하고 있다. 브라질 정부는 일본의 참여를 크게 환영하고 있다. KOTRA 상파울루 무역관은 "대체에너지 확보 및 환경 문제로 고심하는 있는 일본이 저금리 금융 지원을 하면서 브라질의 바이오 에탄올 공급원을 확보하고, 생산 기술도 이전받으려는 목적인 것 같다."고 분석했다. 현재 브라질에서 생산 중인 사탕수수의 10% 정도가 해외 투자 자본에 의한 것으로 알려졌다. 아직은 실제 외국투자 규모가 크지는 않다는 얘기다. 무역관 측은 "각국 에너지 전문가들의 본격 투자가 이뤄지지 않은 지금이 오히려 투자 적기라는 보고서를 내고 있다"고 전했다. 브라질의 이웃 아르헨티나도 뒤늦게 바이오에너지 산업을 정책적으로 키우고 있다. 지난 4월 '바이오에너지법'을 제정했다. 이 법안에 따르면 4년 뒤부터 아르헨티나에서 판매되는 휘발유와 경유는 바이오 에탄올·바이오디젤 등 식물성 바이오 연료를 최소 5% 섞어야 한다. 또 바이오 연료 생산 업체에는 세금혜택 등 각종 인센티브를 주기로 했다.

<I. 58년 전 런던 올림픽 때 영국 가는데 21일 걸려 피로하였지만 동메달 2개로 59개국 중 24위>

58년 전 서울에서 영국 런던을 가려면 어떤 경로를 거처 며칠이나 걸렸을까? 요즘은 인천국제공항에서 비행기를 타고 10여 시간이면 런던에 도착한다. 그러나 1948년 런던 올림픽에 출전한 한국 선수단은 런던을 가기 위해 무려 21일간 9개국을 거쳐야 했다.

67명의 선수단은 6월21일 오전 8시 서울역에서 열차를 타고 부산으로 향했다. 23일 부산에서 배를 타고 후쿠오카로 건너간 선수단은 다음날 특별열차 편으로 요코하마로 이동했다. 26일 3만t급 제너럴 메익스 호를 탄 선수단은 중국 상하이를 거쳐 6일 만인 7월2일 홍콩에 도착했다. 항해 중 갑판에 올라 훈련하는 선수도 많았다.

홍콩에서 네덜란드 암스테르담까지 선수단을 싣고 갈 비행기는 노르웨이 국적 4발 프로펠러기였다. 탑승 정원이 40명이어서 1진이 4일, 2진은 7일 출발했다. 비행기는 태국 방콕과 인도의 캘커타, 뭄바이를 거쳐 바그다드(이라크), 카이로(이집트)·로마(이탈리아)를 경유했다. 카이로에서는 나일 강과 피라미드를 구경하는 '여유'도 부렸다. 2진이 런던에 도착한 때는 7월 11일 저녁이었다. 21일간의 대장정 이였지만 선수단 기수였던 손기정(마라톤)이 맹장염에 걸린 것 외에는 큰 탈 없이 도착했다.

하지만 지구 반 바퀴를 돌아온 선수들의 컨디션이 정상일 수는 없었다. 축구는 스웨덴에 0-12로 대패했고, 마라톤의 최윤칠은 37km 지점까지 선두를 달리다 다리 경련이 일어나 기권하고 말았다. 그래도 한국은 역도의 김성집과 복싱 한수안이 동메달을 따내 첫 올림픽 출전 경기에서 59개국 중 24위에 올랐다.

이런 내용은 조선 올림픽 위원회가 펴낸 'XIV 올림픽 경기대회 조선대표선수단 명부'에 상세히 나와 있다. 이 명부는 축구자료 수집가인 이재형(45)씨가 고서적상에게서 구입한 것이다.

45쪽짜리 이 명부에는 '언행에 신중을 기하야 조선 대표선수로서의 긍지를 지켜야 함'과 같은 원칙과 '선수 도구 등 피차 대여 금지, 폭음·폭식을 피할 것' 등 행동지침도 명시돼 있다.

당시 열악한 조건을 딛고 동메달을 따냈던 김성집 대한체육회 고문은 "요즘 대표선수들은 비즈니스석이나 전세기로 편안하게 이동한다고 들었다. 세상이 많이 좋아졌지만 힘든 일정을 이겨낸 선배들의 사명감과 나라사랑 정신은 잊지 말아야 할 것"이라고 말했다.

11.61

* 표지말(Cover Letter, 커버 레터) 작성요령

경제활동의 국제화가 진행됨에 따라서 다국적 회사(MNF, multi-national firm)나 외국계 회사에 취업할 기회가 많아져서 그런지 인터넷에 들어가 보면, 커버 레터(cover letter/표지말)란 무엇이며, 어떻게 쓰는 것인지를 묻는 경우를 많이 보았다. 커버 레터란 무역영어 등에서 많이 쓰이는데, 모르는 사람에게 서류를 보내거나, 잘 아는 사이라도 주문서(order form)나 계약서 사본 등 서류/자료를 보낼 때 그 서류의 내용, 목적, 요구, 지시, 필요한 조치, 부탁 사항 등을 간단히 적어 그 서류에 첨부하는 편지를 말한다. 그런데 요즈음엔 입사 신청 시 이력서(resume, curriculum vitae)를 보낼 때, 커버 레터를 반드시 첨부하도록 요구하고 있으며, 회사의 사원채용 담당자들은 이력서보다는 커버 레터를 먼저 읽고 면담 기회 제공여부를 결정할 정도로 커버 레터가 중요시되고 있다. 따라서 여기에 입사신청에 필요한 커버 레터와 입사 신청서를 영문으로 작성하는 요령과 예를 제시한다.

구인광고가 게재되면, 수백, 수천 통의 편지가 쏟아져 들어오기 때문에 대부분의 이력서는 한번 슬쩍 보고 쓰레기통에 던져버리는 경우가 허다하다. 따라서 수많은 커버 레터 중에 유난히 돋보이는, 즉 특별히 튀는 커버 레터를 작성할 필요가 있다. 이를 위해선 5가지 원칙을 지켜야한다. 첫째, 질이 좋은 종이, 회사에서 공통적으로 쓰는 활자(font), 그리고 외양(appearance)이 보기 좋아야한다. 둘째, 채용 담당자의 성명, 직위(position), 연락처(contact information) 등을 정확히 기재해야한다. 모르면 찾아서 알아내야 한다. 셋째, 편지의 첫 문단은 상대의 주의를 끌 수 있도록 역동적이고, 효과적인 문장으로 시작한다. 첫 인상이 중요하다. 그리고 여기에 당신이 신청하는 직책과 왜 당신이 그 직책을 맡을 자격이 있다고 생각하는지 그 이유를 적는다. 넷째, 당신이 원하는 직책과 관련해서 당신이 지금까지 이룩한 성과나 업적(accomplishments)에 대해서 소개/자랑한다. 남들과 차별화하기 위해서 항목별로 목록을 만들어 나열할 필요도 있다(use bullets). 마지막으로, 상대에게 행동을 촉구하

는 말, 즉 첨부한 이력서를 꼭 읽어달라거나, 면담을 위해 연락을 부탁하거나, 또 앞으로 1주일 이내에 전화를 하거나 회사를 방문하겠다는 후속 조치나 약속을 하고, 감사의 말을 덧붙인다.

▪11.61.1

✽ 커버 레터(Cover Letter)

웨더비 부장님 귀하,

저의 사교적인 성격, 판매 경험, 그리고 제가 최근에 끝마친 교육은 귀사의 보험 중개인 직책에 대한 강력한 후보자로서의 자격을 부여한다고 믿습니다.

저는 마케팅에 학위를 받고 오리건 대학을 최근에 졸업했는데, 그 대학에서 저는 "미국 미래 기업지도자 협회"와 "미국 마케팅 협회"의 회장으로 일했습니다. 비록 최근에 대학을 졸업한 신출내기이지만 저는 보통의 여느 다른 대학 졸업생과는 다릅니다. 저는 미시간, 애리조나, 그리고 오리건 주에서 학교를 다녔습니다. 그리고 저는 라디오 광고판매, 신문 구독자 모집, 그리고 바텐더로 일하면서 이들 학교를 고학으로 졸업했는데, 이 모든 근로경험들이 저의 정규 학교 교육에 보탬이 되었습니다.

저는 보험 중개인 업무에 종사할 수 있는 성숙도, 기술, 그리고 능력을 구비했다고 생각하며, 더욱이 저의 고향인 캘리포니아에서 이 일을 하고 싶습니다.

저는 이 달 말에 캘리포니아로 갈 작정인데, 제가 원하는 귀사의 그 일자리에 관해서 귀하와 상의할 수 있는 기회가 있기를 바랍니다. 이 편지에 대한 후속 조치로서 제가 귀하를 만날 시간을 정할 수 있는지 여부를 확인하기 위해 전화를 드리겠습니다. 시간을 내주시고 배려를 해주신 데 대해서 감사드립니다.

자필 서명(Your handwritten signature)

존 오크리 배상

별첨(Enclosures): 이력서 등 첨부 여부

❝필자의 주석(Writer's Note)❞

1. Folse, Keith S., Muchmore-Vokoun, April, and Solomon Elena Vestri. Great Essays: An Introduction to Writing Essays. 2nd ed. Boston: Houghton Mifflin Company, 2004.
2. Lester, James D., and Lester, James D., Jr. Writing Research Papers: A Complete Guide. 10th ed. New york: Addison-Wesly Educational Publishers Inc., 2002.

이 책을 쓰는데 위의 책들과 인터넷에서 참고했는데, 1번은 논술문의 기초를 학습하는데 필요한 많은 예문과 상세한 설명이 되어있어서 대단히 유익한 책이고, 2번은 석사/박사 학위논문이나 전문적인 학술 연구논문에 필요한 거의 모든 정보가 다 들어있다. 특히 인터넷에서 사료를 찾는 방법과 모든 종류의 논문이나 책을 출판하는데 필요한 정보를 상세하게 다루었다.

11.60.2

❋ 입사 신청서(Letter of Application/e-mail version)

잭슨 부장님 귀하:

귀사의 웹사이트에서 저는 귀사가 버지니아, 메릴랜드, 그리고 노스캐롤라이나 지역 담당 판매책임자를 구한다는 정보를 얻었습니다. 저는 귀사의 이 직책에 매우 큰 관심이 있으며, 저의 교육배경과 직장 경험이 그 직책에 적합하다고 믿습니다.

제가 석사학위 공부를 하는 동안 소규모 유가공 식품회사의 판매책임자로 근무한 경험이 있습니다. 제가 그 회사에 근무하는 동안 제품 판매량과 이윤 면에서 상당한 증가를 보였는데, 저는 의약품 산업에서도 이와 같은 성공을 반복하고 싶습니다. 저는 생물학과 마케팅 분야에 강력한 학문적 배경이 있기 때문에, 건강/위생 산업에 저의 지식과 경험을 결합시켜 적용할 수 있다고 생각합니다. 저는 5월 중순 저의 마케팅 석사학위 과정을 마칠 예정이기 때문에 6월 초순부터 회사 근무를 시작할 수 있습니다.

그 직책에 대한 나의 자격조건을 더 상세하게 보여줄 수 있는 나의 이력서 1부를 동봉합니다. 내가 귀사의 판매책임자로 일할 수 있을 가능성에 대해서 귀하와 상의할 수 있는 기회가 있기를 기대합니다. 나는 귀하가 나의 전자우편과 이력서를 받으셨는지 그리고 귀하가 혹시 묻고 싶은 질문이 있으면 그에 대한 답변을 하기 위해 다음 주 내로 귀하께 연락을 드리겠습니다.

린 존슨 배상

이력서는 MS 워드문서로 첨부함

11.60.3

다음 주제에 관해서 논술문을 작성해보아라. 인터넷에 들어가 보면 주제에 대한 아이디어나 자료가 널려있다는 사실을 명심하라. 다만 너무 많아서 탈이다. 그리고 될수록 여러 전문분야에 대한 깊이 있는 공부와 영어 실력을 향상하도록 노력하라.

1. 대체 에너지원(Alternative energy/fuel sources)
2, 대체의학(Alternative medicine/medical treatments)
3. 스트레스의 분석(Analysis of stress)
4. 낙태 윤리/낙태에 대한 찬반양론(Abortion ethics/abortion pros and cons)
5. 여성의 자존심(A woman's self-esteem)
6. 프로이드와 프롬의 비교(Comparison of Freud and Fromm)
7. 산성비의 식물에 대한 영향(Acid rain and its effects on vegetation)
8. 빅뱅(우주 대폭발)에 대한 간단한 설명(A brief explanation of the Big Bang)
9. 공해 없는 세상을 위해(A cleaner world: stop air pollution)
10. 우리의 환경의 미래에 대한 심오한 고찰(A deeper look: our environment's future)
11. 유전공학/인간 복제에 대한 연구(A study on genetic engineering/cloning humans)
12. 침술/한의학/대체 의학의 소개(An introduction to acupuncture/Korean traditional/alternative medicine)
13. 알코올 남용/중독, 알코올이 인간 행동/뇌에 끼치는 영향((Alcohol abuse /alcoholism, alcohol and its effects on behavior/the brain)
14. 도박 습관(Gambling habits/pathological gambling)
15. 인간 게놈 프로젝트(A look at the Human Genome Project)
16. 인터넷 중독(Internet addiction, cyber-wellness, Weboholics, net addiction)
17. 날씬한 몸매의 추구(In pursuit of thinness/a slender/slim figure)

18. 경제의 세계화/세계화된 경제
19. 이혼 문제
20. 당신의 직장이나 인생에서 당신이 부딪친 곤란한 윤리적 문제에 관해서 기술하고, 당신이 그 상황에 어떻게 대처했으며, 또 그 결과가 어떻게 되었는지 설명하시오.

제12과 문단전개를 위한 아이디어 찾기
(Exploring Ideas for Developing a Paragraph)

12.10

❀ 아이디어 개발의 필요성 (Need for Developing Ideas)

모든 논설문의 기초가 되는 문단 작성법(paragraph writing)을 배워서, 주제, 주제부(the topic part), 한정부(the controlling idea part) 또는 서술부(the assertion part), 주제문, 주제문을 뒷받침해주는 문장(supporting sentences) 또는 구체적 세부사항(supporting specific details), 그리고 결말(the concluding sentence) 등에 대한 용어를 잘 알고 있다고 해도 이는 극히 일부분인 기계적 학습과정에 불과할 뿐이고, 사실은 "어떤 주제(topic)를 선택해서, 어떤 내용을 담아 하나의 문단을 전개해나갈 것인가?" 하는 것이 훨씬 더 중요하다. 글쓰기를 배우기 전에 먼저 생각하는 법부터 배워야 창의력이 생긴다. 바로 이런 면에서 한국 학생들이 구미 선진국 학생들에 비해 부족한 점이 많은데, 그 원인은 현행 교육과정이 창의력 개발을 시킬 기회를 제공하기는 커녕 모든 학습내용을 그저 기계적으로 이해시키거나 암기하게 하는 대학입시 준비과정으로 전락했기 때문이다. 학생 스스로 사물을 관찰하고, 도서관이나 인터넷(the Internet)에 들어가서 전문지식이나 정보를 찾아보고, 이런 자료를 논리적으로 종합해서 창의적인 글을 써본 경험이 있는가? 어떤 문제에 부딪쳤을 때, 그 해결책을 찾아 스스로 고민하고, 연구해보고, 문의해보는 과정을 통해 창의력이 개발되는 것이다. 즉 문제 해결을 위해 스스로 생각하는 법을 배워야 하는 것이다. 이와 관련해서 브레인스토밍 기법(brainstorming techniques /methods, 즉 아이디어 개발 기법)은 단지 논설의 주제(topic)에 대한 아이디어를 얻기 위한 목적뿐만 아니라 심리학, 의학, 경영학 등에서 "새로운 아이디어 창출기법"으로 널리 활용되고 있다.

브레인스토밍이란 “쓸거리 혹은 이야깃거리, 즉 주제에 대한 아이디어를 얻기 위해서(to brainstorm ideas for the topic to write about)” 주제에 대해 머릿속에 떠오르는 모든 단어, 어구(phrases), 문장, 또는 생각(ideas)들을 적어두는 것이다. 이 때 그 내용이 좋은지 혹은 나쁜지, 옳은 것인지 혹은 틀린 것인지를 걱정할 필요도 없고, 또 완전한 문장이 아니라도 상관없으며, 될수록 많은 아이디어를 될수록 짧은 시간에 그저 생각나는 대로 써 내려가면 된다. 주제에 관해서 머리를 짜낼 때는 필자가 단독으로, 다른 동료와 짝을 이루어(with partners in pair), 4-5명의 소집단(peer group)으로, 또는 12명으로 된 집단을 구성하여 자신의 아이디어를 뱉어내면 된다. 이렇게 수집한 모든 아이디어를 기록해 두었다가 나중에 부적절한 내용은 버리고, 좋은 아이디어만 취합해서 사용하는 것이다. 이런 식으로 취사선택을 한 다음, 내용을 변경하고, 첨삭하는(making corrections) 과정을 편집이라고 한다. 브레인스토밍(brainstorming)이란 ”새로운 아이디어를 찾기 위한 다양한 기법“을 망라한 총칭적 의미로 쓰이는데, 여기엔 8가지 종류가 있다.

12.10.1 1

✻ 브레인스토밍 기법(Brainstorming Techniques, 아이디어 개발 기법)

아이디어 개발 기법은 다음 8가지 골격으로 구성되어 있다: 주로, (1) 목록 작성(Listing), (2) 아이디어 다발 또는 아이디어 지도(Clustering, 또는 Word Map), (3) 자유작문, (4) 자유토론, (5) 중요도의 순서에 따른 목록 작성(List Showing the Order of Importance), (6) 시간순서에 따른 목록 작성(List Showing Chronological Order), (7) 쌍을 이루는 목록 작성(Double List), (8) 일대일 면담(Pair Interview).

비록 위에 열거한 브레인스토밍 기법에 속하는 것은 아니지만, 새로운 아이디어를 얻기 위한 또 하나의 방법은 평소에 메모를 해두는 것이다. 예컨대, 오늘 내가 했던 일, 어떤 특수한 사건이나 경험에 대한 느낌, 그날그날 보고, 듣고, 읽었던 내용 등을 매일 메모해 두면 나중에 글을 쓸 때 훌륭한 아이디어의 원천(a source for ideas)이 될 수 있다. 또 학교에서 강의한 내용을 노트에 적어두고 나중에 참고할 수도 있다. 학생들은 위에 열거한 기법들을 직접 사용해보고, 그 중에 어느 것이 자신에게 알맞은 것인지 선택해두면 글 쓰는데 도움이 될 것이다. 다음은 위 8가지 브레인스토밍 기법에 대해서 처음 3가지는 비교적 상세하게, 나머지는 간략하게 소개한다.

12.12.1 필자의 주석(Writer's Note)

영어인 아이디어를 정확히 대치할 수 있는 한국어 등가어(等價語, Korean equivalent)가 별로 없다. 영어로 “아이디어”란 말을 “문득 머리에 떠오르는 것”, 혹은 “생각”, “기발하고, 새롭고 창의적인 것”, “착상” “구상”, “발상”, “영감”, “방안”, “안”, “고안”, “창안”, “주제”, “동기”등으로 번역할 수는 있겠으나 정확한 번역이 아니기 때문에 여기서는 “아이디어”라고 그대로 사용한다.

12.12.2

클러스터(Cluster)란, 한국어로는 “떼, 무리, 송이, 다발, 집속, 집합, 집합, 복합단지” 등으로 번역된다. 특히 요즘엔 정부나 지방자치단체에서 “복합 산업단지”, 혹은 “복합 산업 연구단지”라는 뜻으로 사용하고 있는데, 이것은 한 지역 내의 대학, 연구기관, 기업체, 관련 정부기관 등이 서로 조직망(network)을 구성, 혹은 조직적으로 연계하여 생산, 연구, 물류, 금융 업무 등을 통합함으로서 경영의 효율성을 높이고, 결과적으로 상승효과(synergy)를 기하려는 목적이다. 클러스터란 어떤 하나의 개념(예컨대, 상호 유사성이 있는 것들끼리 모음)을 중심으로 몇 가지 집단으로 분류한 데이터의 집합을 의미하기도 한다. 여기서는 상호 밀접히 관련된 아이디어끼리 모아 놓은 소집합(a small group/set of ideas)인데, 이런 소집합들 끼리 또 서로 관련이 있으면 줄을 그어 서로 연결한다. 결국 클러스터란 집합이론(Set Theory)에 나온 하나의 집합(a set, 혹은 a subset)이라고 보면 아마 가장 가까운 뜻이 될 것이다. 여기서는 필자는 클러스터를 “아이디어 다발”로 번역했다. 다른 학자들은 클러스터링(Clustering) 대신 “생각 그물”(Word Map)이란 표현을 쓰고 있는데 결국 같은 의미이다. 여기서 모두 “새로운 아이디어를 생각해 내고, 얻어내고, 수집하고, 탐구해내기 위한 브레인스토밍 기법이기 때문에 필자는 각각 “아이디어 다발”과 “아이디어 지도”라고 하기로 하였다.

12.12.3

브레인스토밍(Brainstorming, 아이디어 개발 기법)이란 우리 머릿속에 떠오르는 모든 생각을 생각나는 대로 빨리 적어두는 것을 말한다. 이때 머리를 쥐어짜서 생각해낸 아이디어가 좋은가 혹은 나쁜가를 판단하지 말아야한다. 무조건 아이디어가 떠오르면 종이에 적어두면 된다. 이런 과정을 브레인스토밍(brainstorming)이라고 하는데, 그 이유는 머릿속에 떠오르거나, 맴돌다가 스쳐가는 온갖 생각, 상념, 착상, 구상 등이 마치 "머릿속에 폭풍이 이는 것(a storm of ideas)"처럼 생각되기 때문에 이렇게 비유적으로 사용한 것이다.

브레인스토밍을 의학에서는 "정신병 환자의 발작적 정신착란"이란 의미로 쓰이고, 심리학에서는 "두뇌에서 폭풍을 일으킨다"는 의미로서 "기발하고 창의적 아이디어를 얻는 방법"이라고 정의한다. 당면한 문제를 해결하기 위해서 가치판단이나 비판을 하지 않고, 머릿속에 떠오르는 아이디어를 종이에 적거나 말로 표현하도록 한 후, 이렇게 자유 연상(free association)을 통해 수집한 아이디어를 결합시키거나 혹은 개선하여 논리적으로 체계화시켜 나가는 방법이다. 예컨대, 연구자가 연구할 주제를 선택할 때 혼자 단독으로 또는 동료들과 함께 머릿속에 스쳐 가는 모든 아이디어를 수집하여 문제 해결을 시도한다(1953년 Osborn이 최초로 이 방법을 적용한 토의 방법을 개발했음). 또 경영학에서는 "새로운 아이디어 창출 방법"의 하나로서, 한 가지 문제를 집단적으로 토의하여 제각기 자유롭게 의견을 말하는 가운데, 정상적인 사고방식으로는 도저히 생각할 수 없는 독창적 아이디어가 튀어나온다는 것이다. 이 기법을 성공시키기 위해서는

1. 타인의 아이디어를 비판하지 말 것.
2. 자유분방한 아이디어를 환영할 것.
3. 될수록 많은 아이디어를 서로 내놓도록 권장할 것(즉, 질보다 양).
4. 구성원은 최고 12명이며, 그 중에 1명은 지도자 역할을 하고, 1명은 총무 역할을 하며, 토론에 참여하는 인원은 나머지 10명이며, 시간은 1시간 정도가 적당함.
5. 남의 아이디어라도 좋은 점은 본받아 나의 아이디어와 결합하여 개선한 후, 나의 것으로 만들 수가 있음.
6. 최종 평가는 토론에 직접 참여하지 않은 비참가자들로 하게 할 것 등의 요건을 충족시켜야한다

12.12.4

인터넷(the Internet)에 이런 글이 올라와 있었다. 어느 학생이 논술 작성법을 공부하기 위해서 "대학 작문교제," "논술 길잡이," "문장론," "보고서 작성법" 등 여러 교재를 구입해서 읽어봐도 실제로 논술을 작성하는 능력을 키우는데 별로 도움이 안 되더라는 것이다. 또 한 학생은 학원에서 논술 지도사(논문 강사)로부터 강의를 들었는데, 어떤 주제에 대해서 한번 써보기, 글 첨삭 반복, 글 쓰는 요령, 논술 틀 등 기계적인 요소만 강조할 뿐이지, 생각을 길러주지는 못하더라는 이야기였다. 아무리 논술이론을 많이 알고 있어도 실제 논술 쓰는 것이 잘 안 되는 이유는 지도교사들이 가장 창의적이어야 할 논술마저도 주입식으로 가르치고, 그나마도 글 쓰는 방법 정도나 봐줄 뿐이지 논술할 내용을 끄집어 낼 수 있도록 도와주지 못한다고 불평을 했다. 이러한 경험을 한 학생들이 바로 문제의 핵심을 찌른 것이다. 글을 잘 쓴다는 것은 개개인의 생각을 얼마나 글에 잘 반영하고, 표현할 수가 있는가가 관건인데 이를 위해선 자기 생각이 중요하다는 것을 강조하고, 또 생각을 길러주는 교육이 되어야한다. 생각을 길러주기 위해서는 생각하는 방법을 체계적인 훈련을 통해 습득해야 하고, 끊임없는 글쓰기를 반복 훈련하여 몸에 배도록 체화(体化)시켜야 한다. 그러나 창의적 발상이 깊은 생각에 젖어 고민만 한다고 저절로 떠오른 것은 아니다. 다양한 전문분야에 대한 지식을 갖추고, 독서를 많이 한 사람에게서 기발한 아이디어가 나오는 법이다. 결국은 자신이 관심 있는 분야에 천착(穿鑿, dig into, delve into, inquire into)해서 열심히 노력한 성과가 그대로 자신의 글로 나타날 수박에 없다. 따라서 "생각을 길러준다"는 것은 말처럼 쉬운 일이 아니고, 한 개인이 보고, 듣고, 읽고, 쓰고, 공부하고, 생각하고, 경험하고, 연구해서 알고 있는 자신의 총체적 지식과 경험의 결과물(the final product of all his or her own accumulated knowledge and experiences)이 자신의 인격과 함께 글로서 표출이 되는 것이다. 그러나 이러한 원천적인 한계에도 불구하고 글쓰기 실습훈련을 통해 어느 정도는 극복될 수 있기를 바랄 뿐이다.

12.13.1

✽ 목록작성 기법(Using Lists to Brainstorm)

다음 예제에서는 주제(topic)와 문단에 들어갈 내용에 대한 아이디어를 얻기 위해 브레인스토밍한 아이디어로 목록을 만들고(listing), 그렇게 수집한 내용을 첨삭해서 개요를 작성하고, 그 개요를 바탕으로 문단의 초안(the first draft)을 쓰고, 초안의 내용이나 표현을 변경하거나 수정하는, 즉 편집 단계를 거쳐, 마지막으로 최종안(the final draft)을 내는 절차를 예를 들어 설명한다.

12.13.1.1

* 글을 쓰기 위한 사전 계획: 개요 작성(Planning a Paragraph: Outlining)

하나의 문단을 쓰려고 할 땐 무엇에 대해서 쓸 것인가에 대해서 계획을 세워야 한다. 글을 쓰기 위한 사전 계획을 개요(outline)라고 한다. 개요란 아이디어를 모아서 논리적 순서대로(in logical order) 배열하는 것이다. 개요를 작성하기 위해선 다음과 같은 3단계 과정이 필요하다. 다음 예제를 통해서 그 3단계를 공부해 보자.

<중고품 염가판매를 성공시키는 방법(How to Have a Successful Garage Sale)>

만약 당신이 사전에 준비를 철저히 해둔다면 성공적인 중고품 염가판매를 하는 것도 그리 어려운 일은 아닙니다. 첫째, 상태가 좋은 중고품을 수집하시오. 이런 중고 품목은 의류, 장난감, 서적, 램프, 가구, 텔레비전, 그림, 그리고 스포츠용품(sporting goods)이 될 수 있습니다. 모든 품목을 말끔히 손질하여, 판매일 까지 차고에 보관해 두시오. 다음엔, 염가판매 날짜와 시간을 정하시오. 셋째, 품목에 따라 판매가격을 정해서 각 품목에 가격을 표시해 두시오. 만약 판매가격을 어느 정도로 불러야할지 잘 모를 때는, 당신 동네의 다른 중고품 염가판매 시장에서 가격을 확인해 보시오. 넷째, 당신이 염가판매를 할 장소의 주소, 날짜, 시간을 광고하는 광고판을 만들어 동네 주위에 설치하시오. 그런 다음, 은행에서 잔돈을 바꿔두시오(change). 1달러짜리 지폐로 적어도 20달러, 25센트짜리 동전 한 뭉치, 10센트짜리 동전 한 뭉치를 바꿔두시오. 그리고 마지막으로, 염가판매가 있는 날 아침엔 일찍 일어나서, 당신 집으로 들어오는 진입로와 차고에 판매대를 놓고 그 위에 중고품을 진열해 두시오. 그 후엔, 고객이 도착하기를 앉아서 기다리시오. 물건을 싸구려로 팔아치울 수도 있다는 마음의 준비도 해두시오(bargain). 그것이 중고품 염가판매 시에 맛볼 수 있는 재미중의 하나입니다.

12.13.1.1a

❋ 1단계: 아이디어를 얻기 위한 브레인스토밍 (Step1: Brainstorming to get ideas)

앞에서 우리는 브레인스토밍이란 아이디어를 얻기 위한 방법이라고 배웠다. 위의 "중고품 염가판매를 성공시키는 방법"이란 주제에 관해서 브레인스토밍을 한 결과 다음과 같은 목록(list)이 작성되었다.

※ 중고품 염가판매를 성공시키는 방법

좋은 상태의 중고품을 수집:
의류
장난감
서적
낡은 접시
차고에 보관한다.
모든 품목을 깨끗이 손질한다.
차고를 청소한다(X).
물건을 판매대 위에 진열한다.
판매대로 쓸 책상을 빌린다(X).
광고 간판(signboard)을 만든다.
광고판을 동네에 설치한다.
사람들은 깨지거나 더러운 물건은 안 산다(X)
은행에서 잔돈을 바꾼다.
친구들에게 도움을 청한다(X).
가격을 정한다.
각 품목에 가격표를 붙인다.
가격표(price tags)를 산다(X).
모든 물건이 깨끗한지 확인한다(X).
의류는 세탁 후 다리미질한다(X).
광고를 한다(X).
맑은 날에 판매하도록 한다(X).
판매 날짜와 시간을 정한다.
싸구려로 팔아치울 준비를 한다.

12.13.1.1b

❋ 2단계: 브레인스토밍한 목록을 편집하기(Editing a brainstorming list)

두 번째 단계는 위에서 브레인스토밍한 결과로 작성한 목록을 편집하는 것인데, 여기선 이 목록에 포함된 내용 중에 어느 항목을 버리고, 어느 것을 선택해서 최종적으로 문단을 쓰는데 사용할 것인지를 결정한다. 즉 편집을 하는 단계인데, 편집을 할 때는

첫째, 하나의 아이디어에 속하는 내용은 서로 결합한다.
둘째, 똑같은 아이디어를 반복하는 단어나 내용을 삭제한다(cross out).
셋째, 주제와 직접적인 관련이 없는 아이디어는 지워버린다.

위에서 작성한 목록을 편집한 결과를 (X)로 표시했는데, 이런 항목들은 주제와 직접적인 관계가 없거나, 별로 중요한 내용이 아니기 때문에 제외시킨 것이다.

▪12.13.1.1c

❃ 3단계: 목록의 내용을 논리적 순서대로 배열하기(Organizing the list)

여기서는 목록의 내용을 논리적 순서에 따라 배열한다. 예컨대, 어떤 물건을 만드는 방법에 대해서 글을 쓰려면 시간순서대로 그 제조과정, 즉 단계를 설명하면 편리하다. 앞의 2단계에서 편집과정을 거친 목록의 내용을 시간순대로(time order) 배열하면 다음과 같다(각 항목은 시간순서대로 A, B, C, 등으로 표시되어있다).

• 시간순서대로 정리된 목록

A. 좋은 상태의 중고품을 수집한다.
B. 모든 품목을 말끔히 손질하여 차고에 보관한다.
C. 판매 일자와 시간을 정한다.
D. 판매가격을 정하고, 각 품목에 가격표(price tags)를 붙인다.
E. 광고를 위해 광고 간판(signboards)을 만든다.
F. 동네에 광고판을 설치한다.
G. 은행에서 잔돈을 바꾼다.
H. 집으로 들어오는 차도와 마당에 판매대를 놓고 그 위에 물품을 진열한다.
I. 싸구려로 팔아치울 준비를 한다.

지금까지는 문단에 들어 갈 내용을 목록으로 작성하고, 이를 편집해서 시간순서대로 배열했다. 이제 남은 것은 글의 제목, 주제문, 결말을 쓰는 일이다. 주제문이란 그 문단의 주제(즉 무엇에 대해서 쓴 글인가?)를 설명해주는 문장으로서 보통 문단의 맨 앞에 온다. 다음은 문단을 작성하는데 도움이 되는 개요를 만드는 과정을 요약한 것이다.

1. 문단에 들어 갈 내용을 브레인스토밍하여 목록을 만든다(Brainstorm a list).
2. 목록을 편집한다(Edit the list).
   · 서로 관련이 있는 아이디어를 결합한다.
   · 같은 내용을 반복하는 아이디어는 삭제한다.
   · 주제와 직접적인 관련이 없거나 불필요한 내용은 지워버린다.
3. 목록의 내용을 순서대로 정리한다(Organize the list).
   · 각 단계를 시간순서대로 배열한다.
   · 각 단계 앞에 영어 대문자로 순서를 표시한다.

4. 제목, 주제문, 결말을 추가한다.

다음은 이런 과정을 거쳐 완성된 개요인데, 여기서 제목은 맨 위의 중앙에 위치해 있고, 그 밑에 주제문이 있고, 주제문을 뒷받침해주는 세부내용은 시간순서대로 A, B, C, 등으로 표시되어있다. 그러나 결말은 여기에 없다.

12.13.1.1d

[개요] (Outline, 10과를 참조)

<중고품 염가판매를 성공시키는 방법>

만약 당신이 사전에 준비를 철저히 해둔다면 성공적인 중고품 염가판매를 하는 것이 그렇게 어려운 일은 아닙니다.

A. 좋은 상태의 중고품을 수집한다.

B. 모든 물품을 깨끗이 손질하여 차고에 보관한다.

C. 판매할 날짜와 시간을 정한다.

D. 판매가격을 정하고, 각 품목에 가격표를 붙인다.

E. 광고를 위해 광고판을 만든다.

F. 동네에 광고판을 설치한다.

G. 은행에서 잔돈을 바꾼다.

H. 차도와 마당에 판매대를 놓고 물품을 진열한다.

I. 싸구려 가격으로 팔아치울 준비도 한다.

지금까지는 문단을 작성하기 위한 사전 준비 작업으로 개요(outline)를 만들었다. 이제 이 개요를 바탕으로 문단의 초안(the first draft)을 쓰고, 다음은 초안을 편집한 다음 마지막으로 최종안을 완성한다.

12.13.1.1e

✽ 문단 작성의 전 과정 (The Writing Process)

1. 1단계: 주제와 문난에 들어 갈 내용을 브레인스토밍하여 아이디어를 수집한 다음 목록을 작성한다.

2. 2단계: 목록의 내용을 검토하여 중복되거나 부적절한 항목은 삭제하고, 시간순서

로 배열한 다음, 개요(outline)를 만들고, 여기에 제목(title), 주제문, 결말을 추가한다.

3. 3단계: 위에서 작성한 개요(outline)를 바탕으로 문단을 쓴다. 제목을 붙이고, 주제문부터 시작하여 문단을 전개할 때 시간순서를 나타내는 논지 전환장치(transition signals)를 사용하여 초안을 만든다. 가능하면 마지막에 결말(the concluding sentence)을 넣는다.

4. 4단계: 초안의 내용을 변경하고, 첨삭하고, 문체(style)도 바꾼다. 이때 철자법(spelling), 구두점(punctuation), 문법(grammar) 등에 오류가 없는지 검토한다.

5. 5단계: 마지막으로 최종안을 만든다.

2.54.1(연습예제 1) "학생을 가르치는 일"이란 주제에 대해서 하나의 문단을 써보아라. 여기서 주제에 관한 아이디어를 얻기 위해 브레인스토밍할 때 목록작성 기법(listing)을 사용해보아라.

1. 1단계(Brainstorm to get ideas): 문단에 들어갈 내용에 대해 브레인스토밍한 결과 다음과 같은 목록이 작성되었다.

제목(title): 학생을 가르친다는 것은 힘든 일이다(Teaching Is Hard Work!)

목록(List)

• 내 언니는 초등학교 교사이다 내 언니는 촌지를 안 받는다(X) • 내 언니는 매일 아침 7시 20분에 출근한다. • 학생들에게 체벌을 가하면 학부모들이 항의하러 몰려온다.(X) • 버릇없는 학생도 있다.(X) • 내 언니는 학교 근처에 살고 있으며, 걸어서 출근한다. • 8시에 학교 도착 • 선생이란 직업은 안정적이지만 봉급이 너무 적다(X) • 학생들의 등교시간은 8:10-8:30	• 교육부, 교육감, 교장 선생님의 지나친 간섭, 보고서 작성, 부당한 지시가 많다.(X) • 8:30분에 수업 시작. 그러나 수업 전에 학생들이 수업 중에 너무 떠들고, 말을 잘 안 듣는다. • 8:30분부터 정오까지 수업 • 학생들의 수는 총 22명 • 학생들은 잠시도 그녀는 그냥 놔두지 않기 때문에 일이 매우 힘들다 • 사람들은 이런 일이 얼마나 힘든지 모른다. • 그녀의 교사 경력이 11년째이다. 그녀는 그래도 이 직업을 사랑하기 때문에 앞으로도 계속 할 것이다.

2. 2단계(Edit the brainstorming list):

위 목록의 내용 중에 필자가 잘 알고 있는 언니의 하루 일과를 소개함으로서 가르치는 일이 얼마나 힘이 드는 일인가를 실례를 들어 이야기하려고 한다. 그런데 교육감 등의 부당 지시, 보고서 작성 등에 대한 구체적인 내용이나 정확한 자료도 없고, 또 필자 자신이 이에 대해서 잘 모른다. 마찬가지로 교사의 봉급수준이 너무 낮다는 것을 이야기하려면 모든 직업군의 봉급수준에 대한 통계자료를 제시해야 비교할 수가 있는데, 이는 너무 범위가 넓다. 또 체벌이나 촌지 문제 등은 주제와 직접적인 관계가 없으니 삭제한다. 삭제할 항목들은 위에서 (X)로 표시했다. 이 단계에서 가장 중요한 것은 자신이 잘 모르거나, 범위가 너무 넓거나, 주제와 직접적인 관련이 없는 내용은 지워버리고, 대신 어떻게 범위를 좁혀 나가느냐하는 점이 문제의 핵심이다. 그런데 범위를 좁혀 나가려면 사실은 아는 게 많아야 되고, 연구를 많이 해야 된다. 바로 여기서 필자의 실력이 판가름 난다. 너무 막연하고, 추상적이며, 구름 잡는 이야기를 하는 사람이 사실은 가장 무식한 사람이다. 하나의 문제에 대해서 깊이 파고들어 구체적 대안, 방법, 정보 등을 독자들에게 새롭게 제시해야 그런 글이 읽을 가치가 있는 것이다. 결국 좋은 글을 쓰기 위한 요체는 너무 광범위한 내용(too broad or too general)을 피하고 대신 구체적인 내용(specific)을 싣는 것인데, 바로 이 단계에서 생각을 키울 수 있는 것이다.

3. 3단계(Organize the list):

위 목록의 내용을 시간순서대로(in time order) 나열하여 A, B, C, 등으로 표시한다. 위 목록에선 7:20 출근시간부터 순서가 명확함으로 생략한다.

4. 4단계(Make an outline):

개요(outline)를 만들기 위해서 상호 관련된 아이디어는 결합하고, 반복되거나 불필요한 아이디어는 삭제하고, 각 항목들을 시간순서대로 배열한 후 제목(title), 주제문(the topic sentence), 또 가능하면 결말(the concluding sentence)도 추가한다.

[개요(Outline)]

제목: 학생을 가르친다는 것은 힘든 일이다

주제문: 나의 언니는 매일초등학교의 선생님이다.

문단에 들어갈 항목: 생략(A, B, C, 등으로 순서 표시)

결말: 나의 언니는 학교에서 왼 종일 가르치느라고 매일 파김치가 되어 돌아오지만 그녀는 다시 태어나도 가르치는 일만은 계속하고 싶다고 말한다.

☞ 다음은 위 개요를 바탕으로 문단의 초안을 만들고, 편집과정을 거쳐 완성한 최종안이다.

<학생을 가르친다는 것은 힘든 일이다(Teaching Is Hard Work!)>

나의 언니는 매일초등하교 선생님이다. 매일 그녀는 오전 7:20에 출근한다. 그녀는 학교 근처에 살기 때문에 날씨가 좋으면 걸어서 학교에 간다. 그녀는 8:00 바로 전에 학교에 도착하고, 그녀의 반 학생들은 8:10과 8:30사이에 도착한다. 그녀의 수업은 8:30에 시작되지만 그녀는 수업이 시작되기 전에 할 일이 많다. 그녀는 교실상태가 학생들을 맞을 준비가 되어있는지를 확인해야한다. 그녀는 8:30에서 정오까지 그리고 13:00에서 15:00까지 가르친다. 금년 그녀의 반 학생 수는 22명이다. 그녀는 이 어린 아이들이 그녀를 한시도 그냥 내버려두지 않기 때문에 몹시 바쁘다고 말한다. 그녀는 "나는 나의 직업을 사랑하지만, 가르치는 일은 대단히 힘든 일이다"라고 말한다. 또 그녀는 이 직업이 얼마나 힘든 일인지 많은 사람들이 깨닫지 못하고 있다고 말했다. 그녀는 11년째 초등학교 선생을 하고 있다. 나의 언니는 학교에서 왼 종일 가르치느라고 매일 파김치가 되어 돌아오지만 그녀는 다시 태어나도 가르치는 일만은 계속하고 싶다고 말한다.

12.14.2

"계란 요리"라는 주제에 관해서 문단을 만들어 보아라. 아이디어를 얻기 위해서 브레인스토밍할 때 목록작성 기법(listing)을 사용하라.

1. 1단계(Brainstorm to get ideas): 일반적으로 요리에 관한 주제는 전문 직업요리사나 그 요리에 관해서 평소에 잘 알고 있는 경우가 아니면 아이디어를 얻으려고 아무리 브레인스토밍, 즉 머리를 짜내 봐야 소용이 없다. 따라서 어디서, 어떻게 요리에 관한 정보나 전문지식을 얻을 것인지 그 방도를 생각하는 것이 더 낫다. 도서관이나 서점에 가서 요리책을 참고하거나 인터넷 항해(Internet surfing)를 통해 요리법을 배울 때, 요리사(cook, cooky, chef)들끼리 통하는 직업어 또는 은어(jargon), 요리기구(cookers, cooking utensils) 등에 관한 전문용어(technical terms)도 공부해야 독자들에

게 유익한 글을 쓸 수가 있다. 다시 말하지만 이런 과정을 통해 생각을 키울 수가 있는 것이며 창의력도 나온다. 따라서 브레인스토밍을 반드시 자신의 머릿속에 들어있는 것만 빼내는 과정으로 오해하지 말라. 즉 자신의 머릿속을 새로운 지식으로 채워 넣은 후 다시 빼낸다는 것으로 이해하라. 이렇게 얻어 낸 아이디어로 다음과 같은 목록이 작성 되었다.

다양한 종류의 계란 요리법(Different Ways to Cook Eggs)	
1. 찐 계란(boiled eggs)	계란을 물에 넣고 완전히 익힌다.
2. 스크램블드 에그(scrambled eggs)	포크나 거품기로 계란을 뒤섞은 후 식용유를 두른 달군 프라이팬에 계속 뒤섞어 가며 익힌다.
3. 에그 프라이(fried eggs) a. sunny-side up b. over easy	계란을 손잡이가 긴 프라이팬에 깨어 넣고(break the egg into the skillet), 이 때 노른자(yolk)는 깨지 말고 주걱(spatula)으로 계란을 뒤집어 한쪽 또는 양쪽을 익힌다.
4. 수란(poached eggs) a. 물수란 b. (보통)수란	물수란: 노른자는 안 깨지도록 계란 껍질을 깬 후 끓는 물에 떨어뜨려 살짝 익힌다. 이때 노른자는 익히지 않는다. 보통 수란: 작은 사발(bowl)이나 수란짜(poacher)에 계란을 깨어 넣고(노른자는 살린 채), 얕은 물이 끓고 있는 냄비에 올려 놓고 5-6분간 끓여 겉만 살짝 익힌다.
5. 갈색 계란이 흰색 계란 보다 더 좋다(x)	

2. 2단계: 위 목록에서 "노란 계란이 흰 계란보다 더 좋다"는 항목은 과학적인 근거도 없고, 주제와 관련이 없어 삭제한다.

3. 3단계: 나머지는 요리의 종류별로, 요리하는 단계별로 시간순서대로 배열하여 A, B, C, 등으로 순시를 표시한다. 여기선 내용이 명확한 것이니 생략한다.

4. 4단계: 제목, 주제문, 결말을 추가하고, 나머지 내용은 A, B, C, 등으로 순서를 표시하여 개요를 작성한다.

[개요(outline)]

제목: 다양한 계란 요리법(Different Ways to Cook Eggs)

주제문: 맛있고 영양가 있는 계란요리를 위한 4가지 쉬운 방법이 있다

구체적 세부사항(또는 뒷받침해주는 문장): 여기선 생략함

결말: 이밖에 계란을 이용한 요리의 종류는 여러분의 상상력에 따라 그 한계가 없을 정도로 수도 없이 많다

☞ 다음은 이 개요를 바탕으로 초안을 만들고 편집과정을 거쳐 완성한 최종안이다.

<다양한 계란 요리법>

맛있고 영양가 있는 계란 요리를 위한 4가지 쉬운 방법이 있다.

첫 번째 그리고 아마 가장 쉬운 방법은 계란을 삶는 것이다. 약간의 물을 담은 냄비에 계란을 그대로 넣고, 계란 속이 익을 때까지 2내지 3분간 끓여라. 또 하나의 방법은 스크램블드에그를 만든 것이다(scrambled egg). 사발에 깨뜨린 달걀에 밀크를 간을 맞추기 위해서 약간의 소금과 후추와 함께 넣고 뜨거운 프라이팬에 그 섞인 재료를 올려놓기 전에 잘 섞일 때까지 포크나 거품기로 휘저어 섞는다. 세 번째 방법은 계란을 "오버이지"로 프라이하는 것이다. 3-4분 후에 주걱으로 계란을 뒤집어 다른 쪽도 익힌다. 마지막으로, 수란은 끓는 물 위에 올려져있는 작은 사발에서 계란을 살짝만 익히는 것이다. 냄비에 물을 얕게 부어 물을 매우 뜨겁게 한 후, 그 위에 올려져있는 작은 사발에 계란을 깨 넣는다. 수란을 요리하는 데는 4-5분밖에 안 걸린다. 이밖에 계란을 이용한 요리의 종류는 여러분의 상상력에 따라 그 한계가 없을 정도로 수도 없이 많다.

12.15

❋ 자유작문 기법(Using Freewriting to Brainstorm)

자유작문도 역시 새로운 아이디어를 얻기 위한 브레인스토밍 기법 중의 하나이다. 일단 어떤 주제가 정해지면, 그 주제에 대해서 머릿속에 떠오르는 것은 무엇이든 문장 형태로 적기 시작한다. 이 때 문법, 철자법, 구두점 등에 대해서 신경 쓸 필요가 없고, 또 아이디어를 올바른 순서로 배열하거나, 완전한 문장으로 쓸 필요도 없다. 약 10분 동안 생각나는 아이디어를 중단 없이 계속 써 내려간다. 이 때 한글이나 영어로 된 문장

도 상관이 없지만, 단 좌에서 우로, 즉 가로로 문장을 써야한다.

12.15.1 자유작문의 예제: An Example of Free Writing

<나의 할머니에 대한 자유작문>

나는 나의 할머니를 기억한다.(O) 그녀는 훌륭한 요리사였다.(X) 최고의 요리사.(X) 일요일마다 우리는 규모가 큰 만찬을 했다.(X) 프라이드 치킨, 으깬 감자(mashed potatoes), 깍지콩, 그리고 사과 파이.(X) 일요일마다 우리는 똑같은 요리를 먹었다.(X) 우리는 그 요리에 싫증을 낸 적이 없다.(X) 그 요리는 우리가 자장 좋아하는 것이었다.(X) 그녀는 우리에게 화를 낸 적이 없었다.(O) 우리 부모가 우리를 야단칠 때마다 할머니는 언제나 우리의 편을 들어주었다.(O) 내가 그녀의 정원에 피어있는 모든 장미를 꺾었을 때조차 그녀는 화를 내는 법이 없었다.(O) 나의 어머니는 몹시 화를 냈다.(O) 할머니는 친절했고, 너그러웠다.(O) 그녀는 가난한 사람들에게 음식을 나눠주었다.(O) 그녀는 그들이 음식을 동냥 받는 것에 대해서 창피해하거나 부끄러워하지 않도록 세심한 배려를 했다.(O) 그녀는 사람들을 기분 좋게 하였다.(O) 내가 장미를 꺾었을 때 그녀가 나를 대했던 것처럼.(O) 그녀는 내가 장미를 꺾어 아름다운 꽃다발을 만들어 그녀에게 선사한 것에 감사하다고 했다.(O) 나의 어머니는 진짜 화를 냈지만, 할머니는 언제나 용서를 해주었다.(O) 용서하는 마음.(O)

위에 있는 자유작문(free writing)은 약 10분 동안 머릿속에 떠오르는 아이디어를 문장 형식으로 적어 내려간 내용이다. 이 내용 중에 문단을 전개해 나가는데 유용한 아이디어에는 각 문장의 맨 뒤에 동그라미로, 주제와 직접적인 관계가 없는 부적절한 아이디어는 (X)로 표시했다. 여기서 필자는 할머니의 친절함과 용서하는 마음으로 범위를 좁혀 나가기로 작정하고, 나머지 음식이나 요리에 대한 내용은 삭제하기로 결정을 했다. 이제 이러한 기본 자료를 바탕으로 앞의 목록작성(listing)에서 설명한 나머지 단계를 차례로 밟아나가면 된다. 즉 이 다음엔 개요를 만들고, 나머지 단계는 동일하다.

12.15.2

학생의 가족 전체 혹은 가족 중의 한 사람에 대해서 문단을 써보아라. 앞에서 다룬 "나의 할머니"를 보기로 삼아 아래에 설명한 단계를 밟아서 진행하라.

1. 1단계: 자유작문의 아이디어를 얻기 위해서 약 10분 동안 학생의 가족 전체나 또는 그 중의 한 사람에 대해서 떠오르는 아이디어를 자유작문 해 보아라.

2. 2단계: 첫 초안을 작성한다. 학생의 가족이나 가족의 일원을 묘사하는 문장으로 시작되는 문단의 초안을 작성하라. 예컨대, "나의 할아버지는 연세는 많지만 마음만은 젊었다" 또는 "우리는 소가족이며 서로 우애가 깊다." 혹은 "나의 동생은 가족 중에 가장 무책임한 인물이다"라는 문장으로 시작하라. 그런 다음 10-15개의 문장을 더 써보아라. 가능하면 가족에 대해서 평소에 느낀 감정을 이 문단의 결말(the concluding sentence)로서 다음의 예처럼 추가시켜라: "비록 우리는 서로 멀리 떨어져 살고 있지만 우리 가족은 가슴속에 항상 가까이에 있다고 느끼고 있다" 또는 "할아버지는 나에게 언제나 젊은 분으로 느껴진다" 혹은 "나의 동생은 결코 철이 들 날이 없을 것이다."

3. 3단계: 초안의 내용을 변경하거나 첨삭하고, 철자법 등을 확인한다.

4. 4단계: 마지막으로 최종안을 만든다.

12.16

❋ 아이디어 다발 기법(Clustering or Word Maps)

주제에 관해서 새로운 아이디어를 수집하기 위한 브레인스토밍 기법 중의 하나로서 아이디어 다발(Clustering) 혹은 아이디어 지도(Word Map)는 머릿속에 떠오르는 모든 단어나 어구를 적어두는 것이다. 그런데 여기서는 그런 내용으로 목록을 만드는 대신, 다음 그림에서처럼 맨 한가운데에 있는 주제를 중심으로 그 주위에 동그라미를 그려서 그 안에 적어두는 것인데, 이 때 서로 밀접히 관련이 있는 것들끼리 선을 그어 연결한다. 이것은 만약 A라는 아이디어가 떠오르면 그 아이디어와 관련된 B라는 아이디어가 연상되고, B는 다시 C라는 아이디어를 연상키고, 등등 마치 계속 새끼를 치듯이 확대되어 나간다. 그러나 무질서하게 커나가는 게 아니고, 종류나 성격이 같은 아이디어들끼리 서로 뭉쳐서 하나의 다발(cluster)을 이루거나, 또는 하나의 국가 혹은 지역을 이룬다. 여기서 한가운데에 위치한 주제는 국제연합(the UN)에 해당된다.

다음은 각각의 동그라미 속에 있는(in each circle or bubble) 단어나 어구에 대해서 머릿속에 떠오르는 아이디어가 있으면 무엇이든 그 동그라미 주위에 또 다른 동그라미를 그려서 그 속에 적어서 줄을 그어 연결한다. 이러한 아이디어 다발(clusters 또는 groups of bubbles)로부터 어떤 아이디어는 취하고, 또 어떤 아이디어는 버릴 것인지 알 수가 있다. 즉 가장 많은 동그라미가 있는 다발(cluster)은 취하고, 가장 적은 개수의 다발은 버린다. 그 이유는 그 다발은 많은 아이디어를 생산해내지 못했기 때문이다. 위의 예에서 "시원한(cool)"이란 단어가 가장 많이 나오기 때문에 이것을 주제로 삼을 수 있다. 또 "많은 일거리"란 아이디어 다발(cluster)도 대여섯 개의 거품(bubbles)을 생성하고 있다. 그러나 "시원한"이란 아이디어와 "많은 일거리"란 아이디어는 너무 서로 다른 뜻을 내포하고 있기 때문에 하나의 문단에서 동시에 다룬다는 것은 벅찬 일이다. 따라서 필자는 "많은 일거리"에 속해있는 동그라미는 삭제해버리고, "시원한"이란 아이디어 하나로 범위를 좁힌다. 이런 과정을 거쳐 "햇살이 뜨겁게 내려 쬐는 한여름날일지라도 나의 정원은 시원한 느낌을 준다"라는 주제문이 나왔다.

• Clustering(아이디어 다발)의 예

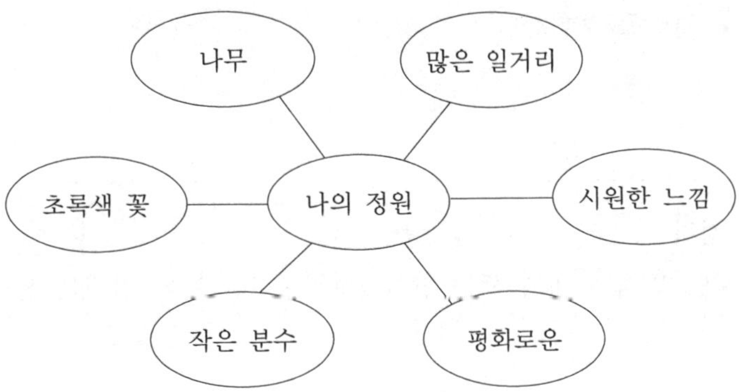

• 확대시킨 아이디어 다발(Expanded Clusters)

자작나무 일본 단풍 분홍색, 자주색, 청색 흰색 덩굴

잔디 그늘 시원한 색깔

나무

초록색 꽃

새들이 물 마신다 나의 정원 평화스러운

시원한
작은 분수 시원한 느낌
많은 일거리
시원한
잡초
주위가 조용함 잔디를 깎는다
주위가 시원함
벌레들

위에서 아이디어 다발 기법(clustering techniques)을 사용하여 주제에 대한 아이디어를 수집한 후 이제 아래와 같은 단계를 거쳐서 문단을 작성해 보자.

1. 1단계(아이디어를 얻는다): 위에서처럼 아이디어 다발이라는 브레인스토밍 방법을 사용하여 얻어낸 내용을 바탕으로 시작한다.

2. 2단계(아이디어들을 조직하는 개요): 여기서는 "나의 정원"이란 제목으로 다음과 같이 개요를 만든다. 개요에는 제목, 주제문, 주제를 뒷받침해주는 구체적 세부사항, 그리고 결말을 포함한다.

[개요]

제목: 나의 정원
주제문: 햇살이 뜨겁게 내려 쬐는 한여름날일지라도 나의 정원은 시원한 느낌을 준다.

A. 꽃들
· 시원한 색깔(분홍색, 자주색, 청색)
· 흰색 덩굴(vines)
B. 나무들
· 시원한 그늘
· 자작나무들(birch trees)
· 일본 단풍나무들
C. 분수

· 평화스럽고, 주위가 조용함

결말: 내 정원의 부드러운 색깔과 조용한 분위기는 긴장을 해소하기엔 평화스러운 곳이다.

---

3. **3단계(공간적 순서를 보여주기 위해서 개요를 수정):** 필자는 위에서 만든 개요의 내용을 공간적 순서대로 다시 배열함으로서 "나의 정원"을 더 생생하게 묘사하려고 한다. 필자는 울타리를 따라 심어져있는 꽃으로부터 출발하여 울타리의 모퉁이에 있는 분수로 이동하고, 분수를 돌아가면 나무들이 서있다. 흰색 덩굴은 꽃이 있는 쪽에 있는 것이 아니고, 정원의 반대편인 차고 쪽에 있기 때문에 흰색 덩굴을 맨 마지막에 언급한다. 여기에 장소를 나타내는 어구를 사용해서 공간순서를 나타낸다. 다음은 공간순서로 바꿔 놓은 개요이다.

• 공간순서에 따라 수정한 개요

제목과 주제문은 위와 같음

A. 울타리 안쪽을 따라 심어 놓은 꽃들
 · 시원한 색깔(분홍색, 자주색, 청색)
B. 울타리의 모퉁이에 있는 조그만 분수
 · 평화스럽고, 주위가 조용함
C. 분수를 돌아가면, 나무들이 서있다
 · 시원한 그늘
 · 자작나무
 · 일본 단풍나무
D. 차고 쪽에 하얀 덩굴나무

결말: 내 정원의 부드러운 색깔과 조용한 분위기는 긴장을 해소하기엔 평화스러운 곳이다.

---

4. **4단계(초안을 작성):** 주제문을 쓸 땐, 먼저 장소의 이름을 말하고 다음에 그 장소에 대해서 묘사를 한다. 장소를 묘사할 땐, 예컨대, "사치스런, 지저분한(messy), 아름다운, 소박한, 야생의, 신비스러운, 또는 추한"과 같은 다양한 형용사를 사용한

다. 또 공간적 순서대로 대상을 묘사할 땐, "오른쪽에서 왼쪽으로, 위에서 아래로, 멀리서 가까이"와 같은 표현을 쓴다. 사물을 묘사할 때는 마치 "단어로 그림을 그리는 것"처럼 대단히 구체적이어야 한다!

5. 5단계(**초안을 편집**): 여기선 초안을 편집하는 단계인데, 개요를 바탕으로 작성된 초안의 내용을 변경하거나, 교정하거나, 철자법, 구두점, 문법 등을 다시 점검하고, 사용한 문장이 단문, 복문, 중문 등이 골고루 배합되어 문장 스타일면에서 다양성이 있는지도 확인한다.

6. 6단계(**최종안 작성**): 이렇게 편집한 초안을 수차례 자신이 먼저 읽어보고, 동료들에게도 보여주어 그들의 의견과 조언도 구해가면서 수정을 가한 후 최종안을 만든다.

❡ 가. 아이디어 다발 또는 아이디어 지도 기법(How to brainstorm using Clusters or Word Maps)을 사용하는 연습문제

가.1 다음은 조삼형이란 인물에 대해서 쓴 글인데, 이 글을 읽고 아래 질문에 답하라.

<조삼형 아저씨>

(1) 조삼형 아저씨는 내가 지금까지 만났던 사람들 중에 가장 놀라운 사람이다. (2) 그는 우리 학교에 와서 자신이 감옥에서 경험했던 고된 생활에 대해서 이야기를 했다. (3) 그는 15년간의 감옥생활을 했다. (4) 비록 젊은 시절에 그가 많은 실수와 잘못을 저질렀으나, 현재는 그의 생활태도를 완전히 바꾸었다. (5) 그는 감옥에서 폭력이 난무하는 것을 보았기 때문에, 고등학생들에게 자신의 경험을 이야기해 줌으로서 그들에게 도움이 되길 바란다. (6) 조삼형 아저씨는 키가 크고, 강하다. (7) 그가 거미 문신을 하고 있기 때문에 약간 무시무시하게 보인다(spider tattoos). (8) 나에게 가장 기억에 남는 것은 그의 여린 성품이다. (9) 그는 진심으로 젊은 사람들을 도와주고 싶어 한다. (10) 나는 조삼형 아저씨와 같은 사람을 전에 한 번도 만난 적이 없다.

가.2 우리는 앞에서 브레인스토밍이란 글을 쓰기 위한 아이디어를 생각해내서 그 아이디어들 사이에 관련성(connections)을 밝혀내는 데 사용된다는 것을 알았고, 또 목록작성과 자유작문이라는 기법을 사용하여 브레인스토밍을 하는 방법을 배웠다.

여기선 아이디어 다발(Clustering) 또는 아이디어 지도(Word Maps)란 기법을 사용하여 브레인스토밍하는 방법을 단계별로 공부해보자.

1. 별도의 종이 한 장을 사용한다.
2. 종이 한가운데에 주제를 쓰고, 그 주위에 원을 그린다.
3. 주제에 대해서 생각나는 아이디어를 그 근처에 쓰고, 원을 그린다.
4. 원들을 연결시키는 줄을 긋는다. 이 줄은 주제와 아이디어들 사이에 서로 관련성이 있다는 것을 나타낸다.
5. 더 많은 아이디어를 추가시키고 거기에 원을 그린다.
6. 서로 관련된 아이디어를 가진 원들끼리 연결시키기 위해서 줄을 긋는다.
7. 될수록 많은 아이디어를 적어둔다. 아이디어가 "좋은지," 혹은 "나쁜지"에 대해선 신경 쓸 필요기 없다.
8. 아이디어 수집이 끝나면, 사용하고 싶지 않은 아이디어는 삭제해버린다

12.17.1

다음은 "조삼형 아저씨"에 대한 아이디어를 얻기 위해 브레인스토밍하여 만든 아이디어 다발 또는 아이디어 지도이다. 앞에서 읽은 "조삼형 아저씨"란 글을 바탕으로 필자가 이 중에 어느 아이디어를 삭제시켰는지 아래 지도에 (X)로 표시하라.

• 아이디어 다발 또는 아이디어 지도의 예

키가 크다 강하다 우리는 영어수업에 빠졌다(X)
외모 거미 문신이 무시무시하다. 학교에서 강연을 했다
조삼형 아저씨의 15년 동안 고된 감옥 생활
나의 삼촌 닮았다(X)
성품: 마음이 여리다.
아이들을 돕고자 한다. 웃기는 농담을 했다(X)

위에서 "우리는 조삼형 아저씨의 강연을 듣느라고 영어수업을 빼먹었다," "그는 나의 삼촌을 닮았다," 또는 "그는 웃기는 농담을 했다."와 같은 내용은 주제와 직접적인 관련성이 없어 삭제했다.

12.17.2

위에서 조삼형 아저씨에 대한 아이디어를 수집했는데, 이를 바탕으로 제목, 주제문, 주제문을 뒷받침해주는 구체적 세부사항(supporting specific details), 결말을 포함시킨 개요를 만들어라.

[개요(Outline)]

제목: 조삼형 아저씨

주제문: 조삼형 아저씨는 내가 지금까지 만났던 사람들 중에 가장 놀라운 사람이다.

A. 학교 강연

· 감옥

· 고된 생활(폭력 경험)

· 15년

· 젊은 시절의 실수와 과오

B. 외모

· 큰 키

· 강한 체구

· 거미 문신

· 무시무시하게 보여 겁난다

C. 성격

· 마음이 여리다(sensitive personality)

D. 어린 아이들을 돕고 싶어함

결말: 나는 조삼형 아저씨와 같은 사람을 지금까지 한번도 본적이 없다.

☞ 이렇게 작성한 개요를 바탕으로 문단의 초안을 쓰고, 이를 편집하여, 마지막으로 최종안을 완성하는 단계는 앞에서 공부했다.

12.17.3

다음 주제에 대해서 브레인스토밍을 하여 아이디어 다발(또는 아이디어 지도)

을 만들어라. 이 때 될수록 많은 묘사/기술(記述) 형용사(descriptive adjectives)를 사용하라.

1. 나의 친척
2. 나를 도와주신 선생님
3. 유명 연예인/ 인사(a celebrity performer, a famous entertainer, a movie/music star, a celebrity)

12.17.4

좋은 문단은 명확한 주제문, 이 주제문을 설명하고, 뒷받침해주는 구체적 세부사항, 그리고 결말로 구성이 되어있다. 그런데 결말은

(1) 주제문의 내용을 다른 표현으로 바꿔서 말하거나(restate),
(2) 문단의 주요내용을 요약해주거나(summarize),
(3) 주제에 관해서 예측을 하거나(make a prediction),
(4) 주제에 관해서 제안이나 조언을 하거나(make a suggestion or give advice connected to the topic), 또는
(5) 개인적인 의견을 제시하거나 논평을 한다(comment on the topic or offer a personal opinion). 그러나 결말에서 주제와는 완전히 다른 새로운 아이디어를 말하면 안 된다.

¶ 위의 "조삼형 아저씨"란 글의 결말이 만약 다음과 같다면, 그 결말의 종류가 위의 어느 것에 해당되는지 **그 해당 번호를 각 결말의 맨 앞 빈 칸에 적어 넣어라.**

a. _____ 나는 조삼형 아저씨와 같은 사람을 결코 만나본 적이 없다.
b. _____ 나는 조삼형 아저씨가 많은 10대 아이들이 감옥에 가지 않도록 도움을 줄 것이라고 생각한다.
c. _____ 사람은 누구나 감옥생활을 해본 사람과 이야기를 해봐야 한다.
d. _____ 조삼형 아저씨의 경험, 외모, 그리고 성품은 그를 오래도록 기억에 남도록 해준다(memorable).

12.17.5

✽ 자유토론 브레인스토밍 기법(Use Discussions to Brainstorm)

지금까지 3가지 브레인스토밍 기법(즉 아이디어 개발 기법)을 학습했는데, 여기서는 집단적 자유토론을 통해 새로운 아이디어를 창출해내는 기법을 공부해보자. 하나의 주제를 놓고 다양한 전문지식, 교육수준, 배경, 경험 등을 가진 사람들이 모여 아이디어를 제시하고, 각자의 경험, 사실, 실례를 들어 자신의 주장이나 견해(opinions)를 뒷받침한다. 집단 내에서 아이디어를 서로 나누고, 질문을 던지는 과정에서 주제에 대한 의견을 형성한다(즉 다양한 의견들을 한 방향으로 모아간다). 이때 자기와 다른 의견에 대해서도 상호 존중을 해야 한다. 토론 중에 오고간 모든 아이디어를 한 사람이 모두 기록하여 취합한다. 이러한 집단토론을 통해 개발해낸 아이디어로 개요를 만든 다음, 앞에서 배운 단계를 거쳐 문단을 완성하는 것은 동일하다. 자유토론(free discussions) 기법은 특히 사실, 경험, 실례 등을 들어 자신의 견해나 주장을 뒷받침하는 글을 쓸 때 많이 사용된다. 초안(the first draft)을 쓰기 위한 바탕이 되는 개요를 자유토론 방식으로 얻어낸 아이디어를 이용해서 작성하면 나머지 단계는 모두 동일하기 때문에 나머지는 여기서 생략한다. 다만 자유토론 방식으로 아이디어를 개발하는데 적합한 주제를 아래에 소개한다. 이런 주제는 주로 주장을 하거나(make an assertion), 또는 어떤 것에 대해서 자신의 견해를 밝히는 종류의 글이다.

아래 주제 중에서 3개를 고른 후, 집단 자유토론을 통해 아이디어를 모은 다음 각 주제에 대해서 찬반 의견을 나타내는 문단을 작성해보아라.

1. 나는 "과장"이나 "선의의 거짓말(white lies)"도 위험하다고 생각한다.
2. 진정한 친구는 거짓말을 안 한다.
3. 거짓말을 하느니 차라리 친구를 화나게 하는 편이 낫다.
4. 진실을 말하는 것보다 차라리 거짓말을 하는 것이 때론 더 안전하다.
5. 나는 친구사이엔 언제나 정직해야 된다고 생각한다.
6. 내 생각엔, 거짓말하는 것은 부정행위나 도둑질하는 것과 똑같다.
7. 좋은 선생은 숙제를 너무 많이 내지 않는다(homework).
8. 남자아이들보다 여자아이들이 영어를 배우기가 더 쉽다.
9. 타 인종간의 결혼에 대한 찬반 의견(inter-racial marriage)

10. 모든 음식점에서 흡연을 금지시켜야한다.
11. 버스나 기차뿐만 아니라 모든 공공장소에서 흡연을 금지시켜야한다.
12. 모든 학생들은 학교에서 교복을 착용해야한다(All students should wear a uniform at school).
13. 우리나라의 농업, 수산업, 축산업 시장을 개방해서는 안 된다.
14. 우리는 유치원에서부터 영어를 가르치기 시작해야한다.
15. 한문 조기교육의 필요성.
16. 교육개방에 대한 찬반 의견(the pros and cons about the opening-up of Korean educational markets)
17. 의료서비스 시장의 개방 필요성.
18. 한국 쌀 시장 개방에 대한 찬반 의견.
19. 한미 자유무역협정(FTA)에 대한 귀하의 견해는?
20. 아파트 건설원가를 공개해야한다.
21. 학교에서의 성교육을 의무화해야 한다(mandatory).
22. 학생들에게 두발 자유화를 허용해야한다.
23. 경제성장 잠재력을 키우려면 모든 가임 여성에게 적어도 2명 이상의 자녀를 가질 계획을 세우도록 권장해야한다.

12.17.6

* 중요도의 순서를 나타내는 목록(List showing the order of importance)

브레인스토밍 기법에서는, 주제에 대해서 떠오르는 아이디어를 단어, 짧은 어구, 문장, 아이디어 지도(word maps, or clustering), 또는 자유작문 형태로 적어둔다. 그 내용을 검토해서 중요도의 순서에 따라 번호를 매긴다. 그리고 가장 중요하다고 생각되는 아이디어를 문단의 맨 마지막에 배치시킨다. 그 이유는 가장 중요한 내용을 맨 마지막에 놓음으로서 독자들에게 강한 인상을 끝까지 남기려는 것이다. 이 브레인스토밍 기법은 개인이 부딪치고 있는 곤란한 문제나 고민에 대한 글을 쓰려고 할 때 사용되는 방법이다. 즉, 어떤 문제에 대한 감정, 느낌, 고민, 소원 등을 이야기할 때 쓰이는데, 예를 들면 다음과 같은 주제를 다룰 때 사용된다.

1. 가족이나 친구와의 문제
2. 학교에서의 문제
3. 직장에서의 문제
4. 비록 내가 식당 웨이터로서의 현재의 일을 좋아하지만, 그 때문에 몇 가지 문제가 생겨나고 있다. 내가 이 파트타임 일을 집어치워야 할까요?
5. 나는 직장에 차를 몰고 가야한다. 그러나 내 차는 매우 낡았다. 내가 차를 너무 많이 사용하기 때문에 그 차가 마모되어버릴까 두렵다.
6. 내 남자/여자 친구가 사소한 문제로 나와 결별했다. 어떻게 해야 하나?

12.17.7

✽ 시간순서를 나타내는 목록(List showing chronological order)

이 브레인스토밍 기법은 주로 이야기체 문단을 쓸 때 사용된다. 즉, 짧은 이야기를 하거나 혹은 어떤 사건을 기술 할 때, 시간순서대로 전개해나가는 것이 자연스러운 것이다. 하나의 이야기나 사건의 첫 시작부분을 먼저 소개하고, 다음엔 중간부분이 오고, 끝 부분이 맨 나중에 오게 된다. 브레인스토밍을 하여 아이디어를 얻어낸 다음 그 내용을 시간순서에 따라 배열하여 개요를 만들고 그 나머지 단계를 밟아나가면 된다.

12.17.8

✽ 한 쌍의 목록 작성 (A Pair of Lists)

한 쌍의 목록을 작성하는 브레인스토밍 기법은 가령 A와 B를 비교(comparison) 혹은 대조(contrast)할 때 사용된다. 예컨대, 한국의 여름과 겨울의 차이점을 설명하려고 할 땐, 평균 기온(mean temperature)을 한 쌍의 목록 양쪽에 기록한다. 여기서 유념할 것은 A와 B사이의 유사성(similarities)을 말할 때 우리는 “비교한다(compare A with B)”라고 말하며, 반대로 A와 B사이의 차이점(differences)을 말할 땐 ”대조한다(contrast A with B)”라고 한다. 이렇게 만든 한 쌍의 목록(a pair of lists)을 바탕으로 초안을 작성하면 된다.

12.17.9

✻일대일 면담 (Pair Interviews)

앞에서 자유토론 형식의 브레인스토밍 기법을 설명했는데, 그 경우엔 소그룹을 만들어 자유토론을 통해 집단적으로 새로운 아이디어를 수집했으나, 1대1 면담에선 필자와 다른 한사람과 단 둘이서 어떤 주제에 관해서 대화(dialogues), 면담(interviews), 또는 질문과 대답(questions and answers)을 통해 아이디어를 얻어내는 방식이다. 단 둘이서 의견을 교환하면 주제에 관해 좀 더 심도 있게 집중할 수 있다는 장점이 있다. 이렇게 오고간 내용을 기록 혹은 녹음해두고, 이를 바탕으로 개요를 만들어 나머지 단계를 진행시킨다.

12.17.10

✻ 브레인스토밍 기법 종합문제

지금까지 배운 8가지 브레인스토밍 기법(아이디어 개발기법) 중 어느 하나를 사용하여 아래의 주제에 대해서 아이디어를 짜낸 다음 개요를 만들고, 그 개요를 바탕으로 문단의 초안을 쓰고, 초안을 편집하여 최종안을 완성시켜라.

1. 시차를 예방하는 방법(jet lag)
2. 선생님을 약 오르게 하는 방법
3. 애견을 길들이는 방법
4. 자동차 엔진오일을 점검하는 방법
5. 가족 캠핑여행
6. 크루즈(유람선) 여행계획
7. 딸꾹질을 멈추게 하는 방법(hiccups)
8. 비행기 탑승 시 멍해진 귀를 뚫리게 하는 방법
9. 안전한 해외여행 방법
10. 좋은 상사, 직원, 친구, 남편(아내), 부모, 애인, 이상적인 선생이 되는 방법
11. 한국의 전통 음식을 만드는 방법(된장, 고추장, 간장, 멸치젓, 각종 김치, 각종 떡, 두부, 냉면, 만두 등등)
12. 학교/비행장에서 귀하의 집까지 오는 길을 안내하는 방법

13. 외국인에게 우리의 국기인 태극기 또는 한글을 소개하는 방법
14. 귀하의 주말 취미활동(hobbies)
15. 지진, 번개, 벼락, 장마, 폭설, 벼락 등 천재지변에 대비하는 방법
16. 신혼여행 때 가고 싶은 3가지 여행 후보지(prospective destinations)
17. 자동차 운전면허시험에 낙방/합격하는 방법, 면허증을 따는 방법
18. 한국의 전통 스포츠나 놀이를 하는 방법(씨름, 장기, 바둑, 윷놀이, 재기차기 등)
19. 모유로 아이를 기르는 방법 대 우유로 키우는 방법(Breast-feeding vs. bottle-feeding)
20. 취업/입사 면접을 준비하는 방법(a job interview)
21. 담배를 끊는 방법
22. 첫 데이트 때 데이트상대에게 깊은 인상을 주거나 감동을 시키는 방법
23. 다음과 같은 운동경기나 놀이에서 상대를 이기는 방법 : 탁구, 농구. 배구 등
24. 홈쇼핑을 현명하게 하는 방법(How to do online shopping wisely)
25. 중고차를 사는 방법
26. 적은 예산으로 살아가는 방법(how to live on a shoestring budget)
27. 우는 아이를 잠재우는 방법
28. 수영을 가르치는 방법
29. 영어시험에 A학점/F학점 받는 방법
30. 귀하가 싫어하는/좋아하는 3가지 음식과 그 이유는?
31. 당신은 첫눈에 반한다는 말을 믿으십니까(즉 좋은 일이라고 생각하십니까)? 그 이유는?

❝필자의 주석(Writer's Note)❞

위에서 다룬 브레인스토밍 기법은 주로 아래에 소개된 책자에서 참조한 것이다. 그러나 필자 나름대로 재해석하고, 용어를 통일시키고, 내용을 통합하고, 추천할 만한 주제를 첨가하고, 예문을 추가했다.

1. Zemach, Dorothy E. and Islam, Carlos: PARAGRAPH Writing; from Sentence to Paragraph. Oxford: Macmillan Publishers Limited, 2005.
2. Hogue, Ann: First Step in Academic Writing. New York: Addison-Wesley Publishing Company, Inc. 1996.
3. Folse, Keith S. and Muchmore-Vokoun, April, and Solomon, Elena Vestri: Great Paragraphs; An Introduction to Writing Paragraphs. New York: Houghton Mifflin Company, 1999.

참고서적 (References)

중앙일보

English Language Institute (ed). *Paragraph Exercises.* Honolulu: ELI of the University of Hawaii.

Folse, Keith S. and Muchmore-Vokoun, April, and Solomon, Elena Vestri. *Great Paragraphs; An Introduction to Writing Paragraphs.* New York: Houghton Mifflin Company, 1999.

Hogue, Ann. *First Step in Academic Writing.* New York: Addison-Wesley Publishing Company, Inc. 1996.

Lester, James D. and James D. Lester, Jr. *Writing Research Papers: A Complete Guide.* New York: Pearson/Longman. 2002

McWhorter, Kathleen T. *Essential Reading Skills.* New York: Peason/Longman.

Wingersky, Joy and Jan Boerner. *Writing Sentences and Paragraphs: Integrating Reading,* Writing, and Grammar Skills. Australia: Thomson and Wadsworth.

Zemach, Dorothy E. and Islam, Carlos. *PARAGRAPH Writing; from Sentence to Paragraph.* Oxford: Macmillan Publishers Limited, 2005.

해 답 편

제1과 주제문

1.10 출근 시간에 버스를 타고 직장에....일이 못 된다.

1.11 A

1.12 주제부: 출근 시간에버스를 타고 직장에 나가는 일. B

1.13 점심을 먹는 일. A

1.14 B

1.15 C

1.16 내가 알고 있는 아이 중에서 제일 우쭐댄다.

1.17 주제부: 의료기술 / 서술부: 지난 50년간 급속히 발전하였다.

1.18 주제부: 나 / 서술부: 새 학년이 되면 항상 가슴이 뛴다.

1.19 주제부, 서술부

1.20 1. 주제부: 학교식당에서 점심 먹는 일 / 2. C / 3. 학교식당에서 점심을 먹는 일은 근사한 일이다. (=학교 식당은 매우 편리하고 쾌적하다.)

1.21 A

1.22 A. 이 모든 것을 생각하면, 버스 기사의 직업은 쉽지 않다. • B. 아프리카의 교육은 유치원에서.... 서로서로 상호 의존적이다. • C. 우리는 확실히 기적의 시대에 살고 있다. • D. 도시인의 세계관은 선조들과는 아주 다르다. • E. 부쉬맨의 춤은 노래와 목소리와 리듬으로 된...... 항상 정확한 음악을 만들어 내고 있다.

1.24 C

1.25 자동차 사고

1.26 C

1.27 나는 동물을 좋아한다.

1.28 B, D, E

1.29 나는 주말에 다양한 여가 시간을 낼 수 있다.

1.30 1. 세부사항 2. 세부사항 3. 주제문 4. 세부사항

1.31 주제문: 1 / 세부사항: 2. 3, 4, 5

1.32 A. 막동이가 공부를 잘 한다. B. 우리반에는 다양한 학생들이 있다.

1.33

A 측	B 측
1. b	1. a
2. c	2. 순자는 아주 예쁘다
3. f	3. e
4. h	4. g

B측 : 주제문: 우리 반 학생들은 각자 특색이 있다

1.34 A측: b, c, f, h에서 순자의 예쁜 생김새를 구체적 세부사항으로 뒤받침해주고 있다. B측: 여기선 "우리 반 학생들은 각자의 특색이 있다."라는 주제문을 뒷받침해주는 세부사항의 기능을 하고 있다.

1.35 B, D

1.36 2. 복동이 엄마는 우리에게 자주 먹을 것을 주신다. 6. 하얀 집 아줌마는 우리를 보면 언제나 반기신다.

1.37 지난 일주일 간의 날씨는 참으로 변덕스러웠다.

1.38 36

1.38.a B.

1.38.b 키가 160cm이고 체중이 50kg이면 육중한 사람이 아니고 보통

1.39 B • B

1.40 나는 주말에 다양한 여가 시간을 낼 수 있다.

1.40.a 강 교수는 사회에 많은 물질적 도움을 주신다. 또는 강교수는 아낌없이 주는 마음씨 고운 분이다.

1.40.b 첫 문장이 주제문인데, 이를 수정하면, 못 말리는 개구쟁이 동생 때문에 내 할일을 못 한다.

1.41 ✍ 학습자 각자 작성

1.52 1. 애완동물로서 금붕어의 장점 • 2. 맨 첫 문장 • 3. 크게 볼 때 3개 • 4. 맨 마지막 문장

1.53

① 주제부 : 이상적인 선생/ 한정부 : 3가지 자질을 갖고 있다.
② 주제부 : 흡연/ 한정부 : 문장의 나머지 부분
③ 주제부 : 비흡연자/ 한정부 : 나머지 부분
④ 주제부 : 하와이/ 한정부: 나머지 부분
⑤ 주제부 : 대학생/ 한정부 : 나머지 부분
⑥ 주제부 : 소형차/ 한정부 : 나머지 부분
⑦ 주제부 : 규모가 작은 대학에 다니는 것/ 한정부: 나머지 부분
⑧ 주제부 : 미국인 가족과 동숙/ 한정부 : 나머지 부분
⑨ 주제부 : 고용주/ 한정부: 나머지 부분
⑩ 주제부 : 외국학생들/ 한정부 : 나머지 부분

1.53.2

A. 주제문: 첫 문장 • 주제부: 해변 • 한정부: 성격이 상이한 사람들에게...제공한다. • 결말: 맨 마지막 문장
B. 주제문 : 첫 문장 • 주제부: 해변 • 한정부: 여름과 겨울에 재미있다. • 결말: 마지막 문장
C. 주제문: 첫 문장 • 주제부 : 해변 • 한정부: 세계의 다양한....있다. • 결말: 마지막 문장
D. 주제문: 첫 문장 • 주제부: 해변, 한정부: 모든 연령층의 사람들이... 갖는다. • 결말: 마지막 문장

1.55.1

1. ⓑ 이유: 즉 a의 주제부에서 2개의 상이한 아이디어(친구를 사귀는 것과 공부를 잘 하는 것)를 제시하여 혼란스럽다. • 2. ⓑ 이유 : a는 너무 구체적이고 당연한 사실이라서 더 이상 할 말이 없다. • 3. ⓑ 이유 : a는 범위가 너무 넓고, 구체적이지 않다. • 4. ⓑ 이유: a는 너무 구체적이고 당연한 사실이라서 더 이상 할 말이 없다.

1.55.2 1. ⓑ 이유: a, c • 2. ⓐ 이유: c • 3. ⓑ 이유: a, d • 4. ⓐ 이유: b, c • 5. ⓑ 이유: a, c • 6. ⓑ 이유: a • 7. ⓑ 이유: b, c

1.55.3

1. ⓐ, 이유 : 범위가 한정되어 있고, 구체적이다. • 2. ⓐ, 이유 : 다른 문장들은 너무 당연한 사실을 말하고 있어, 새로 배울 것이 없다. • 3. ⓒ, 이유 : c는 독자의 흥미를 자극하는데 반해서, 다른 문장 등은 너무 평범한 일상사이다. • 4. ⓑ 이유 : 다른 문장은 단지 역사적 사실일 뿐이고, 왜 국부라고 하는지 이유를 설명해야 한다. • 5. ⓑ 이유 : 다른 문장들은 범위가 너무 넓고, 구체적이지 않고, 또 새로운 정보/지식이 없다.

1.55.4

A. 다양한 계층의 사람들에게 스포츠카는 여전히 인기가 있다. • B. 공룡은 지구상의 다른 동물과 여러 면에서 차이가 있다. • C. 건강을 유지하는 데는 여러 가지 면에서 운동이 최고이다. • D. 하찮게 보였던 팝콘이 알고 보면 장점이 많은 음식이

다. • E. 외국어 단어 암기에는 연상기억법이 도움이 된다.

1.55.5

A. 1. 맹인을 위한 문자 통신법 2. 첫 문장 3. 모두 관련이 있음 4. 있음. 맨 마지막 문장 • B. 1. 컴퓨터가 학생에게 도움이 되는 방법 2. 첫 문장 3. 어떤 컴퓨터는 값이 매우 비싸다. 내 친구는 3천불짜리 컴퓨터를 구입했다. 4. 맨 마지막 문장 • C. 1. 계란 샐러드 조리법, 2. 첫 문장 3. 없음 4. 없음, 결말: 당신이 이렇게 직접 요리한 계란 샌드위치를 당신이 사랑하는 가족들에게 대접하면 많은 점수를 딸 수 있을 것이다.

1.56.1 A. a. 1 • b. 3 • c. 4 • d. 2 / B. a. 4 • b. 1 • c. 6 • d. 5 • e. 2 • f. 3

1.56.2

A. 1. 주제문: 첫 문장 • 2. 빼내야 할 문장: "대형 거북이 있으면…만들어야한다"는 대규모 공사가 필요하기 때문에 주제문과 관계가 없다. 주제문에선 "거북을 기르는 일은 쉽다"고 했는데…. • 3. 결말: 맨 마지막 문장. 종류: 다시 말하기(restate), 또 예측하기(predict). ◆ B. 1. 주제문: 첫 문장 • 2. 빼는 문장: 없음 • 3. 결말: 맨 마지막 문장. 종류: 주제문을 다시 말하기(restate), 개인적 논평(comment). ◆ C. 1. 주제문: 없음. 주제문 : 다음 3단계를 따르면 당신이 미국 대학교에 입학 신청하는데 도움이 될 것입니다. • 2. 빼는 문장: 없음 • 3. 결말: 맨 마지막 문장, 종류: 주제문을 다시 말하기(restate)

1.57.2 a.(2, S) • b.(4, S) • c.(6, C) • d.(1, T) • e.(3, S) • f.(5, S)

1.57.3

a. 2, 사실(fact) • b. 1, 이유(reason) • c. 1, 사실(fact) • d. 2, 실례(example) • e. 1. 실례(example) • f. 1, 이유(reason) • g. 2, 이유(reason) • h.1, 실례(example)

1.57.4

1. 그 4종류의 독사는 무엇인가? 2. 어떤 해로운 영향을 끼치는가? 3. 왜 도서관이 용도 폐기될 것인가? 4. 왜 그렇게 어렵지 않은가? 5. 도대체 그 날 무슨 일이 일어났는가? 또는 왜 그가 결별을 선언했는가?

1.57.5

1. 다음 단계를 따르면 당신의 수학 실력을 향상 하는데 도움이 될 것이다. 2. 민수는 나의 가장 친한 친구 중 하나였을 뿐만 아니라 또한 가장 훌륭한 스승이기도 했다. 3. 한국엔 수많은 중국 음식점이 있지만 인천의 중국 음식점이 원조격 이어서 진짜 중국 음식에 가깝다. 4. 축구는 세계에서 가장 널리 하고 있는 운동이며, 거의 모든 대륙에서 프로 축구팀을 운영하고 있다.

1.57.6 ✍ 학생 각자가 해볼 것

1.57.7

(1) ○ (2) ○ (3) X, ☛ (1)번 문장은 "마치 감옥 생활을 하는 느낌"에 대한 구체적 실례이고, (2)번은 "집안 허드렛일"의 목록에 해당된다. (3)번 문장은 주제, 즉 "부모가 엄했다."는 사실과 아무런 관계가 없다. 즉 부모의 직업과 엄한 부모와는 아무 관련이 없다.

1.57.8

A. (a) ○ (b) X (c) ○ ☛ (a)번과 (c)번은 수영장 관리에 필수적인 내용이다. 그러나 (b)번 문장은 주제와는 직접적 관계가 없고, 화약약품 중독에 관한 문단을 또 하나 만들어야….◆ B. (a) ○ (b) ○ (c) X ☛ (a)와 (b)는 주제를 전개하는데

핵심적이고, 필수적인 내용이다. 그러나 (c)는 주제와 직접적 관계가 없다. 바로크 음악이 왜(why) 그리고 어떻게(how) 공부하는데 도움이 되는지에 대해서 또 다른 문단이 필요하다. ◆ C. 학생 각자 해보아라.

제2과 시간과 공간순서

2.10 A. 시간순서 • B. 공간순서

2.10.a A. 시간순서 • B. 공간순서

2.10.b B. 시간순서

2.10.c A. 공간순서

2.10.d A

2.11 A. 시간 • B. 시간 • C. 공간 • D. 시간 • E. 공간, • F. 공간

2.12 B

2.13 오른 쪽으로 가라.

2.14.a 1. B • 2. B, A, C • 3. B • 4. D

2.15 A

2.16 B, D

2.17 후에, 전에, 동안에

2.18.a B, 후에

2.19 그렇지 않다

2.20 A. 그리고 B. 후에 C. 나서

2.21 전화를 걸었다. A

2.22 아니오.

2.23 렌치를 구입했다. C

2.24

1. 우리는 개에게 먹이를 준 후에 드라이브를 하였다. • 2. 우리는 드라이브를 하기 전에 개에게 먹이를 주었다. • 3. 우리는 개에게 먹이를 주었다. 그리고 나서 드라이브를 하였다. • 4. 우리는 개에게 먹이를 준 다음 드라이브를 했다.

2.25 그렇지 않다.

2.26

1. 순자는 잠자리에 들기 전에 역사 숙제를 하였다. • 2. 순자는 잠자리에 들기 앞서 역사 숙제를 하였다. • 3. 순자는 역사 숙제를 한 후에 잠자리에 들었다. • 4. 순자는 역사 숙제를 한 다음 잠자리에 들었다.

2.26.a

1. 그는 장시간 산책하기 전에 그의 친구들을 저녁 식사에 초대했다. • 2. 그는 장시간 산책하기에 앞서 그의 친구들을 저녁 식사에 초대했다. • 3. 그는 친구들을 식사에 초대한 후에 장시간 산책을 했다. • 4. 그는 친구들을 식사에 초대한 다음 장시간 산책을 했다.

2.26.b 4

2.26.c

1. 그는 3개월 돈을 저축한 후에 깨어진 유치 창유리 값을 물어줄 수 있었다. • 2. 그는 3개월 돈을 저축한 다음에 깨어진 유치 창유리 값을 물어줄 수 있었다. • 3. 그는 깨진 창문 유리 값을 물어줄 수 있기 전에 3개월간 돈을 저축하였다. • 4. 그는 깨진 창문 유리 값을 물어줄 수 있기에 앞서 3개월간 돈을 저축하였다.

2.26.d 전에, 후에, 앞서, 다음에

2.27 A, D

2.28 타면서/동안/사이에

2.29 선생님이 강의하시는 동안 그는 큰 소리를 냈다.

2.30 (겨울)에는, 또는 (겨울) 동안엔

2.31

1. 해가 나온 동안 비가 오고 있었다. • 2.

해가 나온 사이에 비가 오고 있었다.

2.32 먼저, 전에, 전에

2.33

불을 피우려면, 첫째, 나뭇가지와 불소시게와 종이를 마련하다. 둘째, 종이를 구겨서 땅위에 놓고 불소시게를 그 위에 놓는다. 셋째, 종이에 불을 붙이기 전에 나뭇가지가 종이를 짓눌러서 불이 안 붙게 하지 말고, 사이를 띄운다. 넷째, 성냥불을 켜서 종이에 불을 붙인다.

2.34 A

2.34.a

A. 오늘 오후, 점심이 끝났을 때, 마치고, 하학하려고 할 때에, 하다가, 귀가하면서, 때에 • B. 오늘 오후, 중에, 가다가, 늦잠을 자서, 조반

2.34.b

문장을 어떻게 쓰느냐에 따라, '시간'의 사용을 달리 할 수 있다. 아래의 답은 한 예에 지나지 않는다. ◆ A. 1, 4 • B. 1, 3, 4 • C. 3, 4, 5 • D. 1, 4

2.34.c 1, 3, 2, 4, 5

2.34.d 4, 2, 3, 6, 1, 5

2.34.e

1. 여름 방학 • 2. 지난 1년 • 3. 성장 • 4. 시험을 보고서 • 5. 지난 여름방학

2.34.f

A. 그렇다 B. 그렇지 않다 C. 1학기 종강이 보통 6월 말이라는 것과 개학이 9월 초라는 사실을 추가할 필요가 있음.

2.35

1. 우리는 우물에 빠진 막동이를 끌어내는데 힘이 들었다. • 2. B • 3. B • 4. B

2.35.a B

2.36

A. 1. 나는 그 시험을 손쉽게 보아서 안심이 되었다. • 2. 그전보다 ◆ B. 1. 시험이 끝나서 마음이 편해졌다. • 2. 때엔, 전에, 때에, 중간에, 제출하고는, 끝나서

2.37

1. 그렇지 않다. • 2. 정상 등반에 결국 성공했다는 점을 강조하기 위해서. 또는 등반 성공이 가장 중요한 사건이기 때문이다.

2.38

등반 성공을 극적으로 표현하기 위해서(극적효과), 또는 등반성공이 가장 중요한 것이기 때문에

2.39 ✍ 학생 각자가 해 보아라

2.50.a (1) 전에 • (6) 후에 • (10) 때에

2.51.1

1. a(4) • b(1) • c(5) • d(3) • e(2) ◆ 2. a(3) • b(1) • c(4) • d(2) ◆ 3. a(4) • b(3) • c(1) • d(2)

2.52 ✍ 학생 각자가 해 보아라

2.53.1.

1. 첫 문장 • 2. 일찍 시작하라. • 3. 이 문단의 주제와 직접적 관계가 없기 때문에 설명이 없다. • 4. 총 6단계, 2번째와 4번째 • 5. 맨 마지막 문장, 종류: 충고(advice) • 6. 첫째 단계는, 다음으로, 후에, 그런 다음, 뿐만 아니라, 마지막으로, 마지막 충고 한마디는

2.53.2

1. 인기 있는 멕시코 음식인 타코 • 2. 첫 문장 • 3. a. 값비싼 옷은 피하라. b. 창피당할 수 있으니 타코 먹을 땐 주의하라. c. 공격 계획, 어떻게 먹을 것인지 사전에 계획하라. • 4. 맨 마지막 문장, 종류: 예측(predict) • 5. 첫째, 두 번째로, 그 다음 단계, 마지막 단계

2.53.3 ✍ 각자가 해보아라.

제3과 공간순서

3.10 공간순서

3.11 A

3.11.a B

3.11.b 1

3.12 A. 공간순서 • B. 시간순서

3.12a

멀리 북쪽으로, 좀더 가까운 곳에서, 그 바로 발밑 수천피트 아래에 있는 돌출바위에는

3.12.b 공간적 관계

3.13 4, 즉 먼데서 가까운 곳으로

3.13.a 가까운 곳에 있는 것을, 먼 곳에 있는

3.14 먼 곳에 있는, 가까운 곳에 있는

3.15 4

3.16 가까운 곳에 있는, 먼 곳에 있는, 먼 곳에 있는, 가까운 곳에 있는

3.17 시계 방향으로, 또는 시계 반대방향으로

3.18 C

3.18.a 에베레스트 산 정상

3.18.b B

3.18.c

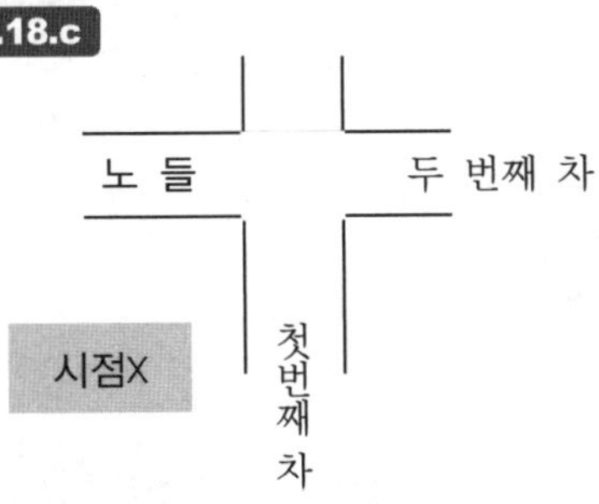

3.19 B

3.19.a 공간, 읽기도 쉽고 묘사하기도 용이하다.

3.19.b 먼 곳에 있는, 가까운 곳에 있는, 가까운 곳에 있는, 먼 곳에 있는

3.20 1. 의자 2개 • 2. 침대 • 3. 책상 • 4. 침대 • 5. 전축

3.20a C

3.21

1. 먹 곳에 있는 것을 먼저 기술하고 가까운 곳에 있는 것을 그 다음에 기술 • 2. 가까운 곳에 있는 것을 먼저 기술하고 먼데 있는 것을 그 다음에 기술 • 3. 시계방향으로 기술

3.21a 어떤 대상을 기술·묘사하는 사람(특히 작가)이 서 있는 위치; 그렇다.

3.21b

1. 먼 곳에서 시작하여 가까운 곳으로 또는 그 반대방향 • 2. 먼 곳에서 시작하여 가까운 곳으로 또는 그 반대수법 • 3. 시계방향 또는 그 반대방향 • 4. 시계방향 또는 그 반대방향 •

3.21.c C

3.21.d 자신이 현재 서있는 위치, 즉 시점/관점

3.21.e A

3.21.f

시계 반대방향으로, 나의 바로 앞에 교원주차장이 있고, 오른쪽 끝엔 행정동이 있으며, 거기서 오른쪽 벽을 따라가다가 고속도로를 건너가면 도서관이 나온다.

3.22 B

3.22.a B, C, F

3.22.b

그 다음 습지가 나오면 진흙탕을 걸어서 통과한 다음, 3개의 콘크리트 관을 기어서 통과한다. 이어 높은 울타리를 기어 넘어간 후에, 마지막으로, 철조망 밑으로 기

어서 통과한 다음 종점인 군 막사까지 뛰어가야 한다.

3.23

1. 먼데서 가까운 곳으로 • 2. 가까운 곳에서 먼데로 • 3. 시계방향 혹은 그 반대로 • 4. 관찰자가 이동하는 시점에 따라서

3.23.a C

3.23.b

A. 가까이에서 먼 곳으로 • B. 움직이는 시점 (moving point of view) • C. 먼데서 가까운 곳으로 •

3.24 1. 나는 그렇게 아름다운 집터를 본적이 없다. • 2. B • 3. B

3.25

1. A. 이 방은 내가 지금껏 본 중에서 가장 어지러운 방이었다. B. 이 방은 내가 지금껏 본 중에서 가장 어지러운 방이었다. • 2. A • 3. "먼데서 가까운 곳으로"의 공간순서를 적용하여 관찰 대상을 묘사하고 있기 때문임.

3.26 A

3.27 1. B • 2. A • 3. 3번과 4번의 순서가 뒤바뀜

3.28 A

3.29 C

3.30 1. 공간순서 • 2. 시간순서 • 3. 시간순서 • 4. 공간순서 • 5. 시간순서

3.31 C

3.50.1

1. 2번째 문장 • 2. 맨 마지막 문장, 종류: 주제문을 다른 말로 바꿔쓰기(restate) • 3. 위에서 아래로, 가까이서 멀리, 멀리서 가까이 • 4. 맨 위 선반에는, 그 다음 선반에는, 첫째 줄엔, 두 번째 줄엔, 세 번째 줄엔, 세 번째 선반엔, 맨 아래 선반엔, 뒤쪽에는, 앞쪽엔, 냉장고 바닥엔

3.50.2

1. 첫 문장 • 2.맨 마지막 문장, 종류: 주제문을 바꿔서 말하기(restate) • 3. 멀리서 가까이 • 4. 배경을 이루고, 멀리 있는, 다음에는, 내 창문 밖에 있는

3.50.3

1. 첫 문장 • 2. 마지막 문장, 종류: 제안, 충고(suggestion, advice) • 3. 5개 • 4. 중간에서 위로, 위에서 아래로 • 5. 가운데 서랍엔, 맨 위 서랍엔, 위에서 두 번째 서랍엔, 위에서 세 번째 서랍엔

3.50.4

1. 첫 문장 • 2. 마지막 문장, 종류: 주제문을 다른 표현으로 바꿔쓰기(restate) • 3. 관찰자가 이동하면서 대상을 묘사, 처음엔 멀리서 가까이, 그 다음엔 앞에서 뒤로, 다시 앞으로 와서, 이젠 밖에서 안쪽으로, 들어가서 차 내에선 시계 방향으로, 옮겨간다. 즉 이것을 이동시점(관점)이라고 한다. 4. 이 문단엔 우리가 흔히 알고 있는 논지 전환장치는 없으나, 형용사나 명사 등 소위 붙박이 표현으로 공간의 위치와 방향을 나타낸다. 예컨대, 차 표면의 페인트, 차체, 흠집, 보닛, 범퍼, 앞 창문, 조수석 손잡이, 차 내부의 좌석, 연료계, 속도계 등의 위치는 우리가 이미 알고 있기 때문에 관찰자가 움직인 시선이나 동선(動線)을 따라갈 수 있다.

3.50.5 ✍ 각자가 해보아라.

제4과 원인과 결과

4.10 B. 얼음 위에서 미끄러져서; 다리를 삠

4.11 첫 문장, 원인-결과

4.12 서투른 학생이 시험관을 뒤집어 엎었을 때

4.12a

1. (원인) 손을 불에 오래 대고 있으면, (결과) 손을 덴다. • 2. (원인) 불에 너무 가까이 서 있으면, (결과) 옷이 탄다. • 3. (원인) 네가 때린 아이의 이름을 말해주지 않는다면, (결과) 나는 그의 이름을 금방 알 도리가 없다.

4.12b

1. (원인) 만일 네가 우산을 안 가지고 가면, • 2. (결과) 선생님께 야단을 맞았다. • 3. (원인) 만일 서두르지 않았다면 • 4. (원인) 그 시험에 낙제점을 받았기

4.13 2, 3, 5

4.14 C

4.15 B

4.15a A

4.15b 하였기 때문에

4.15d 그 이유는

4.16

1. 나는 스위치를 넣었다. 그 결과 엔진이 돌아가기 시작하였다. • 2. 그는 졸업을 못한다. 왜냐하면 그는 공부를 안 했기 때문이다. • 3. 너는 빗속에 서 있는데, 그렇기 때문에 너는 감기에 걸릴 것이다. • 4. 그는 다음해에 명문대학에 입학하기를 바라고 있다. 왜냐하면 그는 고등학교에서 상위권 성적을 이어가려 노력하고 있기 때문이다. • 5. 그는 과외활동을 하지 않으려고 한다. 왜냐하면, 그는 모든 시간을 공부에 집중하여야 하기 때문이다.

4.17 1. 순자는 불어를 잘하기 때문에 불어공부를 열심이 하지 않아도 된다. • 2. 너는 계속해서 수업에 빠지고 있기 때문에 퇴학당할 것이다. • 3. 그가 사업가가 되고 싶어 하는 이유는 돈을 많이 벌기를 바라고 있기 때문이다. • 4. 순자는 키가 크기 때문에 훌륭한 농구선수이다. • 5. 할아버지가 사다리에서 떨어지셨기 때문에 다리가 부러지셨다.

4.18

이 길 신호등 밑에서 "좌회전 금지"라는 교통 표지판이 있었음에도 미국에서 온 내 사촌동생이 이 표지판을 못 보고 좌회전을 하였기 때문에 다른 차와 충돌사고를 낼 뻔 하였다.

4.19

(원인) 붉은색 자동차의 운전자가 위험하게 과속으로 고속도로를 달렸다. (원인) 그는 정지 신호인 적신호를 무시하고 달려서 차 두 대와 충돌할 뻔하였다. (결과) 경찰이 그 차를 바짝 뒤쫓아 갔다.

4.19.a

붉은 색 자동차가 고속도로를 과속으로 달려, 정지신호를 무시하고 차 두 대와 충돌할 뻔하였기 때문이다.

4.19.b 자동차가 언덕을 굴러 내려갔다. 차의 브레이크가 파열하였다.

4.19.c

(원인) 자동차가 언덕을 굴러 내려가다 브레이크가 파열하였기 때문에 (결과) 차가 벽에 부딪혔다.

4.20

(결과) 나는 항상 재채기가 난다. (결과) 내 머리가 아프다. (결과) 내 눈이 아프다. (원인) 나는 어제 감기에 걸렸다.

4.20a 왜냐하면

4.21

배가 폭풍 속에서 암초에 너무 가까이 가서 배가 암초에 걸렸기 때문에, 미숙한 항해사가 배 파손 비용을 물어야 했다.

4.22

(원인) 영어 시험이 월요일에 있었다. 진수는 영어 시험공부를 안했다. (결과) 진수는 월요일에 하루 종일 자기 기숙사 방에 머물렀다. (진수는 월요일 영어시험이 있었는데 공부를 안 하였기 때문에, 그날 하루 종일 기숙사에 머물렀다.)

4.23

남부군은 병력도 적었고, 군 식량도 보족하였고, 무기 생산 공장도 많지 않았기 결국 전쟁에 졌다.

4.24

(원인) 날씨가 더웠다. 선생님의 강의가 지루하였다. (결과) 진숙이는 강의실 뒷줄에 앉아 잠이 들었다.

4.24.a

날씨가 더웠고, 선생님의 강의가 지루했기 때문에, 진숙이는 강의실 뒷줄에 앉아 잠이 들었다.

4.25

1. 그는 사탕을 좋아해서 너무 많이 먹었기 때문에 지금 치아가 손상됐다. • 2. 가스 스토브에 손을 대었기 때문에 손을 뎄다. • 3. 진동이는 문을 잠근 후에 열쇄를 잃었기 때문에 다시 들어 갈 수가 없었다.

4.26 2

4.27

2. 5 큰 폭발이 일어났다. • 5. 3 공포에 진린 선생님은 수진의 얼굴에서 피가 흐르는 것을 보았다. • 1. 2 정신 빠진 학생 하나가 실수로 화학 혼합물을 다른 시험관에 넣었다. • 6. 4 선생님은 즉시 학교 양호실에 연락을 취하셨다. • 3. 1 부서진 시험관 유리조각이 화학 실험실 사방으로 흩어졌다. • 4. 6 유리편이 스쳐지나간 자욱이 수진의 얼굴에 나 있었다. 또는 순서대로 2, 5, 1, 6, 3, 4

4.28

정신 빠진 학생 하나가 실수로 화학 혼합물을 다른 시험관에 넣었기 때문에 큰 폭발이 일어나자, 그 결과 부서진 시험관 유리조각이 화학 실험실 사방으로 흩어 졌고, 유리 파편이 스쳐 지나간 지국이 수진의 얼굴에 나있었는데, 공포에 질린 선생님은 수진의 얼굴에서 피가 흐르는 것을 보시고, 즉시 학교 양호실에 연락을 취하셨다.

4.29 등산 클럽 회원이기 때문에

4.29.a 여러 가지 다른 원인이 가능한데, 노력, 성실성, 근면성 등이다.

4.29.b 직접적인 원인-결과의 관계는 없으나, 그 클럽을 자랑하려고.

4.30 시험시간 처음 15분 동안은 첫 문제를 열심히 풀었다.

4.31 없다

4.31.a

화학과목에서 1등을 하는데 필요한 직접적이고 구체적인 이유를 나타내는 세부사항이 필요함.

4.32 수소폭탄 시험과 하와이의 지진과는 인과관계가 없음.

4.33

A. (삭제) 자포(Zappo)표 시리얼을 매 식사 때마다 포함시키도록 하라. • B. (삭제) 항상 리리스킨 로션을 쓰고 백가지 피부 보호제가 들어있는 비누를 사용해라.

4.34

1. 교수의 충고도 무시하고 자신을 과대평가 • 2. 그는 과학 과목에 자신이 없는데도 1학년 말에 이공학과에 전과하기를 희망하였다. 그런데도 순영이는 2학기에 이공학과 과목을 계속 수강하였다. 순영이는 자신의 능력을 과대평가하였다. • 3. 순영이는 능력도 없으면서 교수의 충고도 무시하는 고집불통이다.

4.35 1. 주제문: 광고에 속아 넘어가지 마라. • 2. B

4.36 1. (결과문) 우리 모두는 순희가 우쭐대고 있다고 생각한다. • 2. A

4.37 B

4.38

이번 기말시험부터 절대평가가 아닌 상대평가를 하기 때문에 경쟁이 더 치열해질 것이다. 나의 중간고사 성적도 겨우 과락을 면할 정도였다. 기말시험을 잘 못 봐 평점이 F(낙제점수)가 되면 퇴교당할 것이다.

4.38a

A. (결과 1개에 원인이 3개) 일기예보를 한다는 것은 어려운 일이다. • B. (원인 1개에 결과가 3개) 일기예보가 빗나가서 다양한 문제를 야기한다.

4.39 B

4.39.a 없음

4.39.b C, E, F

4.40

나는 열심히 노력하여 반에서 최상의 도움이 되도록 노력하겠다. 토요일에 수업이 없어서 시간이 남고 학기가 짧아질 것이다.

4.41 A

4.41.a 재미있는

4.41.b B

4.42

A. 그 이유를 구체적 사례를 들어 뒷받침해준다. • B. 구체적 이유를 들다. • C. 이유를 든다. • D. 왜 큰 힘이 되는지 그 이유를 든다.

4.50.1

1. 첫 문장 • 2. c, 3. 맨 마지막 문장, 종류: 주제문 바꿔쓰기(restate) • 4. b • 5. 그렇기 때문에, 때문에, 그 결과, 때문에

4.50.3

1. 관계대명사절: 엄격한 법을 가지고 있는 싱가포르는 범죄가 거의 없다. • 부사절: 싱가포르는 엄격한 법을 갖고 있는데, 그래서 범죄가 거의 없다.
2. 관계대명사절: 판사는 거리에 주차된 차에 스프레이 파인트 칠을 한 학생에게 6대의 태형을 선고했다. • 부사절: 그 학생이 거리에 주차된 차에 스프레이 페인트칠을 했기 때문에 판사는 그에게 6대의 태형을 선고했다.
3. 관계대명사절: 어떤 사람들은 고통을 주는 체벌에 동의하지 않는다. • 부사절 : 어떤 사람들은 체벌에 동의하지 않는데, 왜냐하면 체벌은 고통을 주기 때문이다.
4. 관계대명사절: 다른 사람들은 싱가포르의 법을 어긴 그 학생이 싱가포르의 법에 의해서 처벌을 받아야 된다고 말했다. • 부사절: 다른 사람들은 그 학생이 싱가포르의 법을 어겼기 때문에 싱가포르의 법에 의해서 처벌을 받아야 된다고 말했다.

4.50.4

1. a(5,F) • b(2, F) • c(4,F) • d(6,O) • e(1,O) • f(3, F) ◆ 2. 주제문: e • 결말: d • 종류: 예측 ◆ 3. b번 문장: "햇볕에 노출"(=원인)

되면 "피부에 손상"(=결과)을 "끼친다"에서 "끼친다"라는 동사 • c번 문장: "이 병은(=결과) 자외선(=원인)은…"이란 문장에서 "자외선 때문에 생긴 결과"라는 표현.

4.50.5

1. 주제문: (1) • 결말: (7) • 종류: 문단의 내용을 요약(summerize) ◆ 2. (2), (4), (6) ◆ 3. 사실: (6) • 견해: (1), (2), (3), (4), (5), (7)

4.50.6 ✍ 각자 해보아라.

제5과 논지의 전환장치

5.10 A. 원인과 결과 • B. 공간 • C. 시간

5.10.a A. 공간 • B. 원인-결과 • C. 시간

5.11 어제 막동이가 나를 때렸기 때문에 나는 그 애가 겁이 난다.

5.12 내 바로 앞으로 100m 되는 거리에 큰 밤색 집이 보이며 그 옆에 교회가 있다.

5.13

우리 집은 길모퉁이에 있고 교회는 우리 집에서 30m 가면 있기 때문에, 우리는 교회로 가는 사람들을 볼 수 있다.

5.13.a 5년 전에 지은 우리 집은 바퀴벌레가 번창하기 때문에 방역을 했다.

5.14

1, 3, 4, 5, 6

5.15

1. B • 2. A, B, C

5.16

3, 1, 2, 4

5.16.b B

5.17

A. 레나 윌리엄 박사는 반세기에 걸친 의료봉사 활동 후에 은퇴하였다. • B. 반세기, 이제, 일년 동안, 지난 20년간, 봄, 여름, 여름이 지나면, 가을, 겨울 • C. 가을 • D. ...급속히 지나고,....일찍 오는 수가 자주 있다.

5.18

1. 며칠간, 월요일, 새벽에, 때까지, 여러 시간 동안, 아침 늦게야 • 2. 4-5시간가량 (새벽..... 아침 늦게까지) • 3. 3번 문장

5.19

A. 버스 정류장에서 약 10분 동안 기다리고 있으니, 드디어 버스가 왔다. • B. 버스를 탄지 15분 안에 청량리역에 도착했다. • C. 버스에서 내리자마자 지하철역으로 갔다. • D. 거기서 1분 동안 서있으니, 수원행 전철이 역으로 들어왔다.

5.20 A

5.22.a A. 우선, 둘째, 셋째 • B. 3가지 요소, 즉, 첫째 의무, 또

5.23 그렇기 때문에 (=그리하여)

5.24.a 첫 번째의 주, 한 가지 특색, 다른 특색, 다른 예는

5.24.c 첫째, 둘째, 또한

5.26

대조, 그러나 • 1. 목소리를 꼭 필요한 때에만 사용했다. • 2. 목소리로 놀이를 했다.

5.27 달라졌다면, 여전히 두발을 땄으나, 사실, 그러나

5.27.a

12년 전의 춤과 다른 점 (차이점)과 같은 점 (유사성) 그리고 노인과 젊은이 사이의 차이

5.27.b

A. 그러나 • B. 하지만 현재 나는 • C. 제외하고 • D. 때문에

5.28.b

1. A. 더욱더 중요한 것은 • B. 중요한 것은 ◆ 2. A. 2번째 문장앞에 "그러나 그보다는" • B. 2번째 문장 앞에 "그러나 무엇보다도" ◆ 3. "그것은" 대신에 A. 한층 더 큰 문제는 • B. 문제는 ◆ 4. A. 우리를 한층 더 놀라게 한 것은(그 다음엔 "단 한사람의 반대도 없었다는 점이다.") • B. 우리를 놀라게 한 점은◆ 5. 더욱이, 더욱 한심한 것은(2번째 문장 앞에)

5.29 1. 더욱더 비참한 • 2. 죽어 쓰러져있었다.

5.31

B. 이와 같은, 그런 고통을; 그런 서로 비슷한 고통을 반복적으로 언급하여 똑같이 깊은 동정심을 느낌 (죤슨의 과거 경험과 동일시)

5.32

A. 1번 문장 • B. 갈매기, 날다, 먹이 • C. 그렇지는 않다. • D. 중요성을 강조하여 세부사항을 연결

5.33.b

A. 새로운 모델, 포드, 지엠, 크라이슬러, 신차, 소형차, 외국차, 트럭, 자동차 • B. 자동차 • C. 비록 동의어라고 해도 정확하게 똑같은 의미는 아니다(같은 공유하는 자질이 많다는 뜻이다). 예를 들어, 같은 자동차이지만 트럭과 승용차는 분류 방법에 따라 다르게 취급될 수 있다.

5.33.d

A. 트랜지스터(반도체)는 오늘날 컴퓨터, 위성, 텔레비전 수상기, 라디오 그리고 그 외에 잘 알려지지 않은 장치에 이르기까지 수많은 기기에 사용되고 있다. • B. 반도체. 장치, 실리콘 • C. 1. 위성의 전력 발생 장치 (=위성의 발전기) 2. 신체 내의 잔류 방사능 측정 장치로

5.34.a 다시 한번 상기시켜서 강조함

5.34.b

A. 그녀는 남부지방의 단점을 보완하기 위해서…할 것 이다. (마지막 문장) • B. 그 여인은, 그 여인은, 그녀는, 그녀는 • C. 아니다. 그 이유는 그녀는 여느 평범한 남부지방의 여인 중 하나이기 때문에

5.51.1

1. 위에서부터 차례로 (1), (2), (3), (4), (5) • 2. 첫 문장 • 3. 없음, 결말 : 이런 간단한 절차를 따르면 젯 렉으로 인한 고통을 해소할 수 있다. • 4. 2번째 문장부터 5번째 문장까지 순서대로 "첫째, 둘째, 셋째, 마지막으로"를 앞에 삽입 • 5. 젯 렉(Jet Lag)

5.51.2

a. 2번 문장을 먼저 쓰고, 1번 문장 앞에 "그러므로" 삽입 • b. 1번 먼저 쓰고, 2번 앞에 "그러므로" 삽입 • c. 1번 먼저 쓰고, 2번 앞에 "결과적으로" 삽입 • d. 2번 먼저 쓰고, 1번 앞에 "그러므로" 삽입 • e. 1번 먼저 쓰고, 2번 앞에 "결과적으로" 삽입

5.51.3

1. 첫 문장 • 2 맨 아래 문장, 종류: 예측(predict) • 3. 이야기체 • 4. (1) 그 때부터 (2) 그리고 나서 (3) 그러나 (4) 그러나 (5) 어디서 별안간 (6) 그날 이후로는

5.51.4

1. 첫 문장 • 2. 맨 마지막 문장, 종류: 바꿔쓰기(restate) • 3. (1) 비록 (2) 때문에 (3) 그러나 (4) 뿐만 아니라 (5) 따라서 • 4. 이유와 실례

5.51.5 ✍ 각자 해보아라.

제6과 예시

6.10

A. 주제문: 미 대륙의 발견은 우연이었다. • B. 즉 중국 및 인도와의 무역을 하려는 욕망의 결과이다. 그러나 사실은 주제문 외의 전부 • C. 미 대륙의 발견은 중국·인도와의 무역로 확보를 위한 욕망에 기인한 우연한 결과 • D. 2

6.11 A

6.12

A. 더 분명하게 해주는데 • B. 너무 막연하게 만든다. 즉, 구체적이지 않다. • C. 다채롭고 설득력 있게 해준다. • D. 더 분명하게 해주기 때문에, 구체, 확장된 예는, 더 명료하게 (확장된 예는 여러 개의 예를 나열하지 않고, 하나의 예를 깊게 파고드는 것이다.)

6.13

주제문: 마약중독은…효과가 없는 지도 모른다. • 논점: 주제문을 제외한 나머지 전체

6.13.a

A. 1 • B. 마약 퇴치(=마약 퇴치 프로그램) • C. 한 곳(영국)에서 성공한 마약 퇴치 프로그램이 정서적, 문화적 배경이 다른 지역이나 사람의 집단에게는 효과 없을 수 있다.

6.15

A. 아주 탁월한 선생도 실수를 한다. • B. 2개 • C. 최고로 우수한 선생도 실수를 한다. • D. 청소년 범죄가 사회에 영향을 끼친다는 항목 중에 일부를 잘 못썼다.

6.16 A. 보통의 예 • B. 확장된 예(확장된 예는 한 가지 예를 깊이 파고든다.)

6.50.1

주제문 : 코스타리카는 A. 그 나라의 수도인 산호세는 온화한 날씨를 갖고 있다. 1. 연평균 기온은 18도이다. 2. 허리케인 시즌을 제외하고 일년 내내 비가 거의 오지 않는다. • B. 호텔과 음식점이 비싸지 않다. 1. 일일 호텔 숙박비는 $50이다. 2. 하루 식비로 $20이면 충분하다. • C. 그곳 주민들을 관광객들에게 친절하다. 1. 길을 물으면 누구나 자청해서 안내해 준다. 2. 지갑을 잃었을 때도 분실물 보관소에 가면 찾을 수 있다. 결말 : 코스타리카는.

6.50.2

1. 코스타리카 • 2. 첫 문장 • 3. 2가지 이유, 논지 전환 장치: 첫째, 둘째 • 4. 이유1: 2가지 예, 이유2: 2가지 예, 논지 전환 장치: 예컨대, 예를 들면 • 5. 맨 마지막 문장 • 6. 각자 해보아라.

6.50.3

(개요A) A.2. 현대 포니는 갤런 당 50마일을 달린다. • B.1. 소형차의 주차비가 더 싸다. • B.2. 세차비용도 더 싸다. • C.1. 부품 가격이 더 싸다. • C.2. 엔진 오일 값도 더 싸다. • D.1. 최초 보험 가입비가 더 적게 든다. • D.2. 보험료 증액률도 더 낮다. ◆ (개요B). 각자 해 보아라 ◆ (개요C) 음식의 맛, 서비스, 가격, 친절성, 청결함 등에 관해서 이유와 예를 들어 각자가 써보아라. ◆ (개요D) 주위에 인색한 친구나 너그러운 사람이 있으면 각자의 경험에 따라서 이유와 예를 들어 개요를 완성해 보아라.

6.50.4

a.(2, SS) • b(5, CS) • c(1, TS) • d(4, SS) • e(3, SS); 선박 건조 시의 오래된 전통

6.50.5

1. (1)번 문장 • 2. (2)번 그러나 (3)번 비록 (4)번 …만 (5)번 그러나 (6)번 다른 • 3.

(7)번 문장

6.50.6

1. 첫 문장 • 2. 맨 마지막 문장, 종류: 다시 쓰기(restate) • 3. “북극엔 눈이 많이 온다.” ☞ 이유: 너무 당연한 사실이며, 주제문: 즉 곰의 신체구조와는 직접적 관련이 없다. • 4. 3가지(거대한 체구의 체지방, 두터운 털, 날카로운 발톱)

6.50.7

1. 첫 문장 • 2. 5개(우주비행 전시장, 우주왕복선 광장, 위령비, 은하계 전시관, 우주센터) • 3. 맨 마지막 문장; 종류: 예측(predict)

6.50.8

1. 첫 문장 • 2. 맨 마지막 문장, 종류: 바꿔 쓰기(restate) • 3. 3가지(역사적 기념물, 조지타운, 백악관)

6.50.9

1. 첫 문장 • 2. 4가지(다양한 경치 구경, 외국 도시 구경, 항공권 할인, 다양한 사람을 접할 기회) • 3. 마지막 문장, 종류: 필자의 개인적 견해와 논평(opinion, comment).

6.50.10

1. 첫 문장 • 2. 마지막 문장, 종류: 충고 • 3. 당신이 사랑하는 사람을 공경하라.

6.50.11

1. 대학생들이 당면하고 있는 다양한 압박감 • 2. 3가지(시간적 압박–직장과 학교 공부 동시에, 재정적적 압박–학비와 가족 부양, 공간적 압박–먼 거리 통학과 새로운 환경에 적응) • 3. 마지막 문장, 종류: 재언급(restate)

6.50.12 1. 첫 문장 • 2. 마지막 문장, 종류: 개인적인 견해(a personal opinion)

6.50.13

1. 종업원들의 절도행위 • 2. 첫 문장 • 3. 4개(펜과 연필, 종이, 전화, 견본) • 4. 마지막 문장, 종류: 예측(predict) • 5. 회사에서 물품을 가져가는 것은 절도행위이다.

6.50.14

1. (1) • 2. (19) 종류: 주제문 바꿔 쓰기(restate) • 3. (3), (5), (7), (9) • 4. (14) • 5. (17) ☞ 이유: 루즈벨트 자신이 복잡하고, 상호 모순적인 성격의 소유자였기 때문에 다양한 사람들에게 각기 다른 인물로 비쳐졌다.

6.50.15 ✍ 각자 해 보아라

제7과 분류와 간접 논지 전환장치

7.10 A. 4 • B. 5 • C. 4

7.11 445쪽을 보세요.

7.12 C

7.13 A. 오늘날의 인도에는 아직도 4개의 카스트 제도가 남아있다. • B. 1, 브라만 2. 크샤트리아 3. 바이샤 4. 수트라

7.14 446쪽을 보세요.

7.16 그것은, 이것은, 우리가, 이런, 그들의, 이 제안에, 우리가, 우리가

7.50.1

1. 집단1: 나무 , 물고기, 개, 고양이, 말, 풀 • 집단2: 못, 바위, 숟가락, 공, 반지, 문 ◆ 2. 생명의 유무 ◆ 3. 집단1: 생물(the animate) • 집단2: 무생물(the inanimate)

7.50.2

1. 첫 문장 • 2. 분류체 문단: 먼저 3개의 영양소로 분류한 다음 각각의 예를 들었다.

7.50.3

1. 첫 문장 • 2. 분류기준: a. 장어처럼 길게 생긴 어류(즉 모양) b. 연골 조직 물고기, c. 경골 조직 물고기 • 3. 부족하다. 칠성장어는 생김새로, 나머지는 골격을 기준으로 분류함.

7.50.4

1. 첫 문장 • 2. 분류기준: 차량의 외양/생김새, 용도, 크기/가격 등 여러 가지 기준이 복합적으로 적용되었으나 사실은 4개의 차종의 구분이 명확하진 않다. • 3. SUV는 스테이션 왜건에 속한다. • 4. 스테이션 왜건

7.50.5

1. 첫 문장 • 2. 마지막 문장, 종류: 필자의 개인적인 견해(a personal opinion) • 3. 약속 시간을 잘 지키느냐의 기준, 대화 시 상대에 대한 배려/태도 등, 여성을 대하는 방법이 기준이 되었으나, 사실은 이 기준도 일관성 있게 적용되지 않았고, 애매하다. • 4. 분류 기준이 여성을 대하는 방법인데, 이는 주관적인 느낌/판단이 개입되기 쉽다.

7.50.6

1. 첫 문장 • 2. 쇼핑 기술보다는 소비자의 구매형태/소비성향을 기준으로 불류함. • 3. 마지막 문장, 종류: 주제문을 다른 말로 재언급(restate) • 4. 꼭 필요한 물건만 구입한다는 기준은 타당성이 있으나 충동구매형과 과소비형의 구분은 사실 좀 애매하다.

7.50.7

1. 마지막 문장, 종류: 개인적인 견해/판단 • 2. 분류기준: 맛, 과일 맛이 나는 음료와 과일 주스가 어떻게 다른지, 감귤은 과일이 아닌지, 또 코카콜라와 세븐업은 모두 콜라라고 했는데(즉 탄산음료), 어떤 차이가 있는지 명확하지 않다. • 3. 탄산음료 중에도 탄산의 함유량이나 내용물/구성 성분에 따른 객관적 기준이 요구됨.

7.50.8

1. 분류체 문단 • 2. 첫 문장 • 3. 위치와 기능(즉 역할)에 따른 분류, 설명: 처음엔 땅 위와 아래 부분으로 나눈 다음, 각 기관이 어떤 일을 하는지 설명 • 4. 본줄기, 옆줄기, 분지, 잎, 꽃

7.50.9

1. 첫 문장 • 2. 먼저 지의류의 구성을 2개로 나누고, 다음 각각의 기능/역할을 설명 • 3. 마지막 문장, 종류: 조언(advice) • 4. 종속/대등 관계, 설명: 지의류를 구성하고 있는 녹초와 진균류는 서로 비슷한 점도 없고, 이 두 유기체가 공생하기 위해선 서로에게 전적으로 의존해야 한다. 이 점에서 상호 의존적인 종속 관계이지만, 그 중 어느 하나가 상위에 있지는 않기 때문에 대등관계라고도 할 수 있다.

7.50.10

1. 첫 문장 • 2. 시간순서에 따른 분류 • 3. 없음 • 4 석기시대: 3개로 분류, 빙하시대: 약 3백만년 전부터.

7.50.11

1. 첫 문장 • 2. 분류체 문단, 설명: 다른 동물과 구별되는 포유류만의 특성, 포유류에 속한 동물의 예 • 3. 육상 포유류와 수생 포유류 • 4. 4가지, 즉 몸의 털, 체온 조절 기능, 온전한 형체의 새끼/ 모유, 4개의 다리 혹은 2개의 다리와 지느러미

7.50.12

1. 첫 문장 • 2. 껍질(shell)이 있다 • 3. 육상/해상 연체동물 • 4. 육상: 발바닥으로 느리게, 해상: 분사 추진으로(by jet

propulsion)

7.50.13

1. 분류체 문단 • 2. 비늘, 냉혈동물, 허파가 있어 육상/해상 생활이 가능, • 3. 3가지, 즉, 악어, 도마뱀, 뱀.

7.50.14

1. 분류체 문단 • 2. 영장류, 포유류, 동물 • 3. 1. 동물, 2. 포유류, 3. 영장류, 4. 발달된 손가락/ 발가락, 머리 앞쪽에 달린 눈, 발달된 뇌, 시각중추 • 4. 발 사용, 긴 임신 기간, 강안 유대감 • 5. 큰 뇌, 높은 지능, 언어/의사소통 능력, 논리적 사고, 도구 사용, 두 발로 직립

7.50.15 ✍ 1. 각자 해보아라.

제8과 정의와 논지 전환장치

8.10

A. 티스푼 • B. 주방기구 • C. 모양과 용도 • D. 액체나 음식을 퍼 나른다 • E. 손잡이와 그 외 부분 • F. 금속이나 쉽게 닳지 않고 쉽게 부서지지 않는 물질

8.11

A. 1. 통신수단 • 2. 가구 • 3. 교통수단 • 4. 책 • 5. 주방기구 ◆ B. 1. 통신 목적 • 2. 앉기 위해서 • 3. 타고 이동하기 위해서 • 4. 단어를 찾아보기 위해서 • 5. 거피와 같은 뜨거운 액체를 담아 먹기 위해서

8.12

1. "그 속에 무엇이 들어가지?"를 빼고 난 나머지 질문 전부 • 2. 위와 같음 • 3. 위와 같음 • 4. 질문 전부

8.13

A. 1) 고무 2)가죽 3)합성수지 4)집신, 나막신 5)구두, 장화, 운동화, 스포츠화 • B. 1) 플라스틱 2) 조립식 • C. 1) 덮개가 있는 창 2)미닫이 창 3) 양쪽으로 밀어 여는 창 4) 칠한 또는 칠을 안 한 창

8.14

A. 수은 온도계 • B. 온도 측정 • C. 가는 유리관 (모세관); 수은구 (bulb) • D. 수은

8.18

A. 언어학 • B. 과학 (science) • C. 물리학, 화학, 생물학 또는 본문에서 언급한 다른 학문들 • D. 기본적 개념과 자료는 다른 학문 분야에서도 채택해서 쓰지만, 언어학은 분명히 독자적 학문 분야 • E. 언어학은 언어의 내부구조를 연구

8.16 언어의 내부구조를 이해하는 것

8.17 교육은 지식인이 자연법칙을 가르치는 것이다.

8.18 A. 예시 • B. 정의

8.19

A. 문명 • B. 아리조나 주 • C. 실례를 들면 설명이 용이함 • D. 어렵고, 추상적인 개념이기 때문에 (예를 들기 힘들다.)

8.20 A. 정의 • B. 예시

8.21 A. 동화(fariry tale) • B. 목재(lumber)

8.22

A. 유리 산, 화염방벽, 사악한 적대세력, 계모, 질투심 많은 형제 등, 마녀 • B. 1) 침엽수 2) 쌍자엽수

8.23 반복어: 인디언 • 동의어: 종족, 나바호, 호피, 프에블로

8.23a 반복어: 그랜드 캐니언 • 동의어: 협곡

8.51.1

1. 첫 문장 • 2. 검보는 다양한 해산물이나 육류를 채소와 섞어 만든 인기 최고의 걸

쭉한 스프이다. • 3. 케이쥰(cajun)은 Canada의 Acadia에서 미국 루이지애나 남부로 이주해 온 프랑스계 백인 후손과 그 지역 인디언(/흑인)과의 혼혈인데, 이들의 음식은 매운 양념의 소스가 특징이다. • 4. 다양한 전개 방식을 사용했는데, 부정/반대에 의한 정의, 구성과 분석, 유래를 사용했다.

8.51.2

1. 첫 문장 • 2. 가십(험담, 뒷공론, 남의 뒷말) • 3. 마지막 문장, 종류: 사전적 의미와는 다른 개인적인 견해(personal opinion) • 4. 부정/반대에 의한 정의체 문단 전개

8.51.3 1. 첫 문장 • 2. 어원과 유래를 설명

8.51.4

1. 첫 문장 • 2. 마지막 문장, 종류: 주제문을 다른 말로 바꿔쓰기(restate) • 3. 쓰나미는 해저의 지진으로 인해 발생한 "지진해일"이다.

8.51.5

1. 첫 문장 • 2. 필자의 정의 • 3. 마지막 문장, 종류: 필자의 개인적 견해 • 4. 우리는 비록 보슬비가 내리기 시작하는데도 길모퉁이에서 누군가를 기다리고 있는 사람에게서 인내를 본다.

8.51.6

1. 첫 문장 • 2. 알래스카는 항시 추운 곳도 불모지도 아니며, 또 돈의 낭비도 아니였다. • 3. 마지막 문장, 종류: 개인적인 견해/판단. • 4. 역사적 사건/ 사실을 예로 들었다.

8.51.7

1. 첫 문장 • 2. 마지막 문장, 종류: 주제문을 재언급(restate) • 3. "sincere"란 말의 어원에 대해서 이야기체 형식으로 전개 • 4. 고대에는 사람들이 진흙으로 만든 도기류를 접시나 사발용으로 사용했다.

8.51.8

1. 여자/여성 • 2. 두 번째 문장 • 3. 정의체 문장 • 4. 기원, 분류, 과거와 현대 여성의 역할/특성 비교, 남성과 여성의 대조 • 5. 마지막 문장, 종류: 예측 • 6. 양육(nurturing), 모성애(남을 배려하는 마음).

8.51.9

1. d • 2. 첫 문장 • 3. 건물의 내부와 외부의 기압차이 • 4. 창문/문 등을 미리 열어둔다.

8.51.10

1. 첫 문장 • 2. 정의체 문단, 전개방식: 말의 어원과 생기는 원인을 설명.

8.51.11

1. 첫 문장 • 2. 정의체 문단 • 3. 통신망의 정보 유통량(information traffic)을 절감시키기 위해서, 사용자에게 고객 맞춤형 서비스(customized services)를 제공하기 위해서, 4. 양측 모두 도움이 됨 • 5. 마지막 문장, 종류: 주제문의 재언급(restate)

8.51.12

1. 첫 문장 • 2. a. 팀 스포츠, b. 장거리 경기, c. 각 팀은 정해진 코스가 없기 때문에 스스로 코스 선택, d. 경쟁보다는 참여하여 즐기는 것이 목적 • 3. 독도법/방위 측정법을 배우고, 가족/친구 간에 우애를 돈독히 하고, 자연 사랑 정신, 체력/인내력/정신력/협동정신 함양, 또 체중 감량

8.51.13

1. 첫 문장 • 2. 정의체 문단, 전개방식: 구체적인 실례를 들어 설명 • 3. 헤이징(hazing)은 일종의 신고식 • 4. 헤이징은 단순한 장난이 아니고, 심각한 해악을 끼치기 때문에 이와 같은 야만적 행위를 근

절시켜야한다고 주장하기 위해서.

8.51.14

1. 첫 문 장 • 2. 유머러스하다(humorous) • 3. 마지막 문장, 종류: 필자의 개인적인 견해/논평/농담을 사용했음 • 4. 불가능함, 그래서 대신 스패머(spammer)에 대한 정책을 바꿔서 대응하려고 함.

8.51.14 ✍ 1. 각자 해보아라.

제9과 비교와 대조

9.11 446쪽을 보세요.

9.12 A. 첫 문장 • B. 평행 • C. 유사하다 • D. 1, 4, 6, 9

9.13a 비슷하다 : 유사성; 항목별 비교

9.13.c

유사하다: 차이 • 유사점을 비교하는 것이; 유사점이 많기 때문에 유사점을 먼저 다루고, 그 다음에 차이점을 다룬다. • 라오스와 캄보디아는 유사성이 매우 많지만, 한 가지 중요한 차이점이 있는데, 그것은 산업자원이다.

9.13.d

다르다: 차이점, 차이점을 먼저 말하고 그 다음에 유시점을 말한다. • 주제문 : 시의 신흥주택가의 집들과 구주택가의 집들을 여러 가지 면에서 확연히 구분된다.

9.14 A, B, C

9.16 447쪽을 보세요

9.18 447쪽을 보세요

9.19 447쪽을 보세요

9.20 A. 2 • B. 3 • C. 1

9.22

A. A문단: 강물과 바닷물, B문단: 강물과 바닷물 • B. A문단: 기원, B문단: 화학적 구성성분 • C. 1 • D. 2 • E. 이러한 유사성에도 불구하고 • F. Ⅰ. A문단: 예를 들면 (예시), B문단: 예를 들면 (예시); 반면에 (대조) Ⅱ. A문단: 그 과정에서; 마침내는; 결국

9.23

A. 종교적 도피자는 좋은 선생이 될 수 없다. • B. 겉으로 보기에 좋은 선생도 사실은 그렇지 않을 수 있다. • C. 하나의 대상을 먼저 기술하고 다음에 그 대상과 대조

9.51.1

1. 2개의 상반된 도덕론 • 2. 비교/대조 • 3. 크게 볼 땐, 분리형 비교인데, 선반부는 절대론 위주로, 후반부는 상대론 위조로 전개했다. (즉 A+B). 그러나 A부분 내에서는 교차형/항목별 비교이다.(즉 A/B+A/B+A/B) • 4. 윤리적 상대론.

9.51.2

1. 비교/대조 • 2. 교차형/항목별 비교 • 3. 대단히 무거운 주제에 대해서 아리스토텔레스라는 거장에 도전하여 그의 견해가 틀렸다고 주장하며 문제의 근본에 파고드는 태도는 대단히 인상적이나 전체적으로 어색하고, 미숙한 점이 엿보인다. • 4. 맨 마지막 문장, 이유: 진정한 친구에 대한 정의만 바꾸면 진정한 우정을 경험할 수 있는 사람이 저절로 많아지는가? 논리적 추론이 아니다.

9.51.3

1. 두 번째 문장 • 2. 비교/대조 • 3. 하나의 비교 기준/항목, 즉 "정의와 공평성"에 대해서 분리형 비교(A+B+C) • 4. 또 다른 비교 기준, 예컨대 "정적성/거짓말"이나 "어른에 대한 공경심/ 효도"등에 관해서 비교/대조 • 5. "느낀다" "~라고 생각한다", "나에겐"

등의 표현이 너무 자주 나오는데, 자신의 견해/주장에 대한 확신이 없는 것처럼 보인다.

9.51.4

1. F. Scott Fitzgerald의 에세이에 나타난 인간의 이중성 • 2. 미국의 단편 작가요, 소설가로서 그의 대표작은 "위대한 개츠비(The Great Gatsby)"이다. 가난한 작가가 일시적으로 성공하여 극도로 사치스런 뉴욕의 상류사회의 일원이 되었다가, 결국 그의 생은 정신적, 재정적 파탄으로 끝을 맺는다. 세상에 대해서 "모든 것이 내 탓이오(his mea culpa to the world)"라고 자신의 과오를 고백하는 자전적 에세이 시리즈인 "The Crack-Up"을 연재했다. 이 말은 1930년대 미국 대공황 이후 모든 거품이 붕괴되어 와르르 무너지는 현상(crash, 붕괴, 파탄, 파멸, 파산)을 상징하는 것이다. 그는 미국인의 삶에 대해서 전형적인 양가감정(ambivalence), 즉 분열된 성격을 잘 묘사했고, 또 스스로 이를 실천했다. • 3. 교차형/항목별 비교/대조 • 4. 각자의 의견을 제시하라.

9.51.5

1. 첫 문장 • 2. 비교/대조 • 3. 교차형/항목별 비교/대조(A/B+A/B+A/B)

9.51.6

1. 첫 문장 • 2. 비교: 와 같이, 대조: 다른 종류의, 그러나 • 3. 분리형(A+B)

9.51.7

1. 첫 문장 • 2. 교차형/항목별 비교/대조 • 3. 이것은 "닭이 먼저냐, 계란이 먼저냐?"와 같은 성격이다.

9.51.8

1. 맨 마지막 문장 • 2. 분리형(A+B) • 3. 인구, 생활양식, 음식점, 영화관등 여가생활.

9.51.9

1. 첫 문장 • 2. 교차형/항목별 비교/대조 • 3. 단 맛의 정도, 거품의 양, 제품의 포장/용기

9.51.10

1. 플랑크톤 • 2. 비교/대조 • 3. 교차형/항목별 비교/대조 • 4. 탄수화물의 생산량, 식량자원으로서의 잠재적 가치, 양식/재배의 노력

9.51.11

1. 위로부터 3번째 문장 • 2. 3가지 사례를 들어 교차형/상황별 비교/대조 • 3. 독자로 하여금 이 문제를 깊이 생각해 보도록 하기 위해서 • 4. 마지막 문장, 종류: 주제문을 재언급(restate) • 5. 검소한 행동과 인색한 행동의 예를 더 들거나, 그 한계선을 명확히 구분한다.

9.51.12

1. 검소함과 인색함의 판별기준 • 2. 세부적으로는 교차형, 즉 상황별(case by case) 비교/대조 형식을 취했으나, 전반부에선 주관적 판단, 후반부에선 객관적 판별 기준을 다루었기 때문에 분리형인데, 전반적으로 혼합형이다. 논지 전환장치는 "그러나"를 많이 사용.

9.51.13

1. 검소함과 인색함의 정의 • 2. 종류: 정의, 전개방식: 비교/대조, 각각의 정의를 내린 다음 이 둘 사이의 미묘한 의미상의 차이를 비교/대조했다. • 3. 교차형/ 항목별 비교/대조

9.51.14

1. 정의 • 2. 처음엔 교차형/항목별 비교/대조를 하다가, 그 다음엔 분리형을 취했다. 전반부의 대부분은 인색함에 대한 예를 들었으나, 후반부엔 검소함에 대해 설명했다. 따라서 전체적으론 분리형(A+B)

이다. • 3. "반면에." "반대로"

9.51.15 ✍ 각자 해보아라.

제10과 문단을 넘어서

10.10 447쪽을 보세요.

10.10a 448쪽을 보세요.

10.10b 448쪽을 보세요

10.11 448쪽을 보세요.

10.11.a 489쪽을 보세요.

10.12 447쪽을 보세요.

10.13

Ⅰ. A. 1 • B. 7 • C. 10

Ⅱ. A. 3 • B. 8 • C. 12

Ⅲ. A. 5 • B. 9 • C. 11 D. 13 E14

10.54 1. 위로부터 순서대로 1, 3, 5, 7, 6, 4, 8, 2.

10.54.1 Ⅰ. C. (3) • Ⅱ. D, (1) • Ⅲ. D: 4

10.54.2 1. (d)

10.54.3

Ⅰ. 신체적 특성 A. 히말라야 남부지방의 종족과 일치 B. 피부색 검고, 키가 작고, 가벼운 체중 • Ⅱ. 생활방식 A. 전통적으로 유랑생활, 포장마차로 이동 B. 혈연집단, 연장자가 집단 통치 C 무용수, 점쟁이 등의 직업이 생계수단, D. 고유 언어, 로우머니, 독특한 민속 E. 거주국가의 종교 선택 • Ⅲ. 이동 A. 원래 인도 북서부지방 출신, 6-7백만의 인구 B. 16세기 초 전 유럽으로 확산 C. 1800년대 북미 이주 D. 오늘날엔 주로 동유럽에 거주

10.54.4

1. (1) 내가 좋아하는 고교 선생님 • (2) 나의 조부모님 • 2. a. 봉사활동 • b. 대학 스포츠에 참여 • Ⅲ. C. 1. 외국어 하계 야영지에서 개인지도교사 • 2. 자살방지 전화 상담 서비스에서 상담원

10.54.5

3.a. 나는 늦은 밤 프로그램인 "연예인과 함께"를 놓칠 수가 없다. • 3.b. 나는 숙제를 한 후 텔레비전을 본다. 3. 나는 게으르다. • C. 나는 정크 푸드를 먹는다. • 결말: 간단히 말해서, 나는 일찍 잠을 자지 않고, 운동을 하지 않으며, 그리고 제대로 된 식사를 하지 않기 때문에 나는 피로하다.

10.54.6

Ⅰ의 B: 크기는 1인치에서 11인치까지 다양함 • Ⅰ의 D: 앞 부분에 원시적인 뇌 • Ⅰ의 E: 5개의 일직선으로 배열된 심장 • Ⅱ의 A: 땅속에 굴을 팜 • Ⅱ의 D: 몸을 고정시키기 위해 센 털을 사용 • Ⅱ의 F: 날씨가 춥거나 건조한 기간엔 휴면상태 • Ⅲ의 B: 잡교 수정을 함 • Ⅳ의 A: 산채로 낚시 미끼로 사용 • Ⅳ의 B: 어떤 사람들은 이를 식용으로 사용

10.54.7

1. 산소 • 2. 영양분 • 1. 알 • 2. 새끼 • 1. 급격히 온도가 상승한 난류, 더럽혀진 바닷가 새들이 식량 공급이 감소됨 • 2. 폭우와 홍수가 증가됨

10.54.8

A. 수혈 • 1. 성접촉 • 1. 10대 청소년 • 3. 동성연애자 • B. 에이즈에 감염된 부모에게서 태어난 나이 • A. 에이지티(AZT, azidothymidine 아지도티마딘, 에이즈 치료약인 항바이러스제, 현재는 ZDV[zidovudine/지도부딘]으로 불림)

10.54.9

A. 1. :(2), A. 2. : (1), B. 1. : (4), B. 2.:(5), B. 3.: (6), B. 4.:(11), C. 1.:(3), C. 2.: (7), C.

3.: (9). C. 4.: (8), C. 5.: (10)

10.54.10

1. B.2.와 C.3.는 주제와의 관계가 없기 때문에 삭제, E는 하위 항목이 1개뿐이기 때문에 분할/분류(division) 원칙에 위배됨. 따라서 1. "다양한 과목을 공부해야 한다." 2. "복잡한 기계를 다루어야 한다."와 같이 2개로 나누어야 함 • C: 침착해야 한다. C. 2. 침착한 사람이 화가 난 환자를 진정시킨다. • D. 신체적으로 건강해야 한다 • D. 2. 환자를 침대에 올리고 내려야한다. • E. 지적으로 영리해야한다. 주제문: 맨 첫 문장

10.54.11

1. 첫 문장 • 2. 마지막 문장, 종류: 주제문을 재언급(restate) • 3. 모두 7개 각각 모두 부로를 화나게 하는 예이기 때문에 모두가 동급의 중요성을 갖고 있어서 대표제, 소표제로 구분하기 힘들다.

10.54.12

1. 주제문 (1) • A. (2) • 1. (3) • 2 . (4) • 3. (5) • B. (6) • 1. (7) • C. (8) • 1. (9) • D. (10) • 1. (11) • 2. (12) • 결말. (13)

10.54.13 주제문. (1)부터 위에서 차례대로 (17)까지 번호를 채우면 된다.

10.54.14 ✍ 각자 해보아라.

제11과 논술문의 작성

11.11

A. 1 • B. 5, 6 • C. 1, 6 • D. 2, 4 • E. 1 • F. 1, 6 • G. 1, 4 • H. 1, 4, 6 • I. 6 • J. 2 • K. 3, 4 • L. 2 • M. 4 • N. 3, 4 • O. 1, 5

11.12a

A. 1. 7 • B. 7, 8 • C. 4, 8 • D. 6, 8 • E. 2, 7, 9 • F. 3, 7 • G. 2, 6 • H. 5, 6, 8 • I. 1, 7, 8

11.13 ✍ 각자 해보아라

11.13a ✍ 각자 해보아라

11.51

1: A(E) • B(P) • 2: A(P) • B(E) • 3. A(P) • B(E) • 4. A(E) • B(P) • 5 A(E) • B(P)

11.56

1. 체육코치와 기업 매니저 사이에 비슷한 점이 있습니까? • 2. 문단 1의 맨 마지막 문장 • 3. 간접적/함축적 논제문 ‣ 이유: 본론에서 나룬 주요 내용에 대한 구체적 요약이 없음 • 4. 그러나 이러한 차이점은 이 두 전문직이 공유하고 있는 유사성에 비하면 아무것도 아닌데 왜냐하면 체육 코치와 기업 매니저는 모두 부하를 지도하고, 문제를 해결하고, 그리고 부하를 대표해야 하는 주요 기능을 공유하고 있기 때문이다. • 5. 논제문을 바꿔쓰기(restate) • 6. 제목/ 유인문구/ 논제문은 앞에서 언급했음

Ⅰ. B. 1.: 그들은 일하는 장소가 다르다. Ⅰ. B. 2. : 맡은 일이 다르다. Ⅱ. A.: 부하를 지도한다. Ⅲ.A.1. 선수들의 훈련책임 Ⅱ. A. 1. a.: 선수들의 장점. Ⅱ. A. 1. b.: 선수들의 단점, Ⅱ. A. 1. c.: 경기 결과 평가/ 조언, Ⅱ. A. 2.: 매니저는 종업원을 훈련시킨다. Ⅱ. A. 2. a.: 종업원을 능력에 따라 적재적소에 배치. Ⅱ. A. 2. b.: 종업원의 평가. Ⅱ. B.: 문제를 해결한다. Ⅱ. B. 1: 선수의 의견 청취. Ⅱ. B. 1. a.: 말다툼 해결 Ⅱ. B. 1. b: 중재자 역할 Ⅱ. B. 2.: 매니저는 문제 해결사 Ⅱ. B. 2. a.: 팀워크의 중요성 Ⅱ. B. 2. b.: 사무실 직원 사이의 협동 Ⅱ.C.: 부하를 대변한다. Ⅱ. C. 1.: 코치와 구단주 Ⅱ. C. 1. a.: 현황 보고 Ⅱ. C. 1. b.:

.선수들의 문제 상담 Ⅱ. C. 2.: 매니저와 최고 경영자 Ⅱ. C. 2. a.: 사장을 대신해서 부하 통제 Ⅱ. C. 2. b.: 종업원에 대한 현황 보고 Ⅲ.: 결론: 맨 마지막 문단(5)

11.57

1. 문단 1의 첫 문장, 종류: 널리 알려진 인용문(quote)을 사용 • 2. 문단1의 마지막 문장 • 3. 간접적 논제문 ☛ 이유: 본론의 구체적 내용을 포함시키지 않음 • 4. 주제문을 재언급(restate) • 5. 유인문구/논제문/결론의 마지막 문장은 위에서 언급했음. Ⅰ. B. 1.: 개만이 유일한 애완동물은 아니다. Ⅰ. B. 2.: 고양이가 가장 좋은 친구이다. Ⅱ. A. : 첫째, 사람들은 고양이를 동반 상대로 즐긴다. Ⅱ. A. 1.: 많은 고양이들은 사랑스럽다. Ⅱ. B.: 둘째, 고양이는 교화된 가족 구성원이다. Ⅱ. B. 1.: 개와는 달리, 고양이는 짖거나 시끄럽게 안 한다. Ⅱ. B. 2.: 고양이는 사고를 치지 않는다. Ⅱ. C.: 마지막으로 보살피기가 용이하다.

11.60 ✍ 각자 해보아라

11.60.3 ✍ 각자 해보아라

제12과

12.15.2 ✍ 각자 해보아라

12.17.3 ✍ 각자 해보아라

12.17.4 a. 1(restate) • b. 3(predict) • c. 4(suggest) • d. 2(summarize)

12.17.5 ✍ 각자 해보아라

12.17.10 ✍ 각자 해보아라

7.11

A.분류

I: 캔에 들어 있는 것	분류 II: 캔에 들어있지 않은 것
1. 강남콩 통조림	1. 냉동 배
2. 복숭아 통조림	2. 1 다스의 옷핀
3. 밀초	3. 10kg의 감자
4. 부엌 세제	4 냉동 복숭아
	5. 한 다스의 오렌지

B.분류

I: 구기 종목	분류 II: 비구기 종목
1. 야구	1. 수영
2. 정구	2. 다이빙
3. 농구	3. 스키

C.분류

I: 초급과목	분류 II: 상급과목
1. 일학년 화학	1. 고급 경제학
2. 역사학 개론	2. 물리학 세미나

3. 독일어 기초
4. 일학년 이탈리아 어
5. 일학년 생물학

3. 고급 불어

7.14

A. 1. 주제문: 우리가 미국남부 지방을....어렵다.
   2. a. 남북전쟁 때 남부군에 속했던 주 (Confederacy)
      b. 지리적 특성 (geography)
      c. 인종적 구분 (peoples)

B. 1. 대부분의 성직자들은....구제를 받을 수 있는 길을 찾고 있었다.
   2. 장례식에 참석한 이유 (목적)
   3. a. 민권운동을 훈련받은
      b. 미국 미주 희랍징교회
      c. 감독파 교회

C. 1. 액체혼합물
   2. a.용액(solutions) b.현탁액 (suspensions) c.교상체 (colloidal dispersions)

D. 1. 첫 문장
   2. 흔한
   3. 3
   4. 갑부

E 1. 사람들이 자동차의 기아를 ....성격을 나타낸다.

	성 격	기아변속 방법
a.	폭주족 형	성급하게
b.	무사태평한 플레이보이형	속도계의 지시에 따라
c.	중년부인 형	미숙하게
d.	노신사 형	지나치게 느리고 신중하게

9.11

A. 첫 문장 • B. 두 종류의 소형 항공기를 : 이유는 같은 부류에 속한 하나의 사물과 같은 부류에 속하는 다른 사물을 : "다르다" 차이점

C.

1. 추진력, 단순성
2. 엔진 작은 동체
3. 속도 용이한 비행
4. 최소한도 크게
5. 최소한도 중요 (강조)
6. 최소한도 중요 (강조)

9.16

A. 첫 문장

B. 대사관을 비교하겠다는 것을 말해준다. 한 대사관 : 다른 대사관

C. • 유사점:

	첫 대사관	둘째 대사관
1. 크기	크다	크다
2. 양식	화려함	화려함
3. 전망	나무로 둘러싸임	나무로 둘러싸임
4. 배치사항	값비싼 리무진 차 국기 계양	값비싼 리무진 차 국기 계양
5. 장식	화려함	화려함

• 대조점

1. 접근성	어려움	용이함
2. 응접	거칠고 무뚝뚝	친절하고, 유능함
3. 내부 분위기	군복, 딱딱함(경비원)	민간인복, 친절함

9.18

A. 첫 문장 • B. 두 가지 언어학습: 과거의: 현재의 • C. 2

D.

	외국어 학습의 구식 방법	언어학습의 신식 방법
1. 초보자	언어구조 받아 적기	말하기
2. 읽기	처음으로 배우는 기술	말하기의 보조 수단
3. 마지막으로 배우는 기술	말하기	쓰기

9.19

A. 첫 문장 • B. 관광지, 관광지 • C. 1

D.

	부에나 세르베사	캐슬 오리오
1. 호텔	초만원	초만원
2. 거리	매우 붐빔 많은 장사꾼 강매	매우 붐빔 많은 장사꾼 강매
3. 해변	초만원	초만원
4. 지역 생활	미국 관광객 중심	미국의 도시 교외를 방불케 함

10.10

Ⅰ. 양원제 의회

A. 하원
B. 상원
Ⅱ. 의회의 권한
Ⅲ. 의회의 절차
Ⅲ. 의회의 절차

10.10a

Ⅰ. 행정부
A. 대통령
B. 내각
Ⅱ. 입법부
A. 하원
B. 상원
Ⅲ.사법부

C. • **유사점:**

	첫 대사관	**둘째 대사관**
1. 크기	크다	크다
2. 양식	화려함	화려함
3. 전망	나무로 둘러싸임	나무로 둘러싸임
4. 배치사항	값비싼 리무진 차 국기 계양	값비싼 리무진 차 국기 계양
5. 장식	화려함	화려함

• **대조점**

1. 접근성	어려움	용이함
2. 응접	거칠고 무뚝뚝	친절하고, 유능함
3. 내부 분위기	군복, 딱딱함(경비원)	민간인복, 친절함

10.10b

Ⅰ. 나는 관광을 했다.
A. 나는 몇몇 야구 경기를 보았다.
B. 나는 엠파이어 스테이트 꼭대기에서 뉴욕시를 내려다보았다.
C. 나는 2곳의 나이트클럽에 갔다.
D. 나는 리틀야구 게임에 처음으로 참가했다.
E. 나는 엘 모나코 칵테일파티에 참석하였다.
Ⅱ. 내 사촌이 나를 흥미로운 곳으로 데리고 갔다.
A. 내 사촌은 나를 8월20일 양키즈와 레드삭스 간의 야구경기에 데리고 갔다.
B. 내 사촌은 나에게 자유의 여신상을 구경시켜주었다.

C. 내 사촌은 나를 스코크 클럽에 데리고 갔다.

10.11

Ⅰ. 위즈 세제를 사는 것이 경제적이다.
Ⅱ. 일손이 덜 든다.
Ⅲ. 손에 아무런 손상을 주지 않는 다.
Ⅳ. 효과적으로 세탁을 할 수 있다.

10.11a

Ⅰ. 올바른 자세가 기본이다.
Ⅱ. 그립(grip)을 잘 해야 한다.
Ⅲ. 백스윙도 중요하다.
Ⅳ. 공을 치는 법도 배워야 한다.
Ⅴ. 공을 친 후에도 클럽을 끝까지 휘둘러 주어야 한다.

10.12

좋은 개요는 의사소통을 향상시킨다.

Ⅰ. 마)
  A. 가)
  B. 나)
Ⅱ. 다)
  A. 라)
  B. 좋은 개요는 독자들이 글의 주제를 파악하는데 훨씬 용이하다.

찾아보기

저 자 : 한영희(韓永熙) damby424@paran.com

약 력 : 하와이대 영어교육학 (석사)
고려대 영어학 (박사)
단국대학교 교수, 고려대 서울대 강사 역임
현 한국전통음식연구소 이사

저 서 : *A Guide to Better English* (공편)
A Guide to Writing English (공편)
A Guide to Refined English (공편)
Advanced Practical English (공편)
Korean Myths and Folk Legends (공역)외 다수의 교재
및 한국전통음식에 관한 역서

논술작성의 이론과 실제

1판 1쇄 찍음 • 2007년 8월 30일
1판 1쇄 펴냄 • 2007년 8월 30일

저 자 • 한 영 희
발행인 • 정 현 걸
발 행 • 신 아 사
인 쇄 • 남양인쇄

출판등록 • 1956년 1월 5일 (제9-52호)
서울특별시 은평구 녹번동 28-36번지 2F
전화 • (02)384-6411 • 팩스 (02)382-6401
홈페이지 • www.shinasa.co.kr
이메일 • shinasa@chol.com

ISBN 978-89-8396-574-5

정가 *16,000* 원